Selbstregulierte Streitlösung für deutsche Domains

Schriften zum Wirtschafts- und Medienrecht, Steuerrecht und Zivilprozeßrecht

Herausgegeben von Jürgen Costede
und Gerald Spindler

Band 18

PETER LANG
Frankfurt am Main · Berlin · Bern · Bruxelles · New York · Oxford · Wien

Thomas Linke

Selbstregulierte Streitlösung für deutsche Domains

PETER LANG
Europäischer Verlag der Wissenschaften

Bibliografische Information Der Deutschen Bibliothek
Die Deutsche Bibliothek verzeichnet diese Publikation in der Deutschen Nationalbibliografie; detaillierte bibliografische Daten sind im Internet über <http://dnb.ddb.de> abrufbar.

Zugl.: Göttingen, Univ., Diss., 2004

D 7
ISSN 1614-2071
ISBN 3-631-53694-1

www.peterlang.de

Meinen Eltern

Vorwort

Die juristischen Probleme bei Domain-Namen wurden bereits vielfältig erörtert, zumeist beschränkt sich die vorgeschlagene Lösung auf die Anwendung materiell-rechtlicher Anspruchsgrundlagen. Dass die Konfliktlösung bei Domain-Namen jedoch nicht zwangsläufig den Gerichten überlassen bleiben muss, zeigt der von der *Internet Corporation for Assigned Names and Numbers* (ICANN) bereits im Jahre 2000 eingeführte alternative Streitlösungsmechanismus, bei dem sowohl die Entscheidung als auch ihre Durchsetzung außerhalb staatlicher Gerichtsverfahren erfolgt. Die zwei wesentlichen Vorteile des Verfahrens - eine kurzfristige Entscheidung und im Erfolgsfall die unmittelbare Übertragung des Domain-Namens - konnten auch im nationalen Kontext durch entsprechende Adaptionen des Streitlösungsverfahrens bspw. in Großbritannien und Österreich fruchtbar gemacht werden. In Deutschland, dem nach wie vor mit deutlichem Abstand zweitgrößten Domain-Raum des Internet, fehlt bisher jegliche Initiative in dieser Richtung. Die vorliegende Arbeit füllt hier eine Lücke, indem ausgehend von praktikablen Selbstregulierungsmechanismen ein konkreter Umsetzungsvorschlag für die Einführung eines alternativen Streitlösungssystems für deutsche Domain-Namen unterbreitet wird.

Die Arbeit wurde im Sommersemester 2004 von der Juristischen Fakultät der Georg-August-Universität Göttingen als Dissertation angenommen. Die bis Ende 2004 veröffentlichte Literatur und Rechtsprechung konnten soweit möglich noch eingearbeitet werden.

Mein Dank gilt an erster Stelle Herrn Prof. Dr. Gerald Spindler für die umfassende Unterstützung und Betreuung der Arbeit und nicht zuletzt für die Aufnahme in diese Schriftenreihe. Für die sehr zügige Erstellung des Zweitgutachtens danke ich Herrn Prof. Dr. Volker Lipp.

Weiterhin möchte ich Frau Dorothea Bedkowski für die langjährige liebevolle Unterstützung und die vielen produktiven Diskussionen herzlich danken.

Mein ganz besonderer Dank gilt schließlich meinen Eltern Veronika und Dr. Eberhard Linke, die mich stets unterstützt und gefördert und die Arbeit durch unermüdliches Korrekturlesen begleitet haben.

Hamburg, im Dezember 2004 Thomas Linke

Inhaltsübersicht

Inhaltsverzeichnis

Abkürzungsverzeichnis

*cc*TLD	*country code* Top Level Domain
DNS	Domain Name System
DoC	U.S. Department of Commerce
*g*TLD	*generic* Top Level Domain
hL	herrschende Lehre
hM	herrschende Meinung
IAB	Internet Architecture Board
IANA	Internet Assigned Numbers Authority
ICANN	Internet Corporation for Assigned Names and Numbers
IESG	Internet Engineering Steering Group
IETF	Internet Engineering Task Force
IP	Internet Protocol
IPR	Internationales Privatrecht
ISO	International Organization for Standardization
ISOC	Internet Society
ISP	Internet Service Provider
iSd	im Sinne der/des
iSv	im Sinne von
ITU	International Telecommunication Union
iVm	in Verbindung mit
IZVR	Internationales Zivilverfahrensrecht
mwN	mit weiteren Nachweisen
NSI	Network Solutions, Inc.
RFC	Request for Comment
SLD	Second Level Domain
SRS	Shared Registration System
TLD	Top Level Domain
UDRP	Uniform Dispute Resolution Policy
W3C	World Wide Web Consortium
...TLD	Top Level Domain »...« (comTLD für TLD ».com«)

A. Einführung

Gegenstand wissenschaftlicher Arbeiten ist das Internet seit langem.[1] Gleichwohl fehlt es an einer umfassenden Lösung der durch die globale Verknüpfung der Menschen entstehenden rechtlichen Probleme. Aus dem juristischen Blickwinkel betrachtet, befindet sich das Internet weiterhin im Zustand der Anarchie. Trotz zunehmend ambitionierter Versuche der Staaten ist eine effektive Regulierung des Internets - selbst auf einzelstaatlicher Ebene - aus heutiger Sicht aus einer Vielzahl von Gründen kaum zu realisieren. Der wesentliche Grund dafür liegt offensichtlich in der fehlenden geographischen und damit territorialen Verankerung des Internets,[2] wodurch die herkömmliche geographische Verknüpfung des Rechts versagt. Obwohl das Internet als Netzwerk amerikanischer Universitäten zunächst mit Hilfe öffentlicher Gelder initiiert wurde,[3] verlief dessen weitere Entwicklung nach dem Rückzug öffentlicher Förderung und dem Anschluss kommerzieller Netze weitestgehend frei von staatlicher Einflussnahme. Schon bei der Initiierung des Internets an den Universitäten war es als wissenschaftliches Forschungsprojekt konzipiert, dessen Administration in den Händen der Wissenschaftler lag. Im Gegensatz zu anderen Kommunikationsmitteln wurde das Internet von Beginn an als länderübergreifende, globale Einrichtung verstanden. Die sich im Laufe der Entwicklung des Internets herausgebildeten Entscheidungs- und Regulierungsstrukturen sind deshalb in erster Linie durch private Initiativen bestimmt. In der Konsequenz bedeutete dies für die ursprüngliche Normbildung im Internet einen maßgeblichen Einfluss privater Initiative im Hinblick auf technische und soziale Normung.

Die Domain-Namen als Ordnungsebene der Internet-Kommunikation stellen die maßgebliche Grundlage für das Auffinden von Informationen im Internet dar. Die Lösung von tatsächlichen wie rechtlichen Konflikten, die durch die Eindeutigkeit der Domain-Namen massenhaft auftreten, wird dieser Bedeutung der Domain-Namen nicht immer gerecht. Die gerichtliche und außergerichtliche Konfliktlösung, wie sie derzeit in Deutschland Anwendung findet, leidet an einer Vielzahl von Problemen, die ein neues System alternativer Streitlösung vermeiden könnte. Das Potential der privaten Vergabestellen der Domain-Namen wird im Bereich der Streitlösung allzu oft und insbesondere in Deutschland nicht hinreichend ausgeschöpft, wie

---

1 Beispielhaft *Kur*, Kennzeichenkonflikte im Internet, in: FG Beier, S. 265 ff.; *Strömer*, Online-Recht, Heidelberg 1997; *Finke*, Die strafrechtliche Verantwortung von Internet-Providern, Tübingen 1997; *Gellner/Korff*, Demokratie und Internet, Baden-Baden 1998.

2 *Johnson/Post*, 48 Stanford Law Review (1996), 1367, 1375.

3 Für einen ausführlichen Überblick über die Geschichte des Internets siehe *Ruff*, S. 2 ff.

ein Vergleich mit den erfolgreichen alternativen Streitlösungsmechanismen anderer Vergabestellen zeigt. Die Einordnung der alternativen Streitlösung in das Recht im Allgemeinen sowie der Vorschlag einer praktischen Umsetzung einer solchen außergerichtlichen Streitlösung in Deutschland sind der Gegenstand der vorliegenden Arbeit.

I. Das Internet als juristische Herausforderung

Aus der ursprünglich rein intellektuellen Spielerei Internet ist mittlerweile ein kommerzielles Medium der Wertschöpfung geworden. Die Entstehung eigener Branchen[4] und die zunehmende Bedeutung des E-Commerce für die Volkswirtschaften demonstrieren das wirtschaftliche Potential des Internets. In Reaktion auf diesen Bedeutungszuwachs entsteht in den Staaten zunehmend das Bedürfnis nach hoheitlicher Regulierung des Internets, um die weitere Entwicklung des Internets in überschaubare, steuerbare Bahnen zu lenken und die positiven, wirtschaftlichen Effekte längerfristig zu sichern.[5] Gleichzeitig sind in der Gegenrichtung die Auswirkungen des Internets auf die Gesellschaften unübersehbar.[6] Im Ergebnis führt allein schon die Globalität des Internets mit seinen lokalen Auswirkungen zu der Erkenntnis, dass ein genereller Regelungsverzicht - die sog. *Non-Regulation* - weder praktikabel, noch der Bedeutung des Internets für alle Bereiche des gesellschaftlichen Lebens angemessen ist.[7]

---

4 Die Shareware-Branche der Software-Industrie z.B. konnte sich erst durch das Internet umfassend entwickeln. Das Internet ist geradezu prädestiniert für die massenhafte Verbreitung von Software, auf die dieses System des Try-and-Buy angewiesen ist. Für Tausende von Programmierern weltweit ist dies eine Chance für die kommerzielle Verwertung ihrer Produkte, die ohne das Internet undenkbar wäre.

5 Siehe dazu nur die „Richtlinie 2000/31/EG des Europäischen Parlaments und des Rates vom 08.06.2000 über bestimmte rechtliche Aspekte der Dienste der Informationsgesellschaft, insbesondere des elektronischen Geschäftsverkehrs, im Binnenmarkt", ABl. EG Nr. L 178 vom 17.07.2000 S. 1-16.
Siehe auch die Umsetzung dieser Richtlinie im „Gesetz über rechtliche Rahmenbedingungen für den elektronischen Geschäftsverkehr" (EGG) vom 14.12.2001, BGBl. I S. 3721-3727.

6 Die Zensurbemühungen in China, Saudi-Arabien u.a. hinsichtlich des Internets zeugen von der gesellschaftlichen Gefahr, die einige Regierungen in der freien Meinungsäußerung im Internet und der globalen Informationsdistribution sehen. Siehe dazu die Studie von *Zittrain/Edelman*, Documentation of Internet Filtering in Saudi Arabia, http://cyber.law.harvard.edu/filtering/saudiarabia/ und die Informationen von *Amnesty International* hinsichtlich China unter http://web.amnesty.org/library/Index/engasa170072002?OpenDocument&of=COUNTRIES\CHINA.

7 *Kloepfer*, Informationsrecht, § 4 Rn. 7.

Die Ubiquität des Internets wirft jedoch im Hinblick auf Regulierungsfragen ein Souveränitätsproblem auf, das das grundsätzliche Verhältnis der Staaten zum Internet berührt. Die Reklamation einzelner Bereiche des Internets - sofern eine Abgrenzung überhaupt gelingen kann[8] - für die einzelstaatliche Regulierungszuständigkeit wird kaum zum gewünschten Regulierungsziel führen können. Dogmatischer Ausgangspunkt der Diskussion um den „richtigen" Regulierer muss deshalb die Feststellung sein, dass das Internet weder eine nationale noch eine im Wortsinne internationale Einrichtung ist, weil es unabhängig von staatlicher Einflussnahme existiert. Eine vorangestellte kurze Betrachtung der wesentlichen technischen und historischen Aspekte des Internets ist für dieses Verständnis unumgänglich.[9] Auf dem Gebiet der Konfliktlösung führt die Globalität des Internets zu einem stärkeren Gewicht der selbstregulierten Streitlösung durch private Instanzen, deren Handlungsfähigkeit auf Konsens statt hoheitlichem Zwang beruht. Dieser Wechsel der Grundlage für die Geltung von Regeln ist angesichts der Globalität des Internets unvermeidlich.

Rechtlicherseits ist die Zukunft des Internets in Anbetracht der Problemstellungen und trotz zunehmender einzelstaatlicher Initiativen[10] weithin offen.[11] Die Vielschichtigkeit juristischer Problemfelder im Internet stellt eine neuartige Herausforderung sowohl für die einzelstaatlichen Rechtsordnungen, als auch für globale, rechtsvereinheitlichende Ansätze dar. Das divergierende Werteverständnis zwischen den Staaten führt zwangsläufig und insbesondere im Internet zu Konfrontationen. Die innerstaatliche Verhaltenssteuerung eines Landes ist gegenüber den im Cyberspace[12] verfügbaren

---

[8] Siehe zu den Probleme einer „Grenzziehung" im Internet *Moos* in: Kröger/Gimmy, Hdb. InternetR, S. 758, und unten C.I.1.b(1).

[9] A.III.

[10] Allein in Deutschland hat die Regulierungstätigkeit des Gesetzgebers hinsichtlich des Internets in den letzten Jahren deutlich zugenommen, angefangen vom „Gesetz zur Regelung der Rahmenbedingungen für Informations- und Kommunikationsdienste" (IuKDG) vom 22.07.1997 - BGBl. I S. 1870 - über das „Gesetz zur Anpassung der Formvorschriften des Privatrechts und anderer Vorschriften an den modernen Rechtsgeschäftsverkehr" vom 13.07.2001 - BGBl. I S. 1542 - bis zum „Gesetz über rechtliche Rahmenbedingungen für den elektronischen Geschäftsverkehr" (EGG) vom 14.12.2001 - BGBl. I S. 3721 - um nur die wichtigsten Regelwerke zu nennen.

[11] Zu dieser Einschätzung gelangte bereits *Ernst*, JuS 1997, 776, 782, und es zeigt sich, dass mehr denn je um das Verhältnis von Staat und Internet gestritten wird. Siehe vertiefend *Lessig*, Code, S. 43 f.

[12] Der Begriff „Cyberspace" geht auf *William Gibson* zurück, der damit in dem Roman „Neuromancer" eine virtuelle Landschaft in einem Computernetz bezeichnete (Neuromancer, 1984, S. 51). Mittlerweile hat sich dieser Begriff als Synonym für das Internet eingebürgert.

Informationen wirkungslos, was sich besonders im Hinblick auf die in einem Land inkriminierte Inhalte im Internet zeigt, die in einem anderen Land etwa als Ausdruck und Verwirklichung der verfassungsrechtlich garantierten Meinungsfreiheit vehement geschützt werden.[13] Derartige Gegensätzlichkeiten sind im Internet augenscheinlicher und drastischer als in jedem anderen Medium. All dies kann nicht ohne Auswirkung auf die Gesellschaften bleiben, da das Internet sämtliche Rechtsordnungen gleichermaßen betrifft und herausfordert. Es zeigt sich deshalb, dass das Internet nicht nur ein Faktor, sondern auch ein Indikator für die Globalisierung ist.[14]

Zu Beginn seiner Verbreitung wurde das Internet als virtueller Raum verstanden, der staatlichem Zugriff per se entzogen sei. Trotz der propagierten Anarchie und der Vision vom „rechtsfreien Raum" wurde den Internet-Pionieren gleichwohl schnell bewusst, dass eine vollkommen ungeregelte Kommunikation Utopie bleiben musste, wollte man die Chancen und Möglichkeiten des Internets nicht in Chaos auflösen. Die aus dieser Erkenntnis entsprungenen ersten Regeln, die sog. *Netiquette*[15], waren Interaktionsregeln für das Verhalten der Teilnehmer in den virtuellen Chatrooms und Bulletin-Boards der frühen Internet-Jahre. Wie die Idee entstanden auch die Regeln direkt aus der Mitte der Nutzer angesichts der zunehmend anonymen Kommunikation. Dies markiert den Anfang der Selbstregulierung im Internet. Begünstigt wurde diese hoheitsferne Regelungsform durch den überschaubaren Kreis der Nutzer, der die Durchsetzung der Regeln allein mit virtuellen Mitteln ermöglichte.[16]

Von dieser Überschaubarkeit hat sich das Internet im Zuge seiner Kommerzialisierung und der damit verbundenen Massennutzung weit entfernt.

Siehe zu dieser Begrifflichkeit auch *Bettinger*, GRUR Int. 1997, 402 Fn. 2; *F.Mayer*, NJW 1996, 1782; *Scherer*, AfP 1996, 213, 214 Fn. 22.

13 Die in Deutschland gem. § 130 StGB strafbare Volksverhetzung und die sog. „Auschwitz-Lüge" werden in Amerika als Ausdruck des 1st Amendment der U.S.-Constitution und der darin garantierten „freedom of speech" geschützt. Bei deutschen Behörden führt dies zu zweifelhaftem Aktionismus, wie das Beispiel der Bezirksregierung Düsseldorf zeigt. Diese hatte Anfang 2002 begonnen, rund 80 private und universitäre Provider per Sperrungsverfügung anzuweisen, einschlägig bekannte WebSites in den USA mit neonazistischen Inhalten mittels „Ausschlusses der Domains im Domain-Server" und unter „Verwendung eines Proxy-Servers" zu blockieren, siehe dazu http://odem.org/material/verfuegung/.

14 *Engel* in: Engel/Keller, S. 201, 219.

15 Netiquette ist ein Kunstwort aus Net und Etiquette. Siehe nur *Rehbinder* in: Hilty, S. 87, 107 (Fn. 39).

16 Zu diesen Mitteln zählten u.a. das *Mail-Bombing*, bei dem der Mail-Account des geschassten Nutzers mit Unmengen sinnloser Mails zugeschüttet wurde.

II. Zielstellung der Untersuchung

Die Domain-Namen stellen den Schlüssel für jede Art von Informationen im Internet dar, da sie als Ordnungs- und Adress-Ebene dem unsortierten Internet eine gewisse Struktur verleihen und damit die Navigation entscheidend vereinfachen. „Domain-Grabbing"[17] war eines der ersten Schlagworte, mit dem die Gerichte konfrontiert wurden. Im Wesentlichen geht es dabei um die Reservierung eines markenähnlichen Domain-Namens, verbunden mit einer „Lösegeld"-Forderung für die Freigabe dieser Domain gegenüber dem betroffenen Unternehmen. Ausgangspunkt dieser Problematik ist die ungeregelte Vergabe von Domain-Namen durch private Organisationen. Knappe, schlagworthafte Domain-Namen eignen sich naturgemäß am besten zur Adressierung des Unternehmens- oder Produktauftritts im Internet. Diese Überlegung führte, verbunden mit der mangelnden Prüfung der Registrierungsanträge durch die Vergabestellen, zu einer gewissen Popularität des Domain-Grabbing.

An diesem Punkt setzen die für einige generische und *country code* Top Level Domains (TLD) bereits eingeführten alternativen Streitlösungsmechanismen für Domain-Konflikte ein. Deren Anwendung hat gezeigt, dass Domain-Streitigkeiten effektiv, kostengünstig, fair und vor allem schnell auch ohne Inanspruchnahme staatlicher Gerichte gelöst werden können. Dies ermutigt zu der Überlegung, eine ähnlich gelagerte Lösung für die deutsche TLD vorzuschlagen. Die Berechtigung dieser Überlegung ergibt sich aus der Tatsache, dass die deutsche Domain nach der comTLD mit deutlichem Abstand die zweitgrößte der über 250 TLDs ist.[18] Es ist kein Geheimnis, dass allein schon die Größe des deutschen Domain-Raums zu massenhaften Streitigkeiten um Domain-Namen führt, für die die Gerichte personell und sachverständlich kaum gerüstet sind. Sehr mühsam nur bilden sich hier ober- und höchstgerichtliche Grundsätze heraus,[19] denen jedoch ein Mangel an rechtsfortbildenden Impulsen gemein ist. Stattdessen wird durch eine dogmatisch unhaltbare Orientierung an einseitig von der Vergabestelle aufgestellten „Prinzipien" eine in Anbetracht der Probleme

---

[17] Der erste berühmt gewordene Fall weltweit war *Panavision Int'l, L.P.* vs. *Toeppen*, 945 F. Supp. 1296 (C.D. Cal. 1996), in dem es um die Domains »panavision.com« und »panaflex.com« ging. Siehe dazu *Bäumer*, CR 1998, 174, 176.
Zu den Implikationen nach deutschem Recht, siehe unten B.II.5.c(3).

[18] Siehe den Vergleich bei der DENIC, http://www.denic.de/de/domains/statistiken/domainvergleich_tlds/index.html.

[19] Siehe dazu die wenigen BGH-Urteile, die bisher zum Komplex der Domain-Namen ergangen sind: BGH, MMR 2001, 671 – »ambiente.de«; BGH, MMR 2002, 382 – »shell.de«; BGH, MMR 2001, 666 – »mitwohnzentrale.de«; BGH, MMR 2002, 456 – »vossius.de«.

dringend notwendige Fortentwicklung der Domain-Vergabe und vor allem der Domain-Konfliktlösung behindert.[20] Derzeit enthält sich die deutsche Vergabestelle jeglicher Mitwirkung und Unterstützung bei der Streitlösung. Stets wird darauf verwiesen, dass aus Kapazitäts- und Effektivitätsgründen eine Beteiligung bei der Lösung von Domainstreitigkeiten ausgeschlossen sei. Der BGH hat dies im Jahre 2001 in einer Grundsatzentscheidung gebilligt[21] und damit eine Fortentwicklung der Konfliktlösung blockiert. Die Möglichkeit der Implementierung einer alternativen Streitlösung in den Vergabebedingungen für Domain-Namen wurde gänzlich außer Acht gelassen.

Eine selbstregulierte Streitlösung seitens der Vergabestelle könnte die Probleme der gerichtlichen Lösung von Domain-Konflikten[22] überwinden. Insbesondere die Langwierigkeit gerichtlicher Prozesse stellt ein Hindernis für eine zeitnahe Nutzung der Internet-Ressourcen dar. Die Übertragung der für die generischen TLDs entwickelten alternativen Streitlösung auf *country code* TLDs ist bereits in anderen Ländern erfolgreich verlaufen. Gleichwohl verlangt eine Übertragung auf die deutsche TLD die Berücksichtigung der Besonderheiten der deutschen Jurisdiktion. Die Untersuchung beschäftigt sich deshalb insbesondere mit Fragen der Rechtskraft, Justiziabilität und Durchsetzung einer selbstregulierten Streitlösung für deutsche Domain-Namen. Im Ergebnis soll diese Arbeit zu einem konkreten Vorschlag für die Einführung einer alternativen Streitlösung für deutsche Domain-Namen führen.

III. Grundlagen der Domain-Namen – Technik und Normung

Um das spezielle Prozedere bei den Domain-Namen und die sich anknüpfenden juristischen Probleme zu verstehen, die den Hintergrund für den Vorschlag einer selbstregulierten Streitlösung darstellen, bedarf es zunächst der Darlegung einiger grundsätzlicher Strukturen im Internet. Die technischen Gegebenheiten des Internets spielen für die juristische Beurteilung eine signifikante Rolle und bestimmen maßgeblich die rechtliche Lösung eines Streitfalls mit Bezug zum Internet. Aus diesem Grund sollen hier kurz

---

20 Die Haftungsfreistellung der privaten Domain Vergabestelle DENIC eG im Fall »ambiente.de« ist - wie unten (D.I.1.) noch ausführlich darzulegen sein wird - geradezu ein Rückschritt in der Domain-Rechtssprechung und ein Hindernis für eine notwendige und sinnvolle Fortentwicklung der Domain-Vergabe.

21 BGH, MMR 2001, 671 ff. - »ambiente.de«.

22 Unten B.II.

einige Begrifflichkeiten geklärt werden.[23] Die geschichtlichen Hintergründe des Internets werden dabei nicht unbetrachtet bleiben können,[24] da viele Eigenheiten in der Verwaltung des Internets nur historisch zu erklären sind.

Von seinem Grundaufbau her besteht das Internet aus einer Vielzahl von Computern, die über ein gemeinsames Transportprotokoll, das sog. Internet Protokoll (IP), Daten austauschen. *Das* Internet im Sinne eines stets gleich bleibenden Grundgerüsts gibt es nicht,[25] der Name Internet (von *interconnected networks*) soll vielmehr andeuten, dass es sich um eine Vielzahl miteinander verbundener Einzelnetzwerke handelt.

1. Die IP-Nummern

Das *Internet Protocol* (IP) ist die Transportebene für jegliche Kommunikation im Internet. Jedem Computer wird dazu eine weltweit eindeutige Adresse zugewiesen, die ihn im Internet identifiziert und für andere Computer erreichbar macht.[26]

Das System der IP-Nummern geht auf die Anfänge des Internets zurück.[27] Bereits 1969 wurde der erste Knotenpunkt eines Computernetzwerkes von Studenten der *University of California in Los Angeles* (UCLA) aufgebaut, das sog. ARPANet. Zur Verbindung dieses Netzwerkes mit einem zweiten, von der *National Science Foundation* errichteten Netzwerk, wurde das *Internet Protocol* entwickelt: Jeder Computer erhält eine Adresse zugewiesen, die ihn eindeutig im Netzwerk identifiziert.

Die Vergabe der IP-Adressen erfolgt zentral über die weltweit vier sog. *Regional Internet Registries* APNIC[28] (Asia/Pacific Region), ARIN[29] (Americas

---

[23] Eine ausführliche Erläuterung zum System der IP-Adressen und Domain-Namen findet sich auch bei *Fezer*, MarkenR³, § 3 Rn. 297 ff.

[24] Siehe überblicksmäßig *Eckhard*, S. 7; *Ruff*, S. 2 ff.

[25] Zutreffend *Koenig/Neumann*, K&R 1999, 145.

[26] Nach der Dauer ihrer Zuweisung an einen bestimmten Computer werden statische und dynamische IP-Adressen unterschieden. Siehe dazu auch *Köhntopp/Köhntopp*, CR 2000, 248. Zu dem Vergleich von IP-Adressen und Telefonnummern und den sich daraus ergebenden Vergabeproblemen siehe nur *Koenig/Neumann*, K&R 1999, 145 ff.

[27] Siehe für eine ausführliche Darstellung der Entwicklung des Internet: *Zakon*, Hobbes' Internet Timeline v6.1, http://www.zakon.org/robert/internet/timeline/.

[28] *Asia-Pacific Network Information Centre*, Milton, Australien. http://www.apnic.net/.

[29] *American Registry for Internet Numbers*, Chantilly, USA. http://www.arin.net/.

and Sub-Sahara Africa), LACNIC[30] (Latin American and Caribbean region) und RIPE NCC[31] (Europe and Surrounding Regions).[32] Geplant ist derzeit die Einführung einer eigenständigen *Regional Internet Registry* für Afrika, das AfriNIC.[33] Die *Registries* vergeben die IP-Adressen nach Bedarf an regionale Internet Service Provider (ISP). Die *Regional Internet Registries* sind private Institutionen, in denen ISPs, Telekommunikationsfirmen und große Unternehmen nach Art einer Genossenschaft zusammengeschlossen sind. Bereits hier lässt sich feststellen, dass die Verwaltung maßgeblicher Ressourcen im Internet in der Hand privater Institutionen liegt, die nicht national, sondern in einem größeren regionalen - in diesem Falle kontinentalen - Kontext agieren. Den globalen Strukturen des Internet kommt eine solche Aufteilung entgegen.

2. Das Domain Name System

Das *Domain Name System* (DNS) ist eine globale Datenbank, die alphanumerische Bezeichnungen - die Domain-Namen - mit IP-Nummern verknüpft.[34] Verwaltet wird diese Datenbank von Tausenden sog. *Name Server* auf der ganzen Welt, die jeder für sich einen Teil des DNS verzeichnen. Eine wichtige Aufgabe der *Name Server* liegt zudem darin, auf andere *Name Server* zu verweisen, die den angefragten Domain-Namen verzeichnen und die passende IP-Nummer liefern können. Diese Verknüpfung der *Name Server* untereinander stellt das eigentliche DNS dar.

a. Entstehung und Kontrolle

Die Identifizierung eines Computers im Internet anhand der IP-Nummern ist ein effektives Mittel zur Gewährleistung reibungsloser Kommunikation zwischen Computern. Für die menschliche Informationssuche gestaltete sich die Adressierung über Nummern dagegen schnell als Gedächtnishürde. Die Unhandlichkeit der IP-Nummern und ihre unstrukturierte Vergabe disqualifizieren die IP-Nummern als Adressierungsmittel im Massenverkehr. So wurde frühzeitig das DNS implementiert, das auf den bestehenden IP-Nummern aufbaut und durch die Einführung von Alias-Namen für

---

30 *Latin American and Caribbean Internet Addresses Registry*, Montevideo, Uruguay. http://www.lacnic.net/.

31 *Réseaux IP Européens Network Coordination Center*, Amsterdam, Niederlande. http://www.ripe.net/.

32 Siehe zum Ganzen den Überblick bei IANA unter http://www.iana.org/ipaddress/ip-addresses.htm.

33 *African Network Information Center*. Sitz: Mauritius. http://www.afrinic.org/.

34 Siehe ausführlich zum Domain-Name System http://domains.dan.info/structure/.

Computer dem Nutzer eine leichte und verständliche Art der Kommunikation ermöglicht.

Eine der Hauptpersonen bei dieser Entwicklung war JON POSTEL,[35] der schon während seiner Zeit als *Graduate Student* an der UCLA an der Entstehung des Internets beteiligt war. POSTEL begann damit, eine Liste zu pflegen, in der die Adressen und (alphanumerischen) Namen der dem Netzwerk angeschlossenen Computer verzeichnet waren. In den Anfangsjahren des Internets wurden dabei die Namen der Computer noch auf jedem anderen angeschlossenen Computer hinterlegt, um die Erreichbarkeit des jeweiligen Computers sicherzustellen. Als in den frühen 80er Jahren das System der dezentralen Namensverwaltung aufgrund der Vielzahl der mittlerweile angeschlossenen Computer zu aufwendig wurde, entwickelte man ein System, das die Computer-Namen in sog. *Domains* gruppierte.[36] Dabei entstand zugleich eine gewisse Hierarchie der Domain-Namen. Die obersten Gruppierungen, die sog. TLDs, werden unterschieden nach *national (country code) Domains* und *generic Domains*. Zur Administrierung jeder *national* bzw. *generic Domain* gibt es einen eigenen Computer, den sog. *Primary Name Server*. Ein sog. *Root Server* koordiniert darüber hinaus den Verkehr zwischen den Domains und deren jeweiligen Computern. Diese administrativen Computer wurden als *Network Information Center* (NIC) bekannt. Unter der maßgeblichen Kontrolle von POSTEL wurde dieses Netzwerk der Domain-Server ursprünglich durch die *Internet Assigned Numbers Authority* (IANA) verwaltet.[37] POSTEL administrierte dabei praktisch im Alleingang die IP-Adressen sowie die entsprechenden Domain-Namen und überwachte zudem noch den *Root Server*.[38] Das Bemerkenswerte und für diese Arbeit Interessante daran ist die unkomplizierte und konsensuale Administration wesentlicher Einrichtungen des Internets durch eine weder durch Wahlen noch durch Gesetz legitimierte Person, die sich nur auf die fachliche Anerkennung seitens der betroffenen Nutzer stützen konnte.

---

35 http://www.postel.org/postel.html.

36 Siehe die Beschreibung von *Postel*, Domain Name System Implementation Schedule - Revised, RFC #921 (1984), http://www.rfc-editor.org/rfc/rfc921.txt.

37 112 Harvard Law Review (1999), 1577, 1660f., http://www.harvardlawreview.org/issues/112/7_1657.htm ¶ B.

38 Siehe nur *Postel*, Assigned Numbers, RFC #776 (1981), ¶ 1., http://www.rfc-editor.org/rfc/rfc776.txt. Siehe zu den Eigenheiten der Internet Administration sogleich A.III.3. Darüberhinaus hat POSTEL die Veröffentlichung der wesentlichen technischen Dokumentationen der Internet-Architektur - die *Requests for Comment* - organisiert und verwaltet, siehe dazu sogleich, A.III.3.b.

Im Zuge der Kommerzialisierung des Internets Anfang der 90er Jahre wandelte sich die Bedeutung des DNS von einem ursprünglich rein wissenschaftlichen Instrumentarium der Informationsfindung zu einem maßgeblich wirtschaftlichen Bestandteil der Kommunikation im Internet, der das leichte Auffinden von Webseiten ermöglicht.[39] Aus diesem Grunde wurde über die Administration des DNS neu nachgedacht.

Bis weit in die 90er Jahre hinein wurde das DNS zumeist indirekt durch Verträge mit Behörden der U.S.-Regierung kontrolliert, da die Ausgangsinfrastruktur des Internets mit Hilfe von Steuergeldern an den amerikanischen Universitäten geschaffen wurde. Im Zuge der zunehmenden kommerziellen Nutzung des Internets setzte sich in U.S.-Regierungskreisen die Auffassung durch, dass die Aufrechterhaltung der Funktionsfähigkeit des DNS nach einer Neuausrichtung des DNS Managements verlangte. Zu dieser Zeit hatten sich bereits erste *Alternative Roots* entwickelt, die einen eigenständigen Domain-Space bieten, der unabhängig vom herkömmlichen DNS eigene TLDs beinhaltet.[40] Das Hauptaugenmerk der Neuausrichtung lag auf der Einführung von wettbewerblichen Strukturen bei der Domain-Vergabe, um dem rasant wachsenden weltweiten Bedarf an Domain-Namen gerecht werden zu können. Vorläufiger Schlusspunkt dieser Entwicklung war die Gründung der *Internet Corporation for Assigned Names and Numbers* (ICANN) im Jahre 1998,[41] einhergehend mit der schrittweisen Übertragung der Kontrolle über die wesentlichen technischen Einrichtungen des DNS.[42]

b. Hierarchie und Root Zone

Die Struktur der Domain-Namen geht von einer hierarchischen Ordnung aus.[43] Oberste Ordnungsebene eines Domain-Namens ist die Top Level

---

39 *Johnson/Post*, 48 Stanford Law Review (1996), 1367, 1377.

40 Näher dazu sogleich, A.III.2.d(2).

41 Siehe Struktur der ICANN siehe sogleich, A.III.4.b(1).

42 Das Herzstück der technischen Struktur des DNS sind heute die 13 *Authoritative Root Servers*, die in Fortentwicklung des ursprünglichen *Root Server* die Kommunikation zwischen den hierarchisch niederen *Name Servers* koordinieren und dazu einen Masterplan des DNS verzeichnen. Einer dieser 13 Root-Server, der sog. *A-Root Server*, ist ausschließlich für die Kommunikation zwischen den übrigen *Root Servers* zuständig und bildet damit das Zentrum des DNS. Die 13 Server sind der Redundanz des DNS wegen international verteilt aufgestellt (siehe dazu die Graphik auf heise.de, http://www.heise.de/ct/00/25/066/bild2.gif), der genaue Standort der Server wird allerdings aus Sicherheitsgründen geheim gehalten.

43 Siehe *Mockapetris*, Domain-Names – Concepts and Facilities, RFC #1034 (1987), ¶ 2.1., http://www.rfc-editor.org/rfc/rfc1034.txt.

Domain, wie die Buchstabenkombination nach dem letzten Punkt (von links nach rechts gelesen) genannt wird. Top Level heißt dieser Bereich, weil innerhalb der Struktur des DNS dies hierarchisch die oberste bezeichnete Ebene ist. Darüber befindet sich nur noch die unbezeichnete *Root Zone*, innerhalb derer die verschiedenen TLDs zusammengefasst sind.

Hierarchisch unterhalb der TLD befindet sich die Second Level Domain (SLD), die die Buchstabenkombination *vor* dem letzten Punkt bezeichnet. Weitere Sub Level Domains werden jeweils links vor der nächsthöheren Ebene durch einen Punkt von dieser abgetrennt dargestellt. Gelesen wird ein Domain-Name deshalb eigentlich von rechts nach links, will man der zugrundeliegenden Hierarchie folgen.

c. Die Auflösung der Domain-Namen

Das DNS funktioniert mit Hilfe von Servern, die einen Domain-Namen in eine IP-Nummer übersetzen, die letztlich für den Datenverkehr im Internet allein maßgeblich ist.[44] Diese sog. *Name Servers* enthalten nach Art einer gigantischen Datenbank sämtliche Verknüpfungen von Domain-Namen und IP-Nummern. Die Ausmaße des DNS[45] und Effektivitätsgesichtspunkte bei der Aktualisierung von Einträgen führen dazu, dass ein einzelner *Name Server* nur einen Bruchteil dieser Verknüpfungen verzeichnen kann. Um dennoch die globale Identifizierung jedes Computers sicherzustellen, sind die einzelnen *Name Server* in einer komplexen Hierarchie miteinander verknüpft, in der Anfragen nach Domain-Namen effektiv und zeitnah an den richtigen *Name Server* weitergeleitet werden.[46] Die Stabilität des Systems wird durch den üblichen Betrieb zweier *Name Server* bei den Providern, eines zentralen sog. *Primary Name Server* und einer Kopie, des sog. *Secondary Name Server*, sichergestellt.[47] Die Verteilung der Domain-Einträge auf viele

---

[44] Die folgenden Erläuterungen beruhen auf einem Artikel von *M. Stuart Lynn*, ICANN President von 2001 bis 2003, „A Unique, Authoritative Root for the DNS (Discussion Draft)" vom 28.05.2001, http://www.icann.org/stockholm/unique-root-draft.htm.

[45] Ende September 2003 gab es allein unterhalb der *generic* TLD ».com« mehr als 24 Millionen Domains, siehe http://www.denic.de/de/domains/statistiken/domainvergleich_tlds/index.html.

[46] Siehe zur Suche nach dem richtigen *name server* auch die Darstellung bei *J.B.Nordemann/Czychowski/Grüter*, NJW 1997, 1897, 1898.

[47] Einen guten Überblick über die von der deutschen Domainvergabestelle DENIC (siehe näher sogleich A.III.4.c(1)) vorgehaltenen *Name Server*, die für die Lokalisierung sämtlicher deutschen Domains zuständig sind, zeigt „DeNIC baut Nameserver-Netz aus", http://www.heise.de/newsticker/data/hob-06.08.02-000/. Dieser Übersicht lässt sich gleichzeitig entnehmen, dass nicht nur die Bereitstellung mehrerer *Name Server* zur

verschiedene *Name Servers* sorgt dafür, dass die Fülle der Anfragen nicht zu einer Überlastung des Systems führt.

d. Strukturelle Konventionen

Grundsätzlich kann ein einmal vergebener Domain-Name nicht erneut vergeben werden, ohne dem bisherigen Inhaber diesen zu entziehen. Dies ist eine Grundvoraussetzung für die reibungslose, eindeutige Kommunikation im Internet und korrespondiert mit den Zwängen des IP-Systems.[48]

Darüber hinaus gibt es für die Bildung der Domain-Namen eine Reihe von Beschränkungen, die für eine gewisse Struktur der Namen sorgen sollen, um das DNS handhabbar und übersichtlich zu gestalten. Ein Domain-Name muss immer aus einer TLD und einer SLD bestehen, weil eine SLD für sich, also ohne Zuordnung zu einer TLD, nicht eindeutig wäre und eine TLD allein noch keinen Server, sondern einen Domain-Bereich bezeichnet. Erst die Verbindung einer SLD mit einer TLD gestattet eine eindeutige Zuordnung zu einem Server. Für die rechtliche Bewertung von Domain-Konflikten folgt daraus, dass eine Fokussierung auf die SLD unter Außerachtlassung der TLD dem DNS widerspricht, da dadurch die SLD aus ihrer spezifischen Zuordnung zu einer TLD genommen wird.

(1) Die vorgegebenen Top Level Domains

Weniger einsichtig ist die derzeit geltende Begrenzung der möglichen TLDs.[49] Im Gegensatz zu den SLDs ist die TLD nicht frei wählbar, sondern als Auswahl aus vorgegebenen Varianten zu verstehen. Derzeit gibt es 14 sog. *generic* TLDs (*g*TLDs) und ca. 240 *country code* (*national*) TLDs (*cc*TLDs). Die TLDs sind in der unbenannten *Root Zone* zusammengefasst. Technischerseits gibt es damit keinen Grund für die Beschränkung,[50] so dass die Bestrebungen, weitere TLDs einzuführen, durchaus nachvollziehbar sind.[51]

(a) Generic Top Level Domains

Generische TLDs bestanden nach hergebrachter Domain-Philosophie aus drei Buchstaben im Unterschied zu den *cc*TLDs, die aus zwei Buchstaben bestehen. Diese Philosophie, die keinerlei technischen Hintergrund hat, sondern wohl nur der Bequemlichkeit der Internet-Pioniere entsprungen

---

Verteilung der Last, sondern auch deren globale Distribution für die weltweite Erreichbarkeit der deutschen Domains von Bedeutung ist.

48 Siehe oben, A.III.1.

49 Siehe dazu die Übersicht unter http://www.icann.org/tlds/.

50 *Mueller*, Competing DNS Roots, S. 2.

51 Siehe dazu sogleich A.III.2.d(2).

ist, wurde im Jahre 2000 zugunsten selbsterklärender TLD Bezeichnungen teilweise aufgegeben.

Es gibt derzeit insgesamt vierzehn *g*TLDs:[52] ».aero«, ».biz«, ».com«, ».coop«, ».edu«, ».gov«, ».info«, ».int«, ».mil«, ».museum«, ».name«, ».net«, ».org« und ».pro«. Davon sind die TLDs ».edu«, ».gov« und ».mil« dem Gebrauch durch private Internet-Nutzer von entzogen und der ausschließlichen Verwendung durch U.S.-Behörden vorbehalten.[53] Anhand dieser Exklusivität zeigt sich bereits die Dominanz der U.S.-amerikanischen Regulierung im Hinblick auf die Vergabe von Domains unterhalb einzelner Top Level. Der Grund für diese „Vorrechte" ist in den amerikanischen Anfangstagen des Internets zu sehen, in denen die Grundstrukturen des Internets festgelegt wurden, die auch heute noch Bestand haben.

Daneben gibt es bei einigen *g*TLDs bestimmte Voraussetzungen, die Domain-Inhaber erfüllen müssen. Die intTLD etwa ist zur ausschließlichen Verwendung durch Organisationen vorgesehen, die durch internationale Regierungsabkommen entstanden sind.[54] Die TLDs ».coop«, ».museum« und ».aero« werden nach neuer Nomenklatur als *sponsored* TLDs bezeichnet und sind dem Gebrauch durch die Unternehmen und Einrichtungen dieses Tätigkeitsbereichs vorbehalten. Dies wird durch Vorgaben und Überprüfungen seitens der Vergabestelle sichergestellt.[55]

Für die anderen generischen TLDs gibt es zwar ebenfalls Zielgruppen - z.B. (gemeinnützige) Organisationen bei der orgTLD, kommerzielle Anbieter bei der comTLD - jedoch wird dies bei der Registrierung nicht geprüft. Dadurch ist in der Praxis unter diesen TLDs zwar zumeist die Zielgruppe zu finden, Ausnahmen bestätigen jedoch nicht selten die Regel.

---

52 Siehe die zusammenfassenden Informationen zu *generic* TLDs bei IANA, http://www.iana.org/gtld/gtld.htm.

53 ».edu« ist höheren U.S.-Bildungseinrichtungen vorbehalten und wird vergeben durch Educase, http://www.educause.edu/edudomain/.
».gov« ist den U.S.-Regierungsbehörden vorbehalten und wird vergeben durch die US General Services Administration GSA, http://www.nic.gov/.
».mil« ist für die Verwendung durch das U.S.-Militär reserviert und wird vergeben durch das U.S. Department of Defense Network Information Center, http://www.nic.mil/.

54 Siehe dazu die Informationen des Registrars IANA, http://www.iana.org/int-dom/int.htm.

55 Siehe dazu z.B. die Vorgaben von ICANN im *Sponsorship Agreement* für die ».museum« TLD, verfügbar unter http://www.icann.org/tlds/agreements/museum/sponsorship-agmt-att1-20aug01.htm. Die stringente Domain-Politik der ».museum« Vergabestelle *MuseDoma* zeigt sich auch in der Domain http://the.british.museum/, die als Musterbeispiel für die Ausschöpfung des DNS angesehen werden muss.

Generische TLDs können im Gegensatz zu den *cc*TLDs weltweit registriert werden und sollen gerade aufgrund ihrer beschreibenden Kennzeichnungen keinen regionalen Bezug des Inhabers herstellen. Insofern handelt es sich um genuin globale Domains.[56]

(b) Country code Top Level Domains

Country code TLDs bestehen aus der zweibuchstabigen ISO 3166-1[57] Kennung eines Staates.[58] Die Wahl der zweibuchstabigen Länderkennung sichert zugleich die Unterscheidungsfähigkeit zu den mehrbuchstabigen *g*TLDs.

In der Regel können die *cc*TLDs nur von den Unternehmen und Einwohnern des jeweiligen Landes registriert werden, da bei diesen Domains der regionale Bezug im Vordergrund steht. Einige nationale Vergabestellen haben ihre TLD jedoch für ausländische Registrierungen freigegeben, etwa wenn es sich um ein einwohnerschwaches Land handelt und die Domain generische Züge aufweist, die sie international interessant erscheinen lässt.[59]

(c) Infrastructure Top Level Domain

Eine Besonderheit ist die arpaTLD,[60] die sog. *Address and Routing Parameter Area Domain,* die ausschließlich für Infrastrukturmaßnahmen von den technischen Institutionen des Internets genutzt wird.[61] Unterhalb dieser TLD gibt es derzeit fünf Domains: »e164.arpa«, »in-addr.arpa«, »ip6.arpa«, »uri. arpa« und »urn.arpa«.

(2) Streit um die Konventionen

Seit einiger Zeit regt sich Widerstand gegen die vorgegebene Beschränkung auf bestimmte TLDs. Wie bereits erwähnt, gibt es keine technischen Gründe

---

56 Die noch von *Kur,* CR 1996, 325, 326, beschriebene rein US-amerikanische Nutzung der TLDs ».com« und ».net« ist spätestens seit der Wiedereinführung der ».us« TLD Anfang 2002 überholt. Auch davor schon war der Zugang zu diesen *generic* TLDs durch die Einführung wettbewerblicher Strukturen weltweit eröffnet.

57 Siehe http://www.iso.org/iso/en/prods-services/iso3166ma/02iso-3166-code-lists/list-en1-semic.txt.

58 Nähere Informationen zu den *country code* TLDs finden sich bei IANA unter http://www.iana.org/cctld/cctld.htm.

59 Siehe zu diesen generischen *cc*TLDs näher unten A.III.4.c(2).

60 Näheres dazu bei der IANA unter http://www.iana.org/arpa-dom/.

61 Geregelt wird die Nutzung der ».arpa« TLD durch *Houston,* Management Guidelines & Operational Requirements for the Address and Routing Parameter Area Domain ("arpa"), RFC #3172 (2001), http://www.rfc-editor.org/rfc/rfc3172.txt.

für diese Einschränkung. Die Brisanz der Beschränkung liegt darin, dass einige TLDs „übervoll" sind, d.h. die Möglichkeiten sinnvoller SLDs praktisch erschöpft sind. Dies führt zwangsläufig vermehrt zu Streitigkeiten um Domains und beschränkt zudem den Wettbewerb der Internet-Anbieter. Zu diesen „übervollen" TLDs gehört etwa die generisch comTLD, die die Hitliste der Domain-Zahlen unangefochten anführt.[62] An zweiter Stelle folgt mit deutlichem Abstand die länderspezifische deTLD.[63]

Festzuhalten ist, dass die Begrenzung der *cc*TLDs auf die in ISO 3166-1[64] normierten Landeskennungen in Anbetracht ihrer Funktion als Repräsentanz-Domain des jeweiligen Staates auf durchaus nachvollziehbaren Gründen beruht. Gleichwohl regen sich auch hier kritische Stimmen, die für die Berücksichtigung von Volksgruppen ohne derzeit anerkanntes Hoheitsgebiet (etwa die für Palästina vorgesehene TLD ».ps«[65]) und die Einführung regionaler TLDs (wie etwa die bereits beschlossene europäische TLD ».eu«[66]) streiten.

Hinsichtlich der beschränkten Zahl von *g*TLDs sind nachvollziehbare Gründe weniger offensichtlich. Um die Zwänge des DNS mit den vorgegebenen TLDs zu überwinden, bildeten sich schon frühzeitig sog. *Alternative Roots*,[67] die neben dem herkömmlichen DNS existieren und ihren eigenen Name Space verwalten.[68] Die Registrierung von Domain-Namen in diesen *Roots* funktioniert ähnlich wie im „normalen" DNS mittels Eintragung in einen *Name Server*. Im Gegensatz zum DNS handelt es sich hierbei jedoch um spezielle *Name Servers*, die einem eigenständigen *Name Server*-Verbund angehören. Für den Nutzer der *Alternative Roots* sind deren Domain-Namen nur erreichbar, wenn die Internetsoftware vorab auf diese Server eingestellt

---

62 Derzeit (Ende 2004) ca. 31 Millionen Domains. Siehe die Zahlen der DENIC, http://www.denic.de/de/domains/statistiken/domainvergleich_tlds/index.html. Zur DENIC siehe sogleich, A.III.4.c(1).

63 Derzeit (Ende 2004) bereits über 8 Millionen Domains. Siehe dazu die Statistik der Vergabestelle DENIC unter http://www.denic.de/de/domains/statistiken/index.html.

64 Siehe http://www.iso.org/iso/en/prods-services/iso3166ma/02iso-3166-code-lists/list-en1-semic.txt.

65 Siehe dazu den Report der IANA auf http://www.iana.org/reports/ps-report-22mar00.htm.

66 Siehe dazu die „Verordnung (EG) Nr. 733/2002 des Europäischen Parlaments und des Rates vom 22. April 2002 zur Einführung der Domäne oberster Stufe ».eu«", ABl. EG Nr. L 113 vom 30.04.2002, S. 1-5.

67 Siehe dazu *Hahn/Wilmer*, NJW-CoR 1997, 485 f.

68 Anbieter solcher Domains sind z.B. die New.net (http://new.net) und OpenNIC (http://www.opennic.unrated.net).

wird.[69] Diese Grundvoraussetzung für die Erreichbarkeit alternativer Domains ist das maßgebliche Hindernis bei der Durchsetzung dieser Systeme.[70] Schon die Entscheidung für eine bestimmte *Alternative Root* wirft ein klassisches Verteilungsproblem auf, nach M. MUELLER „a serious chicken and egg problem".[71] Die Verbreitung einer *Alternative Root* hängt von der Zahl der darin registrierten Domains ab, und die Wahl dieser *Root* für die Registrierung einer alternativen Domain hängt wiederum von ihrer Attraktivität, also ihrer Verbreitung ab. Die für ihre Durchsetzung erforderliche „kritische Masse" hat bisher keine der *Alternative Roots* erreicht, so dass dem offiziellen DNS ernsthafte Konkurrenz bisher erspart blieb.

Auf zunehmenden Druck seitens der Unternehmen, die sich in ihren Entfaltungsmöglichkeiten im Internet durch diese Begrenzung stark beschränkt sahen, wurde Ende 2000 – nach einer umstrittenen Phase der Evaluierung kostenpflichtiger Vorschläge für neue TLDs – die Einführung sieben weiterer TLDs beschlossen: ».aero«, ».biz«, ».coop«, ».info«, ».museum«, ».name« und ».pro«.[72] Diese neuen Endungen sollten den Druck von der comTLD nehmen und für eine bessere Verteilung der kulturellen und kommerziellen Angebote auf adäquate, beschreibende TLDs sorgen. Die Beschränkung auf diese vergleichsweise geringfügige Erweiterung der bestehenden TLDs wurde von ICANN damit begründet, dass unter allen Umständen die Stabilität des Internets und insbesondere des DNS gewahrt bleiben müsse.[73] Zu diesem Zweck sei die Einführung einer vergleichsweise kleinen Zahl von neuen TLDs eher als Test denn als Zugeständnis zu verstehen, um zunächst die Auswirkungen der Erweiterung auf die Stabilität des DNS zu untersuchen. Die Einführung weiterer TLDs sei durchaus beabsichtigt, sofern der Test erfolgreich, d.h. im Rahmen hinnehmbarer Belastungen der Stabilität des DNS, verlaufe.

---

69 Siehe zu den technischen Hintergründen der *Alternative Roots* http://domains.dantobias.com/structure/altroots.html.

70 Interessant in diesem Zusammenhang auch die deutsche Initiative »fraude.de«. Siehe dazu „Ein Web nur für Frauen", http://www.heise.de/newsticker/data/dwi-17.07.02-000/.

71 *Mueller*, Competing DNS Roots, S. 5.

72 Siehe den „Preliminary Report" des „Second Annual Meeting and Organizational Meeting of the ICANN Board", 16.11.2000, http://www.icann.org/minutes/prelim-report-16nov00.htm#00.89.

73 Siehe dazu das ICANN Yokohama Meeting Topic: „Introduction of New Top-Level Domains", 13.06.2003, http://www.icann.org/yokohama/new-tld-topic.htm#IIA.
Schon das U.S.-Department of Commerce hatte in seinem *White Paper* „Management of Internet Names and Addresses", http://www.ntia.doc.gov/ntiahome/domainname/6_5_98dns.htm, darauf explizit den Schwerpunkt der Tätigkeit von ICANN gelegt.

Im Ergebnis lässt sich festhalten, dass die Stabilität des DNS unter der Einführung neuer *g*TLDs nicht gelitten hat. Auch wenn die Startphase der Registrierungen in einigen der neuen Domains nicht ganz reibungslos verlief,[74] beweist deren globale Konnektivität die grundsätzlichen Expansionsmöglichkeiten des DNS. Allerdings darf bezweifelt werden, ob ICANN mit der Erweiterung des DNS in einem überschaubaren Zeitrahmen vorankommt. Die Einführung der im Jahre 2000 beschlossenen sieben neuen TLDs dauerte gut zwei Jahre, bevor der letzte Vertrag mit der zuständigen Vergabestelle zustande kam. Erst danach konnte mit der öffentlichen Vergabe von Domain-Namen unterhalb dieser TLD begonnen werden. Es ist absehbar, dass eine größere Tranche von neuen TLDs einen entsprechend längeren Zeitraum der Vorbereitung beansprucht, so dass die Einführung von TLDs in größerem Ausmaß in nächster Zeit nicht zu erwarten sein dürfte. Die Beschränkungen des DNS im Hinblick auf die verfügbaren TLDs werden damit zunächst fortbestehen.

(3) Die verwendbaren Zeichen bei der Bildung des Domain-Namens

Grundsätzlich können Domain-Namen, gleich welcher TLD sie angehören, nur aus den Buchstaben a-z, den Zahlen 0 bis 9 sowie dem Zeichen „-" (Bindestrich) bestehen. Die Schreibweise der Domain-Namen beruht zur Zeit noch auf der Norm ISO-8859-1.[75] Um die Domain-Namen zu internationalisieren, sind nunmehr auch sprachspezifische Sonderzeichen, etwa „ä", „ü", oder auch die asiatischen Schriftzeichen in Domain-Namen zulässig.[76]

Hier hören jedoch die Gemeinsamkeiten schon wieder auf und es ist eine Frage der zuständigen Vergabestelle, welche weiteren Anforderungen der Domain-Name darüber hinaus erfüllen muss. Weit verbreitet ist die Vorgabe einer Mindestlänge des Domain-Namens, die in der Regel bei zwei oder drei Zeichen liegt (ohne die TLD).[77] Wo dies nicht der Fall ist, sind kuriose

---

[74] Siehe dazu „Zurück auf Start: Afilias will bis zu 10.000 info-Domains freiklagen", http://heise.de/newsticker/data/wst-18.01.02-001/.

[75] Siehe *Yergeau* et al., Internationalization of the Hypertext Markup Language, RFC #2070 (1997), http://www.rfc-editor.org/rfc/rfc2070.txt.

[76] Siehe dazu die Informationen der DENIC, unter http://www.denic.de/de/domains/idns/index.html.
Anscheinend verschärft sich die Problematik des Domain-Grabbing mit der Einführung der Unicode Namen, da es eine Reihe ähnlicher Zeichen in den verschiedenen Zeichensätzen gibt. Siehe dazu näher „Domain-"Hijacking" auf kyrillisch", http://www.heise.de/newsticker/data/pab-28.05.02-000.

[77] Die Vergabestelle für die deTLD gibt eine Mindestlänge des Domain-Namens von drei Zeichen vor, wobei das Zeichen „-" weder am Anfang noch am Ende und auch nicht an dritter oder vierter Stelle stehen darf. Zudem muss der Name mindestens einen Buchsta-

Kurz-Domains möglich, wie etwa »–.kg«.[78] Des Weiteren muss zumeist innerhalb der SLD mindestens ein Buchstabe vorkommen, um die Abgrenzung zu den IP-Nummern sicherzustellen.

Bedenklich stimmt in diesem Zusammenhang, dass es keinerlei völkerrechtliche oder gesetzliche Grundlagen für die Schreibweisen und Anforderungen an die Domain-Namen gibt. Jede *cc*TLD-Vergabestelle bestimmt selbst, welche Anforderungen die Domain-Namen erfüllen müssen. Fragwürdig sind dabei insbesondere die Steuerungsmöglichkeiten der Vergabestelle im Hinblick auf die Wahrnehmung von Kennzeichenrechten.[79]

3. Die Normsetzung im Internet

Das Phänomen der hoheitsfernen Internet-Regulierung erklärt sich besonders eindrucksvoll an den Normungsmechanismen, die die technische Seite des Internets prägen. Wie bei der Verwaltung der IP-Adressen und Domain-Namen gezeigt, besteht das Internet von seiner administrativen Seite her in erster Linie aus privaten Organisationen.

Bei der Normbildung und Standardentwicklung im Internet ist dies nicht anders. Die Normierung vollzieht sich unkonventionell durch das Zusammenspiel verschiedener privater Organisationen, die sich die Fortentwicklung des Internets zur Aufgabe gemacht haben. Diese Organisationen bestehen zumeist seit den frühen Anfängen des Internets, als es sich noch um einen Zusammenschluss der Rechnernetze amerikanischer Universitäten

---

ben enthalten, um Verwechslungen mit IP-Adressen auszuschließen. Desweiteren sind die bestehenden TLDs sowie die deutschen KFZ-Kennzeichen nicht als Domain-Namen verwendbar. Die Höchstlänge des Domain-Namens beträgt 63 Zeichen (unrichtig insoweit *Soergel/Heinrich*, BGB[13], § 12 Rn. 152a: „zwanzig alphabetische Zeichen"). Groß- und Kleinschreibung spielen bei den Domain-Namen keine Rolle. Umlaute sind nicht erlaubt. Siehe zum Ganzen Punkt II. der DENIC Richtlinien unter http://www.denic.de/de/richtlinien.html ¶ II.
Siehe auch *Mockapetris*, Domain-Names - Implementation and Specification, RFC #1035 (1987), http://www.rfc-editor.org/rfc/rfc1035.txt.
Trotz der vorgegebenen 3-Zeichen-Mindestlänge existieren (noch) vier zweistellige Domain-Namen im deutschen Raum: »bb.de«, »db.de«, »hp.de« und »ix.de«. Diese Domains sind älteren Datums als die Richtlinien und genießen Bestandsschutz. Siehe http://www.denic.de/de/faqs/domainanmelder/index.html#section_23.

[78] Weitere Beispiele in diesem Zusammenhang sind die Domains »q.com«, »x.com«, »z.com« und »x.org«. Die übrigen einbuchstabigen Domains unterhalb der *generic* TLDs hat sich IANA bereits 1993 gesichert, um den Adressraum in Zukunft erweitern zu können.

[79] Siehe etwa die Marke „4711", deren Verwendung in einem deutschen Domain-Namen nach den Vorgaben der Vergabestelle nicht möglich ist. Das Unternehmen konnte jedoch in die ».com« TLD ausweichen, wobei die wettbewerbsrechtliche Vergleichbarkeit dieser Domain-Räume noch näher zu untersuchen sein wird, siehe unten A.IV.b(1).

handelte. Das Internet war zu dieser Zeit mehr oder weniger ein technisches und wissenschaftliches Experiment und von den heutigen kommerziellen Dimensionen weit entfernt. In diesen Anfangstagen des Internets wurden jedoch einige grundlegende Normierungsstrukturen gebildet, die für das heutige Verständnis der Normgebung im Internet von entscheidender Bedeutung sind.

Die sog. *Internet Standards* bilden das Rückgrat für jegliche Kommunikation im Internet und dienen in erster Linie dem reibungslosen Zusammenspiel der unterschiedlichen Komponenten und Systeme, die an das Internet angeschlossen sind. Von maßgeblicher Bedeutung für diese Kommunikation sind dabei die zugrunde liegenden technischen Protokolle, die den Datenaustausch vereinheitlichen.

Beteiligt an der Normbildung im Internet sind eine Reihe von Institutionen, deren maßgebliche Gemeinsamkeit ihre staatliche Unabhängigkeit ist. Ein komplexes Wechselspiel dieser Institutionen[80] führt zur Schaffung neuer Standards.

a. Die Institutionen

Verantwortlich[81] für die Entwicklung neuer Standards ist die *Internet Engineering Task Force* (IETF),[82] ein seit 1986 bestehender loser Zusammenschluss von Netzwerkspezialisten, die sich der Fortentwicklung der Architektur des Internets und dessen reibungslosem Funktionieren verschrieben haben. Die IETF hat keine Mitglieder, sondern nur interessierte Teilnehmer in den verschiedenen Arbeitsgruppen, die sich über Mailinglisten austauschen.

Die von der IETF entwickelten und vorbereiteten Standards werden von der *Internet Engineering Steering Group* (IESG)[83] in Absprache mit dem *Internet Architecture Board* (IAB)[84] beurteilt.[85] Der IAB bildet die Schnittstelle zu anderen Organisationen, wie etwa der *International Telecommunication Union*

---

80 Eine gute Übersicht über die Verknüpfungen der einzelnen Organisationen untereinander findet sich bei *P.Mayer*, K&R 2000, 13, 15.

81 Die Verantwortlichkeit betrifft hier ausschließlich das informelle Zuständigkeitsgefüge zwischen den einzelnen Organisationen, die an der Normbildung im Internet beteiligt sind. Keinesfalls handelt es sich um eine in irgendeiner Form rechtlicherseits zugewiesene Verantwortlichkeit oder Zuständigkeit. Derartige Zuweisungen existieren in diesem Zusammenhang nicht.

82 http://www.ietf.org/.

83 http://www.ietf.org/iesg.html.

84 http://www.iab.org/.

85 *P.Mayer*, K&R 2000, 13, 16.

(ITU).[86] Die Mitglieder des IAB werden vom *Board of Trustees* der *Internet Society* (ISOC) bestätigt.[87] Die ISOC selbst stellt nach eigenen Aussagen den rechtlichen Mantel („*legal umbrella*"[88]) für das IAB und die Standardisierungsaktivitäten der IETF dar. Die ISOC ist eine *not-for-profit corporation* mit Sitz in den USA. Sie wurde Anfang 1992 gegründet als ein Zusammenschluss von Einzelpersonen und Organisationen mit dem Ziel der Erhaltung der Entwicklungsfähigkeit des Internets und dessen globaler Normierung.[89]

Neben diesen, dem geschichtlichen Hintergrund des Internets entsprungenen Institutionen bilden sich zunehmend industrielle Konsortien zur Entwicklung technischer Internet-Standards,[90] deren Einfluss auf die Techniknormierung im Internet jedoch aufgrund der im Vordergrund stehenden Wettbewerbssituation[91] bisher eher gering ist.

b. Die *Requests for Comment*

Die Standardentwicklung beruht auf einem langwierigen Verfahren, das ausschließlich dem Zweck dient, eine möglichst umfassende Evaluierung und Konsensbildung sicherzustellen.[92]

Ein zukünftiger Standard durchläuft dabei drei Stufen der Reife (*maturity levels*): als *proposed standard*, als *draft standard* und schließlich als *standard.*[93] Ein *proposed standard* ist ein Vorschlag, der von der IESG als in Betracht

---

86 http://www.itu.int/.

87 Siehe dazu die Informationen des IAB unter http://www.iab.org/connexions.html.

88 http://www.iab.org/connexions.html.

89 Siehe dazu die Informationen der ISOC unter http://www.isoc.org/isoc/.

90 Das wohl bekannteste dieser neuen Gremien ist das 1994 gegründete *World Wide Web Consortium*, kurz: W3C, das allen Organisationen offen steht, sich jedoch in erster Linie an kommerzielle Mitglieder richtet, siehe http://www.w3.org/.
Die Mitgliederliste, http://www.w3.org/Consortium/Member/List, liest sich wie das Who-Is-Who der Technologie-Branche. Der Verband hat sich die Entwicklung interoperabler Technologien zur Aufgabe gemacht.

91 *P.Mayer*, K&R 2000, 13, 19, weist diesbezüglich u.a. auf die von Microsoft und Netscape im Browser-Wettstreit gebildeten Entwicklerlager hin, die eine Diversifikation und einen Bedeutungsverlust der jeweils mit der Normierung beauftragten Gremien zur Folge haben.

92 *P.Mayer*, K&R 2000, 13, 17; *Bradner*, The Internet Standards Process -- Revision 3, RFC #2026 (1996), ¶ 1.2., http://www.rfc-editor.org/rfc/rfc2026.txt.

93 *Postel/Reynolds*, Internet Official Protocol Standards, RFC #2400 (1998), ¶ 1., http://www.rfc-editor.org/rfc/rfc2400.txt.
Siehe näher zur Standardentwicklung *IAB/IESG*, The Internet Standards Process -- Revision 2, RFC #1602 (1994), ¶ 2.1., http://www.rfc-editor.org/rfc/rfc1602.txt.

kommender zukünftiger Standard geprüft wird.[94] Durch Beschluss der IESG erhält ein aussichtsreicher Standard die Einstufung als *draft standard*.[95] Die erfolgreiche Evaluierung eines *draft standard* kann schließlich zur Proklamierung als *standard* durch die IESG führen.[96]

Verantwortlich für die Veröffentlichung der Standards ist der sog. *RFC Editor*.[97] RFC steht für *Requests for Comment* und bezeichnet eine Serie von Dokumenten, die seit 1969 in Form von Notizen und Memos technische und organisatorische Aspekte des Internets beschreiben.[98] Nicht alle RFCs sind Standards, jedoch sind alle Standards in Form von RFCs veröffentlicht.

c. Bewertung

Grundlegende technische Normen werden im Internet in erster Linie ohne Beteiligung staatlicher oder hoheitlicher Instanzen allein auf der Ebene konsensualer Nutzerkommunikation entwickelt. Trotz oder gerade weil die Art der Nutzung des Internets sich zugunsten kommerzieller Teilnehmer verschoben hat, haben sich die in den Anfangstagen des Internets entwickelten Normierungsstrukturen offensichtlich bewährt. Die allen Interessierten offen stehenden Diskussionsgruppen und die konsequente Veröffentlichung des *standards track* verursachen zwar einen gewaltigen Aufwand in der Koordinierung des Entwicklungsprozesses, helfen jedoch andererseits maßgeblich dabei, die technisch beste Lösung zu finden und zugleich frühzeitig

---

94 *Postel/Reynolds*, Internet Official Protocol Standards, RFC #2400 (1998), ¶ 4.1.3., http://www.rfc-editor.org/rfc/rfc2400.txt; *P.Mayer*, K&R 2000, 13, 17.
Auf dieser Stufe verbleibt er mindestens sechs Monate, damit ausführliche Tests von verschiedenen Gruppen möglich sind. Änderungen der Spezifikationen sind in diesem Stadium der Entwicklung wahrscheinlich.

95 *Postel/Reynolds*, Internet Official Protocol Standards, RFC #2400 (1998), ¶ 4.1.2., http://www.rfc-editor.org/rfc/rfc2400.txt. In diesem Stadium sind grundlegende und ausführliche Tests und Stellungnahmen erwünscht. Änderungen der Spezifikationen sind möglich. Diese Phase dauert mindestens 4 Monate.

96 *P.Mayer*, K&R 2000, 13, 17.

97 http://www.rfc-editor.org/.
Wie oben bereits erwähnt, war auch bei den RFCs JON POSTEL der maßgeblich Verantwortliche, was dessen Bedeutung bei der Fortentwicklung des Internets unterstreicht. Derzeit wird diese Aufgabe von einer kleinen Gruppe wahrgenommen, die von der *Internet Society* (ISOC) unterstützt wird.

98 Der gesamte Satz an RFCs ist an verschiedenen Stellen des Internets abrufbar, um eine möglichst weite Verbreitung sicherzustellen. (RFC Editor: http://www.rfc-editor.org/rfc.html; IETF: http://www.ietf.org/rfc.html; Information Sciences Institute ISI: http://www.isi.edu/in-notes/rfc-index.txt).
Auch über die Geschichte der RFCs selbst gibt es ein entsprechendes RFC: RFC Editor et al., 30 Years of RFCs, RFC #2555 (1999), http://www.rfc-editor.org/rfc/rfc2555.txt.

den Konsens der Beteiligten und späteren Nutzer herzustellen.[99] Dennoch kann von Altruismus keine Rede sein, weil es die Nutzer selbst sind, die für sich und andere nach besseren technischen Lösungen suchen.

Ein Durchsetzungsmechanismus für die Verbreitung der entwickelten Standards existiert nicht, da das Internet in seiner Gesamtheit keinen Betreiber hat, der die Einführung neuer Standards erzwingen könnte.[100] Die Normdurchsetzung kann sich daher nur auf den Konsens der Beteiligten stützen, der wiederum durch die Teilhabe am Standardisierungsverfahren gesichert wird. Darin ist letztlich auch der Grund für das offensichtliche Funktionieren dieses Systems der Normbildung zu suchen.[101] Zu Recht lässt sich deshalb bezweifeln, ob sich das konsensuale Modell technischer Selbstregulierung auf Bereiche sozialer Interaktion übertragen ließe.[102] Das Beispiel der *Netiquette* als Normgebilde für das Verhalten der Internetnutzer in Chat-Rooms, E-Mails und Bulletin-Boards zeigt jedoch, dass auch in Bereichen unmittelbarer Nutzerkommunikation selbstregulative Ansätze auf einer sozialen Ebene bedingt erfolgreich sein können.[103]

Für den hier betrachteten Aspekt der Regulierung der Domain-Namen und der Etablierung einer alternativen Streitlösung stellt die dargestellte Normbildung im Internet einen wesentlichen Grundbaustein im Gefüge und Verständnis der Internetregulierung dar. Das Funktionieren dieses Systems der Techniknormung jenseits staatlicher Einflussnahme demonstriert das Potential privater Institutionen zur Regulierung bestimmter Fragen der Internetkommunikation und zur Durchsetzung entsprechender Standards.

4. Die Vergabepraxis der Domain-Namen

Die Vergabe von Domain-Namen erfolgt in der Regel dezentral über einen Provider, der den Registrierungsauftrag an die zentrale Registratur für die jeweilige TLD weiterleitet bzw. die Domain bei dieser Registratur über ein entsprechendes System selbst einträgt. Staatliche Stellen sind an der Registrierung von Domain-Namen nicht beteiligt.

---

99 Der Grund für diese Verfahrensweise liegt nach *P.Mayer*, K&R 2000, 13, 18, in der Tradition des amerikanischen „*checks and balances*" Systems, das Mitspracherechte und demokratische Entscheidungsfindungen bereits im Verfahrensweg sichert.

100 Zutreffend *P.Mayer*, K&R 2000, 13, 18.

101 *Bücking*, GRUR 2002, 27.

102 *P.Mayer*, K&R 2000, 13, 19.

103 Näher zur Netiquette als Beispiel selbstregulativer Möglichkeiten im Internet, unten C.I.2.f(1).

a. Grundsätze

Die praktische Vergabe der Domains folgt dem Prioritätsprinzip: „first come, first served".[104] Die Registrierungsstelle prüft bei der Bearbeitung des Antrags lediglich, ob eine Domain dieses Namens bereits vorhanden ist. Ist dies nicht der Fall, wird die Domain für den Antragsteller eingetragen. Eine Überprüfung der rechtlichen Zulässigkeit der Domain wird nicht vorgenommen, so dass die Tatsache der Eintragung diesbezüglich auch keine Aussage treffen kann.

Ursprünglich wurzelt dieses Vergabe-Verfahren im Rundfunkrecht. Die Frequenzvergabe folgte in den Anfängen des Rundfunks diesem Prinzip, weil aufgrund einer ausreichenden Zahl verfügbarer Frequenzen dieser Modus keine bzw. die geringsten Vergabe-Probleme aufwarf.[105] Dennoch findet diese Methode bei der Domain-Vergabe allen Konflikten zum Trotz auch heute noch Argumente. Insbesondere das Effektivitätsdogma scheint nach wie vor seine Berechtigung zu genießen. Eine Registrierungsstelle - selbst für *cc*TLDs - kann die Flut der Anträge nicht sinnvoll bewältigen, wenn komplizierte, womöglich umstrittene rechtliche Fragen bezüglich der gewählten Domain vorab zu prüfen wären. Problematisch in einem solchen Szenario wären zudem die Fragen der Übernahme der Kosten einer juristischen Überprüfung des beantragten Domain-Namens und die personelle Ausstattung der Registrierungsstelle.

Selbst unter Anerkennung des Effektivitätsdogmas bleibt jedoch umstritten, ob die Registrierungsstellen nicht zumindest eine Offenkundigkeitsprüfung vornehmen könnten und müssten. Es erscheint per se nicht besonders aufwendig festzustellen, ob ein privater Antragsteller offenkundige Namensrechte Dritter bspw. bei der Registrierung von »heidelberg.de« verletzt, wenn er selbst in keinerlei namensrechtlichem Zusammenhang mit dem prägenden Bestandteil des Domain-Namens steht. Allerdings setzt eine solche Beurteilung voraus, dass Namensrechte überhaupt auf Domain-Namen Anwendung finden können, wodurch eine pauschale Einschätzbarkeit die Vorabklärung wesentlicher und nicht unumstrittener Grundfragen verlangt. Eben diese Konstellation führte deshalb zum ersten Domain-Urteil in Deutschland überhaupt,[106] worin zugleich das Dilemma der Registrierungsstellen offensichtlich wird, die nur dann eine entsprechende Offenkundigkeitsprüfung vornehmen können, wenn ein solcher Fall rechtlich

---

[104] Kleinwächter, MMR 1999, 452, 454; *Johnson/Post*, 48 Stanford Law Review (1996), 1367, 1377.

[105] *Linke*, CR 2002, 271, 273 f.

[106] LG Mannheim, CR 1996, 353 - »heidelberg.de«, m.Anm. *Hoeren*.

völlig eindeutig ist bzw. entsprechende Präzedenzfälle gerichtlich, also nach einer detaillierten juristischen Prüfung und Würdigung, entschieden wurden. Entsprechend würde eine solche Klärung und Präzedenzbildung von den Registrierungsstellen den Einstieg in eine Detailprüfung erfordern, die von ihnen - darüber besteht weitestgehend Einigkeit in Literatur und Rechtsprechung[107] - nicht zu leisten ist, so dass dergleichen Fragen dennoch den Gerichten zur Klärung überlassen bleiben müssten. Der Ausweg aus diesem *Circulus vitiosus* von Pauschalität und Vorfragenklärung scheint deshalb allein in dem Verzicht der Vergabestelle auf jegliche Überprüfung des Registrierungsantrags zu liegen.

Festzuhalten ist, dass eine rechtliche Überprüfung der Zulässigkeit der Domain im Hinblick auf die Verletzung von Rechten Dritter durch die Vergabestellen nicht vorgenommen wird.

b. Generische Top Level Domains

Bis 1998 war *Network Solutions, Inc.* (NSI) durch Vertrag mit dem U.S.-*Department of Commerce* (DoC) der einzige Registrar und Administrator für die generischen TLDs ».com«, ».net« und ».org«. Die Zuständigkeit des DoC wiederum lässt sich nur mit der Entstehungsgeschichte des Internets erklären, als die Infrastruktur noch mit Hilfe von Steuergeldern an den amerikanischen Universitäten entstand. Der fortdauernden selbsterklärten Verantwortlichkeit des DoC für wesentliche Fragen der Internet-Administration fehlt es jedoch heute an einer hinreichenden Legitimationsgrundlage; entstehungsgeschichtliche Zusammenhänge allein können dies in Anbetracht der globalen Internet-Ressourcen nicht mehr begründen.

(1) ICANN

Die zentrale Internet-Organisation ist ICANN, die *Internet Corporation for Assigned Names and Numbers.* ICANN existiert als *nonprofit public benefit corporation* nach kalifornischem Recht mit Sitz im kalifornischen Marina del Rey. Gemäß § 3 der *Articles of Incorporation* (AoI) vom 21.11.1998[108] hat ICANN die Aufgabe „of lessening the burdens of government and promoting the global public interest in the operational stability of the Internet". Die Schwerpunkte der Tätigkeit von ICANN liegen in der Verwaltung und Koordinierung der globalen Domain-Datenbanken, in der Zuweisung der IP-Adressräume sowie in der Administration der Domain-Root-Server. Damit

[107] BGH, MMR 2001, 671, 674 - »ambiente.de«, m.zust.Anm. *Welzel*, 744, 745; *Römermann*, DB 2001, 2433, 2434.

[108] Verfügbar unter http://www.icann.org/general/articles.htm.

ist ICANN verantwortlich für sämtliche Einrichtungen, von denen das Funktionieren des Internet abhängt.

Maßgeblich für die politische Ausrichtung der ICANN ist § 4 AoI:

> „The Corporation shall operate for the benefit of the Internet community as a whole, carrying out its activities in conformity with relevant principles of international law and applicable international conventions and local law and, to the extent appropriate and consistent with these Articles and its Bylaws, through open and transparent processes that enable competition and open entry in Internet-related markets. To this effect, the Corporation shall cooperate as appropriate with relevant international organizations."

Nach diesen *statements* sollte ICANN eigentlich von staatlichen Einrichtungen und Regierungen unabhängig sein und nur internationale Organisationen als Partner einer Zusammenarbeit in Betracht ziehen. Gleichwohl zeigt die Entwicklung, dass die Bedeutung des Internets und seiner Adressierungssysteme in immer stärkerem Maße zu Versuchen der Einflussnahme seitens der Regierungen führt.

Die Gründung von ICANN beruht auf dem von der US-Regierung 1998 veröffentlichten sog. *White Paper „Management of Internet Names and Addresses"*,[109] in dem die Privatisierung des DNS angeregt wurde, um den Wettbewerb und die internationale Beteiligung daran zu fördern. Das *White Paper* selbst wurde bereits 1997 durch das *Framework for Global Electronic Commerce* der Clinton-Administration[110] initiiert.[111] In guter Internet-Tradition veröffentlichte das für das *White Paper* zuständige *Department of Commerce* einen RFC zur Frage der zukünftigen Administration des DNS. Über 430 Kommentare mit insgesamt mehr als 1500 Seiten waren das Ergebnis.[112]

Die Gründe für die Favorisierung einer *private organization* in diesem wichtigen Sektor der Internet-Administration durch die U.S.-Regierung sind vielschichtig. Zum einen ging es wohl darum, in Anerkennung der globalen Bedeutung des Internets die Zuweisung der Verantwortlichkeit an eine einzelstaatliche Einrichtung zu vermeiden.[113] Eine internationale Institution wiederum kam für die U.S.-Regierung vor allem aufgrund ihrer negativen

---

109 U.S. Department of Commerce, „Management of Internet Names and Addresses", 05.06. 1998, Docket Number: 980212036-8146-02, http://www.icann.org/general/white-paper-05jun98.htm.

110 Abrufbar unter http://clinton3.nara.gov/WH/New/Commerce/.

111 *Kleinwächter*, MMR 1999, 452, 455.

112 Abrufbar unter http://www.ntia.doc.gov/ntiahome/domainname/index.html.

113 *Mueller*, Dancing the Quango, S. 2.

Erfahrungen mit der Leistungsfähigkeit bestehender internationaler Organisationen nicht in Frage. Die ITU etwa, die dem Internet zu Beginn äußerst kritisch gegenüberstand,[114] wurde von der Clinton-Administration auch aus anderen Gründen nicht für geeignet gehalten, diese globale Aufgabe auszufüllen.[115] Der damaligen europäischen Initiative zur Schaffung einer internationalen Charta für die Regulierung des Internets[116] konnte die U.S.-Regierung ebenfalls nichts abgewinnen, da sie ähnlich bürokratische Verhältnisse wie bei der ITU oder der UNO befürchtete. Im Ergebnis entschied sich die U.S.-Regierung gegen eine direkte oder indirekte Beteiligung von Regierungen bei der Kontrolle und Verwaltung maßgeblicher Internet-Einrichtungen.

Ende 2001 begann ICANN aus Anlass zunehmender internationaler Diskussionen um die Struktur von ICANN, die Benennung der Direktoren und die Teilhabe der Öffentlichkeit an der Verwaltung einen Reformprozess, der maßvolle strukturelle Änderungen unter gleichzeitiger Wahrung der Funktionsfähigkeit der Organisation zur Folge haben sollte.[117] Den bisherigen Abschluss der Reformbestrebungen bilden die zum 13. Oktober 2003 in Kraft getretenen, ergänzten *Bylaws*,[118] die die strukturelle Ordnung von ICANN und ihr Verhältnis zu außenstehenden Organisationen, Institutionen und den Regierungen neu regeln.[119] Bemerkenswert in diesem Zusammenhang ist insbesondere Art. I, Sec. 2 Nr. 11 der *Bylaws*, der die *Core*

---

114 Dieses Verhältnis hat sich zum Ende der 90er Jahre verbessert, als die ITU zu der Überzeugung gelangte, dass sie aufgrund ihrer globalen Ausrichtung und ihrer Erfahrung im Telekommunikationssektor eine Favoritenrolle hinsichtlich der Zuweisung der Verantwortlichkeit für die Internet-Regulierung innehaben sollte. Siehe dazu die Stellungnahme der ITU 1998 zur GII *„ITU Efforts to Build a New Global Information Infrastructure"* unter http://www.itu.int/newsarchive/press/PP98/PressRel-Features/Feature5.html.

115 *Mueller*, Dancing the Quango, S. 3.

116 Siehe dazu das Interview auf heise.de mit dem EU-Beauftragten *Martin Bangemann* aus dem Jahre 1997, „Die Informationsgesellschaft in Europa und ihre Macher: People first?!", in dem dieser ausführlich die damalige europäische Haltung in der Internet-Politik beschreibt. Verfügbar unter http://www.heise.de/tp/deutsch/inhalt/te/1307/1.html. Hintergrund des Gesprächs ist die vielbeachtete ITU-Konferenz „Telecom Interactive 97" in Genf, auf der *Bangemann* die Schaffung einer „international charta" forderte, die sich insbesondere mit Fragen der technischen Standards, mit illegalen Inhalten, Lizenzen, Verschlüsselung und Datenschutz befassen sollte.

117 Zur Geschichte des Reformprozesses http://www.icann.org/committees/evol-reform/.

118 Siehe http://www.icann.org/general/bylaws.htm.

119 Siehe dazu den organisatorischen Aufbau von ICANN, beschrieben auf http://icann.org/general/icann-org-chart.htm.

Values der Tätigkeit von ICANN definiert und in dem sich ICANN nun praktisch den Empfehlungen der Regierungen unterwirft:

> „11. While remaining rooted in the private sector, recognizing that governments and public authorities are responsible for public policy and duly taking into account governments' or public authorities' recommendations."

Umgesetzt wird dieser Einfluss der Regierungen gem. Art. XI, Sec. 2, 1. der *Bylaws* im sog. *Governmental Advisory Committee* (GAC), das zusammen mit den drei anderen *committees* - dem *Security and Stability Advisory Committee* (SSAC), dem *Root Server System Advisory Committee* (RSSAC) und dem *At-Large Advisory Committee* (ALAC), Art. XI, Sec. 2 - eine der drei strukturellen Säulen der ICANN-Organisation darstellt. Jedes *Committee* ist mit jeweils einem Direktor im Board von ICANN vertreten. Die andere Säule bilden die *Address Supporting Organization* (ASO),[120] die *Country-Code Names Supporting Organization* (CCNSO)[121] und die *Generic Names Supporting Organization* (GNSO),[122] die jeweils zwei Direktoren des *Board* von ICANN wählen und für die Entwicklung technischer und administrativer Grundsätze (*policy*) zuständig sind. Das Führungsgremium von ICANN ist der *Board of Directors* (Board),[123] dessen Wahl und Funktionsumfang im Mittelpunkt der Reformen standen und der im Ergebnis die oberste administrative Instanz des Internets darstellt. Die Einflussbemühungen der Regierungen sind von diesem Blickpunkt aus nicht überraschend.

(2) Das Shared Registration System

Das sog. *Shared Registration System* (SRS) geht noch auf einen Vertrag zwischen der NSI und dem DoC aus dem Jahre 1998 zurück. Hintergrund der Einführung dieses Systems der multiplen Domain-Namen-Vergabe war die Einführung wettbewerblicher Strukturen bei der Vergabe der *g*TLDs. Mit der Gründung von ICANN Ende 1998 ging auch das SRS auf die neue Internet-Organisation über, deren Board in der Folge mit Beschluss vom 04. März 1999 das *Statement of Registrar Accreditation Policy*[124] verabschiedete als Ergebnis der öffentlichen Diskussion über die zuvor publizierten *Draft Guidelines for Registrar Accreditation*[125]. Auch bei diesem Regelwerk wurden die traditionellen Prinzipien der Teilhabe der Internet-Gemeinschaft gewahrt.

---

[120] Art. VIII der *Bylaws*. http://www.icann.org/general/bylaws.htm#VIII.

[121] Art. IX der *Bylaws*. http://www.icann.org/general/bylaws.htm#IX.

[122] Art. X der *Bylaws*. http://www.icann.org/general/bylaws.htm#X.

[123] Art. VI der *Bylaws*. http://www.icann.org/general/bylaws.htm#VI.

[124] Siehe http://www.icann.org/registrars/policy_statement.html.

[125] Siehe http://www.icann.org/singapore/draftguidelines.htm.

Das SRS ist ein zentrales System zur Registrierung von *g*TLDs, durch das die Provider direkt den Domain-Namen ihres Kunden registrieren können. Aus Stabilitätsgründen ist der Zugriff allerdings nur den bei ICANN akkreditierten Registraren vorbehalten.[126] Grundsätzlich jedoch kann jeder Internet Provider sich bei ICANN akkreditieren lassen, technischerseits unterliegt das SRS keinen Beschränkungen der Teilnehmerzahl.

c. Länderspezifische Top Level Domains

Für die Vergabe der derzeit 244 *cc*TLDs[127] sind die jeweiligen Staaten selbst verantwortlich, die dafür entsprechende Stellen eingerichtet haben.[128] In Deutschland wird die Registrierung der ».de« Domains von der DENIC Domain Verwaltungs- und Betriebsgesellschaft eG[129] (DENIC) mit Sitz in Frankfurt/Main wahrgenommen.

(1) Die DENIC

Die Geschichte der DENIC begann im Jahre 1991,[130] als am Rechenzentrum der Universität Dortmund ein freiwilliger *Name Server*-Dienst eingerichtet wurde. Zunehmende administrative Probleme aufgrund der stetig steigenden Zahl verwalteter Domains führten 1993 zur Gründung des *Interessenverbund Deutsches Network Information Center* (IV-DENIC), der den Betrieb des Name-Server-Dienstes bundesweit ausschrieb. Die Verwaltung der damals etwa 1000 deutschen Domains übernahm daraufhin ab 1994 für zunächst drei Jahre das Rechenzentrum der Universität Karlsruhe. Nachdem Mitte 1996 die Zahl der deutschen Domains bereits auf über 20.000 angestiegen war,[131] zeigten sich die Grenzen des universitätsgebundenen Vergabeverfahrens, woraufhin eine zukunftsträchtigere Struktur für die Verwaltung der Domain-Namen gesucht wurde. Die deutschen Internet Service Provider (ISP) gründeten deshalb Ende 1996 eine Genossenschaft zur Verwaltung der deutschen Domain-Namen und zum Betrieb der nötigen Infrastruktur, die „DENIC Domain Verwaltungs- und Betriebsgesellschaft eG" (DENIC).[132]

---

126 Siehe http://www.icann.org/registrars/accreditation-overview.htm.

127 Zur Bildung der *cc*TLDs siehe oben A.III.2.d(1)(b).

128 Eine Übersicht über die country code TLDs und die jeweils zuständigen Institutionen findet sich auf der IANA Seite http://www.iana.org/cctld/cctld-whois.htm.

129 http://www.denic.de.

130 Siehe http://www.denic.de/de/denic/wir_ueber_uns/historie/index.html.

131 Siehe die Tabelle der DENIC unter http://www.denic.de/media/images/monatszahlen/daten.xls.

132 Die Genossenschaft wurde am 29.09.1997 in das Genossenschaftsregister eingetragen.

Zweck der DENIC ist die Förderung des Erwerbs und der Wirtschaft der Mitglieder der Genossenschaft,[133] § 2 Abs. 1 DENIC-Statut. Der Gegenstand der Genossenschaft liegt in der Verwaltung und dem Betrieb von Internet-Adressen (Domain-Namen), insbesondere der deTLD für Mitglieder und Nichtmitglieder, § 2 Abs. 2 DENIC-Statut. Unerwähnt bleibt dabei die Exklusivität der Verwaltung der ».de« Domain. Die DENIC betreibt den *Primary Nameserver* für die deTLD und ist damit Monopolist bezüglich der Registrierung und Verwaltung von deutschen Domains.[134] Die DENIC hat zu diesem Zweck ein elektronisches Vergabesystem eingeführt,[135] das den multiplen externen Zugriff auf die Domain-Datenbank gestattet und so die Vergabe von Domain-Namen durch Dritte (ISP) ermöglicht.

Die DENIC hat gem. § 12 DENIC-Statut[136] drei Organe: den Vorstand (§ 13), den Aufsichtsrat (§ 15) und die Generalversammlung (§ 18). Der Vorstand besteht aus drei bis fünf Personen, die Mitglieder der Genossenschaft sein müssen, § 13 Abs. 1 DENIC-Statut. Er entscheidet mit der Mehrheit seiner Mitglieder, § 14 Abs. 1 DENIC-Statut. Der Aufsichtsrat besteht ebenfalls aus drei bis fünf Personen, die gleichfalls Mitglieder der Genossenschaft sein müssen, § 15 Abs. 1 DENIC-Statut. Die Generalversammlung wird durch den Vorstand oder durch den Aufsichtsrat mit Zustimmung des Vorstands einberufen, § 19 Abs. 1 DENIC-Statut. Die Generalversammlung entscheidet mit der einfachen Mehrheit der abgegebenen Stimmen, § 19 Abs. 4 DENIC-Statut. Jedes Mitglied der Genossenschaft hat eine Stimme, § 19 Abs. 3 DENIC-Statut.

Die Mitgliedschaft in der DENIC bestimmt sich nach § 3 DENIC-Statut. Danach können diejenigen natürlichen und juristischen Personen und Personengesellschaften Mitglied der DENIC werden, die in Ausübung ihres Gewerbebetriebes Dritten in der Bundesrepublik Deutschland den technischen Zugang, die sog. Inter-Konnektivität, anbieten und unterhalten, § 3 Abs. 1 a) aa), ohne mit einem anderen Mitglied iSv § 15 AktG unter entsprechender Anwendung von § 36 Abs. 3 GWB verbunden zu sein, bb), und deren eigene und Dritten angebotene Inter-Konnektivität sich zumindest nicht ausschließlich von einem anderen Mitglied ableitet, cc). Darüber hinaus können auch die Mitglieder des Vorstands und des Aufsichtsrats

---

[133] Die DENIC hat derzeit (Dezember 2004) über 200 Mitglieder, http://www.denic.de/de/denic/mitgliedschaft/mitgliederzahlen/count.html.

[134] Zu den wettbewerbsrechtlichen Konsequenzen dieser Monopolstellung, siehe unten A.IV.b.

[135] Siehe die Informationen der DENIC unter http://www.denic.de/de/domains/technik/registrierungssystem/index.html.

[136] Verfügbar unter http://www.denic.de/de/denic/mitgliedschaft/statut/statut.html.

der Genossenschaft für diese Zeit Mitglied der Genossenschaft werden, b). Jedes Mitglied übernimmt bei Eintritt in die Genossenschaft einen Geschäftsanteil in Höhe von 1.500 EUR, § 10 Abs. 1 DENIC-Statut. Die Haftsumme für jeden Geschäftsanteil beträgt 15.000 EUR, § 11 DENIC-Statut.

Die DENIC verfolgt mit ihrer Tätigkeit nach eigenen Angaben keine Gewinnerzielungsabsicht, sondern bietet ihre Dienste „zum Nutzen aller am Internet Interessierten" an.[137] Die Einnahmen der Genossenschaft - Mitgliedsbeiträge und Registrierungsentgelte - dienen ausschließlich der Kostendeckung und der Sicherung des Bestehens der Genossenschaft.[138]

(2) Logisch-geographische Verknüpfung bei country code *TLDs?*

Auch wenn ihre Bezeichnung dies suggeriert, beschränkt sich die Nutzung der *country code* TLDs nicht zwangsläufig auf die Bürger oder Unternehmen des entsprechenden Landes. Vielmehr hat sich gezeigt, dass es bei der Nutzung der *country code* TLDs nicht in jedem Falle um die geographische Zuordnung einer Website geht, sondern oftmals auch die Lesbarkeit einer Domain entscheidende Bedeutung hat. Bekanntestes Beispiel in diesem Zusammenhang ist Tuvalu, das mit seiner TLD ».tv« insbesondere für die großen Fernseh-Networks der Welt von Interesse ist. Dies zeigt auch, dass für große Unternehmen mitunter der gesamte Domain-Name einschließlich der TLD zur Kennzeichnung ihres Tätigkeitsfeldes von Bedeutung ist und eine regionale Kennzeichnung eher unerwünscht ist.[139]

---

[137] § 2 II DENIC-Statut, verfügbar unter http://www.denic.de/de/denic/mitgliedschaft/statut/statut.html#_2.

[138] Siehe dazu auch das Urteil des LG Frankfurt/M., MMR 2002, 126, in dem ausdrücklich festgestellt wurde, dass das Prinzip der Kostendeckung, nach dem die DENIC arbeitet, eine Gewinnerzielungsabsicht ausschließt und damit die Bezeichnung „Non-Profit-Organisation" zutreffend ist.

[139] Weitere Beispiele in diesem Kontext sind die TLDs ».ag« („Aktiengesellschaft" - Antigua und Barbuda), ».am« & ».fm« („Radio" - Armenien und Mikronesien), ».hm« („Home" - Heard- und McDonald-Inseln), ».la« („Los Angeles" - Laos), ».mu« („Musik" - Mauritius), ».ph« („Telefon" - Philippinen), ».sr« („Senioren" - Surinam), ».st« („Street" oder „Site" - Sao Tome und Principe), ».tm« („Trademark" - Turkmenistan), und ».ws« („Website" - Western Samoa). Auch für den privaten Auftritt gibt es anschauliche *cc*TLDs, die eher einen internationalen Eindruck als den geographischer Zugehörigkeit vermitteln wollen. Anzuführen sind hier insbesondere die TLD ».to« (Tonga) und auch die bereits erwähnte TLD ».am« (Armenien). Handhabbar und nutzbar wird die Domain durch Provider, die eine markante Second Level Domain registrieren und unter dieser dann web services für jedermann anbieten, etwa »come.to/...«, »go.to/...«, »surf.to/...« oder »i.am/...«.

Entscheidend für die Herausbildung einer „generischen" *country code* TLD ist abgesehen von einer eigentümlichen Abkürzung als ISO-Länderkennzeichen die Ausrichtung der Vergabemodalitäten auf ausländische Domain-Inhaber. Die Vergabestellen dieser TLDs haben auf die sonst bei *cc*TLDs übliche Beschränkung der Domain-Vergabe auf die Einwohner des Landes verzichtet, so dass es sich im Ergebnis um eine sog. *open cc*TLD handelt.[140] Insbesondere für einwohnerschwache Länder bietet sich dadurch die Möglichkeit, durch die Verbreitung ihrer TLD zu einer gesteigerten Bekanntheit - jedenfalls im Internet - zu kommen. Zugleich versuchen die Unternehmen zunehmend, aus der übervollen comTLD in exotischere, gleichwohl treffendere TLDs auszuweichen, insbesondere wenn die eigene Kennung als ».com« Adresse bereits vergeben ist. Insofern hat die Ausweitung einer ursprünglich geographisch kennzeichnenden *cc*TLD durchaus ihre Berechtigung und ihren Sinn.

Eine logisch-geographische Verknüpfung bei *cc*TLDs ist somit nicht in jedem Falle gegeben. Besondere Probleme entstehen bei den offenen *cc*TLDs vor allem durch die fehlende globale Koordinierung dieser den *g*TLDs vergleichbaren Domains. Die von ICANN vorgegebenen Standards für die Vergabe und die anschließende Streitlösung bei den „echten" *g*TLDs[141] finden auf die im Ergebnis weiterhin unter nationaler Verantwortung vergebenen offenen *cc*TLDs keine Anwendung. Probleme der Rechtsverfolgung von Kennzeicheninhabern gegenüber Domain-Grabbern sind damit vorgezeichnet - mit der besonderen Schwierigkeit, dass der beklagte Domain-Inhaber aufgrund der weltweiten Vergabe der Domain nicht zwangsläufig im Vergabeland sitzt. Die Rechtsverfolgung wird weiter erschwert durch die in diesen Fällen ungleich kompliziertere Bestimmung des anwendbaren Rechts.[142]

IV. Die Domain als Rechtsposition

Die Domain als Rechtsposition ist zu differenzieren von den kennzeichenrechtlichen Aspekten der Domain als Zeichenfolge. Es handelt sich um einen selbständigen Vermögenswert des Domain-Inhabers,[143] der grundsätzlich eine Eigentumsposition iSv Art. 14 GG darstellt[144] und über § 823 BGB

---

[140] *Edelman*, Registrations in Open ccTLDs, http://cyber.law.harvard.edu/people/edelman/open-cctlds/.

[141] Siehe dazu unten C.III.

[142] Siehe zu dieser Problematik näher, unten B.II.2.

[143] *Fezer*, MarkenR³, § 3 Rn. 301.

[144] *Kazemi/Leopold*, MMR 2004, 287, 290.

Ausschließlichkeitsschutz genießt.[145] Die Ausgestaltung dieser Rechtsposition bestimmt sich maßgeblich nach den Vertragsverhältnissen bei der Registrierung der Domain.

a. Vertragsverhältnisse bei Registrierung

Eine Domain wird in Deutschland über einen Internet Service Provider (ISP) registriert. Dies ist ein privater Dienstleister, der im Wettbewerb mit anderen ISP neben der Registrierung von Domain-Namen in aller Regel auch andere Internet-Dienste, wie etwa die Vermietung von Server Space oder die Realisierung von Webauftritten, erbringt.[146]

Der ISP wiederum ist Mitglied der DENIC eG, denn nur deren Mitglieder können Domain-Namen im deutschen Domain-Raum ».de« vergeben.[147] Der Grund liegt darin, dass die DENIC als zentrale Registrierungsstelle für

---

[145] Ablehnend *Koos*, MMR 2004, 359, 360, der stattdessen für ein „Domainrecht sui generis" in Form eines absoluten Rechts plädiert, das unabhängig von etwaigen Namens- und Kennzeichenrechten besteht und frei übertragen werden kann. Kollisionsfälle mit Namens- oder Kennzeichenrechtsinhaber will *Koos* über eine Interessenabwägung lösen (363). Dogmatisch gesehen weist dieser Ansatz jedoch erhebliche Schwierigkeiten auf, denn ein eigenständiges „Domainrecht" kann nicht erklären, wieso dann überhaupt eine Interessenabwägung mit Namens- und Kennzeichenrechten erfolgen sollte. Dies würde die Abgrenzung der Immaterialgüterrechte untereinander grundlos durchbrechen. Die von *Koos* zur Untermauerung seines Ansatzes präsentierte Judikatur betreffend die Domain »schulenberg.de« (LG Oldenburg, Urt.v. 14.05.2003, Az. 5 O 3852/02; OLG Oldenburg, MMR 2004, 34 - »schulenberg.de«) taugt jedoch wegen ihres juristisch unhaltbaren Ergebnisses - der namensrechtlich berechtigte Domain-Inhaber darf die Domain in der Interessenabwägung mit der gleichnamigen Gemeide nur nicht nutzen, muss sie jedoch auch nicht löschen - nicht zur Berechtigungsgrundlage für ein neuartiges Domainrecht. Die Entscheidung sollte besser als judikatives Kuriosum dogmatisch bedeutungslos bleiben. Inkonsequenterweise hat das OLG nämlich - i.E. unzutreffend - der klagenden Gemeinde eine „starke und überragende Position" zugestanden und damit den Unterlassungsanspruch bejaht, gleichwohl aus diesem nur die Untersagung der Nutzung, nicht jedoch die Aufhebung der Inhaberschaft des beklagten Namensträgers bezüglich der Domain abgeleitet. Abgesehen von der Missachtung der Grundsätze des Gleichnamigenrechts führt dieses Ergebnis zu einer praktisch unhaltbaren Situation, wenn Domains registriert, aber nicht genutzt werden dürfen.
Im Übrigen wird die von *Koos* favorisierte Trennung von Domain und Kennzeichnungsfunktion dem weithin anerkannten Charakter der Domain als Bezeichner von Internet-Inhalten nicht gerecht.

[146] Siehe dazu *Seifert*, S. 56.

[147] Näher dazu *Seifert*, S. 55. Möglich ist auch die Registrierung des Domain-Namens direkt über die DENIC, doch ist dies kostenintensiver und wird deshalb nur in den seltensten Fällen relevant.

die deutschen Domains die Domain-Datenbanken allein verwaltet.[148] Jede neue Domain und jede Umschreibung einer bestehenden Domain bedarf des Eintrags in diese Datenbank, damit die Domain auch tatsächlich im Internet erreichbar ist.[149] Das Rechtsverhältnis zwischen der DENIC und dem Mitglied bestimmt sich zum einen nach dem Statut der DENIC, zum anderen nach einer gesondert abzuschließenden Registrierungsvereinbarung,[150] die den Zugang zum Domain-Registrierungssystem der DENIC regelt.

Auch wenn der zukünftige Domain-Inhaber zu keinem Zeitpunkt der Registrierung tatsächlich mit der DENIC zu tun hat, kommt der Registrierungsvertrag rechtstatsächlich nur zwischen der DENIC und dem Kunden zustande. Ob daneben weitere Verträge zwischen dem ISP und dem Kunden über die Erbringung zusätzlicher Leistungen, wie etwa der Bereitstellung von Server Space, der Einrichtung von E-Mail-Konten etc., geschlossen werden, ist bei der Frage der Rechtsposition hinsichtlich des Domain-Namens ohne Belang.

(1) Vertrag mit dem ISP

Der Vertrag zwischen Domain-Inhaber und ISP beinhaltet in der Regel den Registrierungsauftrag für die Domain sowie - und das steht in diesem Vertragsverhältnis im Vordergrund - die Bereitstellung des Server Space für die Inhalte der Domain. Diesem Server Space weist der ISP eine eindeutige IP-Nummer zu, die dem Domain-Namen in den *Name Servers* gegenübergestellt wird, um die Erreichbarkeit der Domain sicherzustellen. Den Registrierungsauftrag erfüllt der ISP durch die Eintragung der Domain bei der DENIC, vorausgesetzt diese Domain ist nicht bereits vergeben.

(2) Vertrag mit der DENIC

Der maßgebliche Vertrag bei der Registrierung eines Domain-Namens kommt jedoch zwischen der DENIC und dem Domain-Inhaber durch Vermittlung des ISP zustande, ohne dass der Domain-Inhaber tatsächlich mit der DENIC Kontakt aufnehmen müsste. Der Vertrag mit der DENIC umfasst die Eintragung des Domain-Namens und seine Verknüpfung mit der dem Domain-Inhaber von seinem ISP zugewiesenen IP-Nummer. Das

---

148 Zu den kartellrechtlichen Implikationen dieser Vergabepraxis, siehe sogleich.

149 Siehe zur Funktionsweise des DNS oben, A.III.2.

150 Siehe dazu die Frage „Kann ich als DENIC-Mitglied sofort Domains selbst registrieren?" im DENIC-Dokument „DENIC-Mitgliedschaft", verfügbar unter http://www.denic.de/de/denic/mitgliedschaft/mitglied_werden/index.html#Text_Bild_7.

Nutzungsrecht an der Domain - nicht an dem verwendeten Zeichen - wird seitens der DENIC grundsätzlich unbeschränkt eingeräumt.[151]

Nach HANLOSER handelt es sich bei dem Vertrag zwischen Domain-Inhaber und der DENIC um einen Werkvertrag iSd §§ 631 ff. BGB unter Einbeziehung der Registrierungsbedingungen[152] und der Registrierungsrichtlinien[153] der DENIC.[154] Die werkvertraglichen Pflichten der DENIC bestehen danach aus einer technischen Leistungspflicht - der Konnektierung eines seitens des Domain-Inhabers benannten Computers mit dem Domain-Namen in den *name servers* der DENIC - und einer administrativen Leistungspflicht, nämlich der Eintragung des Domain-Inhabers in die bei der DENIC geführte Whois-Datenbank. Dem Domain-Inhaber obliegt danach die Angabe des zu konnektierenden Computers, die Benennung einer als „admin-c" bei der DENIC geführten natürlichen Kontaktperson[155] sowie die Zahlung des Registrierungsentgelts. Es handelt sich um ein Dauerschuldverhältnis von unbestimmter Zeit mit einer Mindestlaufzeit von einem Jahr.[156]

b. Das Recht auf Registrierung – Kontrahierungszwang?

Aus der besonderen Stellung der DENIC als zentraler und einziger Registrierungsstelle für die deutschen Domains[157] ergeben sich eine Vielzahl kartellrechtlicher Probleme im Hinblick auf die Vergabe von Domains.[158] Unter dem Stichwort des Kontrahierungszwangs wird in diesem Zusammenhang oftmals das Verhältnis zwischen der DENIC und anderen Unternehmen problematisiert.[159]

An dieser Stelle soll jedoch insbesondere die Frage des Kontrahierungszwangs im Verhältnis zu künftigen Domain-Inhabern interessieren, die von maßgeblicher Relevanz für das der Arbeit zugrunde liegende vertragliche

---

151 *Kazemi/Leopold*, MMR 2004, 287, 291.

152 Verfügbar unter http://www.denic.de/de/bedingungen.html.

153 Verfügbar unter http://www.denic.de/de/richtlinien.html.

154 *Hanloser*, CR 2001, 456; s.a. *Ernst*, MMR 2002, 714, 715 f. So wohl auch *Härting*, CR 2001, 37, 42. Ablehnend *Lwowski/Dahm*, WM 2001, 1135, 1137 f., unter Verweis auf eine im Vordergrund stehende „Aufrechterhaltung der Domain-Nutzungsmöglichkeit", die die erfolgsbezogene Komponente eines werkvertraglichen Teils - die Eintragung des Domain-Namens - schwerpunktmäßig verdrängt. Für *Lwowski/Dahm* ist der Vertrag mit der DENIC stattdessen als Pachtvertrag anzusehen.

155 Vgl. § 3 I S. 2 der DENIC-Registrierungsbedingungen.

156 § 7 I der DENIC-Registrierungsbedingungen.

157 Siehe dazu auch aus internationaler Sicht oben A.III.4.

158 *J.B.Nordemann/Czychowski/Grüter*, NJW 1997, 1897. Ausführlich zum Ganzen insb. *Eckhard*.

159 *J.B.Nordemann/Czychowski/Grüter*, NJW 1997, 1897, 1900; *Bücking*, Domainrecht, Rn. 200 ff.

und tatsächliche Verhältnis zwischen der DENIC und dem zukünftigen Domain-Inhaber ist.

(1) In Bezug auf Unternehmen

Die Stellung der DENIC als alleinige Registrierungsinstanz für die deutschen Domains suggeriert ein Recht auf Registrierung einer Domain bei der DENIC über § 33 S. 1 iVm § 20 I GWB,[160] das mit der Pflicht der DENIC zum Abschluss von Registrierungsverträgen korrespondiert, sofern es sich bei den Nachfragern um Unternehmen iSd GWB handelt.[161]

(a) Marktbeherrschende Stellung der DENIC

Voraussetzung eines solchen Kontrahierungszwangs wäre die Einordnung der DENIC als marktbeherrschendes Unternehmen iSv § 19 II GWB (§ 22 I GWB a.F.) bzw. marktstarkes Unternehmen iSv § 20 II GWB (§ 26 II 2 GWB a.F.).[162] Eine Kontrahierungspflicht kommt insbesondere in Betracht, wenn aufgrund einer tatsächlichen Monopolstellung das Unternehmen den Marktzugang insgesamt kontrolliert.[163] Der zum Zwecke der Feststellung der Marktbeherrschung sachlich-gegenständlich abzugrenzende Markt bestimmt sich nach dem sog. Bedarfsmarktkonzept,[164] d.h. maßgeblich für die Marktabgrenzung ist die funktionelle Austauschbarkeit[165] (Substituierbarkeit) aus Sicht der Marktgegenseite.[166] Ausgangspunkt der räumlichen Abgrenzung muss das maßgebliche Absatzgebiet der DENIC sein, also Deutschland.[167]

---

160 Näheres zur Konstruktion des Kontrahierungszwangs im GWB bei *Markert* in: Immenga/Mestmäcker, GWB³, § 20 Rn. 228.

161 *J.B.Nordemann/Czychowski/Grüter*, NJW 1997, 1897, 1900.

162 *Bücking*, Domainrecht, Rn. 257; *J.B.Nordemann/Czychowski/Grüter*, NJW 1997, 1897, 1900.

163 *Eckhard*, S. 41.

164 Siehe dazu *Möschel* in: Immenga/Mestmäcker, GWB³, § 19 Rn. 22, 24 ff.; BGH, GRUR 2000, 95 - Feuerwehrgeräte.

165 *Möschel* in: Immenga/Mestmäcker, GWB³, § 19 Rn. 18.

166 *Lange* in: Lange, Hdb. KartellR, Kap. 2 Rn. 74.

167 Zwar verlangt die DENIC nicht mehr, dass der Inhaber der Domain seinen Sitz in Deutschland hat, jedoch ist der Kunde gem. § 3 I 2 DENIC-Registrierungsbedingungen verpflichtet, einen Zustellungsbevollmächtigten mit Sitz in Deutschland als „admin-c" zu benennen. Es ist somit möglich, eine deutsche Domain auch aus dem Ausland bei der DENIC zu registrieren, doch bewirkt die „admin-c" Regel, dass weiterhin die überwiegende Mehrheit der Domain-Inhaber in Deutschland ansässig ist.

Im Rahmen des DNS existieren eine Vielzahl an TLDs, von denen insbesondere die *g*TLDs weltweit registrierfähig sind.[168] Insofern ist hier zu hinterfragen, ob hinsichtlich der sachlichen Markteingrenzung auf die deutsche TLD oder das DNS an sich abzustellen ist,[169] mithin ob die deutsche TLD bei der Wahl eines Domain-Namens durch den Nachfrager als ersetzbar durch andere TLDs oder alternative Adressierungssysteme angesehen wird.[170] Der Zusammenhang zwischen Marktabgrenzung und Beherrschungsgrad bedarf dabei grundsätzlich einer wertenden Betrachtung.[171]

Grundsätzlich gestattet nur die deutsche TLD dem Domain-Inhaber einen Hinweis auf die lokale Ausrichtung seines Angebots bereits im Domain-Namen.[172] Diese Hinweisfunktion einer spezifischen *country code* TLD[173] spielt insbesondere dort eine Rolle, wo der Nutzer einen regional bekannten Anbieter im Internet zu finden sucht oder der Anbieter sich von ausländischen Anbietern abgrenzen will. Aus diesem Grunde scheiden andere *cc*TLDs - so sie überhaupt die Registrierung durch ausländische Domain-Interessenten gestatten - von vornherein als Alternative zur deTLD für den deutschen Anbieter aus. Dagegen könnten die *generic* TLDs, die in aller Regel weltweit registrierungsfähig sind,[174] als Substitut für die deutsche TLD durchaus in Betracht kommen, dabei insbesondere die ohnehin weitverbreitete comTLD.[175]

Gleichwohl fehlt den *generic* TLDs genau die lokale Hinweisfunktion, die von deutschstämmigen Anbietern nutzerseitig in der Regel erwartet wird. Die weltweite Verfügbarkeit von *generic* TLDs bewirkt gerade nicht die Abgrenzung, die für die Nutzer zur Lokalisierung regionaler Anbieter maßgeblich ist. Die neuen *generic* TLDs[176] haben ihrerseits noch nicht das Maß an Durchsetzung erfahren, dass sie für einen deutschen Anbieter eine echte

---

168 Siehe zu den *generic* TLDs und den „open" *country code* TLDs, oben A.III.2.d(1)(a) und A.III.2.d(1)(b).

169 *Eckhard*, S. 68.

170 Vgl. näher zur Ersetzbarkeit als Kriterium des sachlich relevanten Marktes *Lange* in: Lange, Hdb. KartellR, Kap. 2 Rn. 74.

171 *Möschel* in: Immenga/Mestmäcker, GWB[3], § 19 Rn. 19 f.

172 *Eckhard*, S. 68.

173 Siehe dazu bereits oben, A.III.2.d(1)(b).

174 Zu den Ausnahmen, siehe oben A.III.2.d(1)(a).

175 *Eckhard*, S. 69.

176 Siehe dazu oben, A.III.2.d(1)(a).

Alternativwirkung entfalten könnten.[177] Zudem offenbart die Kreuzpreiselastizität als Indikator für den Grad der Austauschbarkeit zwischen den Gütern[178] zumindest im Verhältnis von deTLD und comTLD, dass es sich im Prinzip sogar um heterogene Güter handelt.[179] Im übrigen zeigt die Praxis, dass es für Unternehmen oftmals im Rahmen ihrer Internet-Präsenz wichtig ist, sowohl unter der comTLD als auch unter der deTLD erreichbar zu sein und damit ihre Omnipräsenz zu stärken. Die deutsche TLD ist damit für den Domain-Inhaber grundsätzlich nicht austauschbar.[180]

Alternative Adressierungssysteme sind zum einen die IP-Nummern, die ja überhaupt der logischen Adressierung aller Computer im Internet zugrunde liegen.[181] Deren Funktion ist jedoch auf die bloße Lokalisierung beschränkt, wohingegen Domain-Namen oftmals auch eine kennzeichnende Funktion zukommt.[182] Dies liegt vor allem an ihrer freien Wählbarkeit,[183]

---

177 Deshalb ist entgegen *J.B.Nordemann/Czychowski/Grüter*, NJW 1997, 1897, 1900, die bloße Einführung weiterer *generic* TLDs allein noch nicht geeignet, die sachliche Abgrenzung des deutschen Domain-Marktes auszudehnen. Im Übrigen ist es auch nach einer weiteren Verbreitung der neuen *generic* TLDs zweifelhaft, ob diese tatsächlich eine Ersatzwirkung gegenüber der deutschen Domain entfalten. Schließlich fehlt auch diesen Domains die lokale Hinweisfunktion, wie sie einer *country code* TLD in der Regel zukommt. Allerdings könnte dieses Manko durch die beschreibende Formulierung der neuen *generic* TLDs in Form von Branchenbezeichnungen aufgewogen werden. Konkrete Feststellungen lassen sich dazu derzeit allerdings aufgrund der geringen Verbreitung dieser Domains noch nicht treffen.

178 *Lange* in: Lange, Hdb. KartellR, Kap. 2 Rn. 74. Zurückhaltend zu diesem Ansatz *Möschel* in: Immenga/Mestmäcker, GWB[3], § 19 Rn. 33.

179 Nach *Eckhard*, S. 69 Fn. 283, lagen die Registrierungszahlen für deutsche Domains in den Jahren 1997 und 1998 trotz deutlich höherer Preise weit über den Registrierungen für die comTLD, obwohl letztere aufgrund wettbewerblicher Strukturen zu deutlich günstigeren Preisen auch in Deutschland verfügbar waren. Diese Bevorzugung der deTLD ist in erster Linie zurückzuführen auf den Einfluss der Verkehrserwartung, nach der nutzerseitig zunächst unter der eigenen *country code* TLD nach einem bestimmten Anbieter gesucht wird. Auch mit der zunehmenden Verbreitung der *generic* TLDs und insbesondere der comTLD hat sich an dieser Grundeinstellung nichts geändert.

180 So auch LG Frankfurt/M., MMR 1999, 233, 234 - »ambiente.de« und OLG Frankfurt/M., MMR 2000, 36, 37 - »ambiente.de«.

181 Siehe oben, A.III.1.

182 Allgemeine Ansicht, siehe nur LG Mannheim, CR 1996, 353, 354 - »heidelberg.de«; OLG Koblenz, MMR 2002, 466 - »vallendar.de«; LG Düsseldorf, MMR 2002, 398 - »bocklet.de«; OLG Stuttgart, CR 1998, 621 - »steiff.com«; OLG München, CR 1998, 556, 557 - »freundin.de«; OLG Hamburg, CR 1999, 184, 186 - »emergency.de«; OLG Düsseldorf, NJW-RR 1999, 626, 627 f. - »ufa.de«; LG Düsseldorf, NJW-RR 1999, 629 - »jpnw.de«.

183 OLG München, CR 1998, 556, 557 - »freundin.de«; LG Frankfurt, NJW-RR 1998, 974, 975 - »lit.de«; *Eckhard*, S. 40; *Wegner*, CR 1999, 250, 251. Das LG Köln (in drei tagesgleichen

die sie - anders als das Zuteilverfahren bei IP-Nummern - für den Domain-Inhaber so bedeutsam werden lässt. Die mit einem Domain-Namen auf diesem Wege verknüpfte wirtschaftliche Bedeutung verdeutlicht die fehlende Substituierbarkeit von IP-Adresse und Domain-Namen. *Alternative Root Zones* als Wildwuchs des DNS bieten zwar den Vorteil absolut freier Wählbarkeit einschließlich der TLD. Allerdings bedürfen diese Systeme, um für andere Nutzer erreichbar zu sein, einer von der Norm[184] abweichenden nutzerseitigen Computerkonfiguration, weshalb die *Alternative Roots* bis heute ein Schattendasein führen.[185] Aus diesem Grunde stellen sie jedoch auch für den Domain-Inhaber keine Alternative iSe Substituts dar.[186]

Im Ergebnis ist damit die *country code* TLD aus Sicht der Domain-Inhaber nicht substituierbar. Die Vergabe von Domain-Namen unterhalb der deutschen TLD ist somit als ein abgegrenzter Markt iSd GWB zu werten. Da die DENIC alleinige Registrierungsstelle für diese Domains ist, ist sie damit auch automatisch als marktbeherrschendes Unternehmen iSv § 19 II GWB anzusehen.[187] Im Rahmen der Domain-Vergabe betreibt sie darüber hinaus den maßgeblichen Name-Server für die deutschen Domains.[188]

(b) Ergebnis

Die marktbeherrschende Stellung der DENIC führt zu dem Gebot objektiv sachgemäßen und angemessenen Verhaltens.[189] Daraus ergibt sich für die DENIC im Verhältnis zu Domain-Interessenten ein Kontrahierungszwang, wenn die Geschäftsverweigerung andernfalls zu einem Marktausschluss

---

Entscheidungen CR 1997, 291 - »pulheim.de«, »kerpen.de«, »huerth.de«) dagegen nimmt die freie Wählbarkeit gerade als Argument *gegen* die Kennzeichnungsfunktion. Letztlich ist diese Auffassung jedoch zu Recht vereinzelt geblieben. Die freie Wahl eines Domain-Namen führt entweder zu Phantasiebezeichnungen, die aus sich heraus über hinreichend Anziehungskraft für potentielle Besucher verfügen, oder zu mit dem Inhaber verbundenen Kennzeichnungen, die dem Verkehr eine Identifizierung des Inhabers gestatten. Insofern ist grundsätzlich von der Kennzeichnungsfunktion bei Domain-Namen auszugehen, auch wenn in Ausnahmefällen eine Identifizierung des Inhabers über den Domain-Namen nicht gelingt.

184 Treffend *Bücking*, Vergabe von Internetadressen, S. 123: „stillschweigende Übereinkunft".

185 Siehe zu den *Alternative Roots*, oben A.III.2.d(2).

186 Vgl. auch *Bücking*, GRUR 2002, 27, 35.

187 *Bücking*, Vergabe von Internetadressen, S. 120; *ders.*, GRUR 2002, 27, 28; LG Frankfurt/M., MMR 1999, 233, 234 - »ambiente.de«.

188 *Bücking*, GRUR 2002, 27, 32 f.

189 *Bücking*, Domainrecht, Rn. 258; OLG Karlsruhe, WRP 1996, 447, 450 (für einen Schilderpräge-Betrieb); OLG Frankfurt, NJW-RR 1990, 1069, 1070 (für die Teilnahme an einer Kunstmesse). Näher zu diesem Aspekt *Bücking*, Vergabe von Internetadressen, S. 281 ff.

des Betroffenen führt und nicht durch besondere Gründe sachlich zu rechtfertigen ist.[190] Dies ist nur durch eine umfassende Interessenabwägung festzustellen,[191] unter Berücksichtigung der systemimmanenten technischen Grundprinzipien, denen die DENIC im Hinblick auf die Vergabe der Domain-Namen - wie etwa das Eindeutigkeitsdogma des DNS - unterworfen ist sowie den prinzipiell vorhandenen Ausweichmärkten für den Betroffenen. Ein bereits vergebener Domain-Name kann nicht erneut vergeben werden, ohne dem bisherigen Inhaber diesen Namen zu entziehen.

Die Vergabe hat sachgerechten Kriterien zu folgen, insbesondere sind die Wertungsmaßstäbe des Kennzeichen-, Namens- und Wettbewerbsrechts zu beachten.[192] In diesem Zusammenhang stellt sich bereits die Frage von Prüfungspflichten, die der DENIC im Rahmen der Registrierung von Domain-Namen aufgrund ihrer monopolartigen Stellung auferlegt sind. Für einen Markeninhaber etwa, dessen Zeichen bereits in Form eines Domain-Namen unterhalb der deTLD von einem Dritten registriert wurde, besteht keine Möglichkeit mehr, sein Zeichen in Form einer deutschen Domain zu benutzen,[193] so dass die DENIC gehalten sein könnte, bereits bei der Erstvergabe des Domain-Namens den Marktzugang für Markeninhaber offen zu halten. Allerdings sieht der BGH in diesem Falle das Interesse der DENIC an einem effektiven Vergabeverfahren gegenüber den Interessen der Kennzeicheninhaber zumindest im Rahmen der Erstregistrierung als grundsätzlich überwiegend an.[194] Dem ist entgegenzuhalten, dass allein ein etwaiger Verwaltungsaufwand hinsichtlich der Prüfung entgegenstehender Kennzeichenrechte bei der Registrierung von Domain-Namen gerade in der Situation der monopolartigen Vergabe seitens der DENIC nicht grundsätzlich die Interessen der Kennzeicheninhaber überwiegen kann. Insbesondere das Bestehen von Markenrechten an bestimmten Zeichen lässt sich durch technische Möglichkeiten mit verhältnismäßig geringem Aufwand feststellen.[195] Die marktbeherrschende Stellung der DENIC verlangt jedenfalls nach einem strengeren Maßstab für die Ausschöpfung der tatsächlichen Möglichkeiten im Hinblick auf Prüfungspflichten.[196]

---

190 *Eckhard*, S. 103 f.

191 *Markert* in: Immenga/Mestmäcker, GWB³, § 20 Rn. 129; BGH, MMR 2001, 671, 675 f. - »ambiente.de«.

192 *Bücking*, Domainrecht, Rn. 258.

193 Darauf weisen zutreffend schon *J.B.Nordemann/Czychowski/Grüter*, NJW 1997, 1897, 1901, hin.

194 BGH, MMR 2001, 671, 676 - »ambiente.de«. Siehe dazu *en detaile* unten, D.I.1.c.

195 Siehe dazu ausführlich unten, D.I.1.b(2).

196 *J.B.Nordemann/Czychowski/Grüter*, NJW 1997, 1897, 1901.

(2) In Bezug auf private Verbraucher

Aus der Monopolstellung der DENIC ergibt sich jedoch gleichzeitig ein Kontrahierungszwang in Bezug auf private Verbraucher bei der Registrierung von Domain-Namen. Mangels Unternehmenseigenschaft ist diesbezüglich jedoch der Anwendungsbereich des UWG nicht eröffnet, so dass nach anderen Grundlagen einer Kontrahierungspflicht zu suchen ist.

Eine Kontrahierungspflicht findet sich gesetzlich festgelegt insbesondere im Bereich der Daseinsvorsorge, bei der im weiteren Sinne lebenswichtige Güter und Dienstleistungen zumeist durch öffentliche Versorgungsträger im Rahmen privatrechtlicher Verträge für die Bevölkerung zur Verfügung stehen müssen.[197] Der hier interessierende Fall der Versorgung mit Domain-Namen ist - wie auch das Recht der Domain-Namen im weiteren Sinne - nicht ausdrücklich geregelt. Eine Kontrahierungspflicht lässt sich deshalb nur durch einen Rückgriff auf allgemeine Vorschriften konstruieren.

Der Kontrahierungszwang (Abschlusszwang) ist allgemein definiert als die Pflicht, in bestimmten Fällen mit einem anderen den von diesem gewünschten Vertrag abzuschließen, sofern nicht wichtige Gründe eine Ablehnung rechtfertigen.[198] Voraussetzung der Kontrahierungspflicht ist eine Monopolstellung[199] des Anbieters und das Angewiesensein auf die vertragliche Leistung.[200] Grundsätzlich führt deshalb allein die Monopolstellung eines Unternehmens im Hinblick auf die Nachfrager noch nicht zum Kontrahierungszwang.[201] Der Kontrahierungszwang wurde von der früher ganz herrschenden Lehre aus § 826 BGB konstruiert, wonach bei sittenwidriger, vorsätzlicher Schädigung eine Schadensersatzpflicht besteht.[202] Die grundsätzliche Verpflichtung zur Naturalrestitution gem. § 249 BGB führt danach mittelbar zum Kontrahierungszwang.[203] Das Verschuldenserfordernis nach

---

197 Siehe einleitend MüKo-BGB[4]/*Kramer*, Vor § 145 Rn. 10.

198 *Palandt/Heinrichs*, BGB[63], Einf v § 145 Rn. 8.

199 MüKo-BGB[4]/*Kramer*, Vor § 145 Rn. 13, möchte in Anbetracht von § 20 GWB nicht nur Monopolunternehmen, sondern schon marktstarke Unternehmen als potentielle Adressaten eines Kontrahierungszwangs einbeziehen. Für den hier untersuchten Fall der DENIC spielt diese Ausweitung jedoch keine Rolle, da es sich bei der DENIC ohne weiteres um ein Monopolunternehmen in Hinblick auf die Vergabe der deutschen Domains handelt.

200 *Soergel/Wolf*, BGB[13], Vor § 145 Rn. 50.

201 *Soergel/Wolf*, BGB[13], Vor § 145 Rn. 53; LG Stuttgart, NJW 1996, 3347, 3348.

202 Siehe dazu MüKo-BGB[4]/*Kramer*, Vor § 145 Rn. 13; *Medicus*, SchuldR I (AT)[13], Rn. 84.

203 BGHZ 21, 1, 8; BGHZ 44, 279, 283.

dieser Konstruktion wird jedoch teilweise als zu eng abgelehnt.[204] Stattdessen soll aus allgemeinen Rechtsgrundsätzen (Sozialstaatsklausel) und einer Gesamtanalogie zu den gesetzlich geregelten Fällen von Kontrahierungszwang ein allgemeiner Rechtssatz abgeleitet werden,[205] wonach Unternehmen, die lebenswichtige Güter öffentlich anbieten oder gemeinverpflichtende Aufgaben wahrnehmen,[206] einen Vertragsschluss nur aus sachlichen Gründen ablehnen dürfen, wenn für den Nachfrager eine zumutbare Möglichkeit, seinen Bedarf anderweitig zu decken, nicht besteht.[207] Nach einem noch weitergehenden Ansatz kommt es auf die „Lebenswichtigkeit" des Gutes nicht an, sofern nur eine Geschäftseröffnung für den allgemeinen Verkehr vorliegt.[208] Diese Ausweitung des Kontrahierungszwangs stellt jedoch einen in seinen Konturen zu unbestimmten Eingriff in die Vertragsfreiheit dar,[209] als dass er für diese Arbeit ein sachgerechtes Ergebnis liefern könnte. Im übrigen bedürfte es einer Entscheidung nicht, wenn schon nach der engeren Ansicht ein Kontrahierungszwang der DENIC in Bezug auf private Verbraucher bejaht werden könnte.

Die Selbstdarstellung des Verbrauchers im Internet verlangt stärker noch als bei Unternehmen die Registrierung einer spezifisch deutschen Domain. Im Gegensatz zu Unternehmen ist etwa die Registrierung einer ».com« Domain für den privaten Verwender unsinnig, da die Internet-Nutzer allgemein unter einer ».com« Domain geschäftliche Offerten erwarten, keinesfalls jedoch eine personenbezogene individuelle Homepage. Gleiches gilt für die übrigen *g*TLDs und insbesondere für die freigegebenen *cc*TLDs.[210] Für den privaten Nachfrager besteht damit gegenüber der deTLD keine Alternative. Die DENIC als Monopolanbieter dieser Domains kann den Nachfrager folglich nicht auf andere TLDs verweisen. Fraglich ist nur, ob es sich

---

204 Siehe etwa *Erman/Armbrüster*, BGB[11], Vor § 145 Rn. 28, der den Abschlusszwang aus einem verschuldensunabhängigen quasinegatorischen Unterlassungsanspruch herleiten will.

205 MüKo-BGB[4]/*Kramer*, Vor § 145 Rn. 14. Kritisch *Erman/Armbrüster*, BGB[11], Vor § 145 Rn. 28.

206 *Soergel/Wolf*, BGB[13], Vor § 145 Rn. 53.

207 *Palandt/Heinrichs*, BGB[63], Einf v § 145 Rn. 10; ähnlich *Medicus*, SchuldR I (AT)[13], Rn. 84; *Larenz*, I, § 4 I a (S. 48).

208 *Tilmann*, ZHR 141 (1977), 32, 76, unter Berufung auf BGH, GRUR 1966, 564, 565 – Hausverbot.

209 So zu Recht *Soergel/Wolf*, BGB[13], Vor § 145 Rn. 53.

210 Bei den für private Verbraucher attraktiven offenen *country code* TLDs geht es zumeist nicht um die Registrierung einer Domain, sondern um die Einrichtung eines Verzeichnisses unterhalb einer bestehenden Domain. Siehe dazu die Beispiele oben, A.III.4.c(2).

bei den Domain-Namen um „lebenswichtige Güter" im Sinne des obigen Rechtssatzes handelt.

Schon die Bestimmung der Lebenswichtigkeit eines Gutes ist jedoch aus Sicht des Kontrahierungszwangs problematisch, da die Wichtigkeit eines Gutes maßgeblich von den Bedürfnissen des einzelnen abhängt, gleichwohl nicht die Befriedigung jedes Bedürfnisses einen Eingriff in die Vertragsfreiheit rechtfertigen kann.[211] Es ist deshalb eine gewisse Normierung der Bedürfnisse dahingehend vorzunehmen, dass der Kontrahierungszwang nur hinsichtlich der Güter in Monopolhand in Betracht kommen kann, die unabhängig von persönlichen Bedürfnissen konsensual für den überwiegenden Teil der Bevölkerungsgruppe von maßgeblicher Bedeutung sind.[212] Für Zwecke der kommunikativen Erreichbarkeit im Internet genügt in aller Regel eine E-Mail-Adresse (und der hier nicht interessierende Zugang zum Internet selbst), die aufgrund der Marktstruktur praktisch frei verfügbar ist. Für die Selbstdarstellung des Verbrauchers aus beruflichen oder privaten Gründen reicht dies jedoch nicht aus, da die E-Mail-Adresse nur den im Rahmen einer Individualkommunikation möglichen Informationsaustausch gestattet,[213] nicht dagegen den für die Selbstdarstellung erforderlichen öffentlichen Auftritt im Internet. Im Rahmen des Persönlichkeitsrechts ist die Selbstdarstellung auch grundgesetzlich anerkannt,[214] woraus sich die herausgehobene Bedeutung dieses Bedürfnisses ableiten lässt. In Bezug auf das Internet - einem originären Medium der Kommunikation - ist eine eigene Domain für die Verwirklichung der Selbstdarstellung unverzichtbar. Es handelt sich somit um ein wichtiges Gut im Sinne obiger Definition.

Ein Kontrahierungszwang seitens der DENIC ist damit auch gegenüber privaten Verbrauchern zu bejahen. Es gelten die in Bezug auf Unternehmen dargelegten Einschränkungen im Hinblick auf eine sachgerechte Vergabe.

---

211 *Bydlinski*, AcP 180 (1980), 1, 35 f.

212 Ähnlich *Bydlinski*, AcP 180 (1980), 1, 36.

213 Zu dem hiermit vergleichbaren Recht auf Bereitstellung eines Telefonanschlusses vgl. §§ 17 ff. TKG und den darin verankerten Gedanken der Universaldienstleistung. Siehe auch *Soergel/Wolf*, BGB[13], Vor § 145 Rn. 52.

214 Vgl. nur *Kunig* in: v.Münch/Kunig, GG[5] , Art. 2 Rn. 11; *Kannengießer* in: Schmidt-Bleibtreu/Klein, GG[9], Art. 2 Rz. 3c; *Pieroth/Schlink*, Grundrechte Staatsrecht II[16], Rn. 377.

(3) In Bezug auf Internet Service Provider

Für ISP bedeutet die Monopolstellung der DENIC, dass sie die Registrierung deutscher Domains für ihre Kunden nicht anbieten können, wenn sie nicht Mitglied der DENIC sind.[215]

Ausgehend von der dem Wettbewerbsrecht ebenfalls obliegenden Aufgabe der Initiierung und Förderung von Wettbewerbsprozessen[216] ergibt sich aus § 19 IV Nr. 4 GWB (iVm § 33 GWB) eine Zugangsgewährungspflicht, wenn ein marktbeherrschendes Unternehmen über Infrastruktureinrichtungen verfügt, die für den Zugang im Rahmen einer anbietenden Tätigkeit auf dem beherrschten Markt essentiell sind. Voraussetzung dieser Zugangsgewährungspflicht ist insbesondere die rechtliche oder tatsächliche Unmöglichkeit des Wettbewerbers, ohne Mitbenutzung der Einrichtung des Marktbeherrschers auf dem Markt eine wettbewerbliche Tätigkeit zu entfalten.[217] Diese aus dem U.S.-amerikanischen *antitrust law* entstandene[218] sog. *essential facility-doctrine* beschreibt im Wesentlichen die Rechtswidrigkeit der Weigerung des Inhabers einer wesentlichen Einrichtung (*essential facility*), diese für wettbewerbliche Aktivitäten eines Dritten auf einem vor- oder nachgelagerten Markt, dem sog. abgeleiteten Markt, zur Verfügung zu stellen.[219]

Im Falle der DENIC stellt die Registrierung und Verwaltung der deutschen Domains eine wesentliche Infrastruktureinrichtung dergestalt dar, dass erst die Teilnahme und Teilhabe an der Registrierung dieser Domains die Tätigkeit auf dem nachgelagerten Markt der Domain-Vergabe in Deutschland ermöglicht. Die separate Vergabe von Domain-Namen ohne Beteiligung der DENIC ist aus internet-strukturellen Gründen[220] zwar möglich, aber nicht sinnvoll, weil die vergebenen Domain-Namen nur den Teilnehmern des Vergabenetzes zugänglich wären. Der Zugang zum Vergabesystem der

---

[215] Siehe zur Voraussetzung der Mitgliedschaft in der DENIC eG für die Teilnahme am automatisierten Registrierungsverfahren, die Informationen darüber http://www.denic.de/de/domains/technik/registrierungssystem/index.html. Weitere Informationen hinsichtlich der Teilhabe der Mitglieder an den Leistungen der DENIC stehen zur Verfügung unter http://www.denic.de/de/denic/mitgliedschaft/mitglied_werden/index.html.

[216] *Möschel* in: Immenga/Mestmäcker, GWB³, § 19 Rn. 183.

[217] Siehe auch *Möschel* in: Immenga/Mestmäcker, GWB³, § 19 Rn. 199.

[218] Siehe näher zur Entstehungsgeschichte *Möschel* in: Immenga/Mestmäcker, GWB³, § 19 Rn. 178 ff.

[219] *Möschel* in: Immenga/Mestmäcker, GWB³, § 19 Rn. 178.

[220] Siehe zum System der Domain-Namen und dessen Dependenz von autoritativen Name Servern, oben A.III.2.b.

DENIC[221] ermöglicht erst die globale Konnektierung der Domains und ist damit für den Wettbewerber zur Entfaltung wettbewerblicher Tätigkeit auf dem Markt der Vergabe deutscher Domains unverzichtbar. Offen ist in diesem Zusammenhang nur, ob die Mitbenutzung für die DENIC iSv § 19 IV Nr. 4, 2. HS GWB unmöglich oder unzumutbar wäre. Maßgeblich ist hierbei eine Interessenabwägung, bei der jedoch das allgemeine Interesse des Marktbeherrschers an der ausschließlichen Nutzung der wesentlichen Einrichtung nicht berücksichtigt werden kann.[222] Fehlende Kapazität ist als Rechtfertigungsgrund hingegen allgemein anerkannt, weil eine Pflicht zur Schaffung von Kapazität vom Wortlaut des § 19 IV Nr. 4, 2. HS GWB nicht gedeckt wäre.[223] Es liegt auf der Hand, dass technische Systeme Kapazitätsgrenzen haben, doch zeigt sich anhand der DENIC und der Entwicklung ihrer Mitgliederzahlen,[224] dass das System der Domain-Registrierung über hinreichend Kapazität für eine große Zahl von Teilnehmern verfügt. Eine Rechtfertigung wegen mangelnder Kapazität muss deshalb (derzeit) entfallen. Weitere Gründe für eine Unmöglichkeit oder Unzumutbarkeit der Zugangsgewährung für ISP sind nicht ersichtlich. Ein Zugangsgewährungsanspruch für ISP ist damit anzunehmen.[225]

(4) Ergebnis

Die DENIC unterliegt sowohl hinsichtlich unternehmerischer Domain-Interessenten als auch gegenüber privaten Verbrauchern einem Kontrahierungszwang bei der Registrierung von deutschen Domains. Für ISP ergibt sich aus der Monopolstellung der DENIC bei der Verwaltung des deutschen Domain-Raumes im Rahmen der *essential facility-doctrine* ein Teilhabeanspruch an der Benutzung des Registrierungssystems.

c. Das Recht an der Registrierung

Aus den Vertragsverhältnissen bei der Registrierung von deutschen Domain-Namen ergibt sich ein Recht des Domain-Inhabers an der Eintragung und Beibehaltung des Eintrags in den Domain-Name-Servern der DENIC. Damit einher geht die Pflicht der DENIC, keine zweite Domain dieses

---

221 Siehe zum elektronischen Vergabesystem der DENIC, oben A.III.4.b(2).

222 *Möschel* in: Immenga/Mestmäcker, GWB³, § 19 Rn. 205.

223 Siehe nur *Möschel* in: Immenga/Mestmäcker, GWB³, § 19 Rn. 206.
Überzeugend *Schmidt-Preuß*, AG 1996, 1, 8, der diese Begrenzung der Mitbenutzungspflicht mit dem Verweis auf Art. 14 GG begründet.

224 Siehe http://www.denic.de/de/denic/mitgliedschaft/mitgliederzahlen/count.html.

225 Die nähere Ausgestaltung dieses Anspruchs, etwa die Begründung eines Kontrahierungszwangs im Zivilrechtsschutz (siehe nur *Möschel* in: Immenga/Mestmäcker, GWB³, § 19 Rn. 211), soll hier jedoch aus thematischen Gründen nicht vertieft werden.

Namens einzutragen. Die Exklusivbindung der DENIC hinsichtlich des eingetragenen Domain-Namens verleiht dem Domain-Inhaber jedoch kein Ausschließlichkeitsrecht an dem Domain-Namen, da die Eindeutigkeit der Domain-Namen auf technischen Gründen beruht und nicht - wie etwa beim Patent[226] oder der Marke[227] - Folge hoheitlicher Verleihung privater Rechte ist. Das Recht des Inhabers an der Domain wirkt insoweit nur gegenüber seinem Vertragspartner, der DENIC.

V. Zusammenfassung

Die Domain-Namen sind weltweit eindeutige Adressen der Internet-Kommunikation, deren Vergabe weitgehend ungeregelt durch private Organisationen erfolgt. In ihrer Funktion als Bezeichnung eines Internet-Auftritts werfen die Domain-Namen in erster Linie namens- und kennzeichenrechtliche Probleme auf. Sie sind Anknüpfungspunkte für die Geltendmachung von Namens- und Kennzeichenrechten.

Die DENIC als zentrale Vergabestelle für die deutschen Domain-Namen unterliegt aufgrund ihrer marktbeherrschenden Stellung einem Kontrahierungszwang sowohl im Hinblick auf private Verbraucher als auch in Bezug auf Unternehmen. Als Folge des Kontrahierungszwangs bestehen erhöhte Anforderungen an die Prüfungspflichten der DENIC im Rahmen der Domain-Registrierung, insbesondere hinsichtlich der Verletzung von Rechten Dritter durch den beantragten Domain-Namen. Deren Ausformung wird an gegebener Stelle[228] noch zu konkretisieren sein.

Zugleich ergeben sich aus dieser exponierten Stellung der DENIC im Gefüge der Domain-Namen besondere Pflichten hinsichtlich der *post registration* Konflikte, die auch bei Anwendung einer ex ante Kontrolle unvermeidbar sind. In diesem Zusammenhang soll in dieser Arbeit die Möglichkeit alternativer, gerichtsunabhängiger Streitlösung bei Domain-Namen entwickelt werden.[229]

---

226 § 9 S. 1 PatG.

227 § 14 Abs. 1 MarkenG.

228 Siehe ausführlich zu den Prüfungspflichten unten, D.I.1.b.

229 Unten D.II.

B. Bestandsaufnahme der angewandten Lösungen für Domain-Konflikte in Deutschland

Der mit dieser Arbeit zu entwickelnde Vorschlag einer alternativen Streitlösung für Domain-Namen in Deutschland erklärt sich vor allem aus einer Bestandsaufnahme der derzeit angewandten Domain-Konfliktlösungen. Es zeigt sich, dass erhebliche Defizite in den bisherigen Streitlösungsverfahren bestehen, die für die Betroffenen zu rechtlichen und tatsächlichen Verlusten führen. In der Folge fehlender gesetzgeberischer Vorgaben für die Vergabe von Domain-Namen und die Lösung von Streitigkeiten entwickelten sich mit dem Beginn der kommerziellen Verbreitung des Internets in Deutschland unterschiedliche Strategien und Ansätze zur Bewältigung der zunehmenden Konflikte um Domain-Namen.

Ausgangspunkt aller Domain-Konflikte ist das Vergabeverfahren „first come, first served", das dazu führt, dass der erste Interessent eines freien Domain-Namens diesen ohne jeden Nachweis seiner Interessen und Rechte zugeteilt bekommt und damit alle anderen blockiert. Das Prinzip „wer zuerst kommt, mahlt zuerst" hat in Anbetracht der berührten Interessen der Beteiligten vielfältige Streitlösungsansätze hervorgerufen, angefangen von ersten Versuchen, die Domain vom derzeitigen, oftmals gegen ein entsprechendes Entgelt durchaus „verkaufswilligen" Inhaber zu übernehmen (B.I.), über den nach einem explosionsartigen Anstieg der Preise (wieder) interessant werdenden gerichtlichen Weg (B.II.) bis zu dem vernünftigen, kostengünstigen, wenngleich auch Kompromisse fordernden Weg des Domain-Sharing (B.III.). Allen Wegen gemein ist die Abstinenz der deutschen Domain-Vergabestelle DENIC (B.IV). Dabei sind teilweise ungenutzte Streitvermeidungsmöglichkeiten (B.V.) direkt auf den fehlenden Weitblick der DENIC bei der Übernahme der Verwaltung des ».de« Domain-Raumes zurückzuführen.[230]

---

230 Vorwegzunehmen ist, dass einige Streitfälle um Domain-Namen technisch bedingt aufwendiger sind, als sie es sein müssten - mitunter ließe sich ein Streit sogar gänzlich vermeiden. Zum einen liegt dies an einer unzulänglichen Pflege der Domain-Datenbanken. Die auf bis zu zwei Prozent zu veranschlagende Zahl der „Aktenleichen" bei den Domain-Einträgen führt durch das Fehlen eines Ansprechpartners auf der Domain Seite für den Kläger zu einem schwer überwindbaren Hindernis bei der Durchsetzung seiner kennzeichenrechtlich ggf. unproblematischen Ansprüche (siehe dazu „Domain-Datenbanken voller Karteileichen", http://www.heise.de/newsticker/data/jk-17.06.02-004/). Zwei Prozent von derzeit über 6 Millionen Domain-Namen sind immerhin 120.000 Domains. Eine Sicherung der Domain durch einen DISPUTE-Eintrag scheidet in dieser Situation nach den Registrierungsbedingungen der DENIC aus (http://www.denic.de/de/faqs/recht_dispute/index.html#section_86), solange mit dem Inhaber keine gerichtliche

I. Vertrag

Ein erster Ansatz für die Lösung von Domain-Streitigkeiten war aufgrund einer unerforschten Rechtslage der Weg über den Markt. Mit dem einsetzenden Boom des Internets und dessen zunehmender Kommerzialisierung mussten insbesondere größere Unternehmen oftmals feststellen, dass eine Domain mit ihrem Firmen- oder Markennamen bereits anderweitig registriert war. Der Registrant war dabei zumeist eine Privatperson ohne Bezug zu dem benutzten Domain-Namen und oftmals durchaus geneigt, gegen ein entsprechendes Entgelt die Domain zu „verkaufen". Diese vorausschauende Reservierung von Domain-Namen, in denen bekannte Unternehmenskennzeichen oder Marken vorkommen, wurde unter dem Stichwort Domain-Grabbing (auch *Cyber Squatting*) bekannt,[231] weil das Vorgehen der Registrierenden gerade auf das „Wegschnappen" lukrativer Domain-Namen gerichtet ist.

Der Grund für die Bereitschaft der Unternehmen, ihre Kennzeichen in Domain-Form gegen ein erhöhtes Entgelt zu erwerben, ist in der ungeklärten Rechtslage zu suchen, die bei allen Sachverhalten mit Internet-Bezug und insbesondere bei Domain-Namen bestand. Die Anfangszeiten des Internet waren von staatlichem Desinteresse und unternehmerischer Risikobereitschaft geprägt. Die Aussicht, auch nach einem langwierigen Gerichtsweg womöglich mit „leeren Händen dazustehen", weil die im Offline-Bereich eindeutige Rechtslage vom Gericht ggf. doch nicht auf Online-Sachverhalte übertragen wird, führte bei den Unternehmen häufig zu der Einschätzung, die Übernahme gegen Entgelt sei ökonomisch sinnvoller. Überzeugend war dieser Weg insbesondere wegen seiner Schnelligkeit und der Sicherheit, die

Auseinandersetzung um den Domain-Namen geführt wird. Dass es „den Inhaber" in diesen Fällen gar nicht (mehr) gibt, ändert an diesem Erfordernis offensichtlich nichts.
Hier liegt ein nicht unerhebliches Potential für die Konfliktlösung bei Domain-Namen, das auf den ersten Blick nur durch erhebliche, personalintensive Kontrollmaßnahmen seitens der DENIC zu realisieren wäre. Tatsächlich ließe sich der Aufwand jedoch allein dadurch gering halten, dass die DENIC nur nach Hinweis eines Nutzers tätig würde, der rechtliche Ansprüche auf einen bestimmten Domain-Namen geltend machen will und den bei der DENIC verzeichneten Inhaber nicht erreichen kann. Eine Nachforschungspflicht im Hinblick auf die Erreichbarkeit der Inhaber der deutschen Domains kann sich hieraus für die DENIC selbstverständlich nicht ergeben, da dies von ihr nicht zu leisten wäre. Gleichwohl bedarf es in diesen Fällen adäquater Verfahren, ein glaubhaft gemachtes Recht an einer Domain auch gegenüber einem nicht erreichbaren Inhaber durchsetzen zu können. Zu dieser Problematik gibt es von der DENIC nur sehr rudimentäre Aussagen, siehe http://www.denic.de/de/faqs/recht_dispute/index.html#section_100.

231 Siehe dazu auch *Spindler* in: Bamberger/Roth, BGB, § 826 Rn. 81.

Domain tatsächlich zu erlangen. Die teilweise beträchtliche Investition[232] in den Domain-Namen konnte für das Unternehmen zudem einen Imagezuwachs bringen, da die frühzeitige Präsenz im Internet in bestimmten Branchen das Ansehen bei den Kunden zu steigern vermochte. Für andere wiederum galt es in den ersten Jahren des Massen-Internets einen völlig neuen Markt zu erschließen. Unter Berücksichtigung dieser Motivationen war die entgeltliche Domain-Übernahme oftmals auch aus dem Blickwinkel des Unternehmensinteresses gerechtfertigt.

Mangels herkömmlicher Preisbildungsmechanismen richtete sich der Entgelt für die Domains nach dem Wert, den der jeweilige Domain-Name für das Unternehmen hatte. Letztlich ging es dabei um eine monetäre Bewertung des betreffenden Marken- oder Unternehmensnamens unter Berücksichtigung der weltweiten Erreichbarkeit der entsprechenden Domain.[233] Erst als der Markt auf diese Praxis mit der massenhaften Registrierung von Domains reagierte, die für Unternehmen oder andere zahlungskräftige Personen auch nur im Entferntesten von Interesse und Bedeutung sein könnten, wurden die ersten Fälle von Domain-Streitigkeiten vor Gericht gelöst. Die vertragliche Variante der Streitlösung ist jedoch auch heute noch einer der schnellsten und vor allem sichersten Wege, an die bereits belegte Domain zu gelangen.

1. Handelbarkeit von Domain-Namen

Unabhängig von der rechtlichen Einordnung der Domains entwickelte sich der Domain-Markt - der *Second Hand*-Handel mit Domain-Namen - allein aufgrund der rein tatsächlichen Übertragbarkeit einer Domain. Notwendig ist dazu nur die Einigung der Parteien über den Übergang der Domain auf den neuen Inhaber sowie die daraufhin erfolgende Änderung der Domain-Datenbank der jeweiligen Registrierungsstelle. Der Domain-Name als Alias für eine IP-Adresse[234] lässt sich technischerseits unproblematisch einer anderen IP-Adresse zuweisen. Die Übertragung einer Domain verlangt seitens der DENIC eine Änderung der Domain-Datenbank. Zwischen dem bisherigen und dem zukünftigen Domain-Inhaber stellt sich die Domain-Übertragung als Abtretung gem. §§ 398, 413 BGB dar.[235]

---

[232] Siehe die bei *Gabel*, NJW-CoR 1996, 322, zitierten Fälle »mcdonalds.com«, »mtv.com«, »apple.com« und »deutsche-bank.com«. Siehe auch die von *Kur* in: FG Beier, S. 265, 270 f., erwähnten Fälle.

[233] Siehe sogleich B.I.2.

[234] Siehe oben A.III.2.

[235] *Lwowski/Dahm*, WM 2001, 1135, 1139. Siehe dazu auch § 6 II DENIC-Registrierungsbedingungen, der explizit die Möglichkeit der Übertragung erwähnt.

2. Wertbestimmung bei Domain-Namen

Der Wert des Domain-Namens bestimmte sich in den Anfangstagen des Domain-Handels nach den Grundprinzipien des Marktes, insbesondere also nach dem Wert, den der künftige Domain-Inhaber dem Domain-Namen beimaß. Im Rahmen von Unternehmenskennzeichen und Marken führte dies nicht selten zu einer Orientierung am Wert des Kennzeichens unter Berücksichtigung seiner globalen Repräsentanz im Internet, wodurch die Preise für Domain-Namen explosionsartig anstiegen. Die Abgrenzung des Internets gegenüber der „realen Welt" begründete wiederum für die Unternehmen die Notwendigkeit, auch in diesem Markt präsent zu sein. Die zunehmende Höhe der verlangten Preise für Domain-Namen aus bekannten Kennzeichen führte schließlich zu einem Umdenken bei den betroffenen Unternehmen und einem gesteigerten Interesse an einer rechtlichen, weil kostengünstigeren Klärung dieser Domain-Konflikte.

Bei Gattungsbegriffen[236] in Form von Domain-Namen geht es bei der Wertbestimmung vor allem um die Anziehungskraft, die dieser Domain-Name im Hinblick auf Internet-Nutzer ausübt.[237] Messbare Größe in diesem Zusammenhang ist die Zahl der Spontanzugriffe, d.h. die durch Direkteingabe erfolgten Seitenaufrufe ohne Verwendung von Suchmaschinen oder anderen Link-Sammlungen.

Bei „normalen", privaten Domain-Namen bestimmt sich der Wert in erster Linie nach dem Interesse des Käufers an dieser Domain. Hier funktioniert der Markt noch nach vernünftigen Prinzipien, weil die beteiligten Interessen in aller Regel rein persönlicher Natur sind und ein preistreibender kommerzieller Hintergrund fehlt. Dieses reine Affektionsinteresse führt zu einem gemäßigten Preisniveau von in der Regel einigen hundert Euro.

3. Stellungnahme

Der Weg über den Markt lässt sich vergleichsweise schnell realisieren, führt jedoch in Zeiten knapper werdender freier Domains mangels entsprechender verfügbarer Alternativen für den Käufer zu extremen Ablöse-Summen, die sich oftmals nur noch nach der Leistungsfähigkeit des Käufers richten. Gleichwohl ist die vertragliche Übernahme der Domain der sicherste Weg, an den Domain-Namen zu gelangen, nachdem der derzeitige Inhaber diesen aufgegeben hat, da es sich hier tatsächlich um eine Übertragung der

---

236 Zur Zulässigkeit von Gattungsbegriffen in Domain-Namen siehe sogleich, B.II.5.c(1).

237 Die Frankfurter Allgemeine Zeitung berichtete in diesem Zusammenhang von dem geplanten Verkauf der Domain »sex.com« für mindestens 85 Millionen US$, FAZ v. 18.01.2001, S. 27.

Domain handelt. Die Domain wird zu keinem Zeitpunkt der Transaktion frei, so dass das Risiko einer zwischenzeitlichen, anderweitigen Registrierung nicht besteht.

II. Gericht

Die ausufernden Preise bei der vertraglichen Domain-Übernahme im Zusammenhang mit bekannten Kennzeichen führten letzten Endes zu einer juristischen Auseinandersetzung um den rechtmäßigen Domain-Inhaber. Grundsätzlich steht die gerichtliche Lösung von Domain-Streitigkeiten jedoch vor dem Problem, zunächst zwei wesentliche Weichenstellungen vornehmen zu müssen: die Frage der gerichtlichen Zuständigkeit in Bezug auf den streitgegenständlichen Domain-Namen und die Frage des auf diesen Rechtsstreit anwendbaren Rechts. Daran anschließend birgt auch die Durchsetzung des Urteils im internationalen Kontext nicht unerhebliche Probleme.

Die Zuständigkeitsproblematik bei Domain-Namen beruht auf der Ubiquität des Internets. Theoretisch lassen sich Bezugspunkte zu einem Domain-Namen an jedem Ort der Welt mit Internetanschluss konstruieren, da eine Domain von jedem dieser Punkte gleichermaßen erreichbar ist. Schon in Bezug auf die gerichtliche Zuständigkeit kann dies kaum zu sachgerechten Lösungen führen, da die Vielfalt der Anknüpfungspunkte zum sog. *forum shopping* geradezu einlädt. Domain-Konflikte sind damit eigentlich per se internationaler Natur.

In diesem Rahmen richtet sich das anzuwendende Recht nach dem Internationalen Privatrecht (IPR), wobei das angerufene Gericht immer das eigene IPR, also das des Gerichtsstaates anwendet.[238] Es liegt somit auf der Hand, dass die Frage nach dem international zuständigen Gericht streitentscheidende Bedeutung haben kann. Auch hier bedarf es folglich einer feineren Ziselierung der maßgeblichen Anknüpfungspunkte, um nicht durch eine rein willkürliche Wahl der Rechtsordnung unsachgemäße Ergebnisse zu provozieren.[239]

---

[238] *Pichler* in: Immenhäuser/Wichtermann, S. 229, 231.

[239] Siehe dazu auch die von *Spindler*, MMR 2000, 18, 20 ff. aufgeworfenen Probleme des E-Commerce, mit denen sich Anbieter und Verbraucher bei der Frage der Gerichtszuständigkeit konfrontiert sehen.

1. Problem der Zuständigkeit

Die Schwierigkeiten bei der gerichtlichen Lösung von Domain-Streitigkeiten beginnen bei der Frage nach dem zuständigen Gericht.[240] Eine internationale Übereinkunft hinsichtlich des zuständigen Gerichts in Streitfällen mit internationalem Bezug besteht nicht.

Beantwortet wird die Frage nach dem zuständigen Gericht deshalb durch ein nationales Regelwerk, das Internationale Zivilverfahrensrecht (IZVR). Da es keine weltweite Zuständigkeitsordnung gibt, legt jeder Staat mit Hilfe seines IZVR fest, unter welchen Voraussetzungen seine Gerichte für die Entscheidung eines international bezogenen Rechtsstreits zuständig sein sollen.[241] Teilweise existiert jedoch für die Frage der Gerichtszuständigkeit tatsächlich internationales Recht. Für den europäischen Raum stellt die EuGVVO[242] eine entsprechende Regelung dar, die für ihren Anwendungsbereich die Frage der Gerichtszuständigkeit europaweit[243] regelt.[244]

Nach der Feststellung der eigenen Zuständigkeit anhand des IZVR richtet sich das weitere Verfahren nach dem Grundsatz *forum regit processum,* d.h. die *lex fori,* das inländische Verfahrensrecht, kommt zur Anwendung.[245] Offen ist damit immer noch die Frage nach dem anzuwendenden materiellen Recht zur Entscheidung des Streits. Das Verfahrensrecht impliziert weder in positiver noch in negativer Hinsicht die Anwendung eines bestimmten Rechts, etwa des Inlandsrechts. Diese Frage wird vielmehr selbständig vom Internationalen Privatrecht (IPR) des Gerichtsstaates entschieden.[246] Dies ist das Einfallstor für das sog. *forum shopping,* da die IPR verschiedener Staaten durchaus zu unterschiedlichen Ergebnissen hinsichtlich des anzuwendenden Sachrechts kommen können. Die Wahl des Gerichtsorts kann somit

---

[240] Vgl. dazu auch *Seifert,* S. 198 ff.

[241] *Pichler* in: Immenhäuser/Wichtermann, S. 229, 234.

[242] „Verordnung (EG) Nr. 44/2001 des Rates vom 22. Dezember 2000 über die gerichtliche Zuständigkeit und die Anerkennung und Vollstreckung von Entscheidungen in Zivil- und Handelssachen" (Europäische Gerichtsstands- und Vollstreckungsverordnung - EuGVVO), Amtsblatt Nr. L 012 vom 16.01.2001, S. 1.

[243] Die EuGVVO gilt nicht im Verhältnis zu Dänemark, dort gilt weiterhin das „Übereinkommen über die gerichtliche Zuständigkeit und die Vollstreckung gerichtlicher Entscheidungen in Zivil- und Handelssachen vom 27.9.1968" (EuGVÜ). Siehe dazu auch OLG Hamburg, MMR 2002, 822, 823- »hotel-maritime.dk«.

[244] Siehe noch zum EuGVÜ *Pichler* in: Immenhäuser/Wichtermann, S. 229, 235; *Kuner,* CR 1996, 453, 456.

[245] *Pichler* in: Immenhäuser/Wichtermann, S. 229, 235.

[246] BGHZ 44, 46, 50; *Schack,* Internationales Zivilverfahrensrecht², Rn. 215.

entscheidende Bedeutung für Erfolg oder Misserfolg einer Klage haben.[247] *Forum shopping* meint in diesem Zusammenhang die Suche des Klägers nach dem für ihn günstigsten unter mehreren möglichen internationalen Gerichtsständen.[248] Die Legitimität des *forum shopping* ist allgemein anerkannt,[249] verschafft sich doch der Kläger keinen anderen Vorteil als den, den ihm die unterschiedlichen Rechtsordnungen ohnehin bieten. Gleichwohl kann dies für den Beklagten zu misslichen Konsequenzen und unverhältnismäßigem Aufwand führen. Hier kann unter Umständen eine Eingrenzung der internationalen Zuständigkeit auf die tatsächlich fallbezogenen Gerichtsstände angezeigt sein.[250] In Bezug auf Domains bedeutet dies eine Eingrenzung anhand des in Frage stehenden Domain-Namens, denn dessen systembedingt globale Erreichbarkeit darf nicht zu einer spiegelbildlich globalen Gerichtspflicht des Inhabers führen.[251] Naheliegend ist dabei eine Unterscheidung nach der TLD des Domain-Namens.

Bei *cc*TLDs sollte in der Regel die internationale Zuständigkeit auf Gerichte des jeweiligen Landes beschränkt sein, da zumeist auch der Kreis der potentiellen Domain-Inhaber dieser Einschränkung unterliegt.[252] Eine Ausnahme muss allerdings für die international vergebenen generischen *cc*TLDs gelten.[253] In diesen Fällen dient schon die Wahl der *cc*TLD nicht der Kennzeichnung einer bestimmten Herkunft oder geographischen Verbundenheit sondern ausschließlich dem Zweck, eine markante, selbsterklärende TLD zu wählen, die der SLD eine stärkere Kennzeichnungskraft verleiht. Hinsichtlich der deTLD gilt diese Einschränkung jedoch nicht, da sie ausschließlich einen regionalen, keinen generischen Bezug aufweist. Für deutsche Gerichte ergibt sich aus diesen Überlegungen, dass in erster Linie die

---

247 *Pichler* in: Immenhäuser/Wichtermann, S. 229, 235.

248 *Kuner*, CR 1996, 453, 456; *Schack*, Internationales Zivilverfahrensrecht^2, Rn. 221.

249 *Pichler* in: Immenhäuser/Wichtermann, S. 229, 236; *Schack*, Internationales Zivilverfahrensrecht^2, Rn. 222.

250 *Pichler* in: Immenhäuser/Wichtermann, S. 229, 236.

251 Siehe aber OLG München, CR 2002, 449 – »literaturhaus.de« u.a. TLDs, das ausdrücklich eine Zuständigkeit deutscher Gerichte für die „internationalen" TLDs ».com«, ».net« und ».org« aus § 32 ZPO herleitet, da die entsprechenden Domains auch in Deutschland erreichbar sind.

252 Schon die Verwendung eines Domain-Namen mit einer spezifischen *country code* TLD lässt vermuten, dass der Domain-Inhaber einen gewissen Bezug zu diesem Land herstellen möchte. Hinsichtlich des Klägers zeigt das Interesse an einer (besetzten) Domain unterhalb einer länderspezifischen TLD gleichfalls einen gewissen regionalen Bezug.

253 Siehe zu diesen generischen *country code* TLDs, oben A.III.4.c(2).

deTLD maßgebliches Kriterium für die Zuständigkeit deutscher Gerichte sein muss.[254]

Für *g*TLDs läßt sich ein regionaler Bezug in der Regel nicht feststellen.[255] Die Eingrenzung bei den *generic* TLDs muss deshalb bei den Beteiligten ansetzen, in erster Linie also dem Domain-Inhaber als potentiellem Verletzer der Rechte des Domain-Gegners.[256]

Aus deutscher Sicht bestimmt sich damit das zuständige Gericht nach dem in § 13 ZPO geregelten allgemeinen Gerichtsstand und ggf. dem in § 32 ZPO geregelten besonderen Gerichtsstand am Begehungsort (*forum delicti commissi*) für Klagen aus unerlaubter Handlung.[257] Bei der Verletzung von Marken-, Firmen- oder Namensrechten im Internet liegt der Begehungsort iSv § 32 ZPO - genauer: der Erfolgsort - überall dort, wo das Medium bestimmungsgemäß abrufbar ist.[258] In Bezug auf Domain-Namen besteht

---

254 *Renck*, NJW 1999, 3587, 3592.

255 Vereinzelt wird allerdings behauptet, dass die ».com« TLD in den Anfangstagen der Domain-Registrierung amerikanischen Unternehmen vorbehalten war, siehe etwa *Hoeren*, EWiR 1999, 983, 984. Einer solchen Aussage fehlte allerdings schon damals die Grundlage. Der Eindruck dieses Exklusiv-Zugriffs amerikanischer Unternehmen bei der Registrierung von ».com« Domains entstand nur dadurch, dass in Amerika der Internet-Boom viel früher einsetzte, so dass sich zwangsläufig auch die registrierten Domains zunächst mehrheitlich in amerikanischer Hand befanden. Zudem war die *country code* TLD der USA zu dieser Zeit nicht frei registrierbar, so dass den amerikanischen Unternehmen nichts anderes übrig blieb, als auf die *generic* TLDs auszuweichen.
Zum anderen zeigt die heutige internationale Durchmischung des ».com« Domain-Raumes, dass höchstens die geschäftliche Nutzung, nicht jedoch eine regionale Herkunft als Gemeinsamkeit der ».com« Domain-Inhaber gelten kann. Die ».com« TLD ist zwar für geschäftliche Offerten (com = commercials) konzipiert, allerdings haben fehlende Registrierungsrichtlinien mittlerweile zu einem weit gefächerten Nutzerkreis geführt, so dass es nicht selten vorkommt, dass eine ».com« Domain zu rein persönlichen Zwecken genutzt wird - mit einem Hauch von Internationalität und Weltläufigkeit im Domain-Namen.
Ähnliches gilt für die übrigen *generic* TLDs. Die Begrenzung der ».edu«, ».gov« und ».mil« TLDs auf bestimmte Bereiche der US-amerikanischen Verwaltung (Bildungseinrichtungen, Regierungsstellen, Militär) soll bei der Betrachtung der Gerichtszuständigkeiten außer Acht bleiben, da in diesen Fällen schon das Vergabeverfahren bürokratisiert ist und eigene Anknüpfungspunkte für gerichtliche Zuständigkeiten bietet.

256 Diesem Ansatz folgte auch das OLG Karlsruhe, CR 1999, 783, 784 - »badwildbad.com«, in seiner nicht unumstrittenen Entscheidung. Zur Kritik siehe *Hoeren*, EWiR 1999, 983.

257 *Koch*, CR 1999, 121, 124.
Der besondere Gerichtsstand der unerlaubten Handlung soll dem Gedanken der Sachnähe und der geringeren Schutzwürdigkeit des Deliktschuldners Rechnung tragen, *Zöller/Vollkommer*, ZPO[23], § 32 Rn. 1.

258 *Zöller/Vollkommer*, ZPO[23], § 32 Rn. 17; *B.Bachmann*, IPRax 1998, 179, 184; KG, NJW 1997, 3321 - »concert-concept.de«; LG Düsseldorf, GRUR 1998, 159, 160 - »epson.de«.

somit ein besonderer Gerichtsstand an den Orten, von denen die Domain bestimmungsgemäß erreichbar ist. Im Prinzip ergibt sich daraus - kaum sachgerecht - ein besonderer Gerichtsstand der unerlaubten Handlung an praktisch jedem Ort der Welt.[259] Wegen der globalen Allverfügbarkeit des Internet besteht ohnehin eine Vermutung für die weltweite Bestimmung einer Domain. Die erwähnte Eingrenzung der Zuständigkeit nationaler Gerichte auf Domains der nationalen TLD[260] wird deshalb erweitert durch die Inanspruchnahme von Zuständigkeiten für *generic* TLDs, sofern ein hinreichender Anknüpfungspunkt für einen konkreten Inlandsbezug besteht.[261]

Im Wettbewerbsrecht richtet sich der Gerichtsstand nach § 14 UWG (2004). Anknüpfungspunkt für den Gerichtsstand ist der Ort der gewerblichen Niederlassung des Beklagten (§ 21 ZPO), andernfalls dessen Wohnsitz, § 14 I 1 UWG. Für andere als die in § 8 III Nr. 2 bis 4 UWG mit besonderen Klagebefugnissen ausgestatteten Verbände, qualifizierten Einrichtungen und Kammern besteht daneben noch ein Gerichtsstand am Begehungsort, § 14 II 1 UWG, dies betrifft in erster Linie die durch die wettbewerbswidrige Handlung unmittelbar Verletzten.[262] Aus der Zuordnung des Wettbewerbsrechts zum Recht der unerlaubten Handlungen[263] folgt zum einen die prinzipielle Anwendbarkeit der im Rahmen des § 32 ZPO zum Begehungsort entwickelten Grundsätze auch für den wettbewerbsrechtlichen Begehungsort, zum anderen die wahlweise Klagemöglichkeit im Gerichtsstand der unerlaubten Handlung nach § 32 ZPO selbst. Im Wettbewerbsrecht besteht demgemäß ein Gerichtsstand an den Orten, an denen irgendein Tatbestandsmerkmal verwirklicht wird, mithin sowohl am Ort der Tathandlung

---

[259] Kritisch zu Recht *Koch*, CR 1999, 121, 124; *Renck*, NJW 1999, 3587, 3592.

[260] Eine Ausnahme zu diesem Grundsatz stellt ein Urteil des OLG Hamburg (MMR 2002, 822 - »hotel-maritime.dk«) dar, das seine Zuständigkeit im konkreten Fall aus Art. 5 Nr. 3 EuGVÜ herleitete. Danach kann im Falle der unerlaubten Handlung - wozu auch die Deliktstatbestände des Kennzeichen- und Wettbewerbsrecht gehören - am Erfolgsort gegen ausländische Schädiger geklagt werden. Das OLG begründete seine Zuständigkeit letztlich mit der Erreichbarkeit der streitgegenständlichen Domain in Deutschland und damit auch in Hamburg.
Ohne jegliche Begründung nahm das OLG München (GRUR-RR 2004, 171 - »cambridge-institute.ch«) eine Zuständigkeit für schweizerische Domains an. Allein bei der Frage der angesprochenen Verkehrskreise im Rahmen der markenrechtlichen Irreführungsgefahr verwies das OLG auf die Abrufbarkeit der Domain in Deutschland.

[261] Siehe dazu LG München, CR 2000, 464, 465 - »intershopping.com«.

[262] *Baumbach/Hefermehl*, WettbewerbsR[22], § 24 UWG Rn. 1 b, § 13 UWG Rn. 19 a, b; KG, GRUR 1995, 752 - Fliegender Gerichtsstand; OLG Düsseldorf, WRP 1994, 877; OLG München, WRP 1995, 1055, 1056.

[263] Siehe dazu *Baumbach/Hefermehl*, WettbewerbsR[22], § 21 UWG Rn. 1, 2.

als auch am Ort des Verletzungserfolges.[264] Für die Verwendung eines Domain-Namen im Internet ist mithin der Ort des Abrufs maßgeblich, der in Anbetracht der Gegebenheiten überall sein kann.

Zwischen mehreren zuständigen Gerichten hat der Kläger gem. § 35 ZPO die Wahl. Die Beliebigkeit der Gerichtsstände in Bezug auf Rechtsverletzungen durch Domain-Namen liegt in der Natur des Internets begründet. Für den potentiellen Verletzer ergeben sich daraus zwangsläufig Rechtsunsicherheiten, der potentiell Verletzte wiederum wird durch diese Gegebenheiten bevorteilt.

Im Rahmen alternativer Streitlösungsmechanismen ließen sich diese Unzulänglichkeiten der konventionellen, gerichtlichen Streitlösung bei einer entsprechenden Ausgestaltung der Regeln vermeiden.

2. Problem des anwendbaren Rechts

Neben der Feststellung des zuständigen Gerichts ist die Frage des anwendbaren Rechts ein weiteres Problemfeld bei der gerichtlichen Lösung von Domain-Konflikten, das auf der ubiquitären Erreichbarkeit einer Domain beruht. Grundsätzlich ist in Bezug auf einen Domain-Namen jede Rechtsordnung anwendbar, aus deren Geltungsbereich die Domain erreichbar ist.[265] Allein das Schutzniveau des jeweiligen Empfangsstaates entscheidet darüber, ob es sich bei dem Domain-Namen um eine Rechtsverletzung handelt - namens- und kennzeichenrechtlich, ordnungsrechtlich, strafrechtlich etc. - und welche Ansprüche dem Verletzten dagegen zustehen sollen. Diese Gesamtberufung führt für den Domain-Inhaber zu einer unnötigen Rechtsunsicherheit, die auf den geographischen Grundlagen des IPR beruht.

Für Domain-Namen bietet sich hier die schon bei der Frage des zuständigen Gerichts vorgenommene Eingrenzung auf die jeweilige TLD an, denn es lässt sich vermuten, dass der Domain-Inhaber im Falle einer *cc*TLD mit dieser bewusst einen geographischen Bezug gewählt hat.[266] In Anbetracht der Wahlmöglichkeiten der TLD besteht für einen Domain-Inhaber keine Notwendigkeit, eine spezifische *cc*TLD ohne einen beabsichtigten regionalen Bezug zu reservieren, sofern die jeweilige Vergabestelle ausländische

---

264 *Baumbach/Hefermehl*, WettbewerbsR[22], § 24 UWG Rn. 6.

265 *Wegner*, CR 1998, 676, 679.

266 Anders das OLG Hamburg (MMR 2002, 822, 823 f. - »hotel-maritime.dk«), wonach allein die Erreichbarkeit der Domain zwar nicht ausschlaggebend ist, die Relevanz im Inland jedoch anhand der Intensität des Inlandsbezugs unter Berücksichtigung der Schutzbedürftigkeit des Kennzeicheninhabers zu bewerten ist.

Domain-Inhaber überhaupt zulässt. Vorteile zeigt diese pauschale Zuordnung letztlich auch in der Durchsetzung des Urteils, wenn die lokale Vergabestelle das durch das Urteil festgestellte lokale Recht umsetzen muss. Unanwendbar ist diese Lösung bei generischen *cc*TLDs, die ohne regionale Hinweisfunktion verwendet werden. Für diese TLDs sowie für *g*TLDs lässt sich die Rechtsanknüpfung nicht anhand des Domain-Namens eingrenzen.[267]

Andere Anknüpfungspunkte - der Sitz des Domain-Inhabers, die Ausrichtung der Website, die Belegenheit des Host-Servers, der Sitz des Service Providers, der Sitz der Vergabestelle - führen dagegen zu einer wenig praktikablen Einzelfallentscheidung, die für den potentiell Verletzten Rechtsunsicherheit bedeutet und für den Domain-Inhaber nur bedingt Rechtsklarheit bringt.

Eine alternative Streitlösung, die für die Konfliktbeurteilung eigene Regeln bereitstellt, würde die Frage des anwendbaren Rechts vermeiden und zugleich für die Beteiligten Klarheit in Bezug auf die anwendbaren Regeln schaffen.

3. Der Streitwert bei Domain-Namen

Im Falle bekannter Kennzeichen und Marken hat sich in der Praxis ein Streitwert von € 250.000 pro Domain-Name etabliert.[268] Dies führt allein auf Seiten der Gerichtskosten zu einem erheblichen finanziellen Risiko für die Parteien und insbesondere für den Domain-Inhaber.[269] Der Kläger jedenfalls wird bei der Angabe des Streitwerts in der Klageschrift, § 253 III ZPO,[270] die Erfolgsaussichten seiner Klage vorab hinreichend sorgfältig

[267] Zu allgemein jedoch das LG München (CR 2000, 464 - »intershopping.com«), wonach sich allein aus der inländischen Abrufbarkeit einer Domain ein Anknüpfungspunkt für die Anwendbarkeit deutschen Rechts nach Art. 40 Abs. 1 S. 2 EGBGB ergibt.

[268] Ein Extremfall ist der Streit um die Domain »guenter-jauch.de« (OLG Köln, MMR 2002, 479 - »guenter-jauch.de«; siehe auch die Vorinstanz LG Köln, CR 2001, 622 m.Anm. *Leible/Sosnitza*, 624), bei dem der Streitwert klägerseitig auf 1 Mio. DM festgesetzt wurde. Die Klage wurde abgewiesen. Nicht ganz unbeteiligt an diesen exorbitanten Streitwerten bei Domains dürften in einigen Fällen auch die klägerischen Anwälte sein. So darf doch mit einiger Berechtigung gefragt werden, warum beim Streit um die Domain »wdr.org« ein Streitwert von 500.000 DM angesetzt wurde (LG Köln, MMR 2000, 625 - »wrd.org«), wenn nach der Syntax der Domain-Namen ein Rundfunksender unter keinem denkbaren Gesichtspunkt in der orgTLD registrieren dürfte.

[269] Allein die Gerichtskosten betragen bei einer einfachen Gebühr € 1.756 in der ersten Instanz, siehe Anlage 2 zu § 11 Abs. 2 GKG.

[270] Zwar legt letztlich das Gericht gem. § 3 ZPO den Streitwert fest, ausschlaggebend ist jedoch das in der Klage bezifferte Interesse des Klägers, *Zöller/Herget*, ZPO[23], § 3 Rn. 2.

bewertet haben. Die Folge dieser gerade im Bereich von Marken und Kennzeichen zumeist fiktiven Streitwertbemessung seitens des Klägers ist ein durchaus intendiertes „Überrollen" des Domain-Inhabers, der sich kaum auf das existenzbedrohende Kostenrisiko eines Prozesses mit beidseitigen Anwaltskosten - ggf. über mehrere Instanzen - einlassen wird können.[271] Die Nähe des Domain-Namen zum geschützten Kennzeichen tritt dabei nicht selten zurück.[272] Für den Domain-Inhaber bedeutet die gerichtliche Konfliktlösung somit oft schon vor dem Prozess den Verlust der Domain. Eine angemessene Verteidigung lässt sich angesichts des Streitwerts kaum finanzieren.[273]

Für andere Domain-Konflikte sind Streitwerte zwischen € 1.000 und € 10.000 die Regel.[274]

4. Der Dispute-Eintrag

Im Rahmen einer juristischen Auseinandersetzung mit dem Domain-Inhaber empfiehlt es sich, bei der DENIC eine Dispute-Eintrag für die streitgegenständlichen Domain zu beantragen.[275] Ein Dispute-Eintrag sichert die Domain vor der Übertrag seitens des Inhabers auf einen Dritten

---

[271] Siehe aber die sog. Streitwertbegünstigung, § 142 MarkenG, nach der auf Antrag eine Partei nur im Rahmen ihrer wirtschaftlichen Lage mit den Prozesskosten (Gerichts- und Anwaltskosten) belastet wird. Gleichwohl greift dies nur bei einer erheblichen Gefährdung der Wirtschaftslage der antragenden Partei, wobei allein eine schlechte wirtschaftliche Lage nicht ausreicht und u.U. auch eine Kreditaufnahme zumutbar ist, *Fezer*, MarkenR³, § 142 Rn. 4.

[272] Siehe etwa den Fall »telekomiker.de«, beschrieben in „"Telekomiker" sind der Telekom zu erotisch", http://www.heise.de/newsticker/data/anw-26.11.01-006/. Weitere Fälle um das „T" finden sich in „Jetzt gehts um die T-Wurst", http://www.heise.de/newsticker/data/se-02.08.03-000/.

[273] Auf der anderen Seite ist der Domain-Inhaber bei diesen Fällen zumeist nicht ganz unschuldig am Entstehen des Konflikts, da er eine Domain registriert hat, die der bekannten Marke oder dem Kennzeichen eines Unternehmens derart nahe kommt, dass das Unternehmen zur Wahrung und Sicherung seiner mit erheblichem Aufwand erreichten Kennzeichenposition einen Domain-Prozess dieser Größenordnung anzustrengen bereit ist. Für den Domain-Inhaber führt diese Anlehnung an das Kennzeichen in aller Regel zu einer erhöhten Beachtung seiner Website, deren Verwertung unter Ausschluss des dafür allein ursächlichen Unternehmens allein in seiner Hand liegt.

[274] Beispielhaft OLG Köln, MMR 2001, 170 - »maxem.de«: 15.000 DM.

[275] Siehe nur die bei *Hoffmann*, MMR 2003, 727, 728, beschriebenen Folgen des Klägers im Falle »maxem.de«, der ohne Dispute-Eintrag auch die Domain nicht erlangt hat.

und führt gleichzeitig zu einem automatische Nachrücken des Streitführers im Falle der Löschung der Domain durch den Inhaber.[276]

Gleichwohl besteht ein Restrisiko für den Kläger darin, dass er die Streitführung der DENIC nachweisen muss, um den Dispute-Eintrag zu erhalten, dieser Nachweis jedoch den streitigen Kontakt mit dem Inhaber voraussetzt. Dadurch ist der Domain-Inhaber gewarnt und überträgt möglicherweise die Domain sofort auf einen Dritten. Die Bemühungen des Klägers gehen dann ins Leere.

Die praktische Erfahrung zeigt zudem, dass der Dispute-Eintrag mitunter in der Bearbeitung durch die DENIC länger braucht, als die durch eine Abmahnung erreichte Löschung der Domain durch den Inhaber. In diesem Fall entsteht die missliche Situation, dass die Domain trotz des gestellten Dispute-Antrags frei wird und durch jedermann registriert werden kann. Im Falle einer tatsächlich erfolgenden zwischenzeitlichen Drittregistrierung stellt sich hier die Frage nach der Haftung der DENIC für die Registrierung von Domain-Namen. Haftungsrechtlich eindeutig jedenfalls ist der ebenfalls bekannt gewordene Fall der Löschung einer Domain durch den Inhaber, obwohl diese mit einem Dispute-Eintrag gesichert war und deshalb eigentlich der Dispute-Antragsteller automatisch in die Position des Inhabers hätte nachrücken müssen. Im konkreten Fall hat die DENIC den Irrtum jedoch binnen eines halben Tages bemerkt und damit das Risiko einer Drittregistrierung letztlich doch noch gebannt.

5. Die Anspruchsgrundlagen bei Domain-Namen

In Anwendung deutschen Rechts ist insbesondere das Namens- und Kennzeichenrecht bei Domain-Konflikten einschlägig. Alternativ oder auch kumulativ können wettbewerbs- oder deliktsrechtliche Aspekte in Betracht kommen. Die jüngst bekannt gewordene Versuch einer patentrechtlichen Domain-Übernahme stellt zwar ein Kuriosum im Domain-Recht dar, soll hier jedoch aufgrund der bedenklich stimmenden Auswirkungen nicht unbeachtet bleiben.

a. Namensrechtliche Konflikte – § 12 BGB

Nach der systematischen Stellung im BGB soll § 12 BGB den Namen der natürlichen Person schützen.[277] Nach allgemeiner Ansicht gilt § 12 BGB jedoch auch für Korporationen,[278] wie etwa juristische Personen,[279] und damit auch

---

[276] Deshalb wurde dieser Eintrag früher auch WAIT genannt.

[277] MüKo-BGB[4]/ *Schwerdtner*, § 12 Rn. 40; *Palandt/Heinrichs*, BGB[63], § 12 Rn. 4.

[278] *Soergel/Heinrich*, BGB[13], § 12 Rn. 113 ff.

für juristische Personen des öffentlichen Rechts[280] wie die Bundesrepublik Deutschland oder ihre gemeindlichen Untergliederungen.[281] Auch juristische Personen des Handelsrechts[282] sowie der eV[283] unterfallen dem Namensschutz aus § 12 BGB. Darüber hinaus gilt § 12 BGB für alle übrigen Personenvereinigungen, die unter einem Gesamtnamen auftreten und von der Rechtsordnung anerkannt sind.[284] Als Name iSv § 12 BGB gilt auch die Firma.[285] Der Schutzbereich des § 12 BGB geht nach hM und Rspr. noch darüber hinaus. Geschützt sind auch alle anderen namensartigen Kennzeichen,[286] wie etwa aus der Firma oder dem Namen abgeleitete Schlagworte oder Abkürzungen,[287] Haus- und Hotelnamen[288] sowie der Domain-Name.[289]

Die besondere Brisanz bei Domain-Namen liegt darin, dass anders als in der realen Welt unmittelbar private und öffentliche sowie unternehmerische und individuelle Interessen an einem Ort - dem Internet - aufeinander treffen. Ursache dieser multilateralen Kollisionen, aus denen die Frage der Zulässigkeit des Domain-Namens in der Hand des Inhabers erwächst, ist die Eindeutigkeit des DNS und damit die Ausschlusswirkung, die der Gebrauch des Namens als Domain durch einen Namensträger für alle anderen Namensträger bedeutet.

(1) Konkretisierung durch die Rechtsprechung

Der erste überhaupt entschiedene Fall in Deutschland zu Domain-Namen betraf 1996 die Domain »heidelberg.de«.[290] Dabei stritt die Stadt Heidelberg

---

279 *Palandt/Heinrichs*, BGB[63], § 12 Rn. 9.

280 LG Düsseldorf, MMR 2002, 398 - »bocklet.de«; OLG Brandenburg, MMR 2001, 174 - »luckau.de«.

281 MüKo-BGB[4]/*Schwerdtner*, § 12 Rn. 68; *Erman/H.P.Westermann*, BGB[11], § 12 Rn. 17.

282 *Erman/H.P.Westermann*, BGB[11], § 12 Rn. 12 f.; *Palandt/Heinrichs*, BGB[63], § 12 Rn. 9.

283 MüKo-BGB[4]/*Schwerdtner*, § 12 Rn. 60.

284 *Palandt/Heinrichs*, BGB[63], § 12 Rn. 9.

285 MüKo-BGB[4]/*Schwerdtner*, § 12 Rn. 59.

286 *Palandt/Heinrichs*, BGB[63], § 12 Rn. 10.

287 MüKo-BGB[4]/*Schwerdtner*, § 12 Rn. 59; *Erman/H.P.Westermann*, BGB[11], § 12 Rn. 14.

288 MüKo-BGB[4]/*Schwerdtner*, § 12 Rn. 94, 99.

289 MüKo-BGB[4]/*Schwerdtner*, § 12 Rn. 103; *Palandt/Heinrichs*, BGB[63], § 12 Rn. 10; *Bamberger* in: Bamberger/Roth, BGB, § 12 Rn. 27; KG, NJW 1997, 3321 - »concert-concept.de«; OLG Hamm, CR 1998, 241, 242 - »krupp.de«; LG Frankfurt/M., NJW-RR 1998, 974, 975 - »lit.de«; *Renck*, NJW 1999, 3587, 3589; OLG Hamburg, CR 1999, 184, 186 - »emergency.de«, m.krit.Anm. *Hackbarth*, 186.

290 LG Mannheim, CR 1996, 353 - »heidelberg.de«.

mit dem damaligen Domain-Inhaber, einem Informationsanbieter aus der Region, um das Recht an der Domain »heidelberg.de«. Das LG Mannheim ging von der Anwendbarkeit deutschen Rechts ohne weiteres aus. Die Anwendbarkeit des Namensrechts begründete das Gericht mit der auch bei den Domain-Namen im Internet wiederzufindenden Funktion eines Namens als Unterscheidungsmittel von Personen oder Einrichtungen.[291] Allein der Gebrauch eines Domain-Namens begründet danach schon eine namensmäßige Verwendung. Die im Rahmen der Unbefugtheit des Namensgebrauchs notwendige Zuordnungsverwirrung[292] ergebe sich im Internet aus der Erwartungshaltung der Nutzer.[293] Zurecht kommt es jedoch auf die

[291] LG Mannheim, CR 1996, 353, 354 - »heidelberg.de«; siehe auch *Palandt/Heinrichs*, BGB[63], § 12 Rn. 1; MüKo-BGB[4]/*Schwerdtner*, § 12 Rn. 201.

[292] MüKo-BGB[4]/*Schwerdtner*, § 12 Rn. 186; *Palandt/Heinrichs*, BGB[63], § 12 Rn. 20; *Wegner*, CR 1999, 250, 253.

[293] Das LG stellte dabei den vielzitierten Satz auf, dass ein nicht unerheblicher Teil der unvoreingenommenen Internet-Nutzer die Domain »heidelberg.de« mit der klagenden Gemeinde verbinde und dementsprechend unter dieser Domain „nicht nur Informationen *über* die Stadt Heidelberg, sondern Informationen *von* der Stadt Heidelberg" erwarte, LG Mannheim, CR 1996, 353, 354 - »heidelberg.de« (Hervorhebungen gem. Quelle). Die Berechtigung dieses Satzes kann in Anbetracht der tatsächlichen Erwartungshaltung der Internet-Nutzer zur damaligen Zeit nur bezweifelt werden. Zur Zeit des Urteils entwickelte sich die massenhafte Internet-Nutzung in Deutschland gerade erst und es war in erster Linie Aufgabe von Suchmaschinen, Informationen im Internet zu finden, vor allem weil es zur Zeit des Urteils nur etwa 10.000 Domain-Namen unterhalb der deTLD gab. Das Gericht selbst wies auf die (zu dieser Zeit) gemeindefremde Nutzung von »hannover.de« und »augsburg.de« hin. Das Argument des Gerichts, Internet-Adressen würden auch auf anderem Wege der Öffentlichkeit bekannt, spricht gerade gegen eine angeblich bestehende Erwartungshaltung der Nutzer, wie sie das Gericht unterstellte. Das Urteil hatte jedoch aufgrund der Erstbefassung mit Domain-Namen eine Leitwirkung für folgende Entscheidungen, so dass sich die unterstellte Erwartungshaltung von Internet-Nutzern pauschal in Bezug auf sämtliche namensartigen (OLG Stuttgart, CR 1998, 621 - »steiff.com«), und im Besonderen gemeindlichen Domain-Namen durchsetzte.
Siehe dazu u.a. LG Braunschweig, NJW 1997, 2687, 2688 - »braunschweig.de«; LG Ansbach, NJW 1997, 2688 - »ansbach.de«; OLG Köln, CR 1999, 385 - »herzogenrath.de«; LG Lüneburg, CR 1997, 288 - »celle.de«; LG Düsseldorf, MMR 2002, 398 - »bocklet.de«; OLG Köln, GRUR 2000, 798 - »alsdorf.de«; OLG Karlsruhe, CR 1999, 783 - »badwildbad.com«; OLG Brandenburg, MMR 2001, 174, 175 - »luckau.de«. Das LG Braunschweig, CR 1998, 364, 365 - »deta.com«, reklamierte in diesem Zusammenhang für sich sogar eigene Sachkenntnis hinsichtlich der Suchgewohnheiten der Internet-Nutzer. Die Mitglieder der Kammer würden „entsprechende Fachzeitschriften" lesen und ein Mitglied verfüge sogar über einen Internet-Anschluss. Dass dies für den Rückgriff auf die eigene Sachkunde ausreicht, ist allerdings zu bezweifeln, denn dadurch wird nicht der verständige Internet-Nutzer, sondern ein ausgewiesener Anfänger zum Maßstab gemacht wird. Zur Kritik an

verknüpfte Betrachtung von Website und Domain an, da ein isolierter Domain-Name keine Zuordnungsverwirrung auslösen kann.[294]

Dass zumindest im Internet Namensrecht nicht gleich Namensrecht ist, hat der BGH in der Entscheidung »maxem.de« festgestellt.[295] Der namensrechtliche Schutz des Pseudonyms setzt nach umstrittener Ansicht des Gerichts im Falle einer Gleichnamigen-Kollision voraus, dass der Träger mit dem Pseudonym Verkehrsgeltung erlangt hat,[296] andernfalls stelle die Verwendung des Pseudonyms in einem Domain-Namen einen unbefugten Namensgebrauch - in Form einer Namensanmaßung - gegenüber dem Träger des Namens dar.[297] Der BGH spricht dem Träger des Pseudonyms jedoch nicht jeglichen Namensschutz ab, denn in der privaten Kommunikation könne der Domain-Inhaber auch im Internet weiterhin das Pseudonym benutzen, ohne dass schutzwürdige Interessen des (anderen) Namensträgers verletzt würden. Die Exklusivität eines Domain-Namen bedeute jedoch einen Ausschluss des Namensträgers von der redlichen Verwendung seines Namens im Internet, der vom Schutzbereich des Pseudonyms nicht gedeckt sei. Allerdings lässt der BGH offen, warum ein Domain-Name per se nicht unter die private Kommunikation fällt. Es ist kaum nachzuvollziehen, dass eine in jeder Hinsicht redliche Verwendung des Pseudonyms in bestimmten Situationen eine Namensrechtsverletzung begründen soll, in anderen jedoch ohne weiteres zulässig ist. Die Ausschlusswirkung der Domain ist

der pauschalen Übernahme der »heidelberg.de«-Argumentation, siehe *Nägele*, WRP 1998, 841; *Bottenschein*, MMR 2001, 286, 290 f.

Vereinzelt geblieben sind drei tagesgleiche Entscheidungen des LG Köln (CR 1997, 291 - »pulheim.de«, »kerpen.de«, »huerth.de«). Das Gericht lehnte es darin ab, Domain-Namen eine Kennzeichnungsfunktion und damit die Anwendbarkeit von § 12 BGB zuzugestehen, da diese frei wählbar sind und damit keinen Hinweis auf den Inhaber gestatten.

294 *Eckhardt*, CR 2003, 846, 847.

295 BGH, NJW 2003, 2978 - »maxem.de«, m.krit. Anm. *Eckhardt*, CR 2003, 846, 848. Siehe dazu auch die Entscheidung der Vorinstanz OLG Köln, MMR 2001, 170 - »maxem.de«, derzufolge ein Stufenverhältnis von Name und Pseudonym in Hinblick auf den namensrechtlichen Schutz gerade nicht besteht.

Nach *Koos* (MMR 2004, 359, 363) besteht in diesem Fall ein Interessengleichgewicht, so dass der Beklagte hätte obsiegen müssen. Die Begründung für diese - im Ergebnis - richtige Einschätzung sucht *Koos* jedoch in dem von ihm entwickelten eigenständigen „Domainrecht", das hier im Verhältnis zum Namensrecht des Klägers gleichwertig sein soll. Um zu diesem Ergebnis zu kommen, sieht sich *Koos* allerdings gezwungen, das - offensichtlich bestehende - eigene Namensrecht des Beklagten zu verneinen.

296 So auch MüKo-BGB[4]/*Schwerdtner*, § 12 Rn. 47. Dagegen *Palandt/Heinrichs*, BGB[63], § 12 Rn. 8. Nach *Bamberger* in: Bamberger/Roth, BGB, § 12 Rn. 21, genügt zurecht für die Erlangung von Namensschutz die Unterscheidungskraft.

297 BGH, NJW 2003, 2978, 2980 - »maxem.de«.

keine Folge des Gebrauchs des Pseudonyms, sondern eine Gegebenheit des Internets, auf die der Beklagte keinen Einfluss hat.[298] Eine Beschränkung des namensrechtlichen Schutzes des Pseudonyms im Falle von Gleichnamigen-Kollisionen und damit eine unterschiedliche Gewichtung von Namensrechten, die nicht auf Berühmtheit beruht,[299] ist dogmatisch nicht zu begründen.

(2) Rechtsfolgenproblem – Unterlassung oder Übertragung?

Rechtsfolge der Verletzung des Namensrechts ist gem. § 12 BGB ein Anspruch auf Beseitigung der Beeinträchtigung. Auf ein Verschulden kommt es nicht an.[300] Bei Wiederholungsgefahr besteht ein Anspruch auf Unterlassen. In Falle der Verletzung des Namensrechts durch Domain-Namen ergibt sich daraus nach allgemeiner Ansicht ein Anspruch auf Löschung der Domain.[301]

Die Rechtsprechung hat erst im Jahre 2001 durch das Urteil des BGH im Fall »shell.de«[302] zu einer einheitlichen Linie bei der Rechtsfolge des § 12 BGB gefunden.[303] Eine Übertragung des Domain-Namens ist danach von der Rechtsfolge des § 12 BGB nicht gedeckt,[304] auch wenn für den BGH der Grund eher darin liegt, dass ein Dritter gleiche oder bessere Rechte an dem Domain-Namen haben könnte und der Kläger mithin nicht ausschließliche Rechte an dem Domain-Namen geltend machen kann, die Voraussetzung für einen Übertragungsanspruch wären. Diese Begründung überzeugt nicht recht, hat doch selbst in einem Fall ausschließlicher Rechte der Kläger keinen Anspruch auf eine Besserstellung seiner Position gegenüber dem Zustand vor der namensrechtsverletzenden Domain-Registrierung durch den Beklagten. Ein Unterlassungs- und Beseitigungsanspruch muss rein dogmatisch auf die Aufhebung der Beeinträchtigung begrenzt sein. Schon

---

298 So auch OLG Koblenz, MMR 2002, 466, 467 – »vallendar.de«.

299 Siehe zu den Kollisionen Gleichnamiger im Internet und den Auswirkungen der Berühmtheit eines der Namensträger, *Linke*, CR 2002, 271, 273.

300 MüKo-BGB4/*Schwerdtner*, § 12 Rn. 271.

301 *Palandt/Heinrichs*, BGB63, § 12 Rn. 33.

302 BGH, MMR 2002, 382 = NJW 2002, 2031 – »shell.de«.

303 Für eine Übertragung z.B.: LG München, CR 1997, 479, 481 – »juris.de«; OLG München, CR 1999, 382, 383 – »shell.de«, m.zust.Anm. *Hackbarth*, 384.
Gegen einen Übertragungsanspruch z.B.: OLG Hamm, CR 1998, 241, 243 – »krupp.de«, m.zust.Anm. *Bettinger*; *Ernst*, MMR 1999, 487; OLG Frankfurt/M., MMR 2001, 158 – »shuttlesoft-online.de«.

304 So auch MüKo-BGB4/*Schwerdtner*, § 12 Rn. 202.

durch die Löschung der Domain ist jedoch die Rechtsverletzung des Klägers beseitigt.

Damit müssen auch die Versuche einiger Instanzgerichte, den zum Schutz des Klägers durchaus wünschenswerten Übertragungsanspruch aus einer Analogie zu § 8 I 2 PatG und § 894 BGB herzuleiten,[305] als gescheitert betrachtet werden. Für eine Analogie fehlt es schon an den notwendigen Voraussetzungen, nämlich einer planwidrigen Regelungslücke und einer Vergleichbarkeit der Interessenlage. Eine Regelungslücke ist nicht ersichtlich, denn einer Übertragung der Domain bedarf es zur Beseitigung der Beeinträchtigung auch im Falle der Namensrechtsverletzung durch einen Domain-Namen nicht. Selbst in Anwendung der im Rahmen von § 12 BGB nicht anerkannten Naturalrestitution[306] wäre eine Domain-Übertragung unmöglich, da auch unter diesen Umständen nicht die Schaffung eines Zustands verlangt werden kann, der vor der Namensrechtsverletzung nicht bestand. Die Interessenlage bei den herangezogenen Vorschriften ebenfalls nicht vergleichbar. Die Registrierung einer Domain, an der ein anderer vorrangige Rechte hat, hat mit der Anmeldung einer fremden Erfindung zum Patent und dem aus § 8 I 2 PatG folgenden Eintrittsanspruch des Erfinders zur Wahrung der Priorität nichts zu tun. Auch der Grundbuchberichtigungsanspruch des § 894 BGB liegt mangels öffentlichen Glaubens bei den Registrierungseinträgen der DENIC neben der Sache.

(3) Fazit

Die Anwendung des Namensrechts auf Domain-Namen lässt sich zumeist sowohl auf die Namensleugnung als auch auf die Namensanmaßung stützen. Die Rechtsfolge bei Verletzung des Namensrechts ist ausschließlich ein Beseitigungs- und Unterlassungsanspruch aus § 12 BGB, der bei Domain-Namen in Form einer Verzichtserklärung gegenüber der DENIC verwirklicht wird.

Der Fall »maxem.de« ist hinsichtlich seiner Konsequenzen von besonderer Bedeutung für diese Arbeit. Der klagende, namenstragende Rechtsanwalt hat im Ergebnis trotz der Ausschöpfung des Instanzenzugs die Domain nicht erlangt, weil der Beklagte die Domain im Anschluss an das Urteil an einen anderen Namensträger übertragen hat.[307] Im Rahmen des Urteils ist dies legitim, weil - wie dargelegt - der namensrechtliche Anspruch des Klägers auf Beseitigung der Beeinträchtigung und Unterlassung gerichtet

---

305 Siehe etwa das OLG München, CR 1999, 382 - »shell.de«, m.zust.Anm. *Hackbarth*, 384.

306 *Soergel/Heinrich*, BGB[13], § 12 Rn. 199.

307 *Hoffmann*, MMR 2003, 727, 728.

ist. Der Kläger kann diese Konsequenz nur durch einen Dispute-Eintrag verhindern.[308]

Für die selbstregulierte Streitlösung dagegen ist eine Übertragung des Domain-Namens auf den Beschwerdeführer als Streitentscheidungsfolge angestrebt, so dass sich ein klarer Vorteil für den Verletzten gegenüber der gerichtlichen Lösung ergeben sollte.

b. Kennzeichenrechtliche Konflikte – §§ 14, 15 MarkenG

Die Mehrzahl der Streitigkeiten um Domain-Namen betrifft die Verwendung von Kennzeichen zur Bildung des Domain-Namens und die sich daraus ergebenden kennzeichenrechtlichen Ansprüche nach den §§ 14, 15 MarkenG. Die Bedeutung des Kennzeichenrechts ist in Anbetracht der zumeist betroffenen geschäftlichen Interessen bei Internet-Auftritten nicht überraschend.

(1) Anwendungsbereich

Im Rahmen geschäftlichen Handelns im Internet tritt das Namensrecht hinter das Kennzeichenrecht zurück,[309] so dass bei der Kollision eines im geschäftlichen Verkehr benutzten bürgerlichen Namens ein prioritätsälteres Unternehmenskennzeichen grundsätzlich vorgeht.[310] Anknüpfungspunkt für die Anwendung des Kennzeichenrechts ist der streitgegenständliche Domain-Name und die Art seiner Nutzung. Als Handeln im geschäftlichen Verkehr iSv § 14 II, IV, § 15 II, III MarkenG ist jede wirtschaftliche Tätigkeit auf dem Markt zu verstehen, die der Förderung des eigenen oder eines fremden Geschäftszwecks zu dienen bestimmt ist.[311] Die Absicht der Gewinnerzielung ist nicht erforderlich, so dass auch die erwerbswirtschaftliche Tätigkeit eines gemeinnützigen Unternehmens geschäftlichen Verkehr darstellt. Zum geschäftlichen Verkehr gehören alle Bereiche, in denen einer unbestimmten Vielzahl von Personen die Ware oder Dienstleistung unter der betreffenden Marke nicht notwendig gegen Entgelt außerhalb des Privatverkehrs angeboten wird.[312]

Für Domain-Namen als Kennzeichen des darunter verfügbaren inhaltlichen Angebots der Website muss folglich die Art der abrufbaren Inhalte und

---

[308] Siehe zu diesem und den dabei relevanten Problemfeldern, oben B.II.4.

[309] BGH, MMR 2002, 382, 383 - »shell.de«; BGHZ 138, 349, 351 f.; OLG Hamm, CR 2002, 217 - »veltins.com«; *Palandt/Heinrichs*, BGB[63], § 12 Rn. 10; *Piper*, GRUR 1996, 429, 435.

[310] Siehe dazu OLG Hamburg, MMR 2004, 107 - »holzmann-bauberatung.de«

[311] *Fezer*, MarkenR[3], § 14 Rn. 41.

[312] *Fezer*, MarkenR[3], § 14 Rn. 42.

sonstigen Dienste[313] für die Anwendbarkeit des Kennzeichenrechts ausschlaggebend sein.[314] Allein das Innehaben einer Domain - ohne ein verfügbares inhaltliches Angebot - kann somit noch nicht als geschäftliche Nutzung angesehen werden.[315] Der wirtschaftliche Wert, der Internet Adressen zukommen kann, und ihre prinzipielle Eignung als Werbemedium reichen für die Annahme geschäftlichen Handelns allein durch das Innehaben einer Domain jedenfalls nicht aus,[316] da diese Eigenschaften auf sämtliche Domain-Namen zutreffen.[317] Eine Nutzung zu privaten Zwecken ist demgemäss anzunehmen, wenn unter der Domain eine geschäftliche Tätigkeit weder angeboten noch durchgeführt wird. Andernfalls und insbesondere, wenn die Website Werbung enthält,[318] lässt sich eine geschäftliche Nutzung vermuten. Nur unter diesen Voraussetzungen sind die kennzeichenrechtlichen Anspruchsgrundlagen des MarkenG anwendbar.[319] Gleichwohl führt die Verwendung einer fremden Marke in einem Domain-Namen nicht zwangsläufig zu dessen kennzeichenrechtlicher Unzulässigkeit, so etwa wenn im Rahmen einer „Negativabgrenzung" die herkunftshinweisende bzw. unternehmenskennzeichnende Wirkung der Marke - trotz Nutzung im geschäftlichen Verkehr - gerade nicht besteht.[320] Teilweise ergibt sich aber auch schon aus dem Domain-Namen selbst, dass die Marke nicht im geschäftlichen Verkehr benutzt wird.[321]

---

[313] In Betracht kommen dabei etwa E-Mail- und FTP-Dienste.

[314] Ähnlich OLG Hamm, CR 2002, 217, 218 - »veltins.com«; *Bottenschein*, MMR 2001, 286, 289. Siehe dazu auch LG Stuttgart, MMR 2002, 486 - »playmatemoni96.de«. So wohl auch *Wiebe*, CR 1998, 157, 161 f.

[315] LG Düsseldorf, GRUR 1998, 159, 161 - »epson.de«; *Ubber*, WRP 1997, 497, 504. Auch die bloße Reservierung wird dagegen schon als geschäftliche Nutzung angesehen von: LG München, NJW-CoR 1998, 111 - »deutsches-theater.de«; OLG Dresden, CR 1999, 589, 591 - »cyberspace.de«; LG Braunschweig, CR 1998, 364, 365 - »deta.com«; LG Frankfurt/M., CR 1997, 287 - »das.de«.; *A.Nordemann*, NJW 1997, 1891, 1893; *Kur*, CR 1996, 590, 591; *Völker/Weidert*, WRP 1997, 652, 658 (begrenzt in dieser Pauschalität auf die comTLD).

[316] So aber LG Frankfurt/M., NJW-RR 1998, 974, 975 - »lit.de«.

[317] Nach *Fezer*, MarkenR³, § 3 Rn. 328, besteht durch die Benutzung eines Domain-Namen im Internet jedenfalls eine „Rechtsvermutung des geschäftlichen Verkehrs".

[318] LG Hamburg, MMR 2000, 436, 437 - »luckystrike.de«; *Fezer*, MarkenR³, § 3 Rn. 328; *Wegner*, CR 1999, 250, 254.

[319] Zuständig für Kennzeichenstreitsachen sind die Landgerichte, § 140 Abs. 1 MarkenG. Siehe dazu auch den aufschlussreichen Beschluß des BGH, GRUR 2004, 622 - »ritter.de«, in dem der BGH eine denkbar weite Auslegung des Begriffs der Kennzeichenstreitsachen vornimmt.

[320] OLG Hamburg, MMR 2004, 489, 490 - »schufafreie-kredite.de«.

[321] OLG Hamburg, MMR 2004, 415, 416 - »awd-aussteiger.de«.

(2) *Inhalt*

Ein kennzeichenrechtlicher Anspruch aus den §§ 14 V, 15 IV MarkenG auf Unterlassung der Verwendung des streitgegenständlichen Zeichens setzt die Verwirklichung eines der in den § 14 II bis IV bzw. § 15 II, III MarkenG spezifizierten Tatbestände voraus. Im Bereich der Marken wird zumeist auf § 14 II Nr. 3 MarkenG abgestellt, da dieser auf das Erfordernis der Produktähnlichkeit bei der Verwendung identischer oder ähnlicher Zeichen verzichtet.[322] Erforderlich ist dagegen ein Bekanntheitsgrad der Marke, der die Verwendung identischer oder ähnlicher Zeichen für nicht-ähnliche Produkte als eine Ausbeutung oder Beeinträchtigung der bekannten Marke aussehen lässt.[323] Der Begriff der bekannten Marke iSd § 14 II Nr. 3 MarkenG ist dabei nicht mit der notorisch bekannten Marke nach Art. 6bis PVÜ oder der berühmten Marke iSd § 12 BGB gleichzusetzen.[324] Die Bekanntheit einer Marke setzt vielmehr eine qualitative und quantitative Bewertung des Zeichens hinsichtlich seiner Marktdurchsetzung als Folge unternehmerischer Leistung voraus.[325] Bei einer Verkehrsbekanntheit von 50% und darüber kann grundsätzlich eine kennzeichenrechtliche Markenbekanntheit als indiziert gelten.[326]

Das OLG Hamm weitete aus diesem Gedanken im Fall »veltins.com« den Schutz der bekannten Marke dahingehend aus, dass schon die Registrierung einer entsprechenden Domain durch ein Unternehmen eine verbotene Benutzungshandlung darstelle.[327] Richtig ist, dass zumindest die Nutzung einer aus einer bekannten Marke bestehenden Domain durch ein Unternehmen eine geschäftliche Verwendung indiziert, da selbst eine auf Informationen beschränkte Nutzung einen gewissen Werbeeffekt für dieses Unternehmen aufweisen würde. Die tatsächliche Nutzung der streitgegenständlichen Domain durch das beklagte Unternehmen würde daher zwangslos zur Verwirklichung des § 14 II Nr. 3 MarkenG führen. Die bloße Registrierung einer entsprechenden Domain stellt dagegen nicht mehr als eine Vorbereitungshandlung dar, die für den Rechtsverkehr und im Besonderen für den Markt keine Ausnutzungs- oder Beeinträchtigungswirkungen in Bezug

[322] Die wohl herrschende Meinung geht davon aus, dass der Bereich identischer oder ähnlicher Waren von § 14 II Nr. 3 MarkenG gar nicht erfasst ist. Siehe dazu *Deutsch*, WRP 2000, 854 f. *Fezer*, MarkenR³, § 14 Rn. 431 ff., dagegen will den Bekanntheitsschutz ergänzend auch im Produktähnlichkeitsbereich anwenden.

[323] *Fezer*, MarkenR³, § 14 Rn. 413.

[324] *Fezer*, MarkenR³, § 14 Rn. 416; OLG Hamm, CR 2002, 217, 218 - »veltins.com«.

[325] Vgl. im Einzelnen, *Fezer*, MarkenR³, § 14 Rn. 419 ff.

[326] *Fezer*, MarkenR³, § 14 Rn. 420.

[327] OLG Hamm, CR 2002, 217, 218 - »veltins.com«.

auf die bekannte Marke zeitigen kann. Nur mittelbar wird in diesen Fällen der Kennzeicheninhaber daran gehindert, denselben Domain-Namen zu reservieren, allerdings ist dadurch nicht jegliche Benutzung des betreffenden Kennzeichens in einem Domain-Namen ausgeschlossen. Anders als im Namensrecht statuiert jedoch § 14 IV MarkenG, dass auch bestimmte Vorbereitungshandlungen in den Schutzbereich der Marke fallen. Diese umfassen im Wesentlichen die Herstellung und Verbreitung von Kennzeichnungselementen, die bei der Verbindung mit einem Produkt eine Markenrechtsverletzung nach § 14 II, III MarkenG verwirklichen.[328] Auch wenn die Registrierung von Domain-Namen als Vorbereitungshandlung im MarkenG nicht erfasst ist, gebietet der Schutz der bekannten Marke hier eine entsprechende Anwendung des § 14 IV MarkenG. Letztlich ist ein Domain-Name nichts anderes als ein Kennzeichnungselement für die unter der Domain verfügbaren Angebote, Dienste und Informationen im Falle geschäftlicher Nutzung der Domain. Die Registrierung eines Domain-Namens lässt sich durchaus als vergleichbar zu den in § 14 IV MarkenG aufgezählten Vorbereitungshandlungen ansehen. Eine analoge Anwendung des § 14 IV MarkenG auf die bloße Registrierung einer Domain ist bei Vorliegen der Gefahr späterer geschäftlicher Nutzung durch eine inhaltliche Ausgestaltung der Domain somit geboten. Im Ergebnis ist deshalb dem OLG Hamm zuzustimmen, wenngleich die Anspruchsgrundlage nicht in § 14 II Nr. 3 MarkenG, sondern in § 14 IV MarkenG zu suchen gewesen wäre. Es ist festzuhalten, dass die bloße Reservierung einer markenidentischen oder -ähnlichen Domain[329] eine markenrechtsverletzende Vorbereitungshandlung iSv § 14 IV MarkenG darstellt, sofern die konkrete Gefahr der geschäftlichen Nutzung dieser Domain durch eine inhaltliche Ausgestaltung besteht.

Die Fälle des sog. Domain-Grabbing - also des massenhaften Registrierens von markenähnlichen Domain-Namen, um durch deren Verkauf Gewinn zu erzielen[330] - lassen sich unter diese Argumentation jedoch kaum subsumieren. Beim Domain-Grabbing ist eine inhaltliche Ausgestaltung der betreffenden Domain im Allgemeinen nicht vorhanden und auch für die Zukunft - in der Hand des Domain-Grabbers - nicht beabsichtigt, da der Domain-Grabber für seine Zwecke nur den inhaltslosen Domain-Namen benötigt. Eine geschäftliche Nutzung und damit die Anwendbarkeit des

328 Siehe dazu im Einzelnen, *Fezer*, MarkenR³, § 14 Rn. 499 ff.

329 Siehe zur SLD als prägendem Bestandteil eines Domain-Namen LG Mannheim, K&R 1998, 558, 559 - »brockhaus.de«. Siehe zu den kennzeichenrechtlichen Implikationen Kennzeichen-ähnlicher Domain-Namen, *Jaeger-Lenz*, K&R 1998, 9 ff.

330 Siehe *Spindler* in: Bamberger/Roth, BGB, § 826 Rn. 81.

Kennzeichenrechts ist deshalb eigentlich zu verneinen. In dieser Konstellation ist nach Ansicht des LG Düsseldorf jedoch in der Regel die Absicht einer sonstigen zukünftigen Benutzung nicht-inhaltlicher Art gegeben, die für die Bejahung einer konkreten Verletzungsgefahr ausreicht.[331] Auf dieser Grundlage ist eine vorbeugende Unterlassungsklage zulässig, da nicht erst die Manifestation eines Eingriffs in das ausschließliche Recht des Kennzeicheninhabers, sondern schon die begründete Besorgnis eines zukünftigen Eingriffs in den Schutzbereich des Kennzeichens fällt und von dem Unterlassungsanspruch erfasst wird. Der drohende Eingriff liegt in diesem Fall in dem beabsichtigten Verkauf des Domain-Namens an den Kennzeicheninhaber oder an sonstige Dritte zwecks Gewinnerzielung unter Ausnutzung der Bekanntheit des Kennzeichens.[332] Die Geschäftlichkeit dieses Handelns ergibt sich zudem aus der üblicherweise über den privaten Gebrauch hinausgehenden Zahl reservierter, zum Verkauf stehender Domain-Namen in der Hand des Domain-Grabbers.

(3) Rechtsfolgenproblem – Unterlassung oder Übertragung?

Rechtsfolge einer Marken- oder Kennzeichenrechtsverletzung durch Verwirklichung eines Verbotstatbestandes der § 14 II bis IV MarkenG bzw. § 15 II, III MarkenG ist ein Unterlassungsanspruch gem. § 14 V bzw. § 15 IV MarkenG. Dieser besteht verschuldensunabhängig gegenüber dem Verletzer.[333]

Das LG Hamburg[334] beruft sich zur Begründung eines Übertragungsanspruchs auf die Argumentation der Analogie zu § 8 I 2 PatG und § 894 BGB, wie sie das OLG München in der »shell.de« Entscheidung versuchte[335] und insoweit vom BGH in der Revision aufgehoben wurde.[336] Der Übertragungsanspruch ergebe sich als Folgenbeseitigungsanspruch aus §§ 823 II, 1004 BGB. Den Interessen der klagenden Markeninhaberin könne nur durch die Gewährung eines Übertragungsanspruchs hinsichtlich der streitgegenständlichen Domain gerecht werden, da die Gefahr besteht, dass unmittelbar nach ihrer Löschung Dritte die streitgegenständliche Domain

---

331 LG Düsseldorf, GRUR 1995, 159, 161 – »epson.de«.

332 Nach Ansicht des LG München I, CR 1998, 434 – »paulaner.de«, liegt schon in der zum Zwecke des Verkaufs vorgenommenen Reservierung einer Firmenbezeichnung als Domain-Name eine Nutzung im geschäftlichen Verkehr vor. Ebenso LG Hamburg, K&R 2000, 613 – »audi-lamborghini.net«.

333 *Fezer*, MarkenR^3, § 14 Rn. 508, 509.

334 LG Hamburg, K&R 2000, 613 – »audi-lamborghini.net«.

335 OLG München, CR 1999, 382, 383 – »shell.de«. Siehe dazu auch oben B.II.5.a(2).

336 BGH, MMR 2002, 382 – »shell.de«.

registrieren und so erneut eine Beeinträchtigung der Rechte der Klägerin vorläge.[337] Es ist bezeichnend, dass das Gericht sich darauf beschränkt, allein mit der Darstellung der drohenden Beeinträchtigung der Rechte der Klägerin durch am Urteil nicht beteiligte Dritte eine Ausdehnung des Anspruchs der Klägerin gegen den beklagten Domain-Inhaber zu begründen. Auch hier wurde der Zweck über die Zulässigkeit der Mittel gestellt. Selbstverständlich wäre in allen Konstellationen von Namens- oder Kennzeichenkonflikten mit Domain-Namen dem Kläger durch die Übertragung des Domain-Namens am besten geholfen. Nichtsdestotrotz fehlt im Recht der Namen und Kennzeichen dafür eine tragfähige Grundlage, da es nur um die Beseitigung der durch den beklagten Domain-Inhaber verursachten Verletzung der Rechte des Klägers gehen kann. Die Rechtsverletzung *durch den Beklagten* ist beseitigt mit der Löschung des Domain-Namens.[338]

Für eine Übertragung der Domain und damit die Schaffung eines Zustands, der auch vor der Registrierung des Domain-Namens durch den Beklagten nicht bestand, fehlt de lege lata der Rechtsgrund.[339] Ein Übertragungsanspruch bei der Verletzung von Kennzeichenrecht durch Domain-Namen besteht somit nicht.[340]

(4) Inhaltsbezogene Ausgestaltung des Unterlassungsanspruchs durch den BGH

Im Fall »vossius.de« hat der BGH eine neue, inhaltsbezogene Sichtweise des kennzeichenrechtlichen Unterlassungsanspruchs entwickelt.[341] Obschon der Fall in das Recht der Gleichnamigen fällt,[342] ergab sich für den BGH die Lösung aus § 15 II MarkenG. Allerdings bestehe der Unterlassungsanspruch nur soweit, wie der streitgegenständliche Domain-Name in einer Weise genutzt würde, die geeignet sei Verwechslungen mit dem Kennzeichen der Kläger hervorzurufen. Die aus dem Gleichnamigenrecht

---

[337] LG Hamburg, K&R 2000, 613 – »audi-lamborghini.net«.

[338] So jetzt auch das OLG Hamburg, MMR 2002, 825, 826 – »motorradmarkt.de«.

[339] So jetzt auch *Ingerl/Rohnke*, MarkenG², Nach § 15 Rn. 144.

[340] Siehe auch OLG Hamburg, MMR 2001, 196 – »derrick.de«.
Kiethe/Groeschke, WRP 2002, 27, 34, wollen dagegen einen Übertragungsanspruch aus der Schadensersatzpflicht nach §§ 14 Abs. 6, 15 Abs. 5 MarkenG herleiten, weil der Geschädigte ohne die Handlung des Verletzers die Domain zu einem früheren Zeitpunkt registriert hätte. Diese Kausalität des Verletzers lässt sich jedoch unter keinen denkbaren Umständen beweisen, weil nicht ausgeschlossen werden kann, dass Dritte zwischenzeitlich die – augenscheinlich begehrte – Domain registriert hätten, so dass der Verletzte gar nicht Inhaber hätte werden können.

[341] BGH, MMR 2002, 456 ff. = NJW 2002, 2096 – »vossius.de«.

[342] Siehe zum Recht der Gleichnamigen bei Domain-Namen allgemein *Linke*, CR 2002, 271 ff.

folgende Interessenabwägung gebiete auch im Rahmen von § 15 MarkenG, ein milderes Mittel als die Untersagung des Gebrauchs des streitgegenständlichen Domain-Namens in Betracht zu ziehen, da das Namensrecht des Domain-Inhabers diesen zu einer privaten Nutzung des Domain-Namens berechtige. Der maßgebliche Unterschied zur »shell.de«-Entscheidung liegt in der mangelnden Berühmtheit des klägerischen Kennzeichens. Das mildere Mittel könne nach Ansicht des BGH in der Verpflichtung des Domain-Inhabers liegen, auf der Eingangsseite der Domain auf die mangelnde Identität mit den Klägern hinzuweisen und „zweckmäßigerweise - wenn die Kl. an einem solchen Hinweis interessiert sind - zusätzlich an[zu]geben, wo dieses Angebot im Internet zu finden ist".[343] Dies beseitigt die kennzeichenrechtliche Verwechslungsgefahr ohne das der Domain-Inhaber auf die Nutzung seines Namens in Domain-Form vollständig verzichten muss.[344]

Die Konsequenz dieser Rechtsprechung ist bemerkenswert, eröffnet sie doch erstmals die Möglichkeit einer tenorierten Verpflichtung zum Domain-Sharing.[345] Wenn ein Domain-Inhaber mit einem gleichnamigen Kennzeichen kollidiert, besteht nach Ansicht des BGH die Möglichkeit, die durch die Verwechslungsgefahr begründete Kennzeichenrechtsverletzung auch ohne Löschung der Domain zu beseitigen und zugleich das aus dem Namensrecht des Beklagten folgende Interesse an der Nutzung der streitgegenständlichen Domain zu wahren. Das Ergebnis ist eine dem Domain-Sharing nicht unähnliche Form der Nutzung eines Domain-Namens durch mehrere Personen. Konkrete Anforderungen an die Ausgestaltung und Platzierung des Hinweises auf der Website hat der BGH richtigerweise offen gelassen. Für den Kennzeicheninhaber eröffnet sich mit diesem Urteil die Möglichkeit, in gewissen Grenzen auch auf der Seite des Domain-Inhabers mit einem Hinweis und ggf. einem Hyperlink präsent zu sein. Die Chancen für die Erlangung eines Domain-Namen durch einen Kennzeicheninhaber von einem Gleichnamigen haben sich mit diesem Urteil des BGH dagegen verschlechtert und es ist fraglich, ob Kennzeicheninhaber die Möglichkeit der Platzierung eines Hinweises auf einer fremden Seite als sinnvolle Ausformung ihres Kennzeichenrechts betrachten.

Die Konsequenzen und Auswirkungen dieser BGH-Entscheidung sind derzeit noch nicht vollständig überschaubar. Sicher ist insoweit nur, dass die

---

343 BGH, MMR 2002, 456, 458 - »vossius.de«.

344 BGH, MMR 2002, 456, 459 - »vossius.de«

345 Siehe dazu unten B.III. Diese Konsequenz übersieht *Hoeller*, MMR 2002, 459 ff., in seiner Anm. völlig.

domainrechtlichen Unterlassungsansprüche einer neuen inhaltlichen Bewertung unterzogen werden müssen.

(5) Das Schadensersatzproblem

Gem. §§ 14 VI, 15 V MarkenG kann der Kennzeicheninhaber bei einer vorsätzlichen oder fahrlässigen Kennzeichenrechtsverletzung Schadensersatz verlangen. Nach Wahl des Geschädigten ist dabei die Methode der dreifachen Schadensberechnung anerkannt. Danach kann der Kennzeicheninhaber erstens Ersatz des tatsächlich entstandenen Differenzschadens einschließlich eines etwaig entgangenen Gewinns verlangen, im Wege der Lizenzanalogie die Zahlung einer angemessenen Lizenzgebühr einfordern oder die Herausgabe des Gewinns verlangen, den der Verletzer durch die Verwendung des Kennzeichens erzielt hat.[346] Problematisch im Falle von Domain-Namen Konflikten ist dabei insbesondere der Nachweis eines konkret entstandenen Schadens. Sofern es sich um eine inhaltsleere Domain handelt und eine konkrete Nutzung der Domain seitens des Schädigers nicht nachgewiesen ist, fehlt es zum einen an einem tatsächlich entstandenen Differenzschaden, zum anderen an einem erzielten Gewinn des Schädigers. Angesichts der nicht vorhandenen Nutzung der Domain kommt eine Lizenzanalogie ebenfalls nicht in Betracht. Das OLG Karlsruhe hat im Fall »zwilling.de« entschieden,[347] dass in einem solchen Fall der bloßen Registrierung einer Domain eine Schadensschätzung in Betracht kommen kann. Erforderlich sind dafür jedoch konkrete Anhaltspunkte hinsichtlich eines tatsächlich entstandenen Schadens. Die Bekanntheit der Marke sowie die Behauptung der Ausnutzung der Wertschätzung und des guten Rufes der Marke sind als Anhaltspunkte zu vage, um im konkreten Fall eine Schadensschätzung vornehmen zu können. Auch für einen Behinderungsschaden bedarf es konkreter Darlegungen des Klägers.

Das OLG Karlsruhe zeigt hier ein Problem der kennzeichenrechtlichen Schadensberechnung bei Domain-Namen auf, das der selbstregulierten Streitlösung mehr Gewicht verleihen könnte. Die Schwierigkeiten beim Nachweis eines Schadens durch die unberechtigte Reservierung eines Domain-Namens führen im Ergebnis dazu, dass bei der gerichtlichen Lösung von Domain-Konflikten als Rechtsfolge nur die Löschung des Domain-Namens praktische Relevanz erlangt.

---

[346] *Fezer*, MarkenR³, § 14 Rn. 519.

[347] OLG Karlsruhe, MMR 2003, 399 – »zwilling.de« (Schadensersatz).

(6) Fazit

Die Domain-Übertragung ist auch im Recht der Kennzeichen keine gesetzlich vorgesehene Rechtsfolge. Der Kläger ist auf die Geltendmachung eines Unterlassungsanspruchs mit der Folge der Aufgabe der Domain durch den Inhaber beschränkt. Der Gefahr eine zwischenzeitlichen Drittregistrierung des Domain-Namens ist mit dem Kennzeichenrecht nicht zu begegnen. Auch hier kann nur ein Dispute-Eintrag die Erlangung der Domain durch den Kläger sicherstellen.[348]

Für die selbstregulierte Streitlösung dagegen ist eine Übertragung des Domain-Namens auf den Beschwerdeführer als Streitentscheidungsfolge angestrebt, so dass sich ein klarer Vorteil für den Verletzten gegenüber der gerichtlichen Lösung ergeben soll.

c. Wettbewerbsrechtliche Konflikte – § 3 UWG

Zunehmend in den Blickpunkt der juristischen Diskussion gerückt sind schließlich Gattungsbegriffe in Domain-Namen aufgrund ihres besonderen Kanalisierungseffekts. Die Direkteingabe von Domain-Namen seitens der Nutzer - nicht zuletzt forciert durch das »heidelberg.de«-Urteil[349] - führt in immer stärkerem Maße dazu, Schlagworte und beschreibende Begriffe als anbieterseitiges Kennzeichnungsinstrument in Domain-Form zu verwenden. Aufgrund der mangelnden kennzeichenrechtlichen Schutzfähigkeit von beschreibenden und Gattungsbegriffen gem. § 8 II Nr. 2, 3 MarkenG und der fehlenden Zuordnungs- und Unterscheidungsfunktion im Rahmen von § 12 BGB[350] eröffnen sich hier zumeist ausschließlich wettbewerbsrechtliche Fragestellungen hinsichtlich der Monopolisierung dieser Begrifflichkeiten im Internet.[351] In Betracht kommt eine unlautere Beeinträchtigung des Wettbewerbs nach § 3 UWG sowie eine Irreführung der Nutzer im Rahmen von § 5 UWG.

---

[348] Siehe zu diesem und den dabei relevanten Problemfeldern, oben B.II.4.

[349] LG Mannheim, CR 1996, 353, 354 f. - »heidelberg.de«. Siehe zur Kritik, oben Fn. 293.

[350] *Perrey*, CR 2002, 349, 353.

[351] Siehe zu diesen Fällen: OLG München, CR 2001, 463 - »autovermietung.com«; LG Köln, MMR 2000, 45 - »hauptbahnhof.de«; LG München, MMR 2001, 179 - »rechtsanwaelte.de«; OLG München, K&R 1999, 327 - »buecher.de«; LG München I, CR 2001, 191 - »champagner.de«, aufgehoben durch OLG München, MMR 2002, 115; LG Köln, CR 2001, 193 - »zwangsversteigerungen.de«; LG Frankfurt/M., CR 2001, 713 - »drogerie.de«; LG Düsseldorf, CR 2002, 138 - »literaturen.de«; LG Berlin, CR 2003, 771 - »rechtsbeistand.info«; OLG Hamm, CR 2003, 522 - »tauchschule-dortmund.de«. Siehe auch *Seifert*, S. 171 f. Siehe dazu auch den LG Hannover, CR 2001, 467 - »recht-freundlich.de«.

(1) *Gattungsbegriffe als Domain-Namen*

Die Exklusivität, die die Registrierung eines Domain-Namen für den Inhaber mit sich bringt, legt eine Vergleichbarkeit mit der Situation im Kennzeichenrecht nahe.[352] Gem. § 8 II Nr. 2 MarkenG wird einer Marke dann die Schutzfähigkeit versagt, wenn an der Bezeichnung ein Freihaltebedürfnis aufgrund ihres beschreibenden Charakters derart besteht, dass die Benutzung dieses Zeichens allen Marktteilnehmern gewährt werden muss.[353] Übertragen auf Domain-Namen hieße dies, dass beschreibende Domain-Namen unzulässig wären, da ihre Registrierung durch einen Einzelnen die beschreibende Bezeichnung für die Nutzung als Domain-Namen monopolisiert. Allerdings folgte daraus zugleich das Verbot der Nutzung dieses beschreibenden Zeichens in Form eines Domain-Namens durch jedermann, so dass das Freihaltebedürfnis ad absurdum geführt wäre, der Schutzzweck wäre unerreichbar.

Aus diesem Grund hat der BGH in der in diesem Bereich maßgeblichen Entscheidung - im Fall »mitwohnzentrale.de« aus dem Jahre 2001[354] - ein grundsätzliches Freihaltebedürfnis für beschreibende Domain-Namen zu Recht verneint.[355] Der BGH entschied im Streit zweier Verbände von Mitwohnzentralen anhand des Wettbewerbsrechts unter dem Aspekt der Sittenwidrigkeit der Verwendung eines beschreibenden Begriffs als Domain-Name iSv § 1 UWG a.F. (§ 3 UWG 2004) sowie unter dem Gesichtspunkt der unzutreffenden Alleinstellungsbehauptung im Rahmen des Irreführungsverbots des § 3 UWG a.F. (§ 3 iVm § 5 I UWG 2004).

In Anbetracht der jedem Wettbewerb zugrunde liegenden Beeinträchtigung der Konkurrenten ist eine wettbewerbswidrige Behinderung (§ 4 Nr. 10 UWG 2004) erst anzunehmen, wenn der Mitbewerber seine Leistung durch

---

352 *Bücking*, Domainrecht, Rn. 195.

353 *Fezer*, MarkenR^3, § 8 Rn. 30.

354 BGH, MMR 2001, 666 - »mitwohnzentrale.de«, m.Anm. *Hoeren*, 669; s.a. *Römermann*, DB 2001, 2433; *Schafft*, CR 2002, 434.

355 So jetzt auch das abschließende Urteil des OLG Hamburg, CR 2003, 605 - »mitwohnzentrale.de« II. Siehe auch OLG München, CR 2001, 463 - »autovermietung.com«; LG Hamburg, CR 2000, 617 - »lastminute.com«, m.zust.Anm. *Bettinger*; *Kur*, CR 1996, 325, 330; *Abel*, WRP 2001, 1426, 1429; OLG Hamm, MMR 2001, 237 - »sauna.de« m.zust.Anm. *Schröder*, 238. Das LG Deggendorf, CR 2001, 266 - »winzer.de«, hat dies sogar im Konflikt mit einer gleichnamigen Gemeinde angenommen. Siehe dazu auch LG München, CR 2001, 555 - »saeugling.de« im Konflikt mit einer gleichnamigen natürlichen Person. Für ein Freihaltebedürfniss unter Berücksichtigung standesrechtlicher Grundsätze LG München, MMR 2001, 179 - »rechtsanwaelte.de«. Dagegen BGH, CR 2003, 355, 357 - »presserecht.de«; *Abel*, WRP 2001, 1426, 1430.

eigene Anstrengung nicht mehr angemessen am Markt zur Geltung bringen kann.[356] Die Verwendung der Domain »mitwohnzentrale.de« begründet nach Ansicht des BGH zunächst schon deshalb einen Wettbewerbsvorteil, weil ein Teil der Nutzer Informationen im Internet durch Direkteingabe entsprechender Begriffe zu erhalten sucht.[357] Hinsichtlich einer bestimmten Domain ergibt sich daraus ein Kanalisierungseffekt,[358] der zum einen aus der Bequemlichkeit der Nutzer, zum anderen aus deren Irreführung über die Vollständigkeit des gefundenen Angebots resultieren könne.[359] Die Irreführungsgefahr hinsichtlich der Nutzer ist im Rahmen von § 1 UWG a.F. (§ 3 iVm § 4 Nr. 10 UWG 2004) jedoch ohne Belang, da dieser Gefahr auch ohne den Unterlassungsanspruch des § 1 UWG a.F. (§ 3 UWG 2004) begegnet werden kann. Der Vorschlag des BGH an dieser Stelle, die Eingangsseite der Domain könne einen Hinweis auf den Wettbewerber enthalten,[360] entbehrt - wie auch im o.g. Fall »vossius.de« - nicht einer gewissen Brisanz, da das damit angedeutete Domain-Sharing wettbewerbsrechtlich zunächst einmal verankert sein will,[361] bevor der Domain-Inhaber zu einem seinen Vorsprung schmälernden Hinweis verurteilt werden kann.[362]

Allein die Verwendung einer wettbewerblich vorteilhaften Domain begründet jedoch nach Ansicht des BGH noch nicht deren Sittenwidrigkeit. Eine unsachliche Beeinflussung der Nutzer lässt sich einer solchen Domain nicht ohne weiteres entnehmen,[363] da dem durchschnittlich informierten und

---

356 BGH, MMR 2001, 666, 667 - »mitwohnzentrale.de«; *Baumbach/Hefermehl*, WettbewerbsR[22], § 1 UWG Rn. 208.

357 Der BGH bezog sich hinsichtlich dieses Suchverhaltens auf die Feststellungen der Vorinstanz, die ihrerseits auf die Feststellungen des LG Mannheim (CR 1996, 353 f. - »heidelberg.de«) abstellte, OLG Hamburg, MMR 2000, 40, 42 - »mitwohnzentrale.de«. Auch hier zeigt sich somit die bereits oben, B.II.5.a(1), erwähnte Etablierung bestimmter Suchgewohnheiten durch das LG Mannheim in der »heidelberg.de«-Entscheidung.

358 *Viefhues*, MMR 2000, 334, 339; *Kur*, CR 1996, 325, 328, 330.

359 BGH, MMR 2001, 666, 667 - »mitwohnzentrale.de«.

360 BGH, MMR 2001, 666, 667 - »mitwohnzentrale.de«. Kritisch dazu *Hoeren*, MMR 2001, 669, 671.

361 Eine Rechtsgrundlage besteht nach Ansicht des BGH jedenfalls nicht, BGH, MMR 2001, 666, 669 - »mitwohnzentrale.de«.

362 Siehe zum Komplex des Domain-Sharing sogleich, B.III.

363 *Ubber*, WRP 1997, 497, 510.

verständigen Verbraucher[364] bei Anwendung der Direktsuche deren Nachteile und Unvollkommenheiten bekannt seien.[365]

Die Begründung des BGH gegen ein wettbewerbsrechtliches Freihaltebedürfnis an beschreibenden Domain-Namen offenbart eine grundsätzliche Argumentationsschwäche. Die Freihaltung entsprechender Domains führt nach Ansicht des BGH zu einer Zerstörung der Suchfunktion von Domain-Namen, in deren Folge die in ihrer Hoffnung auf einen „Treffer" enttäuschten Internetnutzer auf den unbequemen Weg über eine Suchmaschine[366] gezwungen würden. Gleichzeitig räumt der BGH jedoch ein, dass der verständige Internetnutzer bei der Direktsuche weiß, dass es dabei „auf Zufälle ankommen kann"[367], ob die gesuchte Information sich auf diesem Wege finden lässt. Schützenswerte Hoffnungen dürften damit beim Internetnutzer nicht bestehen, zumal es wettbewerbsrechtlich auch keine Pflicht zur Reservierung einer bestimmten Domain geben kann. Die „Bequemlichkeit"[368] des verständigen, sich der Unzulänglichkeit seiner Suchmethode bewussten Internetnutzers wiederum kann kein Argument *für* die Zulässigkeit eines Wettbewerbsvorteils sein, der den gestörten Leistungsvergleich der Marktgegenseite[369] nur fördert. Nicht nachvollziehbar ist auch die Argumentation des BGH, das fehlende Verbot der DENIC hinsichtlich der Registrierung von beschreibenden Domain-Namen sei der Grund für die Geltung des Prioritätsprinzips zwischen den Wettbewerbern.[370] Im Namens- und Kennzeichenrecht gilt ein solcher Grundsatz nach höchstrichterlicher Rechtsprechung jedenfalls nicht,[371] so dass die – unterstellten – besonderen Gestaltungsmöglichkeiten der DENIC gerade in Bezug auf das Wettbewerbsrecht einer näheren Ausführung bedurft hätten. Vielmehr stellt sich hier die grundsätzliche Frage, inwiefern die DENIC durch Regeln

---

[364] Siehe zu dieser Begrifflichkeit BGH, GRUR 2000, 619, 621 – Orient-Teppichmuster; BGH, GRUR 2000, 820, 821 – Space Fidelity Peep-Show.

[365] BGH, MMR 2001, 666, 668 – »mitwohnzentrale.de«.

[366] Siehe dazu *Sosnitza*, K&R 2000, 209, 212.

[367] BGH, MMR 2001, 666, 668 – »mitwohnzentrale.de«.

[368] BGH, MMR 2001, 666, 668 – »mitwohnzentrale.de«.

[369] Siehe zum Schutzzweck des Behinderungsverbots ausführlich *Baumbach/Hefermehl*, WettbewerbsR[22], § 1 UWG Rn. 208.

[370] BGH, MMR 2001, 666, 668 f. – »mitwohnzentrale.de«.

[371] Nach dem BGH, MMR 2002, 382 ff. – »shell.de«, führt nicht einmal die Benutzung des eigenen bürgerlichen Namens in Domain-Form zur Geltung des Prioritätsprinzip, wenn der Name mit einem gleichnamigen, berühmten Kennzeichen kollidiert. In diesem Falle überwindet die Berühmtheit des Kennzeichens nicht nur das Prioritätsprinzip, sondern auch und vor allem das Namensrecht des Domain-Inhabers.

und Nicht-Regeln die Rechtmäßigkeit einer Domain-Registrierung überhaupt beeinflussen können soll. Mangels einer entsprechenden hoheitlichen Legitimierung sind Rechtssetzungsmöglichkeiten der DENIC prinzipiell zu verneinen, so dass ein Rückgriff auf die tatsächlichen Gegebenheiten der Vergabepraxis zur „Rechtfertigung" wettbewerblicher Beeinträchtigungen abzulehnen ist. Ein wettbewerbsrechtliches Freihaltegebot für Domain-Namen kann allein deshalb nicht bestehen, weil - wie bereits dargestellt - der Normzweck dadurch nicht erreicht werden kann. Die Behinderung der Wettbewerber liegt gerade nicht in der Reservierung einer entsprechenden Domain, sondern in der Ausgestaltung der darunter abrufbaren Informationen. Der Domain-Name an sich kann keine Auswirkungen auf den Wettbewerb haben, da eine inhaltslose Domain mangels informationeller Grundlage keine Irreführung des Nutzers bewirken kann. Dies ist auch der Grund für die fehlende Behinderung der Mitbewerber, deren wettbewerbliche Entfaltungsmöglichkeiten durch eine leere Domain nicht beeinträchtigt werden, da von vornherein nur einer der Wettbewerber oder ein beliebiger Dritter diese Domain registrieren kann. Dies wiederum ist keine Vorgabe der DENIC, sondern eine systemimmanente Beschränkung im DNS, auf die die Wettbewerber keinen Einfluß haben. Im Ergebnis - der Ablehnung eines Freihaltegebots für beschreibende und Gattungsbegriffe in Domain-Form - ist dem BGH somit zuzustimmen.

Im Rahmen von § 3 iVm § 5 I UWG (2004) ist darüber hinaus bei beschreibenden Domain-Namen insbesondere die Gefahr einer Irreführung der Internetnutzer durch eine unzutreffende Alleinstellungsbehauptung relevant. Der BGH hat grundsätzlich eine Irreführungsgefahr durch die Verwendung beschreibender Domains bejaht,[372] den konkreten Fall »mitwohnzentrale.de« jedoch mangels entsprechender Sachaufklärung an das vorinstanzliche OLG Hamburg zurückverwiesen.[373] Die Geeignetheit der Irreführung des Verkehrs richtet sich nach der Auffassung der betroffenen Verkehrskreise, also derjenigen, an die sich die beanstandete Werbemaßnahme richtet.[374] Im Rahmen einer irreführenden Alleinstellungsbehauptung, wie sie in der Verwendung beschreibender Domain-Namen gesehen werden kann, kommt es danach auf die Wirkung an, die die Werbemaßnahme auf die angesprochenen Verkehrskreise ausübt.[375] Die hier relevante Reservierung eines beschreibenden Domain-Namens verlangt - wie im Kennzeichenrecht -

[372] BGH, MMR 2001, 666, 669 - »mitwohnzentrale.de«.

[373] Das OLG Hamburg, MMR 2003, 537, 538 - »mitwohnzentrale.de« II, konnte eine Irreführung angesichts entsprechender Hinweise auf der Eingangsseite nicht erkennen.

[374] *Baumbach/Hefermehl*, WettbewerbsR[22], § 3 UWG Rn. 2.

[375] *Baumbach/Hefermehl*, WettbewerbsR[22], § 3 UWG Rn. 68.

eine Beurteilung der unter der Domain erreichbaren Inhalte,[376] da der Domain-Name selbst keine wettbewerbliche Aussagekraft besitzen und damit keine Irreführung hervorrufen kann.[377]

Im Ergebnis lässt sich festhalten, dass die Verwendung von beschreibenden und Gattungsbegriffen als Domain-Namen grundsätzlich nicht als sittenwidrig iSv § 3 UWG (2004) anzusehen ist.[378] Hinsichtlich des Irreführungsverbots des § 3 iVm § 5 I UWG (2004) kommt es auf eine Entscheidung anhand der Umstände des Einzelfalls an.

(2) Gattungsbegriffe und Marken

Für den Inhaber einer aus einem Gattungsbegriff bestehenden Domain ist das Risiko, namens- oder markenrechtlich in Anspruch genommen zu werden, vergleichsweise gering, da an diesen Begriffen mangels Unterscheidungskraft grundsätzlich keine Kennzeichenrechte entstehen können.[379] Eine Ausnahme besteht gem. §§ 8 III, 4 Nr. 2 MarkenG nur für den Fall, dass ein Kennzeichenrecht aufgrund von Verkehrsdurchsetzung bzw. Verkehrsgeltung erworben wird.[380]

Andererseits wird die analoge Anwendung von § 8 II Nr. 1, 2 und § 50 I MarkenG auf Domain-Namen, die aus allgemeinen Begriffen bestehen, überwiegend abgelehnt.[381] Gewisse Parallelen zwischen dem Fall der Markeneintragung und der Domain-Registrierung sind zwar nicht zu verleugnen, denn beide Fälle führen für den Inhaber zu einer Monopolstellung[382] sowohl in rechtlicher als auch in tatsächlicher Hinsicht. Jedoch unterscheidet sich die Markeneintragung ganz eklatant dadurch, dass die Marke durch Eintragung auch gegen Verwechslungsgefahr geschützt ist (§ 14 II Nr. 2 MarkenG), so dass auch die Benutzung nur ähnlicher Bezeichnungen untersagt werden kann. Bei der Domain dagegen ist mit der Registrierung

---

376 Dies meint anscheinend auch der BGH, MMR 2001, 666, 669 – »mitwohnzentrale.de«, wenn er von der Relevanz eines etwaigen Hinweises auf Mitbewerber auf der Homepage des Beklagten spricht.

377 Zutreffend *Hoeren*, MMR 2001, 669, 671.

378 Siehe auch die Zusammenfassung der Rechtsprechung bei *Ernst*, MMR 2001, 368 ff.

379 *Renck*, WRP 2000, 264; OLG München, K&R 1999, 327 – »buecher.de«; LG Hamburg MMR 1998, 46 – »bike.de«. Siehe dazu auch die Entscheidung des BPatG, CR 1999, 321, zur mangelnden Eintragungsfähigkeit einer Marke „http://www.patent.de".

380 LG Hamburg, CR 1999, 47, 48 – »eltern.de«.

381 OLG Frankfurt/M., WRP 1997, 341 – »wirtschaft-online.de«; LG München, NJW-RR 1998, 978, 979 – »sat-shop.de«; *Renck*, WRP 2000, 264, 267; *Kur*, CR 1996, 325, 328 f.; *Ubber*, WRP 1997, 497, 510.

382 Vgl. auch *Bücking*, Domainrecht, Rn. 195.

nur die Verwendung einer zeichenidentischen Domain blockiert. Der in der SLD verwendete allgemeine Begriff lässt sich aber immer noch mit anderen TLDs kombinieren. Dadurch wird nicht nur eine ähnliche Domain, sondern sogar eine weitest gehend identische Domain geschaffen, denn schließlich ist für den Verkehr der maßgebliche Bestandteil ohnehin nur die SLD,[383] die in diesem Falle gleich ist. Gegen die analoge Anwendung markenrechtlicher Vorschriften spricht aber letztlich auch die Unterschiedlichkeit im Verfahrensgang. Im Markenrecht werden Verstöße gegen die materiellen Schutzvoraussetzungen in einem staatlichen Prüfungs- und Überwachungsverfahren durch das Patent- und Markenamt festgestellt. Für Domain-Namen existieren solche staatlichen Mitwirkungsinstitutionen - zumindest derzeit - nicht.[384]

Für die Beurteilung der Verwendung von allgemeinen Bezeichnungen und Gattungsbegriffen muss es deshalb bei den allgemeinen wettbewerbsrechtlichen Vorschriften bleiben, mit der Folge, dass ein Anspruch gegen die Verwendung eines Domain-Namens durch einen Wettbewerber in der Regel ausscheiden muss. Maßgeblicher Anknüpfungspunkt im Wettbewerbsrecht ist nicht der Domain-Name selbst, sondern die inhaltliche Ausgestaltung der darunter erreichbaren Website.

(3) Domain-Grabbing

Abwegig ist der Ansatz des OLG Dresden, die Problematik des Domain-Grabbing im Wettbewerbsrecht zu verankern. Dem Gericht zufolge soll bereits die inhaltslose Registrierung eines Domain-Namen als wettbewerbliches Handeln anzusehen sein, weil die Mitbewerber durch dieses Verhalten hinsichtlich des Domain-Namens blockiert würden.[385] Der Versuch, Domain-Grabbing wettbewerbsrechtlich zu lösen, geht an der eigentlichen Problematik - der Verwendung eines fremden Kennzeichens in Domain-Form zu Zwecken der Veräußerung an den Kennzeicheninhaber oder Dritte - vorbei.

Zu beachten ist in diesem Zusammenhang insbesondere die Anspruchskonkurrenz zwischen Kennzeichen- und Wettbewerbsrecht.[386] Zwar bestimmt § 2 MarkenG, dass die Vorschriften des MarkenG in kumulativer Anspruchskonkurrenz zu anderen Vorschriften zum Schutz von Kennzeichen stehen. Nach dem BGH schließen jedoch die §§ 14 II Nr. 3, 15 III

---

383 LG Braunschweig, K&R 1999, 573 - »stadtinfo.com«; LG Stuttgart, MMR 2001, 768, 769 - »herstellerkatalog.com«.

384 *Renck*, WRP 2000, 264, 267.

385 OLG Dresden, CR 1999, 589, 591 f. - »cyberspace.de«.

386 Offen gelassen bei *Schafft*, CR 2002, 434, 435.

MarkenG in ihrem Anwendungsbereich die Anwendung insbesondere des § 3 UWG grundsätzlich aus.[387] Allerdings betrifft dies nur die Fälle des bekannten Kennzeichens außerhalb des Produktähnlichkeitsbereiches. Im übrigen steht der Anwendung des Wettbewerbsrechts auf Kennzeichen grundsätzlich nichts entgegen.

Gleichwohl verlangt die Anwendbarkeit des UWG eine Wettbewerbshandlung.[388] Ein solches ist jedes Verhalten, das äußerlich geeignet ist, den Absatz oder Bezug einer Person zum Nachteil einer anderen Person zu fördern.[389] Dies setzt mithin voraus, dass überhaupt ein Wettbewerbsverhältnis[390] zwischen dem Domain-Inhaber (aka Domain-Grabber) und dem „Verletzten" besteht.

Die Tätigkeit des Domain-Grabbers beschränkt sich jedoch darauf, einen Domain-Namen zu registrieren, um ihn später mit Gewinn an den Kennzeicheninhaber oder einen Dritten zu veräußern. Dieses Handeln beeinträchtigt zwar den Kennzeicheninhaber in Bezug auf den Domain-Namen und dessen Nutzung zur Präsentation im Internet. Eine Wettbewerbssituation zwischen dem Domain-Inhaber und dem Kennzeicheninhaber ergibt sich daraus gleichwohl nicht, da es für ein Wettbewerbsverhältnis an einem gemeinsamen Markt fehlt, auf dem sich die Beeinträchtigung des Kennzeicheninhabers zugunsten des Domain-Inhabers auswirkt.[391] Der Markt „Internet" und seine Nutzer stellen für den Domain-Grabber gerade nicht den maßgeblichen Markt dar, da für ihn nicht die Nutzung, sondern der Wert der Domain im Vordergrund steht. Der Wert der Domain bestimmt sich – wie dargestellt[392] – nach dem Wert des Kennzeichens und nicht nach den Zugriffszahlen der Internet-Nutzer.

---

[387] BGH, GRUR 2000, 70, 73 - SZENE; BGH, GRUR 1999, 161, 162 - MAC Dog; BGH WRP 1999, 931, 935 - BIG PACK; BGH, WRP 2000, 529, 532 - ARD-1. So auch *Ingerl/Rohnke*, MarkenG², § 2 Rn. 7; *vSchultz*, MarkenG, § 2 Rn. 2. Dagegen *Deutsch*, WRP 2000, 854, 857; *Kippel/Pahlow* in: Ekey/Kippel, MarkenG, § 2 Rn. 3.

[388] Siehe dazu *Baumbach/Hefermehl*, WettbewerbsR²², Einl UWG Rn. 214 ff.

[389] *Baumbach/Hefermehl*, WettbewerbsR²², Einl UWG Rn. 215; st. Rspr., siehe nur BGHZ 3, 270, 277 (Constanze I); BGHZ 14, 163, 170 f. (Constanze II). So jetzt auch der Wortlaut des § 2 Abs. 1 Nr. 1 UWG (2004).

[390] Zum Begriff siehe *Baumbach/Hefermehl*, WettbewerbsR²², Allg Rn. 9 ff.

[391] So auch *Wilmer*, CR 1997, 562, 566.

[392] Siehe dazu oben B.I.2.

Wettbewerbsrechtlich müssen damit Ansprüche für den Kennzeicheninhaber im Falle des Domain-Grabbing entfallen. Der Kennzeicheninhaber ist auf das Kennzeichenrecht beschränkt.[393]

d. Patentrechtliche Ansprüche

Obwohl das Patentrecht auf den ersten Blick (und letztlich auch den zweiten) aus offensichtlichen, schutzgegenständlichen Überlegungen keine taugliche Anspruchsgrundlage für das Recht der Domain-Namen bieten kann, zeigt ein jüngst bekannt gewordener Fall einen entsprechenden Konstruktionsversuch. Hintergrund der massenhaften Abmahnung von Domain-Inhabern,[394] die die Buchstabenkombinationen der deutschen KFZ-Kennzeichen in ihrem Domain-Namen zur regionalen Zuordnung verwenden, ist ein Gemeinschaftspatent, das - wie ein Einblick in die Patentschrift zeigt - auf überaus unkonkrete Weise ein System zur datenbankmäßigen Informationszuordnung anhand der deutschen KFZ-Kennzeichen beschreibt. Der maßgebliche Unterlassungsanspruch ergibt sich hier aus §§ 139 I iVm 9 Nr. 2 PatG.

Gleichwohl kann nur bezweifelt werden, ob jemals eine patentrechtlich geschützte Erfindung Grundlage eines Herausgabeanspruchs für Domain-Namen sein wird. Das System der Domain-Namen wurde - wie beschrieben[395] - von J.POSTEL erfunden, wodurch, wenn überhaupt, allein er berechtigt gewesen wäre, dies patentrechtlich zu schützen. Jede andere, sich auf die Funktionsweise des DNS beziehende „Erfindung" ist mangels Neuartigkeit[396] nicht schutzfähig[397] und könnte, im Falle einer dennoch erfolgenden Eintragung als Patent von Jedermann gem. §§ 81 iVm 22, 21 PatG im Wege des Nichtigkeitsverfahrens angegriffen werden.

6. Zusammenfassung der judikativen Probleme

Die gerichtliche Lösung von Domain-Streitigkeiten beruht in vielerlei Hinsicht auf einer Folge von Kompromissen bei der Anwendung von Rechtsnormen, die für die diffizilen Fragestellungen des Internets und im Besonderen der Domain-Namen nicht konzipiert wurden.[398] Den Eigenheiten, die

---

[393] Zutreffend OLG Hamburg, MMR 2003, 280 - »dollhouse.de«.

[394] Geschätzt werden ca. 6000 abgemahnte Inhaber entsprechender Domains.

[395] Siehe oben A.III.2.a.

[396] § 3 Abs. 1 PatG.

[397] § 1 Abs. 1 PatG.

[398] In diesem Zusammenhang behauptet *Hanloser*, CR 2001, 456, ohne nähere Begründung, „dass die meisten Probleme des IT-Rechts mit bewährten Rechtsinstituten gelöst werden können". Alleine der „Somm/CompuServe"-Fall (AG München, NJW 1998, 2836, aufge-

das System der Domain-Namen aufweist, kann so zwangsläufig nur unzureichend Rechnung getragen werden. Die mittlerweile überwiegend anerkannte Anwendbarkeit des Namens- und Kennzeichenrechts auf Domain-Namen steht und fällt mit der von den tatsächlichen Verknüpfungen losgelösten Betrachtung der Domain als Hinweis auf eine Person bzw. ein Produkt. Diese unscharfe Inbezugnahme von Inhalten und Inhaber-Identifizierungsmerkmalen auf der Eingangsseite einer Domain versagt vollends, wenn unter der Domain keine Inhalte verfügbar sind.

Neben diesen rechtlichen Unwägbarkeiten kommen insbesondere tatsächliche Nachteile einer gerichtlichen Streitlösung für den Kläger zum Tragen. So kann sich ein Gerichtsverfahren durch die Ausschöpfung des Instanzenzuges über Jahre hinziehen,[399] ohne dass der Kläger in dieser Zeit die Fremdverwendung der Domain verhindern könnte.[400] Um die Prestige-Einbuße in Grenzen zu halten, wird in der Regel die Reservierung einer weniger passenden Domain zur Unternehmens- oder Produktpräsentation im Internet unumgänglich sein, einschließlich der entsprechenden Kommunikation dieser Domain an die jeweiligen Kundenkreise. Vollständig lässt sich mit dieser Strategie ein Imageverlust bei den Kunden, die über Direktaufrufe das betreffende Unternehmen erreichen wollen, dennoch nicht vermeiden. Schadensersatzrechtlich wiederum lassen sich diese Nachteile des Klägers schwer erfassen.[401]

---

hoben durch LG München, CR 2000, 117) widerlegt schon diese Aussage. Bezogen auf Domain-Namen verdeutlicht etwa der Fall »maxem.de« (BGH, NJW 2003, 2978 – »maxem.de«) die Besonderheiten, die für das Namensrecht im Internet gelten und die sich nicht ohne weiteres aus den gesetzlichen Regelungen erschließen. Vielmehr beruhte die Lösung des Falles auf einer Neuinterpretation des Gleichnamigenrechts unter Beteiligung eines Pseudonyms durch den BGH, die nicht unumstritten ist. Im übrigen zeigt die zunehmende Gesetzgebungstätigkeit auf dem Gebiet des Internet, dass nur Spezialnormen (TKG, TDG, TDDSG etc.) den Sachverhalten des Online-Rechts gerecht werden können.

399 Der Fall »shell.de« lag allein beim BGH (I ZR 138/99) über 2 Jahre, bevor das Urteil am 22.11.01 gesprochen wurde. Insgesamt ging der Instanzenzug seit der Entscheidung des LG München I am 27.05.98 über 3 ½ Jahre.
Siehe auch *Sick/Richter*, K&R 2000, 339, 347, mit einem interessanten Fall zur Übernahme einer Domain von einem Domain-Grabber und einem nachfolgenden Prozess, auf dessen Dauer es für das betroffene Unternehmen in Anbetracht der bereits erlangten Nutzungsmöglichkeit des Domain-Namens dann nicht mehr ankam.

400 Mittel des einstweiligen Rechtsschutzes können nicht zur Nutzung der Domain durch den Kläger führen, da dies eine Übertragung der Domain erforderlich machen würde, die nicht einmal durch die Entscheidung in der Hauptsache ausgeurteilt werden könnte. Siehe oben, B.II.5.a(2) und B.II.5.b(3).

401 Siehe oben B.II.5.b(5).

Zudem hat das Urteil im Fall »shell.de«[402] eindrucksvoll demonstriert, dass die Rechtsfolgenseite der namens- und kennzeichenrechtlichen Ansprüche ebenso wie die des Wettbewerbsrechts für die Situation des Domain-Klägers völlig unzureichend sind. Der im Rahmen dieser Ansprüche ausschließlich gewährte Unterlassungsanspruch führt im Falle der Domain-Namen zu einer Verzichtserklärung auf die Domain seitens des Inhabers gegenüber der DENIC. Rein technisch betrachtet wird damit die Domain wieder frei verfügbar und jedermann kann das soeben langwierig erstrittene Unterlassungsurteil durch erneute Registrierung zunichte machen. Selbst der verklagte Domain-Inhaber kann durch die Übertragung der Domain auf einen Dritten dem Anspruch des Klägers gerecht werden, ohne dass dieser die Domain - wie mit der Klage eigentlich beabsichtigt - übernehmen kann.[403] Notwendig für die Zwecke des Klägers wäre ein Übertragungsanspruch gegen den Domain-Inhaber, doch kann dieser im Rahmen des geltenden Rechts von den Gerichten mangels Rechtsgrundlage nicht anerkannt werden.[404]

III. Domain-Sharing

Die einvernehmliche Lösung von Kollisionsfällen ist auch im Rahmen von Internet-Domains trotz ihrer weltweiten Einmaligkeit denkbar. Möglich wird dies durch das sog. *Domain Name Sharing*, wobei zwei oder mehr Interessenten an einer Domain diese solchermaßen teilen, dass auf der Eingangsseite der Domain gleichberechtigt auf beide verwiesen wird.[405] Die praktische Ausgestaltung lässt sich so organisieren, dass beide ihre Angebote unterhalb dieser Domain einrichten oder dass jeder der Partner eine eigene Domain unterhält, auf die von der gemeinsamen Domain aus verwiesen wird.[406]

Diese Lösung lässt sich bereits als Regulierung einer Kollision außerhalb staatlicher Einflussnahme verstehen. Gleichwohl fehlt es an einheitlichen Regeln, um tatsächlich von Selbstregulierung sprechen zu können.

---

[402] BGH, MMR 2002, 382 - »shell.de«, m.Anm. *Hoeren*. Siehe auch die Vorinstanz OLG München, CR 1999, 382 - »shell.de«, m.Anm. *Hackbarth*, 384 f., und *Ernst*, MMR 1999, 487.

[403] Siehe dazu die oben, B.II.5.a(1), erwähnten Folgen des Urteils »maxem.de«, BGH, NJW 2003, 2978 - »maxem.de«.

[404] BGH, MMR 2002, 382, 386 - »shell.de«.

[405] Näheres dazu bei *Viefhues*, MMR 2000, 334 f.

[406] Letzteres ist z.B. der Fall bei »schering.com«. Darauf wird sogleich noch zurückzukommen sein. Siehe auch *Seifert*, S. 279.

1. Motivationen

Die Andeutungen des BGH zum Domain-Sharing – in den Entscheidungen »vossius.de«[407] und »mitwohnzentrale.de«[408] – demonstrieren erste Ansätze einer erzwungenen Zusammenlegung von Internet-Präsenzen, deren richterliche Konkretisierung jedoch noch abzuwarten bleibt.

Das konsensuale Domain-Sharing hat dagegen schon einige offensichtlich erfolgreiche Beispiele hervorgebracht.[409] Die teilweise bereits über Jahre bestehenden Kooperationen zeigen, dass auch für die Kunden der jeweiligen Unternehmen diese Lösung Vorteile birgt, die wiederum für die Unternehmen Anreiz genug sind, sich überhaupt auf eine Zusammenarbeit einzulassen und einen gemeinsamen Webauftritt zu unterhalten und fortzuführen. In der Regel handelt es sich dabei um eine Eingangsseite, die wie ein Wegweiser auf die individuellen Internet-Präsenzen der jeweiligen Unternehmen per Hyperlink hinweist.

Einer der maßgeblichen Vorteile und Anreize des Domain-Sharing liegt in der sicheren Präsenzwirkung der jeweiligen Unternehmen im Internet. Es hat sich gezeigt, dass die Internet-Nutzer mehr und mehr zur Direkteingabe von Domain-Namen tendieren, um an die gewünschten Informationen zu gelangen. Die Lösung für Namensgleiche oder (branchenfremde) Inhaber identischer Kennzeichen liegt in diesem Falle entweder in einem gerichtlichen Streit, mit dem Risiko zu unterliegen oder erst nach Jahren die Domain zu erlangen, oder in einer Einigung mit dem Domain-Inhaber zur gemeinsamen Nutzung des Domain-Namens. Die Bereitschaft des Domain-Inhabers zur letzteren Lösung hängt selbstverständlich von dessen Einschätzung der Chancen und Risiken im Falle einer gerichtlichen Durchsetzung der Rechte des anderen ab. Gerade bei Gleichnamigen lassen sich

[407] BGH, MMR 2002, 456 ff. – »vossius.de«.

[408] BGH, MMR 2001, 666 – »mitwohnzentrale.de«.

[409] Eine der ersten „geteilten" Domains war »schering.com«, eine Gemeinschaftsseite der Schering AG, Deutschland, und der Schering-Plough, USA. Hilfreich in diesem Fall waren zweifellos die gemeinsamen Wurzeln der Gesellschaften in Form des gemeinsamen Gründers Ernst Schering (1824 - 1889), auch wenn die Unternehmen seit nunmehr über 50 Jahren rechtlich und tatsächlich unabhängig voneinander operieren.
Siehe auch die Domains »kaefer.de«, »aldi.de« und »scrabble.com«, die von rechtlich eigenständigen Unternehmen gleichen Namens unterhalten werden.
Die frühere Gemeinschaftsseite »mtv.de« der Main Taunus Verkehrs GmbH und des Musik-Senders MTV ist dagegen letzten Endes vollständig auf den Sender übergegangen. Die Main Taunus Verkehrs GmbH, die diese Domain schon 1995 registrierte, erklärte sich nach über dreijährigen Verhandlungen Mitte 2001 unter Anerkennung des weitaus größeren Bekanntheitsgrades des Senders zum Verzicht auf die Domain bereit und residiert nun unter der Domain »mtv-web.de«.

diese Chancen nicht immer zweifelsfrei vorhersehen, so dass in einer Vielzahl von Fällen eine gemeinsame Domain die sicherste Alternative für beide sein dürfte, unter dieser Domain auch in Zukunft erreichbar zu sein.

Die Vermeidung einer gerichtlichen Auseinandersetzung birgt zudem weitere Vorteile. Zum einen ergibt sich für die Beteiligten eine äußerst überschaubare Kostensituation, da in der Regel nicht mehr als der Betrieb der Eingangswebsite unter der gemeinsamen Domain zu finanzieren ist. Die Ersparnis auf der anderen Seite umfasst die Gerichtskosten ggf. mehrerer Instanzen einschließlich der anfallenden Anwaltskosten. Darüber hinaus macht sich das jeweils andere Unternehmen durch Domain-Sharing auch Nutzern bekannt, die nur eines der beiden Unternehmen kennen und den Domain-Namen in erster Linie nur mit dem gesuchten Unternehmen in Verbindung bringen. Auch aus Nutzersicht bietet das Domain-Sharing Vorteile, weil das gesuchte Unternehmen schnell gefunden wird. Der Nutzer erspart sich dadurch Misserfolge beim „Domain-Raten" und die nachfolgende ggf. langwierige Suche mittels Suchmaschinen. Die Praxis scheint diese Attraktivität des Domain-Sharing zu bestätigen.[410]

2. Voraussetzungen

Eine der wesentlichen Voraussetzungen des Domain-Sharing scheint empirisch betrachtet eine gewisse Branchenferne der Beteiligten zu sein, da nur in diesem Fall eine unmittelbare Konkurrenzsituation angebotsseitig vermieden wird.[411] Die Nutzerkreise der Beteiligten können sich dagegen ohne weiteres überschneiden, da dies die Attraktivität der gemeinsamen Seite für die Kunden sogar noch erhöhen kann. Prinzipiell kommt es darüber hinaus auf eine grundsätzliche Bereitschaft zum Verzicht auf Ausschließlichkeit bei der Verwendung des Domain-Namens an, die durch obige Überlegungen motiviert sein kann.

---

[410] »palm.de« - *Modehaus Palm, Heilbronn* und *palmandmore*
»alteon.com« - Alteon Inc., Ramsey, New Jersey und Alteon WebSystems, San Jose, California
»winterthur.ch« - Stadt Winterthur und Winterthur Versicherungen
»berneroberland.ch«
»scrabble.com« - Hasbro, Inc. und J.W. Spear & Sons, PLC (Mattel, Inc.)

[411] Das Beispiel »schering.com« bestätigt als Ausnahme nur diese Regel, da die beteiligten Unternehmen gemeinsame Wurzeln haben und damit auf besonderen Gründen für eine Zusammenarbeit aufbauen können. Bei »scrabble.com« sind die weltweiten Vermarktungsrechte dieses Kennzeichens zwischen den die Domain unterhaltenden Unternehmen aufgeteilt, so dass auch hier ein grundlegender Konsens hinsichtlich der Verwendung des Kennzeichens schon außerhalb des Internets bestand.

Die Zahl der Beteiligten an einer solchen Domain muss aus praktischen Gesichtspunkten heraus eng begrenzt sein, damit dem Nutzer der Hinweis auf das von ihm gesuchte Unternehmen sofort auffällt. Nur bei einer Beschränkung auf wenige Teilhaber an der Domain ist die nötige Aufmerksamkeit für den einzelnen gesichert. Branchenbuchartige Listen sind somit im Rahmen des Domain-Sharing nicht praktikabel.

3. Pflicht zum Domain-Sharing?

Ein Urteil zur Einrichtung eines Domain-Sharing etwa über eine Index-Seite ist - soweit bekannt - noch nicht ergangen. Dies wäre zur Vermeidung der strengeren Rechtsfolge der Löschung der Domain durchaus möglich. In Frage käme diese Alternative etwa bei der Verwendung von Gattungsbegriffen als SLD, die zu einer faktischen Monopolstellung führen, ohne dass korrespondierende Kennzeichenrechte dies rechtfertigen würden.[412] Gleichwohl ging der BGH in der Leitentscheidung »mitwohnzentrale.de« diesen Weg nicht, sondern statuierte eine grundsätzliche Zulässigkeit gattungsbegrifflicher und beschreibender Domain-Namen in der Hand eines Wettbewerbers im Rahmen von § 1 UWG a.F. (§ 3 UWG 2004).[413] Das Innehaben und der Betrieb einer solchen kanalisierenden Domain sei für sich genommen nicht als sittenwidrig anzusehen. Lediglich der Aspekt der unzutreffenden Alleinstellungsbehauptung könne im Rahmen des Irreführungsverbots gem. § 3 UWG a.F. (§ 5 I UWG 2004) nicht von vornherein ausgeschlossen werden. Dies verlange jedoch eine Prüfung der Umstände des Einzelfalls und sei keineswegs pauschal zu beurteilen.[414] Sofern die Eingangsseite der Domain tatsächlich den Eindruck vermittele, es handele sich um den einzigen Anbieter der entsprechenden Informationen oder Angebote, könne dieser Gefahr nach Ansicht des BGH durch einen entsprechenden Hinweis auf der Eingangsseite begegnet werden, ohne im Rahmen von § 3 UWG a.F. (§ 3 iVm § 5 I UWG 2004) unmittelbar zu einer Löschung der Domain als Folge des Unterlassungsanspruchs zu gelangen. Die Erwähnung des Mitbewerbers auf der Eingangsseite ist jedoch noch nicht als echtes Domain-Sharing zu bezeichnen, da der Domain-Inhaber die Eingangsseite kaum als Wegweiser gestalten, sondern den Verweis auf den Mitbewerber so unauffällig wie möglich platzieren wird.

Einen gänzlich neuen Ansatz für eine rechtliche Verankerung des Domain-Sharing verfolgt der BGH in der Entscheidung »vossius.de«, in der bei zwei Gleichnamigen im Rahmen der Interessenabwägung „auch mildere Mittel

412 *Viefhues*, MMR 2000, 334, 335.

413 BGH, MMR 2001, 666, 668 f. - »mitwohnzentrale.de«.

414 BGH, MMR 2001, 666, 669 - »mitwohnzentrale.de«.

als ein Verbot"[415] in Betracht gezogen wurden. Das Rücksichtnahmegebot unter Gleichnamigen könne nach Ansicht des BGH auch dadurch verwirklicht werden, dass auf der Eingangsseite der streitgegenständlichen Domain ein Hinweis auf den anderen Gleichnamigen aufgenommen werde, „zweckmäßigerweise - wenn die Kl. an einem solchen Hinweis interessiert sind - zusätzlich angeben, wo dieses Angebot im Internet zu finden ist".[416] Dieser Nachsatz ist die eigentliche Sensation des Urteils, da der Domain-Inhaber dadurch verpflichtet wird, nicht nur pauschal auf das Vorhandensein eines Gleichnamigen hinzuweisen, sondern seinen Besuchern direkt die Kontaktaufnahme mit diesem Gleichnamigen zu ermöglichen. Die Schutzfunktion des Kennzeichens kann diese Folge kaum rechtfertigen, und auch die Beeinträchtigung des Kennzeichens durch die Verwendung seitens des gleichnamigen Domain-Inhabers kann nicht zu einer derart ausgeprägten Hinweispflicht führen. Die Beeinträchtigung des Kennzeichens endet auch hier mit der Distanzierung des Domain-Inhabers von dem Kennzeicheninhaber, da dies eine Verwechslung seitens der Nutzer ausschließt. Die Zulässigkeit der Verwendung einer dem Kennzeichen identischen Bezeichnung folgte in diesem Fall aus dem Namensrecht des Domain-Inhabers, so dass es im Kennzeichenrecht tatsächlich nur um die Beseitigung der Verwechslungsfähigkeit gehen konnte. Diese Verwechslungsfähigkeit lässt sich jedoch mit den gleichen Mitteln wie die Irreführung im Wettbewerbsrecht beseitigen und verlangt nicht nach einer konkreten Identifizierung des Angebots des Kennzeicheninhabers im Internet.

Im Ergebnis wirkt die BGH-Rechtsprechung wie eine Vorstufe zum Domain-Sharing, indem der Domain-Inhaber verpflichtet ist, auf den Gleichnamigen und den Ort seines Angebots im Internet hinzuweisen. Der domainfremde Gleichnamige ist dadurch auch über die streitgegenständliche Domain direkt erreichbar.

Im Rahmen des Interessenausgleichs unter Gleichnamigen ist die Suche nach einem milderen Mittel als die Löschung der Domain als Ausformung des namens- bzw. kennzeichenrechtlichen Unterlassungsanspruchs durchaus zu begrüßen, wenngleich dies kennzeichenrechtlich als Neuland bezeichnet werden kann, da der Anspruch nur auf Unterlassung der Verwendung, nicht auf die Art der Verwendung gerichtet ist. Gleichwohl bedarf die konkrete Ausgestaltung der Verpflichtung des Domain-Inhabers zum Hinweis auf einen anderen Gleichnamigen einer näheren Präzisierung.

---

[415] BGH, MMR 2002, 456, 458 - »vossius.de«.

[416] BGH, MMR 2002, 456, 458 - »vossius.de«.

Im wettbewerblichen Bereich lässt sich eine Verpflichtung zum Domain-Sharing ggf. auf die *„essential facility doctrine"* stützen. Sollte ein Domain-Name aufgrund seiner beschreibenden oder gattungsbegrifflichen Kennzeichnung eine solche Verkehrskraft für einen Bereich von Wettbewerbern haben, dass deren Präsenz im Internetmarkt ohne Teilhabe an der Domain aus eigener Kraft nicht mehr angemessen zur Geltung kommen kann, ließe sich überlegen, ob die Domain als wesentliches Mittel der Leistungserbringung angesehen werden muss. In diesem Fall könnte sich aus der konkreten Wettbewerbssituation eine Verpflichtung des Domain-Inhabers zur Teilhabe des Mitbewerbers an der Domain ergeben. Im Rahmen dieser Arbeit kann dieser Komplex jedoch nicht weiter vertieft werden.

4. Nachteile und Probleme beim Domain-Sharing

Domain-Sharing verlangt ein Grundmaß an Toleranz der Gleichnamigen gegenüber dem jeweils anderen und seiner Präsentation unter dem gemeinsamen Domain-Namen. Im Falle privat vereinbarten Domain-Sharings kommt es auf den Kompromiss der Beteiligten und die Bestandskraft des zugrunde liegenden Sharing-Vertrags an. Zudem ist eine solche Lösung nur sinnvoll und praktikabel bei einigen wenigen gleichnamigen Beteiligten.

Im Falle ausgeurteilten Domain-Sharings ist eine klare Definition des Hinweises und seiner Ausgestaltung auf der Eingangsseite des Domain-Inhabers noch im Urteil nötig, um dem Unterlassungsanspruch eine hinreichend deutlich umrissene Form zu geben und nicht einer Aushöhlung des Urteils durch den Domain-Inhaber Vorschub zu leisten.

a. Verwechslungsgefahr

Die Gefahr von Verwechslungen durch den Nutzer droht insbesondere bei SLDs, die von einem Kennzeichen oder Firmennamen abgeleitet sind. Selbst bei Branchenferne der indizierten Unternehmen kann der Nutzer eine rechtliche Verbindung - etwa Konzernierung oder Kooperation - zwischen diesen Unternehmen assoziieren.[417] Dieser Fall ist für den Domain-Inhaber damit eher uninteressant für ein Domain-Sharing mit Gleichnamigen. Durch eine entsprechende Gestaltung der Index-Seite lässt sich jedoch die Verwechslungsgefahr deutlich verringern.

[417] *Ruff*, S. 182.

Ist die gemeinsame Domain dagegen gattungsbegrifflicher Art, so ist die Gefahr von assoziativen Verknüpfungen seitens des Nutzers eher gering, da diese Situation eher einem Branchenbuch vergleichbar ist.[418]

b. Verwässerungsgefahr

Ist eine Verwechslungsgefahr insbesondere wegen Branchenferne nicht zu befürchten, kann gleichwohl bei einem bekannten Kennzeichen als Domain dessen Wertschätzung - positiver oder negativer Art - mit den gleichfalls auf der Domain auftauchenden anderen Anbietern assoziiert werden und zu einer Beeinflussung der Wertschätzung jener Unternehmen führen.[419] Dies kann jene an dem guten Ruf des Kennzeichens ungewollt teilhaben lassen oder im negativen Fall zu einem Imageverlust des bekannten Unternehmens führen.

5. Stellungnahme

Domain-Sharing bietet einen eleganten Weg, Konflikte um Domain-Namen zeitnah und kostengünstig zu lösen. Der enge Anwendungsbereich und die erforderliche Interessenlage und Kompromissbereitschaft der Beteiligten beschränkt das Domain-Sharing allerdings als praktikable Lösung auf eine marginale Zahl von Fällen.

IV. Bisherige Mitwirkung der DENIC

Die Streitlösungen bei den deutschen Domain-Namen laufen derzeit weitgehend ohne Beteiligung der DENIC ab. Die Vergabestelle führt lediglich die Urteile auf Antrag der obsiegenden Partei aus, indem die betreffende Domain gesperrt, gelöscht oder de-konnektiert wird. Eine Übertragung findet - wie dargestellt[420] - nicht statt. Außerdem ist die DENIC für die Dispute-Einträge zuständig.[421]

V. Ungenutzte Lösungsmöglichkeiten technischer Art

An einigen Fehlentwicklungen und der Zuspitzung der Kollisionen um Domain-Namen ist die DENIC nicht ganz unbeteiligt. In anderen Ländern ist bereits demonstriert worden, welche Wege für ein stringentes System der Domain-Namen-Vergabe denkbar sind. Weit verbreitet in *cc*TLDs ist

---

418 *Viefhues*, MMR 2000, 334, 335.

419 Angedeutet auch bei *Ruff*, S. 182 f.

420 Siehe oben B.II.5.a(2) und B.II.5.b(3).

421 Siehe zu den Problemfeldern bei Dispute-Anträgen, oben B.II.4.

die Einführung generischer SLDs, unterhalb derer Domain-Namen nur an einen bestimmten Personenkreis vergeben werden.[422]

Dies hätte die Kollisionsfälle bei den deutschen Domain-Namen jedenfalls insofern entschärfen können, als nicht mehr gewerbliche und private Rechte aus dem gesamten Bundesgebiet einander gegenübertreten. Die Streitfälle wären um einiges vermindert und die Entscheidungsfindung vielfach vereinfacht worden. Für Gebietskörperschaften wären Gerichtsverfahren wohl gänzlich entfallen oder hätten sich auf die eher seltenen Fälle gleichnamiger Gemeinden beschränkt.

VI. Ergebnis der Bestandsaufnahme

Die Bestandsaufnahme der derzeit angewandten Lösungsmöglichkeiten für Domain-Streitigkeiten ist ernüchternd. Entweder sind die Verfahren langwierig - wie der Gerichtsweg - und damit für die zeitnahen Notwendigkeiten des Internets denkbar ungeeignet oder sie sind kostspielig - wie der Abkauf - und damit im Hinblick auf die wirtschaftlichen Risiken im Internet finanziell bedenklich. Die grundsätzlich empfehlenswerte Lösung des Domain-Sharing verlangt dagegen von den Beteiligten ein hohes Maß an Teilungsbereitschaft, die aus marktwirtschaftlich konkurrenzbewusster Sicht durchaus differenziert bewertet werden kann.

Die unbefriedigende Situation der Lösung von Domain-Konflikten in Deutschland eröffnet den Blick auf alternative Verfahren. Insbesondere die Beteiligung der Vergabestelle DENIC wird in den darzustellenden Überlegungen eines selbstregulierten Systems der Konfliktlösung bei Domain-Namen eine wichtige Rolle spielen, da die DENIC im Rahmen des Vergabeverfahrens über ein Regulierungspotential verfügt, dass bisher sowohl von der DENIC als auch den Gerichten nur unzureichend berücksichtigt wird.

---

[422] Beispiele für solche generischen ccTLDs sind etwa: ».co.uk« für kommerzielle Anbieter in Großbritannien oder ».ac.uk« für Bildungseinrichtungen. Ähnliches ist denkbar für geographische oder regionale Second Level Domains, um eine entsprechende geographische Zugehörigkeit im Internet abzubilden. Die DENIC hat - etwas halbherzig - die deutschen KFZ-Kennzeichen von der Vergabe ausgenommmen, um nach eigener Aussage Raum für zukünftige Erweiterungen zu schaffen, siehe die DENIC FAQ unter http://www.denic.de/de/faqs/domainanmelder/index.html#section_67.

C. Selbstregulierung und alternative Streitlösung bei Domain-Namen

Die hoheitlich ungeregelte Vergabe von Domain-Namen und die vielfältigen Probleme bei der Lösung von Domain-Konflikten lassen die private Initiative der Betroffenen verstärkt in den Blickpunkt der Betrachtung rücken. In der Tradition der Internet-Regulierung haben von jeher nutzerseitige Ansätze eine maßgebliche Rolle bei der Bewältigung entstehender Problemfelder gespielt. Aus vielerlei, im Einzelnen noch darzulegenden Gründen[423] zeigt sich die private Initiative der Betroffenen als das geeignetere Mittel der Steuerung gesellschaftlichen Verhaltens in Bezug auf das Internet. Bezogen auf Domain-Namen geht es dabei um ein alternatives System von Regeln zur Lösung von Domain-Konflikten, das ohne Beteiligung hoheitlichen Zwangs allein auf der Beherrschung der maßgeblichen technischen Strukturen - dem DNS - beruht.

Die folgenden Überlegungen zur alternativen Streitlösung bei Domain-Namen in Deutschland orientieren sich an den bereits etablierten Selbstregulierungsmechanismen bei den gTLDs durch ICANN (C.III.) und der ukTLD durch *Nominet UK* (C.IV.1.).[424] Ausgangspunkt der Darstellung ist dabei die Einordnung privater Initiativen in das System der Regulierung gesellschaftlichen Verhaltens überhaupt.

Die Diskussion um das „Recht" im Cyberspace setzte unmittelbar nach dem Beginn der öffentlichen Nutzung[425] des Internets Anfang der 90er Jahre ein,[426] in Deutschland bekanntlich etwas später als in den USA. Grund waren die mit der Ausbreitung des Internets über die elitäre, rein wissenschaftliche Ebene hinaus aufkommenden Probleme, die sich etwa in anstößigen, wenngleich virtuellen Handlungen äußerten.[427] Schnell wurde deshalb propagiert, dass im von den (zumeist amerikanischen[428]) Pionieren des

---

[423] Siehe sogleich, C.I.1.b.

[424] Auf die Darstellung anderer *country code* TLDs mit alternativen Streitlösungsmechanismen wird der Übersichtlichkeit halber nur am Rande eingegangen werden.

[425] Es wird davon ausgegangen, dass Mitte 2002 etwa 500 Millionen Menschen weltweit das Internet nutzen, *Petri/Göckel*, CR 2002, 329.

[426] Siehe zu den ersten Überlegungen zum Recht im Internet *Johnson/Post*, 48 Stanford Law Review (1996), 1367 ff. ; *Scherer*, AfP 1996, 213 ff.; *Engel*, AfP 1996, 220 ff.; *Roßnagel*, ZRP 1997, 26 ff.

[427] Die Kopiermöglichkeiten und die fehlende Greifbarkeit der Informationen führen dazu, dass stets nur Abbildungen von realen Handlungen im Internet sichtbar sind.

[428] In Amerika hat von jeher die Meinungsfreiheit verfassungsrechtlich eine größere Bedeutung als in Deutschland und anderen Ländern der „Alten Welt". Eben wegen dieses

Internets noch als „rechtsfrei" bezeichneten Cyberspace[429] durchaus rechtlich relevante Handlungen begangen werden, von „Rechtsfreiheit" deshalb nicht die Rede sein könne.[430]

Gleichwohl bleiben die Befürworter der Anwendung herkömmlichen Rechts im Internet zumeist bei dieser Feststellung stehen und hinterfragen nicht die Mittel einer effektiven Internet-Regulierung.[431] Es ist zweifellos

---

hohen Stellenwerts der Meinungsfreiheit, die auch virtuell für Äußerungen und Veröffentlichungen im Internet Geltung entfaltet, wurde vielfach angenommen, dass eine gesetzliche Regulierung aus Verfassungsgründen nicht in Frage käme. Handlungen im Internet seien aufgrund ihrer auf das Virtuelle beschränkten Auswirkungen als Meinungsäußerung anzusehen und deshalb von Verfassung wegen unantastbar. Mit dieser Begründung fühlten sich auch die Nutzer in ihrer Auffassung bestärkt, die - eher aus archaischem Eroberungsdenken heraus, denn aus rechtlicher Würdigung - aufgrund ihrer zeitlich früheren Entdeckung des Internets dessen Geschicke staatlicher Regulierung vorenthalten wollten. Der Staat habe das Internet schließlich erst spät als Regulierungsmaterie entdeckt und könne nun die entstandenen Strukturen nicht nachträglich verändern.

Es ist zwar richtig, dass die Staaten das Internet lange Zeit ignoriert und vernachlässigt und insbesondere sein wirtschaftliches Potential eklatant unterschätzt haben. Dies lag aber nicht zuletzt daran, dass dem Internet eben noch keine gesellschaftliche oder wirtschaftliche Bedeutung beigemessen wurde, die die Aufmerksamkeit und die regulierende Hand des Staates verlangt hätte. Das Internet war zu dieser Zeit noch Tummelplatz einiger weniger, in erster Linie technikbegeisterter Enthusiasten, deren größte Sorge darin bestand, dass der Staat durch Regulierung die Nutzbarkeit des Internets einschränken und Entwicklungen behindern könnte. Nicht ganz zu Unrecht ging die Vorstellung um, dass der Staat aufgrund mangelnder Weitsicht in die Entwicklungschancen und das Potential des Internets durch seine Regulierung mehr Schaden anrichten als positive Impulse setzen würde. Zudem war den Nutzern klarer als dem Staat, dass die unkoordinierte einzelstaatliche Regulierung im Internet stets ineffektiv sein würde (siehe dazu näher sogleich C.I.1.b.), wodurch im Ergebnis etwaige Kosten der Regulierung - seien sie nun nutzerseitig oder regulatorseitig - unnütz aufgewendet werden würden.

429 *Rehbinder* in: Hilty, S. 87, 105.

430 *Roßnagel*, MMR 2002, 67; *Scherer*, AfP 1996, 213, 214; *Mankowski*, AfP 1999, 138, 139. Auch *Bechthold*, GRUR 1998, 18, 23, weist darauf hin, dass das Internet nie ein rechtsfreier Raum gewesen sei, allerdings im Gegensatz zu den übrigen Vertretern in dem Sinne, dass es schon immer Regeln - nicht zwangsläufig hoheitlich kodifiziert - gegeben habe, womit er sich in erster Linie auf die Netiquette und andere autonome Regelungs- und Streitlösungsansätze bezieht.

431 *Engel*, AfP 1996, 220 ff., versucht dagegen, die Vor- und Nachteile der einzelnen Regulierungsvarianten ihren Effektivitätsaussichten gegenüberzustellen. Im Ergebnis präferiert er wohl eine Mischform der verschiedenen Regulierungsmöglichkeiten, ohne sich jedoch konkret festzulegen.

eine Herausforderung des Rechts,[432] in einem weltweiten, weitgehend virtuellen Sozialraum[433] eine Ordnung zu etablieren, die historisch ohne Vorbild ist.[434] Einzelstaatlichem Recht dabei die Regulierung zu überlassen, scheint in Anbetracht der Globalität des Internets wenig erfolgversprechend.[435] Der Ruf nach Selbstregulierung ist deshalb - zu Recht - noch nicht verstummt.[436]

So vertritt etwa SASSEN,[437] dass die Frage der Souveränität im Internet im Zusammenhang mit dessen Regulierung einer Neubewertung bedarf.[438] Ausgangspunkt dieser Überlegungen müsse die - zutreffende - Feststellung sein, dass entgegen einer weit verbreiteten Meinung doch eine zentrale Autorität existiere, die wesentliche Einrichtungen des Internets kontrolliere. SASSEN bezieht sich damit auf die Gründung der ICANN im Jahre 1998 und deren Kontrolle über die Vergabe der für das Internet existentiellen IP-Nummern und Domain-Namen.[439] Diese Kontrolle ist lediglich eine

---

[432] *Mankowski*, AfP 1999, 138, versteht das Internet als Herausforderung insbesondere für das IPR (unter Verweis auf *Digital Equipment Corp.* v. *AltaVista Technology, Inc.* 960 F. Supp. 456 [459] [D. Mass. 1997]). Richtigerweise besteht die Herausforderung jedoch gerade auch für jedes nationale Recht, das an physischen Sachverhalten orientierte Normen auf virtuelle Sachverhalte übertragen muss.

[433] *Roßnagel*, ZRP 1997, 26, 28; *Roßnagel*, MMR 2002, 67, 68.

[434] Vgl. *Engel*, AfP 1996, 220, 221.
Scherer, AfP 1996, 213, 214, dagegen stellt das Internet auf eine Stufe mit anderen globalen Infrastrukturen und versucht aus einem historischen Vergleich heraus die Schwierigkeiten bei der Regulierung des Internets zu relativieren. Allerdings bleibt er - nicht ohne Grund - die Benennung dieser „vergleichbaren Infrastrukturen" schuldig. Die Besonderheit des Internets liegt nämlich in der Bereitstellung gigantischer Informationsmengen zu minimalen Zugriffskosten für jedermann weltweit. Die Information ist dabei unmittelbar lokal verfügbar, auch wenn sie geografisch gesehen irgendwo auf der Welt gespeichert ist. Dieser sofortige Zugriff auf das Wissen der Welt ist historisch gesehen in der Tat einmalig. Damit einhergehend gibt es auch für die Verbreitung einer Information keinerlei Grenzen. Derartiges hat es tatsächlich noch nie gegeben und so bereitet gerade diese unbegrenzte Verbreitung von Informationen im Internet zunehmend rechtliche Probleme in den einzelnen Jurisdiktionen, deren Lösung neue Ansätze der Regulierung erfordert. Eine historische Vergleichbarkeit lässt sich diesbezüglich jedenfalls nicht feststellen.

[435] Zur näheren Darlegung der Unzulänglichkeit einzelstaatlicher Regulierungsansätze siehe sogleich C.I.1.b.

[436] Siehe *Hoeren*, NJW 1998, 2849, 2852, allerdings zweifelnd hinsichtlich der regulierenden Möglichkeiten privater Initiative. Nach seiner Ansicht disqualifiziert insbesondere das Problem der (selbstregulierenden) Sanktionierbarkeit die Selbstregulierung im Internet.

[437] *Sassen* in: Engel/Keller, S. 187 ff.

[438] *Sassen* in: Engel/Keller, S. 193.

[439] *Sassen* in: Engel/Keller, S. 194.

rein technische und besteht in der physischen Macht über die hierarchisch obersten Root-Server, die die maßgebliche Referenz für alle anderen DNS-Server weltweit sind.[440] Gleichwohl sollte diese technische Komponente nicht überbewertet werden. Es ist zwar richtig, dass es einige *crucial features*[441] im Internet gibt, deren Kontrolle tatsächliche Macht über das Internet und dessen Datenverkehr bedeutet. Dennoch ist stets zu berücksichtigen, dass auch diese wesentlichen Einrichtungen nicht unersetzbar, sondern - ganz im Sinne der konzeptionellen Ausrichtung des Internets - austauschbar sind. Die strukturelle „Ordnung"[442] des Internets ist gerade dafür geschaffen, wesentliche Einrichtungen ohne größeren Aufwand austauschen und re-lokalisieren zu können.[443] Auch die Root-Server sind deshalb letztlich ersetzbar.[444] Zudem zeigen die tatsächlichen Verhältnisse, dass auch die *Internet-Authority* ICANN von Hoheitsentscheidungen abhängig ist.[445] So einfach, wie bei SASSEN dargestellt, ist die Frage der Regulierungszuständigkeit und Souveränität im Internet mithin nicht wirklich zu beantworten. Das Internet ist viel zu komplex,[446] als dass es tatsächlich von einer Institution umfassend reguliert werden könnte.[447]

Die nachfolgende Darstellung geht deshalb von den verschiedenen Formen gesellschaftlicher Regulierung aus und versucht anhand der jeweiligen Vor- und Nachteile eine theoretische Grundlage für die Selbstregulierung der Domain-Namen zu finden.

---

440 Siehe oben A.III.2.b.

441 *Sassen* in: Engel/Keller, S. 193.

442 Der Begriff „Ordnung" ist im Internet keinesfalls wörtlich zu verstehen, denn es handelt sich eigentlich um ein chaotisches System.

443 Die Redundanz der Grundstrukturen - Router, Root-Server etc. - ist ein wesentliches Merkmal der Internetarchitektur, das mehr und mehr an Bedeutung gewinnt, wie die zunehmenden *Denial-of-Service* (DoS) Angriffe auf ICANNs Root-Server zeigen. Stichwort: Anycast-Spiegel der Root-Server. Siehe schon oben, Fn. 42.

444 Dies lässt sich schon daran zeigen, dass es eine Reihe von *alternative roots* gibt, die unabhängig von den ICANN-Servern Verknüpfungen herstellen und korrekte *routes* ermitteln können (siehe dazu schon oben A.III.2.d(2). Dass sie dabei auch eine eigene Root-Zone mit eigenen TLDs erzeugen (installieren), unterstreicht nur die Ersetzbarkeit der ICANN-Server.

445 Siehe oben A.III.4.b(1).

446 Die Komplexität ist dabei in erster Linie auf die Struktur des Internets als ein Verbund von Millionen einzelner Netzwerke zurückzuführen, die jedes für sich keine wirkliche Bedeutung für das Internet haben, sondern erst in ihrer Summe das Internet ausmachen (siehe dazu schon oben A.III.).

447 Siehe allein zu den technischen Normierungsinstitutionen, oben A.III.3.a.

I. Formen der Regulierung gesellschaftlichen Verhaltens

Ausgangspunkt der Betrachtung muss die Erkenntnis sein, dass eine funktionsfähige Gesellschaft - in gewissen Grenzen - der Regulierung bedarf,[448] und zwar der Regulierung im Sinne einer Steuerung gesellschaftlichen Verhaltens durch Normung. Ansatzpunkt der Überlegungen zur Regulierungstheorie muss die Unterscheidung von Recht und Regulierung sein.

Regulierung im Wortsinne lässt sich dabei verstehen als die Steuerung gesellschaftlichen Verhaltens durch die Definition akzeptablen und inakzeptablen Verhaltens in der Gemeinschaft.[449] Vom Grundsatz her geht es um die Verknüpfung und Ausrichtung gesellschaftlicher Prozesse in bestimmte Richtungen oder auf bestimmte Ziele.[450] Der Regulierungsgeber spielt in dieser abstrakten Betrachtung (noch) keine Rolle.

Recht dagegen ist die Verknüpfung einer Regulierung mit Mitteln zwangsweiser Durchsetzung aufgrund hoheitlicher Gewalt.[451] Die Sanktionierung der Regulierung durch den Träger der Hoheitsgewalt ist die maßgebliche Charakteristik des Rechts in diesem Sinne.[452] Nach NEUMANN lässt sich Recht deshalb abstrakt durch zwei Elemente definieren: das der Ordnung und das des Zwanges.[453] Erst der Zwang des Hoheitsträgers qualifiziert eine soziale Norm zur Rechtsnorm, im Gegensatz zu Sitte und Moral.[454] Die Normsetzung selbst ist dabei mit der Hoheitsgewalt nicht verknüpft, so dass die Ordnungskomponente nach diesem Verständnis von beliebigen Instanzen geschaffen werden kann.

Aus diesen abstrakten Überlegungen heraus lässt sich die Dualität der Normgeber einer Gesellschaft ableiten. Auf der einen Seite bestimmt der Staat als abstraktes Gebilde die Regeln, die das Verhalten der Gesellschaft beeinflussen und steuern. Durch Androhung und Ausübung der demokratisch legitimierten hoheitlichen Gewalt[455] erhebt er diese Regeln zugleich zu Recht. Auf der anderen Seite kann auch die Gesellschaft an sich oder Teile

---

[448] Zur Unterscheidung von Staat und Gesellschaft siehe *Herzog* in: Maunz/Dürig, GG, Art. 20 I Rz. 45 ff.

[449] Siehe auch *Mill*, On Liberty, S. 143, 146.

[450] *Rossen-Stadtfeld*, AfP 2004, 1.

[451] Siehe dazu auch *Sommermann* in: v.Mangoldt/Klein, GG^4, Art. 20 Rn. 140; s.a. BVerfGE 83, 60, 73; BVerfGE 93, 37, 68. Siehe schon *Lloyd*, The Idea of Law, S. 35 f., 42 f.

[452] *Mankowski*, AfP 1999, 138, 139.

[453] *Neumann*, Die Herrschaft des Gesetzes, S. 27.

[454] *Dilthey*, S. 80; *Neumann*, Die Herrschaft des Gesetzes, S. 27; schon *Lloyd*, The Idea of Law, S. 56 f.

[455] Siehe dazu BVerfGE 47, 253, 272 f.; BVerfGE 83, 60, 73.

derselben bis hinunter zu dem einzelnen Individuum Regeln für das Verhalten der Gesellschaft oder einzelner Teile schaffen. Solange der Staat diese Regeln nicht antizipiert und ihnen seinen Zwang an die Seite stellt, bleiben sie bloße soziale Normen ohne die Qualifizierung als Recht. Die fehlende hoheitliche Rezeption führt dabei nicht zwangsläufig zu einem gesellschaftlichen *nullum* derartiger Regelungen. Eine Ordnung lässt sich durch sie auch dadurch schaffen und durchsetzen, dass die Regelung auf dem Konsens der Betroffenen beruht.[456]

Nach diesen beiden Gruppen der Normgeber lassen sich nun die Regulierungsformen näher spezifizieren. Als hoheitliche Regulierung wird die Normgebung durch den Staat verstanden, der seine Regeln mit Zwang ausstattet und damit Recht schafft.[457] Das Gegenstück dazu ist die Selbstregulierung,[458] die als Normgebung durch soziale Gruppen innerhalb der Gesellschaft verstanden werden kann.[459] Zwischen diesen beiden Polen ist die regulierte Selbstregulierung einzuordnen, die als ein System gesellschaftsinterner Regelung innerhalb eines staatlicherseits vorgegebenen Rahmens definiert werden kann.[460]

Die Möglichkeiten der Steuerung gesellschaftlichen Verhaltens reichen damit von der hoheitlichen Regulierung durch direkte Verhaltenssteuerung mittels Ge- und Verboten über die hoheitlich regulierte Selbstregulierung bis zur echten Selbstregulierung.[461]

1. Hoheitliche Regulierung

Die klassische Regulierungsform gesellschaftlichen Verhaltens ist die Regulierung durch den Hoheitsträger. Der Staat entwickelt aus der Erkenntnis eines gesellschaftlichen Missstandes heraus eine auf eine bestimmte Situation, einen Sachverhalt zugeschnittene Regelung. Der gesellschaftliche Missstand ergibt sich dabei in der Regel aus der Vergleichbarkeit von geregelten Sachverhalten mit dem zu regelnden. Die Durchsetzung der Regelung ergibt sich entweder aus der Regelung selbst oder aus allgemeinem, bei Gesetzesverstößen anwendbaren sonstigem Recht. Hoheitliche Regulierung in diesem Sinne ist immer umfassend, d.h. sie führt eine abschließende Regelung herbei. Insoweit ist hier der äußerste Rand des „Kontinuum

---

[456] Siehe dazu näher unten, C.I.2.d(1).

[457] Dazu sogleich näher, C.I.1.

[458] Siehe dazu *Herzog* in: Maunz/Dürig, GG, Art. 20 I Rz. 47.

[459] Siehe sogleich, C.I.2.

[460] Siehe C.I.2.a(2).

[461] *Scherer*, AfP 1996, 213, 219.

rechtlicher Steuerungsformen"[462] angesprochen, bei dem Gestaltungsspielräume für die Regulierungssubjekte nicht verbleiben und der unmittelbar imperative Charakter der Regelung im Vordergrund steht.

a. Das Regulierungsinteresse

Ein Bedürfnis für eine umfassende Steuerung ergibt sich zumeist aus einer intolerablen Unstimmigkeit im Gefüge des Rechts in Bezug auf den zu regelnden neuen Sachverhalt und seine gesellschaftlichen Auswirkungen,[463] wobei im Rahmen rechtssetzender hoheitlicher Möglichkeiten eine detaillierte Regelung die effektivste Form der Steuerung darstellt. Gleichwohl fehlen oftmals die Bedingungen, um eine solche „Idealsteuerung" hoheitlich zu etablieren.

Das Regulierungsinteresse kann fehlen, wenn der Staat das zu regulierende Verhalten (noch) nicht wahrgenommen hat, staatlicherseits eine Regulierung (noch) nicht für notwendig erachtet oder bewusst auf eine Regulierung verzichtet wird, etwa um eine beginnende Entwicklung nicht vorzeitig zu hemmen[464] oder einen auf flexible Regeln angewiesenen, sich stetig verändernden Bereich nicht durch starre Regulierung unnötig einzuschränken.[465] Dazu gehören auch die Bereiche gesellschaftlichen Verhaltens, in denen staatliche Regulierung zwar möglich, aber wegen absehbarer Ineffektivität nicht sinnvoll ist. In diesen Bereichen kann eine abgeschwächte Form hoheitlicher Regulierung zum Tragen kommen, bei der schon die Normierung bestimmter Zielvorgaben zu einer Steuerung gesellschaftlicher Prozesse führt.[466] Dies ist die Domäne der Regulierten Selbstregulierung, auf die noch näher einzugehen sein wird.[467]

In Bezug auf das Internet waren die ersten Fragen der (rein) hoheitlichen Regulierung in Deutschland auf in der realen Welt strafbewehrte Verhaltensweisen gerichtet. Die sich andeutenden Missstände - das „Entgleiten" des Internets in einen „rechtsfreien" Raum - führte zunächst zur Ausdehnung strafrechtlicher, an realem Verhalten anknüpfender Normen auf Sachverhalte im Internet.[468] Eine spezifisch auf das Internet ausgerichtete

---

[462] *Rossen-Stadtfeld,* AfP 2004, 1.

[463] Siehe dazu auch *Mill,* On Liberty, S. 165.

[464] *Engel,* AfP 1996, 220, 224.

[465] *Ladeur,* AfP 1997, 598, 601.

[466] *Rossen-Stadtfeld,* AfP 2004, 1.

[467] Siehe dazu sogleich, C.I.2.a(2).

[468] Siehe beispielhaft den „Somm/CompuServe"-Fall, AG München, NJW 1998, 2836, aufgehoben durch LG München, CR 2000, 117.

Regulierung fand zunächst nicht statt. Anders dagegen bei den Fragen des Verbraucherschutzes, die mit der zunehmenden Kommerzialisierung des Internets in den Vordergrund rückten. Hier wurde etwa mit der Schaffung des Fernabsatzgesetzes[469] und des Teledienstegesetzes[470] ein spezielle auf die Bedürfnisse und Gegebenheiten des Internetverkehrs zugeschnittener Rechtsrahmen mit besonderen Rechten für die Verbraucher etabliert.

b. Probleme staatlicher Regulierung im Internet

In Deutschland konzentrierten sich die ersten Überlegungen zum Recht im Internet auf die Einordnung dieses Datennetzes in bestehende Kategorien und vorhandene Regularien wie Rundfunk[471] und Presse. Dies sollte u.a. dazu dienen, Gesetzgebungskompetenzen herauszukristallisieren und eine Doppelregulierung durch Bund und Länder zu vermeiden. Das Problem lag allerdings darin, Individual- und Massenkommunikation im Internet eindeutig zuzuordnen.[472] Das Ergebnis der Streitfrage war schließlich ein zweifelhafter Kompromiss, der 1997 zur Schaffung des Informations- und Kommunikationsdienstegesetzes[473] (IuKDG) seitens des Bundes und zum

[469] FernAbsG. Gesetz vom 27.06.2000, BGBl. I S. 897. Aufgehoben durch Gesetz vom 26.11.2001, BGBl. I S. 3138 m.W.v. 01.01.2002. Jetzt in den §§ 312b - 312f BGB geregelt.

[470] TDG. Gesetz vom 22.07.1997, BGBl. I S. 1870.

[471] § 2 Abs. 1 S. 1 RfStV: „Rundfunk ist die für die Allgemeinheit bestimmte Veranstaltung und Verbreitung von Darbietungen aller Art in Wort, in Ton und in Bild unter Benutzung elektromagnetischer Schwingungen ohne Verbindungsleitung oder längs oder mittels eines Leiters." Zum Rundfunk sollte das Internet deshalb gehören, weil es den (quasi) gleichzeitigen Empfang einer Information durch eine unbestimmte Vielzahl von Personen ermöglicht, *Determann*, RTkom 2000, 11, 14. Mangels „Bestimmung für die Allgemeinheit" wird das Internet jedoch in der Regel nicht unter den Rundfunkbegriff fallen; *Ernst*, JuS 1997, 776, 781; *Spindler*, ZUM 1996, 533, 540 f. Anderes wird man wohl annehmen müssen, wenn das Internet selbst als „Faktormedium" in Erscheinung tritt, wie z.B. bei der Zugangsverschaffung zu einem Rundfunkprogramm, siehe *Ernst*, JuS 1997, 776, 780 Fn. 45. Gegen die Einordnung des Internets als Rundfunk wendet sich auch *Engel*, AfP 1996, 220, 223, weil es in ganz entscheidendem Maße an der Vergleichbarkeit der Informationsträger mangele. Die inhaltliche Rundfunkregulierung könne schon deshalb im Internet nicht zur Anwendung kommen, weil niemand das „Gesamtprogramm des Internet" überschauen könne.

[472] Siehe zur Diskussion im schweizerischen Recht *Büttler* in: Hilty, S. 171 ff.

[473] Gesetz zur Regelung der Rahmenbedingungen für Informations- und Kommunikationsdienste, BGBl. 1997, 1870. Das Gesetz besteht aus drei neuen Gesetzen, dem Teledienstegesetz, dem Teledienstedatenschutzgesetz und dem Signaturgesetz sowie Änderungen anderer Gesetzes. Die Bestandteile des IuKDG werden mittlerweile eigenständig aktualisiert und fortgeschrieben.

Abschluss des Mediendienste-Staatsvertrags (MDStV) auf Seiten der Länder[474] führte.

Engel dagegen wies schon frühzeitig zu Recht darauf hin, dass einzelstaatlicher Regulierungseifer in der Virtualität des Internets auch und insbesondere auf völkerrechtliche Grenzen stoßen kann.[475] Das eigentliche Hindernis hoheitlicher, einzelstaatlicher Regulierung im Internet besteht in dessen Globalität. Aus inhaltlicher Sicht liegen die Probleme der Internet-Regulierung in der Diversifikation lokaler Werte und Standards.[476] Im Internet ko-existieren alle denkbaren Moralvorstellungen und Werte, die unter einen Hut zu bringen praktisch unmöglich ist. Nirgendwo sonst auf der Welt, in keinem anderen Kommunikationsmedium ist die Vielfalt der Meinungen so umfassend wie im Internet. Schon aus diesem Grund muss etwa die dem Rundfunkrecht[477] entlehnte Idee der positiven Regulierung der Inhalte von vornherein scheitern.[478]

Eng mit der inhaltlichen Regulierung verknüpft und das Hauptproblem des Internets ist der Ausgangspunkt für dessen rechtliche Bewertung: die überaus komplexe Frage nach der anzuwendenden Jurisdiktion.[479] Das Problem im Internet ist nicht die prinzipielle Anwendbarkeit einer Rechtsordnung, sondern die anhand sinnvoller Kriterien getroffene Auswahl der *maßgeblichen* Jurisdiktion. Dabei gilt es zunächst zwischen der Ebene der hoheitlichen Regulierung und der Ebene der Rechtsanwendung zu unterscheiden. Die hoheitliche Regulierungszuständigkeit richtet sich nach dem Völkerrecht, die Frage der Rechtsanwendung wird dagegen durch das Internationale Zivilprozessrecht (IZPR) und das Internationale Privatrecht (IPR) beantwortet. Das IZPR entscheidet dabei über das *forum*, das IPR über das anzuwendende Sachrecht.[480]

Die gemeinsame Problematik dieser dem herkömmlichen internationalen Rechtsverkehr geschuldeten Kollisionsrechtsgebiete liegt - bezogen auf das

---

474 Staatsvertrag über Mediendienste, GVBl. Berlin 2002, 162.

475 *Engel*, AfP 1996, 220, 224.

476 *Engel*, AfP 1996, 220, 221.

477 *Ladeur*, AfP 1997, 598, 603. Zur verfehlten Diskussion, ob das Internet unter den Rundfunkbegriff zu fassen ist, siehe schon oben C.I.1.

478 *Engel*, AfP 1996, 220, 223, kleidet dies anschaulich in die treffende Bemerkung, dass nicht einmal Sisyphus auf das „Gesamtprogramm" des Internets einwirken könnte.

479 *F.Mayer*, NJW 1996, 1782, 1790.

480 Siehe dazu schon oben B.II.1. und B.II.2.

Internet - in ihrer territorialen Anknüpfung.[481] Die Ubiquität der Informationen und Daten im Internet und ihre auf die Virtualität beschränkte Lokalisierbarkeit vertragen sich kaum mit den an physischen Grenzen ausgerichteten konventionellen Kriterien[482] zur Bestimmung der Regulierungszuständigkeit und des anwendbaren Rechts.[483] Bei der Beliebigkeit der

---

481 Bemerkenswerterweise werfen sogar die schon vom Ansatz her mit der Ubiquität befassten Rechtsgebiete - wie etwa das Urheberrecht - Probleme im Zusammenhang mit dem Internet auf. Das Geisteswerk im Urheberrecht findet zwar erst durch eine Verkörperung seine Verbreitung, doch schon die erste Veröffentlichung führt zu einer potentiellen urheberrechtlichen Omnipräsenz des Werkes, *Haedicke*, Jura 1996, 64, 66. Aus diesem Grunde wurde frühzeitig erkannt, dass die Schutzbedürftigkeit des Urhebers sich auch auf das Ausland erstrecken muss. Das im historischen Privilegienwesen (siehe dazu *Rehbinder*, Urheberrecht[12], § 3 II; *Ulmer*, Urheber- und Verlagsrecht[3], § 9 II) verwurzelte Territorialitätsprinzip führt hinsichtlich der Entstehung und Ausgestaltung des Urheberrechts zur Anwendung des Rechts des Landes, für dessen Gebiet die Existenz und der Schutz in Frage stehen (*Haedicke*, Jura 1996, 64, 66; *Bechthold*, GRUR 1998, 18, 22; *W.Nordemann* in: Fromm/Nordemann, UrhR[9], vor § 120 Rn. 1; *Ulmer*, Urheber- und Verlagsrecht[3], § 13 I; *Ulmer*, Die Immaterialgüterrechte im internationalen Privatrecht, S. 9). Diese als Schutzlandprinzip oder *lex loci protectionis* (*Bechthold*, GRUR 1998, 18, 22) bezeichnete Rechtsanwendungsregel verknüpft somit ein ubiquitäres Gut mit einem nationalen Recht. Das Problem besteht im Hinblick auf das Internet nun darin, dass die Verletzungshandlung als territorialer Bezugspunkt zur Anwendung nationalen Urheberrechts im Internet nicht unproblematisch zu lokalisieren ist (*Bechthold*, GRUR 1998, 18, 22). Ähnlich den aufgezeigten Schwierigkeiten bei der Anknüpfung des IPR (siehe oben B.II.2.) lassen sich auch im Urheberrecht eine Vielzahl von möglichen Bezugspunkten für die Rechtsanwendungsfrage heranziehen.

482 *Schack*, MMR 2000, 59. Das deutsche IPR und IZPR greift zumeist (Ausnahme sind nur das Staatsangehörigenrecht im Familien- und Erbrecht, Art. 13 ff., 25 ff. EGBGB) auf territoriale Bezugspunkte zurück. Im Vertragsrecht etwa gilt das Recht des Staates, an dem diejenige Partei ihren gewöhnlichen Aufenthalt hat, die die vertragscharakteristische Leistung erbringt, Art. 28 II EGBGB. Im Deliktsrecht dagegen gilt die *lex loci delicti*, also der Tatort, Art. 40 I EGBGB, wobei darunter sowohl der Tatort als auch der Erfolgsort verstanden wird; *Ernst*, JuS 1997, 776, 782; *Schack*, JZ 1998, 753, 762. Im Sachenrecht wiederum gilt die *lex rei sitae*, also der Belegenheitsort der Sache, Art. 43 I EGBGB.

483 Das verkennt *Mankowski*, AfP 1999, 138, wenn er mangels praktikabler Alternativen - er problematisiert lediglich die Idee eines auf völkerrechtlicher Grundlage stehenden Einheitsrechts für das Internet - wieder auf das IPR zurückkommt und die Probleme der Rechtsanwendungsfrage als überwindbar darstellt. Selbstverständlich *kann* das IPR die Frage des anwendbaren Rechts im Internet entscheiden, wenn man denn auf die realen Anknüpfungspunkte Käufer - Verkäufer zurückgeht. Rechtsanwendungsfragen im Internet stellen sich aber nicht nur bei Transaktionsgeschäften, sondern in vielfältiger Weise auch schon bei der schlichten Verbreitung von Informationen. Hier reale Anknüpfungspunkte zu wählen (etwa den Leser der Information oder dessen ursprünglichen Ersteller), ist oftmals willkürlich und ebenso beliebig ist letztlich die Antwort des IPR hinsichtlich des anzuwendenden Rechts. Diese Beliebigkeit wird auch von *Schack*, JZ 1998, 753, 761,

Anhaltspunkte im Internet steht diese doppelte Rechtsfrage folglich vor besonderen Problemen mit der Folge potentiell widersprüchlicher Ergebnisse. Schnell wird deshalb von einigen die Flucht nach vorn angetreten und der Cyberspace (doch wieder) als unabhängiger Rechtsraum deklariert, der - insoweit dann konsequent - nach einem eigenständigen, neuartigen Recht verlangt.[484] Die Unzulänglichkeit einzelstaatlicher Regulierung des Internets lässt sich jedoch in vielerlei Hinsicht konkreter begründen.

(1) *Die strukturelle Disparität von Regulierungsmaterie und Regulierungsmacht*

Staatliche Regulierung ist nach allgemeinem Verständnis mit dem Hoheitsgebiet verknüpft,[485] so sagt es das völkerrechtliche Territorialitätsprinzip.[486] Rechtssetzung erfordert zugleich Rechtsdurchsetzung.[487] Rechtsdurchsetzung wiederum beruht letztlich auf physischer Macht gegenüber den Rechtssubjekten.[488] Physische Macht wiederum kann der Staat im allgemeinen nur innerhalb seiner Staatsgrenzen ausüben,[489] woraus sich besagte

---

trotz seines grundsätzlichen Festhaltens an der Anwendung des IPR im Internet nicht abgestritten, doch soll eine „interessengerechte, möglichst überzeugende Fiktion" hier Abhilfe schaffen, *Schack*, MMR 2000, 59, 60. Einen realen Anknüpfungspunkt, wie ihn das IPR verlangt, zu fingieren, dürfte jedoch in der Sache eher eine Krücke als eine echte Hilfe sein.

[484] Siehe *F.Mayer*, NJW 1996, 1782, 1790 mit wirklich visionären (1996!) Ideen hinsichtlich dessen Ausgestaltung. So vermutet *F.Mayer*, dass es ein an Konsens und Diskussion orientiertes Gebilde von Regeln und Konventionen sein müsste, dessen Durchsetzung einer freiwilligen Schiedsgerichtsbarkeit zu übertragen sei. Vorbild für *F.Mayer* sind die von Kirchen und Handelskammern entwickelten autonomen Verwaltungen sowie die aus dem Mittelalter bekannte Herausbildung von Handelsbräuchen in freier Normentwicklung. Siehe dazu näher unten C.I.2.e. Pessimistisch hinsichtlich der Entwicklungschancen des Internets dagegen *Ernst*, JuS 1997, 776, 782, der intellektuelle und finanzielle Hürden für die Nutzung des Internets sieht. In rechtlicher Hinsicht werden jedoch auch von ihm eher der internationalen als der regionalen Regulierung Erfolgschancen eingeräumt.
Siehe dazu auch *Johnson/Post*, 48 Stanford Law Review (1996), 1367, 1378; *Bechthold*, GRUR 1998, 18, 23; *Roßnagel*, MMR 2002, 67, 70 f.; *Burnstein* in: Boele-Woelki/Kessedjian, S. 23, 28f. Ablehnend: *Schack*, JZ 1998, 753, 761.

[485] Vgl. etwa *Hoeren*, WM 1996, 2006; *Roßnagel*, ZRP 1997, 26, 28.

[486] *Schack*, Urheber- und Urhebervertragsrecht, Rn. 799. Nach dem völkerrechtlichen Territorialitätsprinzip darf ein Staat seine Souveränitätsrechte nur innerhalb seines eigenen Territoriums ausüben. Die Rechtssetzungsbefugnis endet an den Staatsgrenzen, *Nordemann* in: Fromm/Nordemann, UrhR[9], vor § 120 Rn. 1.

[487] *Johnson/Post*, 48 Stanford Law Review (1996), 1367, 1369.

[488] *Roßnagel*, ZRP 1997, 26, 28.

[489] Das Völkerrecht zieht hier der extraterritorialen Anwendung nationalen Rechts Grenzen. Siehe dazu *Roßnagel*, ZRP 1997, 26, 28; *Engel*, AfP 1996, 220, 221.

Verknüpfung von Hoheitsgebiet und Regulierungsmacht ergibt.[490] In demokratischen Staaten besteht zudem eine Verknüpfung zwischen der Rechtssetzungsinstanz und dem Staatsvolk. Die Personen, die dem Recht unterfallen sollen, müssen auch in irgendeiner Weise an dessen Erschaffung teilhaben, sei es durch Wahlen, Volksentscheide oder ähnliches.[491] Dies sichert eine gewisse Deckungsgleichheit zwischen Regulierungsmacht und Rechtssubjekten. Die Hoheitsgewalt selbst beruht dabei auf dem Grundprinzip, dass der Staat allein berechtigt ist, körperliche Gewalt auszuüben,[492] das sog. Gewaltmonopol des Staates.[493] Umgekehrt lässt sich aus der Feststellung territorialer Zugehörigkeit das geltende Recht ableiten, so dass das Staatsgebiet in der Regel die Regulierungszuständigkeit und das anzuwendende Recht bestimmt.[494] Insoweit besteht mithin eine grundsätzliche Deckungsgleichheit zwischen Staatsgebiet und Rechtsordnung.

Derlei Betrachtungen auf das Internet zu übertragen fällt schwer. Im Internet lässt sich kein „Territorium" im völkerrechtlichen Sinne ausmachen,[495] da es an den Grenzen fehlt,[496] deren erste und zugleich wichtigste Funktion in ihrer Erkennbarkeit durch denjenigen besteht, der sie überschreitet.[497] Geographische Grenzen sind im Internet, einem System von IP-Nummern und Domain-Namen, undenkbar.[498] Auch wenn man auf die Server und Datenleitungen als realen Hintergrund des Internets abstellen wollte,[499] fehlt doch die Erkennbarkeit daraus abgeleiteter Grenzen und damit jeglicher Bezugspunkt für territoriale Abgrenzungen. Die real existierenden

---

490 Siehe aber das Beispiel bei *Lessig*, Code, S. 191, in dem er die Anwendung amerikanischen Rechts auf amerikanische Staatsbürger für ein Verhalten außerhalb der USA beschreibt. Gleichwohl dürfen in diesem Beispiel die Besonderheiten nicht übersehen werden, denn es handelt sich immer noch um dieselben Regulierungssubjekte, die der Regulierungsmacht des Staates unterfallen, nur dass sie sich außerhalb des Territoriums befinden. Die tatsächliche Anwendung des amerikanischen Rechts auf diese Rechtssubjekte dürfte deshalb von ihrer Rückkehr nach Amerika abhängen, wodurch letztlich die obige Aussage bestätigt wird.

491 *Johnson/Post*, 48 Stanford Law Review (1996), 1367, 1370.

492 *Roßnagel*, ZRP 1997, 26, 28.

493 BVerfGE 61, 126, 136.

494 *Johnson/Post*, 48 Stanford Law Review (1996), 1367, 1368.

495 *Johnson/Post*, 48 Stanford Law Review (1996), 1367, 1370.

496 *Mankowski*, AfP 1999, 138; *Moos* in: Kröger/Gimmy, Hdb. InternetR, S. 758.

497 *Johnson/Post*, 48 Stanford Law Review (1996), 1367, 1379.

498 *Moos* in: Kröger/Gimmy, Hdb. InternetR, S. 758.

499 Einmal unabhängig von der Frage, ob tatsächlich der Standort des Servers über die Anwendbarkeit eines bestimmten Rechts entscheidet, siehe dazu schon oben B.II.2.

Grenzen sind im Internet jedenfalls nicht sichtbar und damit irrelevant.[500] Infolgedessen gibt es keinerlei Entfernungen im Internet, so dass die Vorstellung eines realen Raumes, mithin eines Territoriums, dem das Internet zumindest teilweise zugeordnet werden könnte, aufgegeben werden muss.[501]

Wer im Internet „unterwegs" ist, gewinnt den Eindruck einer grenzenlosen Virtualität. Die betrachteten Seiten und Inhalte[502] können von einem antipodisch gelegenen Server stammen oder aus dem Bürogebäude nebenan - der Internetnutzer bemerkt den Unterschied nicht,[503] und gerade deshalb ist dies für ihn auch nicht von Belang. Der Besuch einer Website verrät dem Nutzer oftmals nicht, von welcher Rechtsordnung aus diese Website gesteuert wird - falls deren Betreiber überhaupt eine Rechtsordnung für seine Internetseite als maßgeblich anerkennt.[504]

Das Hauptproblem aller Ansätze liegt darin, überhaupt einen physischen Bezugspunkt für Handlungen im Internet zu suchen, um die eigene Regulierungszuständigkeit zu begründen und einzelstaatliche Regelungen anwenden zu können.[505] Die Problematik dieses Ansatzes beruht nicht zuletzt auf den Konventionen des IPR, wonach das anzuwendende Recht anhand eines physischen Ortes zu bestimmen ist.[506] Ähnliches gilt im Völkerrecht. Für den der Entwicklung des IPR zugrundegelegten Austausch physischer

---

500 *Mankowski*, AfP 1999, 138. Siehe dazu auch *Johnson/Post*, 48 Stanford Law Review (1996), 1367, 1375.

501 Für *Mankowski*, AfP 1999, 138, 143, dagegen bleibt das IPR der einzig denkbare Anknüpfungspunkt für eine rechtliche Ordnung des Internet.

502 Durch den Betrachtungsvorgang werden diese Daten natürlich schon auf den Computer des Nutzers transferiert, dies soll hier (noch) außer Betracht bleiben.

503 *Johnson/Post*, 48 Stanford Law Review (1996), 1367, 1371.

504 Offensichtlichstes Problem ist hier der Datenschutz, der dem Nutzer nicht überall in der gleichen Qualität und Quantität gewährleistet wird, siehe dazu schon *Johnson/Post*, 48 Stanford Law Review (1996), 1367, 1375 f. Zwar finden sich mittlerweile auf fast allen großen kommerziellen Websites sog. *privacy policies* oder *privacy statements*, die der Nutzer einsehen kann. Doch ist dies nicht mehr als eine unverbindliche Eigenwerbung in dem Bestreben, möglichst Vertrauen und Ansehen bei dem Besucher der Seite hervorzurufen. Bestenfalls handelt es sich um Absichtserklärungen, die jedoch datenschutzrechtlich für den Nutzer bedeutungslos sind. Die eigentliche Frage nach den rechtlichen Verpflichtungen beantworten diese *policies* nämlich nicht. Bemerkenswert in diesem Zusammenhang ist das Beispiel von *Lessig*, Code, S. 150, der auf die beängstigenden Möglichkeiten der Informationssammlung im Internet hinweist.

505 Zur Kritik siehe schon *Johnson/Post*, 48 Stanford Law Review (1996), 1367, 1369.

506 *Schack*, MMR 2000, 59, 62. Siehe zu den realen Anknüpfungspunkten des IPR schon oben, Fn. 482.

Güter mag dies ein passabler Ansatz sein, der brauchbare Ergebnisse hinsichtlich der Frage des anwendbaren Rechts liefert. Es ist auch sicherlich zutreffend, dass natürliche Personen die Akteure des Internets sind und diese natürlichen Personen stets auch physisch zu lokalisieren sind.[507]

Den Aufenthaltsort des Nutzers etwa als realen Anknüpfungspunkt für die Frage des anwendbaren Rechts und der Regulierungszuständigkeit heranzuziehen, wirft jedoch im Internet schwerwiegende Probleme auf.[508] Der Nutzer verlässt zwar seinen Aufenthaltsort nicht, sondern betrachtet das Internet von einer statischen Position aus.[509] Doch schon die Wahl des Zugangs ist für den Nutzer beliebig. Er kann praktisch von jedem beliebigen Punkt der Erde aus Zugang zum Internet erhalten.[510] Deshalb ist eine solche Anknüpfung umstritten,[511] abgesehen davon, dass ernsthafte Schwierigkeiten entstehen, wenn es sich bei dem Aufenthaltsort um einen exterritorialen Ort handelt.

Ähnliche Schwierigkeiten zeigen sich, wenn auf den Anbieter von Informationen abgestellt wird. Für diesen kommen nämlich gleich mehrere Anknüpfungspunkte in Betracht. Zum einen ließe sich der Ort der Einspielung der Informationen ins Internet heranziehen. Dieser ist ebenso frei wählbar wie der soeben beschriebene Zugang des Nutzers zum Internet. Zum könnte auf den physischen Standort des Servers abgestellt werden.[512] Und letztlich lassen sich Bezugspunkte des Anbieters zu all den Orten konstruieren, von denen sein Angebot abrufbar ist. Gerade der letzte Ansatz bewirkt jedoch wegen der Grundstruktur und der Funktionsweise des Internets einen Bezug zu jedem beliebigen Ort der Welt - für den Anbieter eine äußerst missliche Konsequenz.[513]

Der falsche Weg ist deshalb, all das der eigenen Regulierungszuständigkeit zu unterwerfen, auf das die eigene Bevölkerung im Internet zugreifen

---

[507] *Mankowski*, AfP 1999, 138, 139.

[508] Siehe nur *Hoeren*, WM 1996, 2006, und die von ihm aufgeworfene Frage nach dem Verbraucherschutz bei Internet-Rechtsgeschäften. Siehe auch *Hoeren*, NJW 1998, 2849, 2850.

[509] Auch die mobil surfenden Nutzer befinden sich letztlich an *einem* Ort, sei dieser Ort nun in einem Flugzeug, Auto, Schiff etc. gelegen.

[510] Die Einwahl kann etwa auch über einen ausländischen Access Provider erfolgen, so dass die Sperrung im Inland wirkungslos ist. Siehe zu diesen und anderen technischen Umgehungsmöglichkeiten *Schneider*, MMR 1999, 571, 575.

[511] Ablehnend zurecht *Hoeren*, WM 1996, 2006.

[512] Siehe dazu schon oben 0.

[513] *Hoeren*, WM 1996, 2006, folgert treffend eine Pflicht zur Beachtung der „Summe aller Rechtsordnungen".

kann.[514] Dieser Ansatz versucht sich über die Fiktion zu begründen, dass mit dem Abruf ausländischer Angebote durch Inländer diese Angebote praktisch in die eigene Rechtsordnung „importiert" werden, das inkriminierte Verhalten somit im eigenen Land „stattfindet". Richtig ist an dieser Auffassung, dass z.B. „Web-Surfen" in der Tat immer mit einem Download verbunden ist, durch den die Daten auf den Computer des Nutzers übertragen werden.[515] Diese Daten befinden sich dadurch tatsächlich in flüchtiger oder (auf einem dauerhaften Datenträger) verkörperter Form im Zugriffsbereich des jeweiligen Hoheitsträgers. Daraus jedoch den Schluss zu ziehen, dass auch der Ursprungsort der Daten - der Server - der Regulierung durch den Zielstaat unterfällt, missversteht entscheidend die Grundstruktur und Funktionsweise des Internets. Es ist gerade eine der fundamentalen Eigenheiten des Internets, dass jede Information von jedem Ort der Welt gleichermaßen abrufbar ist. Die Distribution von Informationen im Internet ist insofern absolut homogen.[516] Gerade darin liegt die Besonderheit des Cyberspace, der nur an seinen „Rändern" - den Abrufpunkten der Nutzer - die reale Welt berührt. Die Betrachtung von Informationen von einem physischen Punkt aus sagt deshalb nichts über die Herkunft der Information oder deren Zugehörigkeit zu einem Rechtssystem aus, sondern lediglich und ausschließlich über die Person des Abrufenden. Es ist voreilig, die Eigenständigkeit des Internets in regulierungstechnischer Hinsicht

---

[514] *Johnson/Post*, 48 Stanford Law Review (1996), 1367, 1373 f., liefert hierzu das Beispiel des *Attorney General of Minnesota*, USA, der in Bezug auf sämtliche Glücksspiele im Internet, die aus Minnesota erreichbar sind, eine Regulierungszuständigkeit für sich reklamierte (siehe http://cyber.law.harvard.edu/ilaw/Jurisdiction/Minnesota_Full.html). Das Memo bezog dabei ausdrücklich auch alle anderen illegalen Aktivitäten in die Zuständigkeitsfeststellung mit ein. Grundlage dieser Feststellung war das *Minnesota General Criminal Jurisdiction Statute*, das Aktivitäten außerhalb des Staates mit Auswirkungen im Staat erfasst. Siehe zu diesem Beispiel auch die kritische Anmerkung von *Lessig*, Code, S. 54 f.
Ganz anders dagegen der *Florida Attorney General*, der zwar gleichfalls feststellte, „that it is illegal to use the Web to gamble from within Florida", aber gleichzeitig anwies, „that the Attorney General's office should not waste time trying to enforce the unenforceable" (zit. aus *Johnson/Post*, 48 Stanford Law Review (1996), 1367, 1374 Fn. 21).

[515] Selbst beim sog. *Streaming*, bei dem die Daten (üblicherweise Audio- oder Videomaterial) ohne Zwischenspeicherung direkt an das wiedergebende Programm auf dem Nutzercomputer geliefert werden, findet ein Download statt. Diese Besonderheit des Downloads wirkt sich jedoch im Urheberrecht aus, weil ausnahmsweise keine (verwertbare) Kopie beim Nutzer erzeugt wird. Im technischen Sinne werden die Daten bei der Übertragung gleichwohl dupliziert, so dass *Johnson/Post*, 48 Stanford Law Review (1996), 1367, 1385, zuzustimmen ist hinsichtlich ihrer Aussage, dass in einem *„computer-mediated environment"* jeder Zugriff auf Informationen eine Kopie dieser Information erzeugt.

[516] An dieser Stelle sollen die einzelstaatlichen Zensurbestrebungen außer Acht gelassen werden.

grundlegend abzulehnen.[517] Denn die Ubiquität der Informationen im Internet würde andernfalls zu der auch nach dem IPR[518] äußerst misslichen, jedoch zwangsläufigen Konsequenz führen, dass jedes Recht berufen wäre.[519]

Abgesehen von den Schwierigkeiten der Rechtsverfolgung in fremden Jurisdiktionen[520] ist dieser Schluss auch in seinen Auswirkungen auf die eigene Rechtssicherheit mehr als bedenklich. Schließlich werden unter diesem Gesichtspunkt andere Staaten ebenfalls versuchen, ihre Rechtsordnung auf ausländische Internet-Angebote anzuwenden und im Ausland Rechtsverfolgung zu betreiben. Die Konsequenz aus Anbietersicht wäre die Anwendung sämtlicher Rechtsordnungen der Welt auf jegliche Angebote im Internet.[521]

Für den Anbieter bedeutete dies zwar im Ergebnis Rechtssicherheit, - er wüsste in diesem Falle, dass er „die Summe aller Rechtsordnungen"[522] berücksichtigen müsste - aber um den Preis, dass niemand mehr bereit sein dürfte, Informationen, Dienste etc. im Internet anzubieten, weil niemand in seinem Angebot sämtliche Rechtsordnungen berücksichtigen kann. Die Frage, was überhaupt unter dieser Annahme im Internet noch zulässig wäre, würde sich - ließe sie sich denn tatsächlich beantworten - auf derart rudimentäre Informationen beschränken, dass das Internet seine Berechtigung mangels Interesse der Nutzerseite verlieren würde. Eine solche Auffassung wird in der Literatur deshalb auch zu Recht abgelehnt.[523] Die Eingrenzung des Angebots dagegen auf einzelne Staaten, entweder explizit durch die sprachliche Abfassung der Website oder bei sachlichen Gütern

---

517 Siehe nur *Mankowski*, AfP 1999, 138 ff., 143, der das IPR für durchaus fähig befindet, mit den Besonderheiten des Internets Schritts zu halten und aktzeptable Lösungen für die Rechtsanwendungsfrage bereitzuhalten. Die von ihm diskutierten Schwierigkeiten einer Rechtsvereinheitlichung im Internet berücksichtigen jedoch nur einen Teil der denkbaren Regulierungsansätze, so dass das damit begründete Festhalten an den Prinzipien des IPR voreilig ist.

518 Bei unerlaubten Handlungen etwa beruft das IPR gem. Art. 40 I EGBGB das Recht des Tatorts, *lex loci delicti*, worunter sowohl der Handlungs- als auch der Erfolgsort zu verstehen ist, siehe nur *Schack*, JZ 1998, 753, 762. Die grundsätzliche Aufgabe des IPR, die Bestimmung des anwendbaren Rechts, führt im Internet prinzipiell zur Anwendbarkeit jeden Rechts und damit nicht zu einer praktikablen Lösung.

519 *Schack*, JZ 1998, 753, 761.

520 Dazu näher sogleich C.I.1.b(2).

521 *Johnson/Post*, 48 Stanford Law Review (1996), 1367, 1374.

522 *Hoeren*, WM 1996, 2006.

523 *Johnson/Post*, 48 Stanford Law Review (1996), 1367, 1374.

durch die Beschränkung der Lieferung auf bestimmte Staaten, hilft vordergründig jedenfalls zumindest im Falle des Angebots von Realgütern. Staaten, die von der Belieferung durch diese Website ausgeschlossen sind, können eine Auswirkung der Angebote dieser Website für sich nicht reklamieren. Anders dagegen, wenn es sich um sog. virtuelle Güter und Dienste handelt. Hier fällt dem Website-Betreiber die Eingrenzung des Liefergebietes deutlich schwerer, denn diese Dienste werden in aller Regel direkt über das Internet erbracht und abgewickelt. Aus der IP-Nummer des abrufenden Computers lässt sich die geographische Position - als Anhaltspunkt für die nutzerseitig geltende Rechtsordnung - nur schwer ermitteln, denn diese Nummern dienen der logischen, nicht der geographischen Lokalisierung eines Computers.[524] Es ist zwar möglich, einer IP-Nummer quasi reziprok zum DNS einen Domain-Namen zuzuordnen (sofern einer vergeben wurde), doch hilft auch dieses bestenfalls dann weiter, wenn es sich um eine *country code* TLD handelt.[525] Abgesehen von dem ohnehin eingeschränkten Wirkungsgrad eines solchen Filtersystems, würde dergleichen eine erhebliche Behinderung des Internet-Verkehrs zur Folge haben, weil das DNS für diese reziproken Anfragen nicht konzipiert ist.[526]

Nach ENGEL liegt das Dilemma der Internet-Regulierung im modernen Völkerrecht begründet. Dessen Grundlage ist die territoriale Souveränität und die Gebietshoheit.[527] Wenn aber Territorialität keine Bedeutung mehr hat,[528] spielt auch der Nationalstaat keine Rolle mehr.[529] Es lässt sich nicht leugnen, dass das Internet tatsächlich einen neuartigen, von territorialen Grenzen unabhängigen Bereich sozialer Interaktion bildet. Kein Staat der

---

524 Siehe oben A.III.1.

525 Mit den bereits erwähnten Einschränkungen, wenn es sich um international vergebene *country code* TLDs handelt, siehe oben B.II.2.

526 Wie oben bereits angedeutet (A.III.2.), darf einer Domain nur genau eine IP-Nummer zugeordnet sein, um einen funktionierenden Internet-Verkehr sicherzustellen. Keineswegs gilt dies jedoch in umgekehrter Richtung, einer IP-Nummer sind schon aus Kapazitätsgründen oftmals mehrere Domain-Namen zugewiesen, sog. *shared hosting*, siehe *Schuppert*, CR 2000, 227, 230. Dadurch ist eine eindeutige Antwort bei einer reziproken Anfrage nicht zwangsläufig zu erwarten.

527 *Engel*, AfP 1996, 220, 222.

528 *Roßnagel*, MMR 2002, 67, 68.

529 *Engel*, AfP 1996, 220, 222; *Roßnagel*, ZRP 1997, 26, 27.
Johnson/Post, 48 Stanford Law Review (1996), 1367, 1376 sprechen deshalb den Staaten auch ganz grundsätzlich eine bevorzugte Anknüpfung zu irgendeiner „Handlung" im Internet ab: „Because events on the Net occur everywhere but nowhere in particular [...] no physical jurisdiction has a more compelling claim than any other to subject these events exclusively to its laws." Siehe auch *Hoeren*, WM 1996, 2006.

Welt kann die Gebietshoheit über das Internet an sich beanspruchen und der Versuch eines Staates, einen Teil des Internets zu beherrschen und zu kontrollieren, muss zwangsläufig an der fehlenden Abgrenzbarkeit eines solchen Teil-Internets scheitern.

Fruchtbarer ist deshalb die Idee virtueller Grenzen[530] im Internet, die sich etwa in den einzelnen Domains erkennen lassen. Jede Domain kann gleichsam als eigenständiges Gebiet im Internet verstanden werden,[531] allerdings ohne die Domain wiederum auf ein reales Territorium zurückzuführen. Vielmehr geht es um die Domain im virtuellen Raum. Bestätigt wird dieser Ansatz durch die Beobachtung, dass große Websites (etwa »yahoo.com« u.a.) eigene Nutzungsbedingungen (*terms of service*) für ihre Dienste aufstellen. Das Browsen auf diesen Seiten ist einheitlichen Bedingungen für die gesamte Website unterstellt, wodurch für den Nutzer deutlich wird, dass all das, was mit dieser Domain zusammenhängt, bestimmten Regeln unterworfen ist. Das „Betreten" und „Verlassen" der Domain markiert dabei für den Nutzer die Grenze für die Geltung der Bedingungen.[532] Hier wird mithin eine gewisse Eigenständigkeit und Abgrenzbarkeit der Domain selbst benutzt, um den Geltungsbereich bestimmter Regeln festzulegen. Gleichwohl stößt die Übertragung dieser privatrechtlichen Erkenntnis auf die hoheitliche Regulierung auf Probleme. Der Staat steht für die Anwendung seines Rechts vor der Schwierigkeit zu bestimmen, ob und welche Domains seiner Regulierungsmacht unterfallen sollen.[533] Insbesondere die

530 *Christiansen*, MMR 2000, 123, 124, spricht in diesem Zusammenhang von „softwarebasierten Grenzen", die bei der Schaffung von neuem „space" (etwa die Einrichtung einer Domain nebst entsprechendem Speicherplatz) im Internet entstehen.

531 Vgl. *Johnson/Post*, 48 Stanford Law Review (1996), 1367, 1379 f.

532 *Johnson/Post*, 48 Stanford Law Review (1996), 1367, 1380.
Nicht zu vernachlässigen ist bei dieser Betrachtung allerdings die Schwierigkeit der Erkennbarkeit des „Betretens" und „Verlassens" einer Website etwa hinsichtlich des WWW. Zu erinnern sei hier nur an die in dieser Hinsicht verschleiernde Verwendung von Frames. Gleichwohl läßt sich auch dieses Problem überwinden, wenn man die Website als Ganzes betrachtet und etwaige Subframes als inkorporiert ansieht, sofern nicht ein entsprechender Hinweis die Nicht-Zugehörigkeit des Frames anzeigt. Eine solche Zuordnung fremder Inhalte scheint insofern angebracht, als der Website-Inhaber es in der Hand hat, auf die durch den Frame verschleierte „Grenze" seiner Seite hinzuweisen. Tut er dies nicht, kann ihm die eingebundene fremde Website durchaus zugerechnet werden. Dies geht mit den im TDG für die Verantwortlichkeit von Diensteanbietern gebräuchlichen Begriffen der eigenen und fremden Inhalte konform. Eine besondere Schwierigkeit liegt schließlich darin, das Verlassen der Domain bei der Verwendung von Links deutlich zu machen. Hier ließe sich jedoch seitens des Anbieters über die Implementation eines einheitlichen *corporate design* der Website eine Abgrenzung schaffen.

533 Siehe zu diesen Schwierigkeiten schon oben B.II.2.

notwendige Exklusivität der staatlichen Zuordnung einer Domain dürfte hier Probleme bereiten. Die Grenzziehung durch die Domains allein hilft also nicht wirklich weiter.

Einen Ausweg würde letztlich wohl nur die internationale Regulierung des Internets bieten, die die Disparität von Regulierungsmaterie und Regulierungsinstanz überwinden könnte. Drei Bereiche der Harmonisierung treten hier besonders hervor: (1) die Kooperation bei der Regelungsdurchsetzung, (2) die Frage der Regulierungszuständigkeit und (3) die Regulierung in der Sache selbst.[534] Insbesondere der letzte Bereich, die Harmonisierung des materiellen Rechts, wird zumeist als die ultimative Lösung für die Herausforderungen des Rechts durch das Internet angesehen.[535] Die Kooperationsfähigkeit und -willigkeit der Staaten in diesem Bereich ist jedoch nicht überzubewerten. Gerade die Diversifikation der einzelstaatlichen Interessen setzt im Hinblick auf eine internationale Regulierung eine hohe Kompromissbereitschaft bei jedem einzelnen Staat voraus. Bei kontroversen Auffassungen über ein Regulierungsziel wird es naturgemäß schwerer eine Harmonisierung herbeizuführen als bei Materien, in denen von vornherein ein gewisser Konsens besteht.[536] In letzteren Bereichen treffen jedoch in der Regel schon vorhandene, weitgehend deckungsgleiche Regulierungen aufeinander, so dass eine weitere Harmonisierung mitunter nicht notwendig und auch nicht angezeigt wäre. Kontrovers beurteilte Materien, die in der Regel gesellschaftliche Wertvorstellungen der Einzelstaaten berühren, sind dagegen für eine kooperative Zusammenarbeit im Rahmen internationaler Regulierung per se nicht geeignet, da eine zügige, zeitnahe Konsensfindung, wie sie das Internet erfordert, in diesen Fällen nahezu ausgeschlossen ist.

Die internationale Kooperation birgt zudem zwei wesentliche Risiken. Zum einen besteht stets die Gefahr, dass einige Staaten der Kooperation fernbleiben und dadurch zugleich jegliche erreichte Harmonisierung zunichte machen. OSTHAUS spricht in diesem Zusammenhang von „Regulierungsleck" und deutet völlig zu Recht die unterwandernden Möglichkeiten „mobiler Störer" an,[537] die diese „weißen Flecken" der Regulierungslandkarte zweifellos nutzen würden, um ihr in anderen Staaten inkriminiertes Verhalten unbehelligt pflegen zu können.[538] Im Internet, bei dem die globale Verfügbarkeit einer Information zum Grundprinzip erhoben ist, wirkt sich

---

[534] *Osthaus*, AfP 2001, 13, 15.

[535] *Hoeren*, WM 1996, 2006.

[536] Siehe dazu *Osthaus*, AfP 2001, 13, 15; *Engel* in: Engel/Keller, S. 201, 247.

[537] *Osthaus*, AfP 2001, 13, 15.

[538] Siehe auch *Hoeren*, WM 1996, 2006.

ein solcher weißer Fleck konsequent dahingehend aus, dass die kooperative Regulierung der übrigen Staaten wirkungs- und effektlos ist.[539] Zum anderen könnten vor dem Hintergrund der eben beschriebenen Gefahr der „weißen Flecken" einige Staaten versucht sein, ihre Kooperation zum Gegenstand eines Handels zu machen, um politischen oder ökonomischen Vorteil aus ihrer Partizipation an der internationalen Regulierung zu ziehen.[540] Die darin liegende Gefahr ist nicht zu unterschätzen, weil die Bereitschaft zu Zugeständnissen bei den übrigen Staaten schon um der Vermeidung der weißen Flecken willen besonders groß sein dürfte. Diese beiden Risiken globaler Regulierung beinhalten für die kooperationswilligen Staaten damit das Dilemma, dass entweder nur die niedrigste global konsensfähige Regulierungsstufe[541] implementiert werden kann, oder die Regulierung größtenteils wirkungslos bleibt, weil nicht alle Staaten teilnehmen. Insofern ist die globale Regulierung zwar eine mit den Vorzügen struktureller Parität ausgestattete Alternative zur einzelstaatlichen Regulierung, jedoch nur in dem eher hypothetischen Fall, dass ein Konsens zwischen allen Staaten der Welt herbeigeführt werden kann.

Realistisch betrachtet bieten also weder die internationale Regulierung noch die einzelstaatliche Regulierung eine Lösung für die rechtlichen Herausforderungen des Internets. Das Problem der Disparität bei der einzelstaatlichen Regulierung findet sein Pendant in der Interessen-Diversifikation bei der internationalen Regulierung.

(2) Die Durchsetzung einzelstaatlicher Internet-Regulierung

Ein anderer Ansatz zur Begründung der Unzulänglichkeit staatlicher Regulierung liegt in den Hindernissen einer Rechtsdurchsetzung im Internet. Die dargestellte Verknüpfung von staatlicher Macht und Staatsterritorium ist funktionslos, wenn schon ein Territorium nicht auszumachen ist. Unter diesen Bedingungen einem Einzelstaat die Regulierung zu überlassen, bewirkt unter globalen Gesichtspunkten im Internet deshalb wenig.[542] Der Staat erreicht mit seiner Regulierung nämlich nur einen Bruchteil der Internetnutzer und zwar nur diejenigen, die sich in seinem Hoheitsbereich befinden, denen gegenüber er also mittels Zwang Regeln durchsetzen kann. Erst an der Grenze des Cyberspace - dem agierenden Nutzer - kann der Staat seine Zwangsmittel einsetzen und Regulierung wirksam werden

---

539 *Roßnagel*, MMR 2002, 67, 68.

540 *Osthaus*, AfP 2001, 13, 15.

541 Die Konsensstufe würde im Zweifel nicht wesentlich über dem status quo liegen, allein schon wegen der unüberschaubaren Vielfalt widerstreitender einzelstaatlicher Interessen.

542 *Roßnagel*, ZRP 1997, 26, 27.

lassen.[543] Da nur die wenigsten Internetnutzer exterritorial surfen, erreicht einzelstaatliche Regulierung in der Summe zwar letztlich die überwiegende Mehrheit der Internetnutzer, aber die Unterschiede in der Regulierungsdichte der einzelnen Staaten können leicht zu einer Flucht aus den überregulierten und einem *run* auf die zurückhaltend bis gar nicht regulierenden Staaten führen.[544] Aus Anbieter- und Unternehmenssicht bieten sich in dieser Situation verschiedene Möglichkeiten, sich allzu unbequemen Regeln zu entziehen.

(a) Elephants and Mice

SWIRE[545] hat dafür das anschauliche Beispiel von den „*Elephants and Mice*" gebildet. Die kleinen Rechtssubjekte - *Mice* - sind in der Lage, ihren Aufenthaltsort danach zu bestimmen, wo ein für sie bequemes und vorteilhaftes Rechtssystem besteht und bei Bedarf diesen Aufenthaltsort auch wieder zu wechseln. Der Regulator wird nie effektiv wirken können, weil die *Mice* praktisch unbegrenzt ihren Aufenthalts- und Wirkort ändern können.[546] Die Großen - *Elephants* oder „Global Players" - dagegen sind zu schwerfällig, als dass ein Standortwechsel hin zu einem vorteilhafteren Recht auch ökonomisch die Kosten des Umzugs rechtfertigen würde. Andererseits sind die *Elephants* wirtschaftlich enorm potent und haben damit einen nicht zu unterschätzenden Einfluss auf das lokale Rechtssystem, indem Regeln allein durch die Ausübung wirtschaftlicher Macht (Drohung mit Abwanderung oder Entlassung von Arbeitnehmern etc.) verändert oder besser an die Bedürfnisse des *Elephant* „angepasst" werden können.[547] Das Lobbying ist ein fester Bestandteil der politischen Willensbildung.

(b) Die Domain als „Territorium"

Die Wirkungslosigkeit herkömmlicher territorial basierter Zwangsmittel verlangt nach Alternativen, die der Natur des Internets näher kommen. Überlegenswert wäre hier die Anwendung von Hoheitsgewalt gegen Domains, schließlich sind dies die „neuen Territorien" im virtuellen Raum.[548] Allerdings wirft auch dieser Schluss beachtliche Schwierigkeiten auf. Zum

---

543 *Roßnagel*, ZRP 1997, 26, 28.

544 Zwangsläufig damit verbunden wäre ein *race to the bottom* seitens der Staaten in dem Bestreben, durch möglichst wenig Regulierung möglichst viele Unternehmen in die eigene Rechtssphäre zu ziehen, um mittels entsprechender Abgaben und Steuern am Erfolg des Unternehmens teilzuhaben. Dazu sogleich unten C.I.1.b(4).

545 *Swire*, The International Lawyer 32 (1998), 991 ff.

546 *Swire*, The International Lawyer 32 (1998), 991, 1020.

547 Ähnlich *Swire*, The International Lawyer 32 (1998), 991, 1019.

548 Siehe oben C.I.1.b(1).

einen bleibt weiterhin die Frage bestehen, welche Domains der (exklusiven) einzelstaatlichen Hoheitsgewalt unterfallen sollen. Hier allein nach der TLD zu unterscheiden, hilft jedenfalls bei den *g*TLDs nicht weiter.[549] Auch die *cc*TLDs werden teilweise international vergeben,[550] so dass die Anwendung spezifischen einzelstaatlichen Rechts bei *cc*TLDs zumindest in diesem Bereich Bedenken hervorruft.[551] Zudem sagt die TLD selbst noch nichts über den geographischen Standort des Host-Servers aus, doch nur dieser allein ist letztlich der (physischen) Hoheitsgewalt zugänglich.[552] Aufgrund der fehlenden Verknüpfung zwischen virtuellem und physischem Territorium lässt sich die zuständige Rechtsordnung nach herkömmlichen, territorialen Aspekten nicht bestimmen.[553]

Zum anderen ist fraglich, wie diese Hoheitsgewalt gegen Domains aussehen sollte. Die Domain an sich kennzeichnet nur einen Server im Internet, um genau zu sein einen bestimmten Speicherplatz auf einem Server. Wenig hilfreich ist es deshalb, die Domain selbst zu löschen (oder löschen zu lassen) - die sog. De-Konnektierung -, da dies nur die logische Verknüpfung des Servers, respektive dessen IP-Adresse, mit einem alphanumerischen Namen zerstört. Die Information bestünde auch nach der Löschung der Domain fort,[554] nur wäre sie eben nur noch über die IP-Nummer erreichbar.[555] Gegenstand staatlichen Interesses ist jedoch in aller Regel der Inhalt der Domain, die gespeicherten Informationen, die bei diesem Vorgehen unberührt fortbestehen.

Der Zugriff auf den Server selbst und damit die inhaltliche Komponente der Domain scheitert zumeist an dessen außerstaatlichem Standort. Hier

---

549 Siehe in diesem Zusammenhang auch die oben, B.II.1., diskutierte Frage der gerichtlichen Zuständigkeit.

550 Als Bsp. sei hier nur auf die bereits oben, A.III.4.c(2), erwähnten beliebten TLDs von Antigua und Barbuda (».ag«), den Cocos (Keeling) Islands (».cc«), Tonga (».to«) und Tuvalu (».tv«) verwiesen, die zumeist exklusiv von amerikanischen Registraren vergeben werden und einen Bezug zu dem jeweiligen Land gänzlich vermissen lassen.

551 Siehe dazu schon oben B.II.2.

552 *Johnson/Post*, 48 Stanford Law Review (1996), 1367, 1371, weisen zu Recht darauf hin, dass sich der Server einer nationalen Domain nicht zwangsläufig innerhalb der Jurisdiktion des diese TLD vergebenden Landes befinden muss. Ebensogut kann der Server auch später physisch an eine andere Stelle, etwa in ein anderes Land, bewegt werden, ohne dass sich an der Erreichbarkeit des Servers unter der Domain etwas ändert.

553 *Johnson/Post*, 48 Stanford Law Review (1996), 1367, 1370 f.

554 Zutreffend *Welzel*, MMR 2001, 770.

555 Der Inhaber kann sich aber auch eine neue Domain registrieren und so die De-Konnektierung aufheben.

fragt sich, wie die Hoheitsgewalt auf den in fremdem Hoheitsgebiet aufgestellten Server erfolgen soll, ohne völkerrechtliche Abkommen zu verletzten. Bilaterale Vereinbarungen im Hinblick auf inhaltliche Regulierung sind - jedenfalls in Bezug auf das zumeist divergierende Verständnis bei der Meinungs- und Meinungsäußerungsfreiheit - aufgrund eines oftmals auseinanderklaffenden Kulturverständnisses kaum zu verwirklichen. Es dürfte deshalb schwer fallen, auf diesem Wege die missliebigen Informationen „an der Quelle“ zu unterdrücken.

(c) Abschottung gegenüber dem Internet

Einzelstaatliche Regulierung der im Internet verfügbaren Informationen lässt sich zumeist nur auf technischem Wege und oftmals nur indirekt verwirklichen: mittels Abschottung der eigenen Bevölkerung gegenüber dem Zugriff auf bestimmte ausländische Server.[556] Die inländischen Server unterliegen ohnehin der eigenen Hoheitsgewalt. Zwingend erforderlich für diese Abschottung ist die Mitwirkung der Provider, die den Nutzern den Zugang zum Internet ermöglichen. Wo die Freiwilligkeit der Mitwirkung der Provider in Frage steht, wird mitunter auf das Mittel der hoheitlichen Sperrungsverfügung zurückgegriffen.[557] Deren mögliche Rechtsgrundlage wird nach deutschem Recht zumeist in § 18 MDStV gesucht,[558] wobei jedoch zu beachten ist, dass der Access Provider für den Inhalt fremder Websites grundsätzlich nicht verantwortlich ist.[559] Im Hinblick auf die Nutzer

---

556 Bsp. Saudi-Arabien. Siehe dazu die Studie von *Zittrain/Edelman*, Documentation of Internet Filtering in Saudi Arabia, http://cyber.law.harvard.edu/filtering/saudiarabia/. Dort wird der gesamte Internet-Verkehr des Landes durch die Proxy-Server einer Regierungsbehörde (Internet Service Unit - ISU) geschleust, auf denen eine Filtersoftware dafür sorgt, dass auf bestimmte (ausländische) Inhalte und Seiten nicht zugegriffen werden kann. Grundlage der Filtersoftware ist die *Council of Ministers Resolution* (http://www.al-bab.com/media/docs/saudi.htm), derzufolge u.a. „anything contravening a fundamental principle or legislation, or infringing the sanctity of Islam and its benevolent Shari'ah, or breaching public decency“ weder publiziert noch abgerufen werden darf.

557 Siehe das bereits oben, Fn. 13, erwähnte Beispiel der Bezirksregierung Düsseldorf. Rechtlicher Hintergrund der Sperrungsverfügungen gegen rund 80 private und universitäre Provider sind die §§ 8, 18 MDStV. Siehe VG Düsseldorf, MMR 2003, 205 m.abl.Anm. *Stadler*, 208, 211. Wie auch in früheren Fällen, war die Aufmerksamkeit für die betroffenen Seiten nach der Sperrungsaktion wesentlich größer als vorher. Siehe dazu „Aufsichtsbehörde will Protokolle über Website-Sperrung nicht freigeben [Update]“, http://www.heise.de/newsticker/data/hod-05.07.02-000/. Siehe auch *Stadler*, MMR 2002, 343 ff.

558 Kritisch jedoch *Stadler*, MMR 2002, 343, 346.

559 § 9 Abs. 1 TDG ist insoweit unmissverständlich. Siehe aber die Darstellung bei *Spindler* in: Spindler, Internet-Provider, IV Rn. 244 ff., der auf die divergierenden Anforderungen von MDStV und TDG an die Provider hinweist.

bewirkt die Sperrungsverfügung einen Eingriff in die Informationsfreiheit, unabhängig von der Rechtswidrigkeit der betroffenen Inhalte.[560] Technisch bieten sich für die Abschottung mehrere Ansatzpunkte, denen jedoch eine gewisse Wirkungslosigkeit gleichermaßen inhärent ist.[561]

Zum einen können die inkriminierten Domains im *name server* des Providers umgeleitet werden, so dass ein anfragender Browser auf eine andere statt auf die gewünschte Website verwiesen wird.[562] In der Praxis lässt sich eine solche Maßnahme auf einfache Weise durch die Eintragung eines alternativen DNS Servers in der Internet-Konfiguration des Nutzers umgehen, der fortan die Auflösung der Domain-Namen in IP-Nummern unabhängig von den DNS Maßnahmen des Providers übernimmt.[563] Anbieterseitig ließen sich solche Maßnahmen durch die Registrierung weiterer Domain-Namen für den inkriminierten Server umgehen.

Ein anderer Weg setzt eine Ebene tiefer an und beruht auf der Implementation von Filterregeln auf einem Proxy,[564] den der (Access) Provider für die Internet-Konnektivität seines Netzes benötigt. Das Nadelöhr Proxy ließe sich dabei mit einem Filter versehen, der bestimmte Anfragen blockiert, so dass beim Nutzer der Eindruck der Unerreichbarkeit der gewünschten Website entsteht. Das erste Hindernis ist hierbei jedoch die Vielzahl solcher Proxies in einem Land, die von ihrer Funktion her gerade für eine bessere internationale Anknüpfung des landesinternen Netzes sorgen sollen. Zum anderen sind derartige Filtersysteme überaus ressourcenintensiv, so dass generell die Qualität der Anbindung des Providers an das Internet beeinträchtigt würde.

Als letztes Mittel ließe sich schließlich eine sog. IP-Sperre implementieren, die auf der Router-Ebene des Providers jegliche Kommunikation mit einer bestimmten IP-Adresse unterbinden würde.[565] Für den Nutzer scheint ein

---

560 Vgl. BVerfG, NJW 1970, 235, 237; *Landmann*, NJW 1996, 3309, 3310.

561 *Schneider*, MMR 1999, 571 ff.

562 *Stadler*, MMR 2002, 343, 345. Solche Maßnahmen stellen aber zum einen einen schwerwiegenden Eingriff in das DNS dar, indem bewusst falsche DNS Zuordnungen vorgenommen werden. Zum anderen wird auf diesem Wege der Nutzer sehr deutlich darüber informiert, dass der Zugriff auf die gewünschte Seite durch diesen Provider blockiert wird. Eine nicht unerhebliche Zahl von Nutzern wird in der Folge nach Wegen suchen, dennoch an die Information zu gelangen, und sei es um die Gründe für die Sperrung nachvollziehen zu können.

563 Derartige Konfigurationen sind auch von Laien problemlos vorzunehmen, da das Internet eine Fülle sehr ausführlicher Anleitungen dafür bereithält.

564 *Stadler*, MMR 2002, 343, 345 f.

565 *Stadler*, MMR 2002, 343, 345.

Server mit dieser IP-Adresse unerreichbar zu sein. Der Aufwand für eine solche Sperre ist jedoch beträchtlich, da ein Provider in der Regel über eine Vielzahl von Routern verfügt, die sämtlichst entsprechend konfiguriert und laufend angepasst werden müssten.[566]

Gleichwohl liegt es in der Natur des Internets, dass solche Zugangssperren den gewünschten Erfolg nur bedingt herbeizuführen imstande sind.[567]

Die Internet Community[568] - und in diesen Fällen demonstriert sie tatsächlich oft die mit dem Begriff Community ausgedrückte Geschlossenheit - reagiert auf solche staatlichen Sperrungsbemühungen üblicherweise mit protestierender, verstärkter Verbreitung der inkriminierten Informationen und Anprangerung der jeweiligen „Zensurbehörde". Diese Einstellung wurzelt in der amerikanischen Dominanz des Internets und der infolgedessen im Internet vorherrschenden, amerikanisch geprägten Auffassung, dass der Meinungsfreiheit ein überragender Stellenwert sowohl verfassungsrechtlich,[569] als auch als Menschenrecht[570] zukomme, so dass sie auch und im Besonderen im Internet praktisch keinen Einschränkungen unterworfen werden dürfe. Staatlicherseits angeordneter Eingriff in die Zugänglichkeit von Informationen wird deshalb als Zensur verstanden, der es sich frühzeitig zu erwehren gilt.[571]

---

[566] Siehe dazu auch die Kritik von *Krempel*, „Netzsperre für Fritzchen Doof", http://www.heise.de/tp/deutsch/inhalt/te/11175/1.html.

[567] *Schneider*, MMR 1999, 571, 572 f., setzt sich ausführlich mit den Möglichkeiten des Datenabrufs im Internet auseinander und weist zu Recht darauf hin, dass die bisher stets angewandte http-Sperrung - also die Blockade des Abrufs per WWW-Browser - nur eine von vielen Möglichkeiten ist, Daten im Internet abzurufen. Andere Wege - wie etwa das FTP als wohl bekannteste Alternative - werden oftmals nicht beeinträchtigt, so dass der Datenabruf für den Interessierten einfach über andere Protokolle, respektive Ports, weitergeht. Die intendierte *Sperrung* der Information führt damit im Ergebnis lediglich zu einer unwesentlichen Zugriffs*behinderung*.

[568] Gemeint sind hier zum einen die durch solche Zensurbestrebungen auf den Plan gerufenen grundsätzlichen Vorkämpfer der Meinungsfreiheit, zum anderen die durch die Sperrung tatsächlich Betroffenen bzw. deren unbeeinträchtigte Sympathisanten.

[569] Zur Verdeutlichung wird zumeist auf die im *1st Amendment* der U.S.-*Constitution* garantierte Meinungsfreiheit verwiesen: „Congress shall make no law respecting an establishment of religion, or prohibiting the free exercise thereof; or abridging the freedom of speech, or of the press; or the right of the people peaceably to assemble, and to petition the government for a redress of grievances."

[570] Siehe dazu Art. 19 UN-Menschenrechtsdeklaration, Resolution 217 A (III) vom 10.12.1948.

[571] *Engel*, AfP 1996, 220, 222.

Die Folge von Sperrungen ist deshalb in der Regel die Entstehung sog. *mirrors*,[572] d.h. Abbildern der gesperrten Informationen auf frei zugänglichen Servern. Die Sperrung von *newsgroups* etwa führt zur Aufnahme der betroffenen *newsgroups* in frei zugängliche *news-servers*. Der stets heftige Protest in entsprechenden Foren und Beiträgen zu Online-Zeitschriften stellt sicher, dass im Ergebnis die gesperrten Server - respektive ihr Inhalt - einer breiteren Öffentlichkeit bekannt werden. Die Sperrung der Informationen im Internet führt so kontraproduktiv zu einer verstärkten Verbreitung. Die technische Struktur des Internets wiederum macht es unmöglich, jegliches Vorkommen einer bestimmten Information im Internet zu sperren, abgesehen davon, dass schon die Sperrung eines einzelnen Servers oftmals auch dort gespeicherte legitime Informationen anderer Anbieter betrifft.[573] Die Einschränkung der Erreichbarkeit dieser Anbieter lässt sich kaum rechtfertigen.[574] Deren nachvollziehbare Empörung verstärkt jedoch weiter die Aufmerksamkeit, die der Sperrung zuteil wird. Der hoheitlich veranlasste Eingriff in die Erreichbarkeit und Verbreitung legitimer Informationen ist - wenn auch als zwangsläufige Nebenfolge - in rechtsstaatlicher Hinsicht insbesondere vor dem Hintergrund des geringen Wirkungsgrades der eigentlich beabsichtigten Sperrung inkriminierter Informationen äußerst bedenklich.[575]

---

572 *Roßnagel*, ZRP 1997, 26, 28. Die Bezirksregierung Düsseldorf ist sich dieses Phänomens durchaus bewusst, siehe dazu die Begründung der Sperrungsverfügung unter http://www.nps-brd.nrw.de/BezRegDdorf/autorenbereich/Dezernat_21/PDF/39sperrverf_022002.pdf, S. 9 f. Sibyllinischerweise sieht sie die Entstehung dieser *mirrors* allerdings als Bestätigung für den Erfolg ihrer Maßnahme, ohne jedoch den tatsächlichen Wirkungsgrad der angeordneten Sperrung angeben zu können.

573 Darauf weist schon *Schneider*, MMR 1999, 571, 573, hin.

574 Zur Verdeutlichung dieser Problematik sei auf den Fall des niederländischen Servers »xs4all.nl« aus dem Jahre 1997 verwiesen, auf dem aus deutscher Sicht strafbare Inhalte gespeichert waren. Auf Betreiben des Bundeskriminalamtes sperrte das Deutsche Forschungsnetz (DFN) im April 1997 den Zugang zu diesem Server, wodurch jedoch auch eine Fülle legaler Angebote und Inhalte unerreichbar wurden. In der Folge kam es zu massenhaften Protesten und Beschimpfungen des DFN. Das Internet reagierte auf diese Sperrung mit der Erzeugung von Abbildern (*Mirrors*) des betroffenen Servers, wodurch die Verbreitung der inkriminierten Informationen letztlich nur beschleunigt wurde. Das DFN musste in Anbetracht der Prostest und der Wirkungslosigkeit der Maßnahme die Sperrung nach wenigen Tagen wieder aufheben.

575 Nach *Schneider*, MMR 1999, 571, 573, zeigt gerade der Fall »xs4all.nl«, wie ineffektiv Sperrungsversuche hinsichtlich von Informationen im Internet sind. Die Palette der „Gegenmittel", wie sie bei »xs4all.nl« angedeutet wurden, kann ohne großen Aufwand mit jeder Sperrung mithalten und diese damit wirkungslos werden lassen.

Vollends wirkungslos werden die Zensurbemühungen durch speziell entwickelte Internet-Dienste,[576] die sich infolge des zunehmenden staatlichen Aktionismus im Hinblick auf inhaltliche Regulierung im Internet dem Kampf gegen Zensur im Internet verschrieben haben. Im Gegensatz zu den diffizilen moralischen und gesellschaftlichen Standards in den einzelnen Staaten vertreten diese Gruppen ein denkbar weites, amerikanisch geprägtes Verständnis von Meinungsfreiheit und freier Presse. Dieser radikale Ansatz birgt Kollisionspunkte mit praktisch allen divergierenden Moralvorstellungen und Rechtsordnungen, in denen die Meinungsfreiheit - aus welchen Gründen auch immer - Einschränkungen unterworfen ist. Es liegt darin zwar eine gewisse Konsequenz, denn durch die fehlende „Aussonderung" von Meinungen ist deren Vielfalt geradezu *par excellence* gewährleistet. Gleichwohl gibt es - jedenfalls nach deutschem Rechtsverständnis - bestimmte Meinungen, deren Verbreitung an die rechtsstaatlichen Grundwerte einer Gesellschaft rührt und die deshalb eine Gefahr für den Bestand einer freiheitlichen Rechtsordnung darstellen. Welcher Art diese Meinungen sind, ist von Staat zu Staat zwangsläufig verschieden und letztlich der Einschätzung und Beurteilung durch die dazu berufenen jeweiligen Hoheitsträger vorbehalten, ausgehend von dem in der Gesellschaft und im Rechtssystem vorhandenen Werteverständnis. Allein diese Beurteilung durch Einzelne impliziert jedoch für sich wiederum eine Bewertung, die in nicht nachprüfbarer Weise auf persönlichen Ansichten und Vorstellungen beruhen kann. Obgleich in einem Rechtsstaat in der Regel eine gerichtliche Überprüfung der Informationsbeschränkung möglich ist, lässt sich eine vorauseilende willkürliche Beschränkung der Meinungsfreiheit der Bürger des betreffenden Staates nicht ausschließen. Genau darin liegt der kritische Ansatz der Internet-Aktivisten gegen Zensurbestrebungen einzelner Staaten. Deren radikale Auffassung von Freiheitsverwirklichung betrifft gleichermaßen rechtsstaatliche Gesellschaften nach westlichem Verständnis wie Diktaturen und Gewaltherrschaften. Das Medium Internet ist für die Verwirklichung dieses Verständnisses wie geschaffen. Ähnlich dem berühmt-berüchtigten Austausch von Medien aller Art über spezielle Netzwerkprotokolle (P2P)[577] wird dabei mittels ausländischer, von privaten

---

[576] Siehe www.peek-a-booty.org und den Artikel „Mit Peekabooty gegen Zensur" unter http://www.heise.de/newsticker/data/ju-13.07.02-000/. Siehe dazu auch „Mit Distributed Computing gegen Webzensur" unter http://www.heise.de/newsticker/data/hps-26.06.03-000/.

[577] Peer-to-Peer. Äußerst effektives Verfahren zum Austausch von Daten zwischen Nutzern, das ähnlich dem Internet-Prinzip von Client und Server eine direkte Verbindung zwischen dem anbietenden und abrufenden Nutzer ermöglicht, wobei jeder Nutzer in der Regel sowohl Anbieter als auch Nachfrager ist. Eine Ausnahme sind hier nur die sog.

Nutzern betriebener *peers*, die als Proxy-Server für den abgeschotteten Nutzer fungieren, der Zugriff auf das ungefilterte Internet ermöglicht.[578] Ein Staat, der bestimmte Meinungen verbietet, wird in Anbetracht der wirtschaftlichen Bedeutung des Internets kaum den Zugang des Landes zum Internet komplett sperren, sondern sich vielmehr mit Hilfe von Filtersystemen und Proxies - wie beschrieben - eine gewisse Kontrolle über die das Land erreichenden Informationen verschaffen. Damit sind jedoch gleichzeitig Wege eröffnet, die die beschriebenen Dienste nutzen können, um an allen Sperrmechanismen vorbei die gesamte Meinungsvielfalt des Internets verfügbar zu machen. Für den Staat sind diese Wege aufgrund der Vielzahl der Peers nicht zu kontrollieren.

Es zeigt sich damit, dass die staatlicherseits unternommenen Anstrengungen, durch den Einsatz von Filtern die eindringenden Meinungen zu kontrollieren, von vornherein nur eine Behinderung, keine Blockade bewirken können. Die Argumentation der Befürworter einzelstaatlicher Sperrungsbemühungen, dass zumindest eine Behinderung erreicht würde und der überwiegende Teil der Internet-Nutzer nicht über die zur Umgehung erforderlichen Kenntnisse verfüge,[579] übersieht, dass die gesperrten Seiten in der Regel ohnehin nur von Interessierten aufgesucht werden, die ihrerseits jedoch über hinreichend Anreiz verfügen, Mittel zur Umgehung zu finden. Bei allen anderen Internet-Nutzer wird durch solche Maßnahmen dagegen nur die Existenz dieser Seiten enthüllt, wodurch die inkriminierten Informationen einem breiteren Publikum bekannt werden.

Bei aller Kritik am Internet und dem Ruf nach staatlicher Intervention[580] ist zudem zu bedenken, dass Straftaten und Rechtsgutsverletzungen nur in

---

freeloaders, die aufgrund ihrer rein abrufenden Tätigkeit dem partnerschaftlichen Grundgedanken dieser Netzwerke nicht entsprechen und demgemäß innerhalb der Netzwerke oftmals boykottiert werden.

578 Siehe zur Technik die Beschreibung „About the Peekabooty Project" auf http://www.peek-a-booty.org/pbhtml/modules.php?name=Content&pa=showpage&pid=1.
Die Kommunikation zwischen dem abgeschotteten Nutzer und dem Peer erfolgt dabei über einen Verschlüsselungsstandard, wie er auch von herkömmlichen E-Business Lösungen verwendet wird. Dadurch wird verhindert, dass der nationale Filter die übertragenen Inhalte „mitliest" und womöglich anhand einer Wortliste sperrt. Die Kommunikation sieht so wie eine normale E-Business Transaktion aus.

579 So die in der Sperrungsverfügung zum Ausdruck kommende Überzeugung der Bezirksregierung Düsseldorf, nachzulesen unter http://www.nps-brd.nrw.de/BezRegDdorf/autorenbereich/Dezernat_21/PDF/39sperrverf_022002.pdf, S. 9.

580 Siehe etwa *Schack*, MMR 2000, 59, 60, der für die im Internet begangenen Immaterialgüter- und Wettbewerbsrechtsverletzungen die Anwendung nationalen Rechts und dessen

den seltensten Fällen ihren Ursprung im Internet haben. Das Internet verbreitet nur in besonders effektiver Weise entsprechende Informationen weltweit. Bedeutung erlangen im Internet nur die Delikte, die direkt durch das Verbreiten von Informationen begangen werden können.[581] Gerade hinsichtlich solcher Verbreitung stößt der Staat jedoch im Internet schnell an die Grenzen seiner Möglichkeiten.[582] Die einfache Zugänglichkeit von Informationen im Internet führt in der Konsequenz zu einer erhöhten Verbreitung, wodurch sich ein Ursprungsort der Information - an dem staatliche Mittel noch wirksam werden könnten -zumeist nicht mehr feststellen lässt. Die Fülle und weltweite Verteilung der Abrufpunkte einer Information im Internet wird daher die staatlichen Strafverfolgungsbehörden stets überfordern. Die Folge ist ein gegenüber der realen Welt erhöhter Anteil einzelstaatlich als illegal eingestufter Informationen im Internet, ohne dass ein Staat diesem wirkungsvoll begegnen könnte.

(3) Die Eigendynamik des Regulierungsobjekts

Außer durch seine physisch-materiellen Entkopplung zeichnet sich das Internet auch durch seine fortwährende Entwicklung und Veränderung aus. Täglich werden neue Seiten ins Netz gestellt, bestehende verändert, einige verschwinden, neue Server werden angeschlossen, *backbones* ausgebaut etc. pp.[583] Dabei sind dies nur die offensichtlichsten Anzeichen ständiger Fortentwicklung. Von einem festen Grundbestand wie er etwa in einer Bibliothek zu finden ist, kann im Internet nicht ausgegangen werden.[584]

Unabhängig von den dargestellten territorialen Zuordnungsproblemen versagt staatliche Regulierung auch dann, wenn die zu regulierende Materie

zwangsweise Durchsetzung fordert. Wie diese Durchsetzung aussehen sollte, lässt er allerdings - nicht ohne Grund - offen.

581 Virtuelle Immaterialgüter- und Wettbewerbsrechtsverletzungen sind im Internet zwar ubiquitär, in ihren Auswirkungen jedoch sehr real, *Schack*, MMR 2000, 59, 60. Anknüpfungspunkte für die Anwendung nationalen Rechts sind damit trotzdem nicht immer eindeutig bestimmbar.

582 In der realen Welt lassen sich Videos und inkriminierte Schriften beschlagnahmen, im Internet dagegen ist eine Kopie so gut wie jede andere, so dass Begriffspaare wie Original und Kopie bedeutungslos sind, es gibt einfach kein als solches zu identifizierendes Original mehr, eine Beschlagnahme ist deshalb nicht möglich (*Rehbinder* in: Hilty, S. 87, 109). Gleichzeitig gehen die Kosten jeder einzelnen Kopie gegen Null. Zeit und Geld spielen für Vervielfältigungen im Internet mithin keine Rolle, so dass die herkömmlichen Sanktionsmittel des Staates wirkungslos sind.

583 Vgl. schon *Engel*, AfP 1996, 220, 223.

584 Selbst die Pionier-Seiten des Internets, wie etwa die der Suchmaschine ALTAVISTA oder des Mail-Providers YAHOO, verändern ihr Aussehen mit der Zeit und ergänzen und pflegen ständig ihre Kataloge.

für die gesetzgeberischen Prozesse zu schnelllebig ist. Der demokratische Rechtsstaat verlangt vom Gesetzgeber einen bestimmten einzuhaltenden Ablauf im Gesetzgebungsverfahren, indem verschiedene Institutionen beteiligt werden und auf der Suche nach Mehrheiten Kompromisse gesucht und eingegangen werden müssen. Für Internet-Verhältnisse kostet dies in der Regel zu viel Zeit.[585]

Die Eigendynamik des Internets führt die Gesetzgebung noch an anderer Stelle an ihre Grenzen: die Flexibilität.[586] Gerade weil das Internet sich noch in der Entwicklung befindet, indem täglich neue Nutzer hinzukommen, Unternehmen erstmals ihre Dienste im Netz offerieren und neue Dienstleistungen im Internet erfunden werden,[587] unterliegt es einer kontinuierlichen Veränderung. Staatliche Regulierung basiert jedoch auf feststehenden Verhältnissen und steuert diese in eine bestimmte Richtung. Wenn ein Zustand sich jedoch noch nicht gefestigt hat, eine Richtung der Entwicklung noch nicht absehbar ist, kann der Staat zwar mit seiner Regulierung formgebend auf die Entwicklung Einfluss nehmen. Allerdings besteht dann zugleich die Gefahr, nutzbringende, sinnvolle Entwicklungsmöglichkeiten frühzeitig zu blockieren. Im Moment lässt sich das zukünftige Aussehen des Internets noch nicht vorhersehen, auch die zukünftig nachgefragten Dienste des Internets lassen sich derzeit nicht abschätzen. Das wirtschaftliche Potential des Internets scheint jedenfalls auf längere Sicht noch nicht erschöpft.

Eng mit der Eigendynamik verknüpft ist auch das Problem der Rechtsfindung, also die einer Regulierung nachfolgende Frage der Rechtsanwendung durch die Gerichte und der Feststellung bestehender Rechte. Für Internet-Verhältnisse ist die Rechtsfindung der „normalen" Gerichte bei weitem zu langwierig.[588] Die Kommunikation im Netz findet praktisch

---

585 *Magaziner* in: Waltermann/Machill, S. 65, 70 f.

586 *Magaziner* in: Waltermann/Machill, S. 65, 71.

587 Beispielhaft sei nur auf die verschiedenen Formen der „Online-Auktionen" verwiesen. Siehe zu diesem Komplex ausführlich *Ernst* in: Spindler/Wiebe, Internet-Auktionen, A, B.

588 Zu Verdeutlichung sei hier nur auf den gerichtlichen Streit um die Domain »shell.de« verwiesen, der von der erstinstanzlichen Entscheidung des LG München am 27.05.1998 bis zum Urteil des BGH am 22.11.2001 mehr als dreieinhalb Jahre gedauert hat. Der wirtschaftliche Schaden liegt hier zuvörderst in einem Imageverlust für das obsiegende Unternehmen, weil in dieser langen Zeit bei den Internetnutzern der Eindruck einer Rückständigkeit des Unternehmens bei der Nutzung des Neuen Mediums aufgrund der Unerreichbarkeit über eine schlagworthafte Domain entstehen kann. Im Gegenzug muss das Unternehmen die gewählte Ersatzdomain beim Kunden durch aufwendige Werbung etablieren, um den Imageschaden gering zuhalten.
Vollends ohne Verständnis muss der Fall »maxem.de« betrachtet werden, der von der Einlegung der Revision bis zum Urteil fast drei Jahre beim BGH lag (Az I ZR 296/00 –

unmittelbar (*instantaneous*) statt, E-Mails werden in Sekundenbruchteilen um die ganze Welt transportiert. Diese Informationsgeschwindigkeit wird in gewissem Maße auch von den Rechtsfindungsinstanzen erwartet, wozu die staatlichen Gerichte jedoch in aller Regel nicht in der Lage sind.[589] Dies liegt zwar zum einen an den nach rechtsstaatlichen Prinzipien ausgerichteten Verfahrensabläufen vor den ordentlichen Gerichten, die - durchaus gewollt[590] - eine gewisse Zeit in Anspruch nehmen. Für die mitunter international ausgerichteten Streitfälle des Internets führt die Einhaltung herkömmlicher Verfahrensgrundsätze jedoch zu einer enormen Zeitverzögerung, die dem schnelllebigen Medium Internet keineswegs entspricht und von den Nutzern des Mediums - jedenfalls bei spezifischen Sachverhalten - auch nicht erwartet wird, weil in dieser Zeit bereits wirtschaftliche Verluste auftreten können, die durch die strikte Einhaltung rechtsstaatlicher Grundsätze nicht mehr aufgewogen werden können. In der Konsequenz dieses Missstandes und im Zuge der Entstehung eigener Internet-Regeln wird deshalb der Ruf nach spezifischen Internet-basierten Streitlösungs- und Rechtsfindungsinstanzen lauter.[591]

(4) Race to the bottom durch den Wettbewerb einzelstaatlicher Regulierung

Einzelstaatliche Regulierungsversuche bei einer globalen Institution können auch deshalb zu unzulänglichen Regeln führen, weil es aufgrund der multi-nationalen Regulierungszuständigkeit zu einem Wettbewerb unter den Staaten hinsichtlich begehrter Rechtssubjekte kommen kann. Große Firmen etwa stellen allein schon aufgrund ihres Arbeitskräftebedarfs und ihrer finanziellen und steuerlichen Leistungsfähigkeit begehrte Rechtssubjekte dar, die es im eigenen Staat zu halten gilt. Günstige Regelungen ziehen weitere *Global Players* an, so dass ein Staat durchaus daran interessiert sein kann, seine Regulierung an den Bedürfnissen großer Wirtschaftsunternehmen auszurichten. Es fällt nicht schwer sich vorzustellen, dass ein solches Verhalten zu einem Wettbewerb der Staaten bezüglich der „günstigsten"

Urt.v. 26.06.2003). Begonnen hatte das Verfahren vor dem LG Köln im Jahre 1999 (Az 14 O 322/99).

589 Es erscheint in der Tat merkwürdig, wieso beispielsweise ein Kaufvertrag über einen Computer im Internet binnen weniger Sekunden vom heimischen PC aus abgeschlossen werden kann, die Wirksamkeit dieses Kaufvertrags und die daraus erwachsenden Rechte jedoch erst in einem langwierigen Verfahren vor dem bestenfalls regional zuständigen, lokalen Gericht für die Parteien verbindlich festgestellt werden können.

590 Etwa um dem Beklagte hinreichend Zeit für die Darlegung der aus seiner Sicht zur Abweisung der Klage führenden Gründe zu geben.

591 Dies gesteht auch *Hoeren*, NJW 1998, 2849, 2852, zu, allerdings - stringent - ohne diesem Ruf zu folgen.

Regulierung, der geringsten Regulierungsdichte, der attraktivsten Bedingungen für große Unternehmen führen kann. Dass dabei auch gesellschaftlich sinnvolle Regeln geopfert werden, liegt auf der Hand.[592]

Bezogen auf das Internet droht damit die bereits angedeutete[593] Gefahr einer Minimalregulierung durch einige Staaten mit global spürbaren Auswirkungen. Im Internet richtet sich die Verfügbarkeit von Informationen - wie dargestellt - grundsätzlich nach der weltweit kleinsten Regulierungsstufe. Auch global inkriminierte Informationen sind zwar im Internet verfügbar, allerdings ist ihre Verbreitung stark eingeschränkt und ihre Erreichbarkeit auf besondere Kenntnisse angewiesen. Die geringste einzelstaatliche Regulierungsstufe bewirkt dagegen eine freie Zugänglichkeit der andernorts inkriminierten Inhalte, verbunden mit einem Effektivitätsverlust der strengeren Regulierungen.[594]

Die Lösung für strengere Regulierungen kann in dieser Situation nur in der Sanktionierung der Minimalregulierung mittels Sperrung der Zugänglichkeit sämtlicher Informationen dieses Landes liegen.

(5) Die technische Struktur des Internets

Die Dezentralität des Internets ist einer der entscheidenden Aspekte bei der Beurteilung der rechtlichen Problemstellungen.[595] Die Unabhängigkeit des Internets von einer zentralen Steuerungseinrichtung war von Beginn an einer der maßgeblichen Aspekte bei der Entwicklung des Internets, denn das US-Militär - Hauptauftraggeber bei der Entwicklung des Netzwerks[596] - hatte das Ziel vorgegeben, ein Kommunikationssystem zu schaffen, das auch Atomschläge so weit wie möglich überstehen sollte.[597] So wurde auf die Schaffung einer Kommunikationszentrale bewusst verzichtet. In der Konsequenz gibt es heute keine Instanz, die das Internet umfassend kontrolliert oder dieses gar „abschalten" könnte.[598] Im Gegenteil, nicht einmal die Kommunikationswege der Daten im Internet lassen sich vorherbestimmen, sondern orientieren sich ausschließlich an den momentan verfügbaren

---

592 Es sei denn, man vertritt den Ansatz, dass die günstigste Regel immer die ist, die - wenn auch nur kurzfristig - den gesellschaftlichen finanziellen Wohlstand maximiert.

593 Siehe oben C.I.1.b(1).

594 *Engel*, AfP 1996, 220, 222.

595 *F.Mayer*, NJW 1996, 1782, 1783; *Engel*, AfP 1996, 220, 221.

596 *Ruff*, S. 2.

597 *Engel*, AfP 1996, 220, 221; *Roßnagel*, ZRP 1997, 26, 27.

598 *F.Mayer*, NJW 1996, 1782, 1783.

Bandbreiten. Bei einer solchen Struktur[599] sind geographische Grenzen irrelevant und effektive, einzelstaatliche Regulierungen eine Utopie.

Die globalen Strukturen des Internets eignen sich im Ergebnis kaum für eine einzelstaatliche Einflussnahme zur Regulierung bestimmter Internet-Sachverhalte.

c. Bewertung

Die staatliche Regulierung tut sich aus verschiedenen Gründen schwer mit dem Internet.[600] Zum einen ist das Medium Internet einzigartig in der Geschichte der Menschheit, so dass die oftmals hilfreiche Heranziehung eines historischen Vergleichs bei der Regulierung des Internets ausscheidet. Es gibt keine historischen Vorlagen für die Regulierung eines virtuellen Mediums, dessen Auswirkungen in aller Regel ebenfalls auf das Virtuelle beschränkt sind, wenngleich mit globaler Reichweite. Deshalb ist das Internet schon vom Ansatz her ein internationales Phänomen,[601] so dass zwischenstaatliche Regulierungskonflikte vorgezeichnet sind. Was in einem Land unter Strafandrohung verboten ist, wird in einem anderen Land unter Hinweis auf die verfassungsrechtliche Meinungsfreiheit vordringlich geschützt.[602] Gleichwohl sind das Internet und seine Inhalte für beide Länder identisch wahrnehmbar.

Der Wirkungsgrad einzelstaatlicher Regulierung ist im Internet - wie gezeigt - überaus begrenzt. Die Struktur des Netzes als weltumspannendes Kommunikationsmittel entzieht dessen Inhalte weitestgehend dem einzelstaatlichen Zugriff.

Die internationale Regulierung dagegen, die die Disparität überwinden könnte, scheitert an der Interessendiversifikation der Staaten und einer daraus folgenden fehlenden Konsensfähigkeit. Eine globale Konvergenz des Rechts ist - wenngleich wünschenswert - derzeit nicht absehbar. Der körperlose Sozialraum Internet[603] entzieht sich damit weitestgehend einer effektiven hoheitlichen Regulierung.

---

[599] So man denn überhaupt noch von Struktur iSv Ordnung sprechen kann.

[600] *Roßnagel*, ZRP 1997, 26, 27.

[601] Wie *Engel*, AfP 1996, 220, 221, treffend feststellt: „Das Internet trägt die Internationalität bereits im Namen."

[602] Siehe schon oben, Fn. 13.

[603] *Roßnagel*, ZRP 1997, 26, 28; *Roßnagel*, MMR 2002, 67, 68.

Aus all diesen Schwierigkeiten und Problemen staatlicher Regulierung folgen jedoch gesteigerte Möglichkeiten für eine Regulierung durch die Nutzer selbst.[604]

2. Selbstregulierung

Im Grenzbereich hoheitlicher Regulierung wandelt sich die Funktion des Staates als Steuerungsinstanz. Die unmittelbare Herbeiführung von Ergebnissen (*providing*) tritt zugunsten der bloßen Ermöglichung selbstregulativer Entfaltung (*enabling*) zurück.[605]

Selbstregulierung als Alternative zur hoheitlichen Regulierung meint damit zunächst einmal nicht, dass es niemanden gibt, der Entscheidungen trifft.[606] Selbstregulierung meint vielmehr die hoheitlich unabhängige Steuerung eines Verhaltens durch Regeln, die ihren Ursprung direkt in der Gruppe der Regulierungssubjekte haben.[607] Regulierungsinstanz sind dabei die Subjekte selbst, die durch Konsensbildung für die Beziehungen untereinander eigene Regeln schaffen. Selbstregulierung bedarf deshalb in aller Regel einer abgeschlossenen Gruppe von Regulierungssubjekten,[608] weil gerade der Konsens die Bindung an die selbstgeschaffenen Regeln bewirkt. In einer offenen Gruppe ist ein solcher Konsens kaum möglich, jedenfalls wird ihm zumeist die Bindungswirkung fehlen.[609]

Selbstregulierung soll damit hier als Verhaltenssteuerung zu verstehen sein, die nicht auf hoheitlicher Regulierungsmacht beruht.

a. Formen

Ausgehend von diesem Verständnis lassen sich zwei Formen der Selbstregulierung unterscheiden. Zum einen geht es um die sog. echte Selbstregulierung, die gänzlich ohne Beteiligung des Hoheitsträgers wirkt. Zum anderen geht es um die hoheitlich unterstützte, sog. regulierte Selbstregulierung, bei der der Staat einen rechtlichen Rahmen schafft, um die Erreichung bestimmter gesellschaftlicher Ziele sicherzustellen und eine gewisse Richtung der Selbstregulierung vorzugeben. Innerhalb dieses

---

604 *Osthaus* AfP 2001, 13, 15.

605 *Rossen-Stadtfeld,* AfP 2004, 1, 2.

606 *David Post* in: *Christian Ahlert,* ICANN wird die Zukunft des Internet gestalten, 26.07.1999, www.heise.de/tp/deutsch/inhalt/te/5110/1.html.

607 *Roßnagel* in: Roßnagel, Hdb. Datenschutzrecht, 3.6 Rn. 2.

608 Dazu sogleich näher unten C.I.2.c(1).

609 Siehe dazu sogleich unten C.I.2.c(2).

Rahmens ist die Regelbildung frei, weshalb diese Form gesellschaftlicher Steuerung zurecht der Selbstregulierung zuzuordnen ist.

(1) Echte Selbstregulierung

Echte[610] Selbstregulierung ist als ein privates System von Regeln zu verstehen, das ohne staatliche Einflussnahme nur durch den Konsens der Beteiligten entstanden ist. Es handelt sich dabei - solange die staatliche Rezeption fehlt und gerade dies kennzeichnet die echte Selbstregulierung - um ein „soft law",[611] weil dessen Durchsetzung allein vom Willen der Beteiligten abhängt. Unter diesem Verständnis können die Beteiligten alles vereinbaren, auch den Ausschluss zwingenden Rechts. Die im (staatlichen) Vertragsrecht vorgesehenen Grenzen inhaltlicher Gestaltung[612] können die Selbstregulierung deshalb nicht einschränken, denn diese Grenzen beschreiben nur den Rahmen gerichtlicher Überprüfung, der in der Selbstregulierung jedoch gerade keine Rolle spielen kann.

Wenn OSTHAUS dagegen die Wirkung zwingenden Rechts auf die selbstregulierte Beziehung und damit die Grenzen selbstregulativer Möglichkeiten problematisiert,[613] dann übersieht er, dass zwingendes Recht erst bei der Frage der Durchsetzbarkeit der Selbstregulierung relevant wird, wenn also die selbstregulierte Beziehung in die Öffentlichkeit tritt. Erst wenn der Staat zur Lösung etwaiger Konflikte der Beteiligten berufen wird, erlangt zwingendes staatliches Recht in der selbstregulierten Beziehung Relevanz,[614] weil die staatlichen Gerichte dieses bei der Rechtsfindung berücksichtigen müssen gem. Art. 4 Abs. 2 EGBGB, der nur von der Verweisung auf das „Recht eines Staates" spricht,. Die Wahl außerstaatlicher Regeln fällt darunter jedoch nicht, so dass die Vereinbarung selbstregulierter Regelwerke keine Rechtswahl in diesem Sinne wäre, mithin zwingende Sachvorschriften des anwendbaren nationalen Rechts dennoch zur Anwendung kommen müssten.[615] Die Vereinbarung außerstaatlicher Regeln kann insoweit also nur auf der sachrechtlichen Ebene erfolgen durch die Einbeziehung der Selbstregulierung als eine Zusammenstellung von Einzelregeln.[616] Die

---

610 Mitunter auch als „Reine Selbstregulierung" bezeichnet, siehe *Osthaus*, AfP 2001, 13, 15.

611 *Osthaus*, AfP 2001, 13, 15.

612 Siehe dazu *Palandt/Heinrichs*, BGB[63], Einf v § 145 Rn. 13 ff.

613 *Osthaus*, AfP 2001, 13, 15.

614 Diese notwendige Differenzierung verkennt auch *Schack*, MMR 2000, 59, wenn er aus der Nichtanwendbarkeit „virtuellen Rechts" vor staatlichen Gerichten auf dessen fehlende Regelungsfähigkeit schließt.

615 *Osthaus*, AfP 2001, 13, 15.

616 *Osthaus*, AfP 2001, 13, 15.

Nachsuche staatlicher Hilfe bei der Durchsetzung der Regeln unterstellt die selbstregulierte Beziehung dann nationalem Recht, wodurch dessen zwingende Sachvorschriften die selbstgeschaffenen Regeln überlagern. Erst in diesem Falle sind die selbstgeschaffenen Regeln am zwingenden Recht bzw. dessen Ausschluss zu messen. Allerdings - dies ist hier zu betonen - handelt es sich dann auch nicht mehr um die echte konsensgebundene Selbstregulierung, denn die Einflussnahme staatlicher Stellen in Form von Gerichten ist evident, die regulativen Ansätze der Privaten bedürfen offensichtlich des Staates zu ihrer Durchsetzung. Dieses ist vielmehr die zweite Form der Selbstregulierung, die auf der Unterstützung und Anerkennung seitens des Staates beruht.[617]

Die echte Selbstregulierung an sich ist in der Ausgestaltung der Regeln richtigerweise unabhängig von staatlichem - auch zwingendem - Recht, eben weil sie ausschließlich auf dem Konsens der Beteiligten beruht. Das eigentliche Problem ist deshalb nicht die Frage der Wirkung zwingenden Rechts, sondern die Frage der Durchsetzung der Selbstregulierung im Konfliktfall ohne Inanspruchnahme staatlicher Stellen.[618] Gelingt dies, wäre die echte Selbstregulierung von staatlichem Recht autark und bliebe in der Gestaltung der Regeln frei.

Eine Einschränkung der inhaltlichen Ausformung der Selbstregulierung ist letztlich nur durch das staatliche Ordnungsrecht - Strafrecht und Ordnungswidrigkeitenrecht - denkbar. Der Staat schließt durch Strafandrohung ein bestimmtes Verhalten von vornherein aus. Er zeigt damit an, dass er ein solches Verhalten auf keinen Fall dulden will, auch nicht unter voll Geschäftsfähigen. Dieses muss auch in einer Enklave privater Selbstregulierung gelten, wenn der Staat seine Grundwerte als Ausgangspunkt der Sanktionierung bestimmten Verhaltens durchsetzen will. Gleichwohl ist bei der Anwendung des Ordnungsrechts zu berücksichtigen, dass die konsensuale Bindung der Selbstregulierung in gewissem Maße auch den aus dem Gewaltmonopol erwachsenden Schutzgedanken bestimmter ordnungsrechtlicher Normen verdrängt. Bei der Einschränkung selbstregulativer Möglichkeiten durch staatliches Ordnungsrecht ist mithin die Bedeutung der konsensualen Bindungskraft zwischen den Beteiligten zu berücksichtigen. Im Übrigen ist die Selbstregulierung insoweit von vornherein auf Bereiche beschränkt, in denen der Staat (noch) nicht ordnungsrechtlich tätig geworden ist und das entsprechende Verhalten sanktioniert hat.

---

[617] Siehe sogleich, C.I.2.a(2).

[618] Darauf weist auch *Hoeren*, NJW 1998, 2849, 2852, hin. Siehe näher sogleich, C.II.

(2) *Regulierte Selbstregulierung*

Die regulierte Selbstregulierung bezeichnet ein System von privatautonomen Regeln innerhalb eines durch staatliches Recht definierten Rahmens.[619] Der Staat installiert ein System rudimentärer zwingender, nicht durch private Absprachen abdingbarer Regeln für die Selbstregulierung, um etwa Unbeteiligte zu schützen und strukturelle Ungleichgewichte der Teilnehmer auszugleichen.[620] Im Übrigen bleiben die Teilnehmer frei, eigene Regeln für ihre Rechtsbeziehungen aufzustellen. Der Staat wirkt hier nicht im Wege hoheitlicher Ge- oder Verbote an der Verhaltenssteuerung mit.[621] Für den Fall unvollständiger Abreden wird staatlicherseits ggf. ein Gerüst von Auffangregeln bereitgestellt. Auf diesem Wege ist es den Teilnehmer weitgehend möglich, ihre Beziehungen eigenständig zu gestalten und flexibel ihren Bedürfnissen anzupassen. Der Staat wird nur als Wächter tätig, indem er grundlegende Anforderungen an die Abreden festlegt, um etwa eine faire Ausgangssituation der Teilnehmer oder im Falle unvollständiger Abreden eine funktionierende Beziehung durch ein rudimentäres System von Regeln sicherzustellen. So wird mitunter auch das Zivilrechtssystem an sich als eine besondere Form der regulierten Selbstregulierung bezeichnet.[622]

Grundsätzlich lässt sich feststellen, dass insbesondere Bereiche mit unübersichtlichen, selbstveränderlichen Strukturen in besonderem Maße den Möglichkeiten der regulierten Selbstregulierung zugänglich sind, weil dort eine starre Regelvorgabe, wie sie der hoheitliche Regulierung immanent ist, zwangsläufig zu Reibungsverlusten, Ineffektivität und Ausweichaktivitäten führt.[623] Solche Bereiche sind etwa der Umweltschutz, Rundfunk und Telekommunikation, sowie das Energie-, Post- und Schienenverkehrswesen. Gemein ist diesen Materien eine unausgeglichene Wettbewerbslage, die aus dem früher vorherrschenden Gedanken des „Gewährleistungsstaates" resultiert. Insofern zeigt sich auch hier die Veränderung der Funktion des Staates. Gleichzeitig verdeutlicht dies die Funktion der Selbstregulierung, die - aus einem staatsrechtlichen Blickwinkel betrachtet - in der Ausgestaltung und Verwirklichung der grundrechtlichen Freiheitsrechte liegt.[624]

---

619 *Scherer*, AfP 1996, 213, 219; *Roßnagel* in: Roßnagel, Hdb. Datenschutzrecht, 3.6 Rn. 19.

620 *Osthaus*, AfP 2001, 13, 17.

621 *Scherer*, AfP 1996, 213, 219.

622 *G.Bachmann*, AG 2001, 635, 637; *Neumann*, Die Herrschaft des Gesetzes, S. 40.

623 *Rossen-Stadtfeld*, AfP 2004, 1, 3.

624 *Rossen-Stadtfeld*, AfP 2004, 1, 4.

(a) *Steuerung der Selbstregulierung durch materielles Recht*

Der Staat kann die Selbstregulierung der Teilnehmer durch die Festlegung bestimmter materieller Regeln steuern und beeinflussen.[625] Er kann zwingende Regeln vorgeben, sowohl inhaltlicher Art, wie etwa den Ausschluss bestimmter Waren von der Handelbarkeit, als auch im Hinblick auf die Durchführung der Verträge, wie etwa den Mechanismus der Übertragung von Rechten oder die Folgen der Nichterfüllung, Schlechterfüllung etc. Solche Bestimmungen und Vorgaben materieller Art wirken letztlich steuernd auf die Ausgestaltung und Durchführung der selbstgeschaffenen Regeln der Teilnehmer.

(b) *Steuerung durch Prozessrecht*

Prozessrechtlich kann der Staat dahingehend steuernd mitwirken, dass er z.B. Klagerechte für Dritte, wie etwa Verbände, schafft,[626] wenn der Einzelne keine eigenen verfolgbaren (subjektiven) Rechte oder keinen hinreichenden Anreiz zur Wahrnehmung eigener Rechte hat, weil ein messbarer materieller Schaden nicht entstanden ist. Zudem kann der Staat Auskunftsansprüche und Erleichterungen im Beweisrecht, z.B. durch geringere Anforderungen an das Beweismaß oder durch Beweislastregeln, zugunsten einer potentiell schwächeren Partei im Prozess vorsehen.[627]

b. Anwendungsbereiche der Selbstregulierung

Hier vertretenem Verständnis zufolge, wonach die echte Selbstregulierung autark von staatlicher Hilfe existiert und dadurch unabhängig auch von zwingendem Sachrecht ist, umfasst der Anwendungsbereich der Selbstregulierung sämtliche Bereiche gesellschaftlichen Verhaltens, mit Ausnahme der durch das staatliche Ordnungsrecht exklusiv regulierten Bereiche.[628]

Für die regulierte Selbstregulierung gilt dies so nicht, sie ist angewiesen auf staatliche Hilfe bei der Durchsetzung und orientiert sich an dem staatlicherseits vorgegebenen Rahmen der Regulierung.[629] Folglich kann sie nur

---

625 *Osthaus*, AfP 2001, 13, 17.

626 Siehe etwa die in Art. 11 Abs. 2 der „Richtlinie 97/7/EG des Europäischen Parlaments und des Rates vom 20. Mai 1997 über den Verbraucherschutz bei Vertragsabschlüssen im Fernabsatz" vorgesehenen Klagerechte für Verbände und andere Einrichtungen. Siehe dazu auch das „Gesetz über Unterlassungsklagen bei Verbraucherrechts- und anderen Verstößen" UKlaG vom 26.01.2001, BGBl. I 2001, 3138, insbesondere § 4, der die „Qualifizierten Einrichtungen" für Verbandsklagen benennt.

627 *Osthaus*, AfP 2001, 13, 17.

628 Siehe oben C.I.2.a(1).

629 Siehe oben C.I.2.a(2).

in den begrenzten Bereichen zur Anwendung kommen, die der Staat als durch Selbstregulierung zu steuernd mittels Rahmenregulierung oder prozessrechtlicher Anerkennung gekennzeichnet hat. Die Motivation für diese Bereiche beruht in erster Linie auf fehlendem Regulierungsinteresse aus den dargestellten Gründen.[630] Selbstregulierung setzt mithin die Duldung des Staates für diese Art der Steuerung gesellschaftlichen Verhaltens voraus.

c. Geltungsbereich und Regelvereinbarung

Problematisch im Bereich der Selbstregulierung ist die Frage der Geltung der Regeln überhaupt.[631] Auf das Internet bezogen müssten die Regeln, um gegenüber Außenstehenden Wirkung zu entfalten, verbreiteter Meinung zufolge als Standesregeln angesehen werden, die im Rahmen des Sittenbegriffs des § 1 UWG a.F. auch Außenstehende binden könnten.[632] Allerdings würde dies wiederum eine geschlossene (Nutzer-) Gruppe im Sinne eines Berufsstandes voraussetzen, wovon bei der Internet-Community[633] in ihrer Gesamtheit zu Recht kaum ausgegangen werden kann.[634] Aus dieser Feststellung wird allerdings zumeist der - im Ergebnis unzutreffende - Schluss gezogen, dass die Bindung der Regeln per se nur in Newsforen und ähnlichen geschlossenen Systemen der Nutzerkommunikation zu rechtfertigen sei, in denen konkrete Berufsgruppen diskutieren.[635]

Bei der Frage der Bindungswirkung der Regeln eines selbstregulierten Systems stellen HOEREN und OSTHAUS jedoch zu Unrecht auf die Anwendbarkeit staatlichen Rechts ab. Dies würde gerade eine Vermischung der Normgeber bedeuten, wenn die Selbstregulierung an staatlichen Regeln gemessen würde. Eine solche Vermischung charakterisiert die regulierte Selbstregulierung, bei der der Staat in Form eines Rahmenregelwerks die Grenzen der Selbstregulierung vorzeichnet. Dies jedoch auf die Selbstregulierung

---

[630] Siehe zum Regulierungsinteresse des Staates und den Gründen eines „Desinteresses", oben C.I.1.a.

[631] *Osthaus*, AfP 2001, 13, 15.

[632] *Hoeren*, NJW 1998, 2849, 2852.

[633] Schon dieser Begriff der „Community" wird von einigen kritisiert (vgl. *Osthaus*, AfP 2001, 13, 16), deute er doch eine gewisse Gemeinsamkeit der Internet-Nutzer an, die so nicht existiere, da der Aufenthalt im Internet anonym und individuell stattfinde. Richtig ist jedoch, dass eine wesentliche Gemeinsamkeit den Nutzern nicht abzusprechen ist, nämlich die der Nutzung des Internets an sich und damit die Möglichkeit des Zugriffs auf die selben Informationen (abgesehen von zugangsrestriktiven Teilnetzen wie etwa in Unternehmen oder totalitären Staaten).

[634] Kritisch auch *Hoeren*, NJW 1998, 2849, 2852.

[635] Vgl. *Mankowski*, AfP 1999, 138, 140; *Osthaus*, AfP 2001, 13, 15 f.

insgesamt anzuwenden hieße, die Möglichkeiten echter Selbstregulierung per se zu verleugnen. Die echte Selbstregulierung findet außerhalb staatlichen Rechts statt, so dass es im Prinzip auf eine Vereinbarkeit nicht ankommen kann.[636]

Grundlage der weiteren Betrachtung muss deshalb die Feststellung sein, dass die Bindungswirkung der Selbstregulierung in der Gruppe der Regulierungssubjekte selbst verankert sein muss. Das Problem liegt nicht in der Anwendung oder Anwendbarkeit staatlichen Rechts, sondern in der Frage, wie eine solche Bindung der Teilnehmer autonom von staatlicher Einflussnahme konstruiert werden kann. Von entscheidender Bedeutung für die Beantwortung dieser Frage ist dabei zunächst die Struktur, innerhalb derer die Selbstregulierung stattfindet.[637] In Bezug auf das Internet sind dabei offene und geschlossene Netze zu unterscheiden.

(1) Geschlossene Netze

In sog. geschlossenen Netzen wird bereits die Teilnahme an sich reguliert. Der Zugang ist nicht für jedermann frei, sondern an bestimmte Eigenschaften des Nutzers gebunden. Unternehmensinterne Netze etwa gestatten den Zugang nur den eigenen Mitarbeitern. Ähnliches gilt für Universitäten. Dass daneben zumeist über sog. Firewall-Proxy-Server den eigenen Mitarbeitern auch der Zugang zum Internet an sich ermöglicht wird, soll für die folgenden Überlegungen außer Betracht bleiben.[638] Auch die bei einem Domain-Host[639] angeschlossenen Domain-Inhaber stellen letztlich Teilnehmer eines geschlossenen Netzes dar, indem sie zusammen das Netz des Domain-Hosts bilden. Mit der Registrierung einer Domain über diesen Domain-Host unterwirft sich der (zukünftige) Domain-Inhaber dessen Bedingungen hinsichtlich der Nutzbarkeit seiner Domain. Die Regeln umfassen dabei üblicherweise inhaltliche Anforderungen,[640] Verfügbarkeits- und

---

636 Dies übersieht auch *Schack*, MMR 2000, 59, wenn er die Nichtanwendbarkeit „virtuellen Rechts" durch staatliche Gerichte konstatiert. Denn die Bezugnahme auf staatliche Gerichte führt zwangsläufig - Art. 4 II EGBGB - zur Anwendung staatlichen Rechts auf die selbstregulierte Beziehung. Die Frage der Einbeziehung staatlicher Gerichte kann sich jedoch in der Selbstregulierung so gar nicht stellen.

637 *Christiansen*, MMR 2000, 123, 124.

638 Auf diese Weise wird das eigene Netz so mit dem Internet verbunden, dass die Kommunikationsfähigkeit nach außen gewährleistet ist, gleichzeitig jedoch die sensiblen Daten des heimischen Netzes gegenüber dem Internet abgeschottet sind. Für die netzinternen Vorgänge ist dies insoweit ohne Bedeutung.

639 Siehe zum Hosting allgemein *Schuppert*, CR 2000, 227 f.

640 Gesetzeskonformität der gespeicherten Informationen etc.

Erreichbarkeitszeiten für die Domain[641] sowie mitunter die Vereinbarung alternativer Streitlösungsmechanismen im Falle der Beanstandung der Domain durch Dritte. Hervorzuheben ist im Falle des Domain-Hostings der potentielle Zugang für jedermann. Einzige Voraussetzung der Teilnahme ist die Unterwerfung unter die Domain-Bedingungen des Domain-Hosts. Auch diese Gemeinsamkeit der Nutzer, nämlich die Anerkennung der Bedingungen des Domain-Hosts, führt zu einer gewissen Abgrenzung gegenüber anderen. Im Vordergrund steht hierbei jedoch nicht der Zugriff auf gemeinsame Ressourcen oder ein interaktives Verhalten, sondern der Anschluss der eigenen Domain mittels eines gemeinsamen Domain-Hosts.[642] Das Sinnbild des geschlossenen Netzes trifft mithin auf die meisten Formen dieser Teilnehmermodelle nicht zu, weil diese zumeist mangels Interaktivität zwischen den Teilnehmern selbst nicht in Form eines Netzwerkes vereinigt sind, sondern eher sternförmig in Bezug auf eine innewohnende Autorität, den Domain-Host.[643]

Die Beschränkung des Nutzerkreises durch die Aufstellung bestimmter Zugangsanforderungen sichert die Durchsetzung der aufgestellten Regeln in geschlossenen Netzen.[644] In aller Regel wird bei der Aufnahme des Nutzers in den Kreis der privilegierten Zugangs- oder Nutzungsberechtigten die Geltung bestimmter Regeln vereinbart, deren Nichtbeachtung ultimativ zum Ausschluss des Nutzers vom Zugang führen kann, worin praktisch die ultimative Sanktion des missbilligten Verhaltens liegt.[645] Rechtliche Verbindlichkeit erlangen diese Vereinbarungen dadurch, dass sie in der

---

Diese Beschränkung beruht in der Regel auf dem für den Provider geltenden nationalen Recht und auf den Regeln der Registrierungsstelle, bei der der Provider die beantragten Domains anmeldet.

641 *Schuppert* in: Spindler, Internet-Provider, V Rn. 49 ff.

642 Dass dieser auch noch Dienste „rund um die Domain" offeriert, die für jeden der Teilnehmer nutzbar sind, unterstreicht noch die Geschlossenheit des Netzes.

643 Anders dagegen der bei *Lessig*, Code, S. 66 ff. beschriebene Fall von AOL, bei dem es gerade Sinn und Zweck des Dienstes ist, die Interaktion der Teilnehmer zu erleichtern und zu fördern. Nichtsdestotrotz herrscht auch in diesem Netz weitgehende Anonymität, da die Kommunikation mittels *ScreenNames* erfolgt, deren Zuordnung zu realen Personen vom Dienste-Anbieter strikt geheimgehalten wird. Obschon es sich um ein klassisches geschlossenes Netz handelt, besteht darin letztlich nur eine anonymisierte, virtuelle Community, die gerade auf die Vermeidung realer Bezugspunkte gerichtet ist. Eine Community ist es aber trotz allem, und genau das ist auch der Grund, warum das Verständnis der Internet Community oftmals missinterpretiert wird. Es handelt sich eben um eine virtuelle Community, die gerade nicht darauf aufbaut, reale Kontakte zu erzeugen.

644 *Christiansen*, MMR 2000, 123, 124; *Johnson*, Lawmaking and Law Enforcement in Cyberspace, http://www.cli.org/DRJ/make.html.

645 *Christiansen*, MMR 2000, 123, 125.

realen Welt unter Verifizierung der Identitäten vertraglich abgesichert werden können, wobei - wie zu zeigen sein wird[646] - diese Absicherung für die Selbstregulierung selbst keine Rolle spielt. JOHNSON bezeichnet solche Vereinbarungen zurecht als Knebelverträge (*contracts of adhesion*), gibt jedoch richtigerweise auch zu bedenken, dass die Vielfalt der Anbieter mit ihren unterschiedlichen Bedingungen dem Nutzer gleichwohl eine echte Wahl lässt.[647] Die Verankerung der Online-Regeln in der vertraglichen realen Welt bedeutet damit noch nicht zwangsläufig ihren Bestand vor einem ordentlichen Gericht.[648] Richtig ist jedoch, dass der jeweilige Provider üblicherweise mittels netzspezifischer Mittel die Durchsetzung der Regeln sicherstellen kann,[649] etwa durch die Installation von Softwarefiltern zur Unterdrückung unerwünschter Kommunikation oder ultimativ durch Sperrung des Zugangs für den betroffenen Nutzer. Diese netzbasierten technischen Sanktionsmittel bewirken eine hoheitsgleiche Machtposition des Providers. CHRISTIANSEN spricht in diesem Zusammenhang von einer eigentumsgleichen Beherrschung des Netzes, die dem Provider die Implementation eigener Regeln ermöglicht.[650] Begrenzt wird diese Stellung insbesondere durch die Kräfte des Marktes. Für die Selbstregulierung ist die konkurrierende Tätigkeit des Providers einer der Hauptaspekte bei der Sanktionierung von Nutzerverhalten.

Der zweite Grund für die leichtere Regulierbarkeit geschlossener Netze liegt in der strukturellen Ausgeglichenheit der Teilnehmer. Innerhalb geschlossener Netze besteht zumindest die Chance, dass unter den Teilnehmern eine gewisse Homogenität der Interessenlage besteht. Deckt sich diese Interessenlage mit den aufgestellten Regeln, lässt sich ein hoher Grad von Akzeptanz und Durchsetzung der Regeln erwarten.

(2) *Offene Netze*

Im Gegensatz zu geschlossenen Netzen sind der Zugang zu und die Teilnahme an offenen Netzen frei. Offene Netze sind somit unabgegrenzte Gebilde der Interaktion einer unbestimmten Vielzahl von Nutzern ohne Gemeinsamkeiten außer der Teilnahme an dem offenen Netz an sich.

---

646 Siehe zur der Durchsetzung der Selbstregulierung unten C.II.

647 *Johnson*, Lawmaking and Law Enforcement in Cyberspace, http://www.cli.org/DRJ/make.html. Siehe auch *Petri/Göckel*, CR 2002, 329, 331.

648 Dies übersieht *Christiansen*, MMR 2000, 123, 125, indem er ohne weiteres die gerichtliche Vollstreckbarkeit der Regeln unterstellt.

649 *Christiansen*, MMR 2000, 123, 125, spricht in diesem Zusammenhang treffend von dem „Flaschenhals der Zugangsrestriktionen", der eine Kontrolle der Teilnehmer ermöglicht.

650 *Christiansen*, MMR 2000, 123, 125.

Die Selbstregulierung in offenen Netzen ist deshalb ungleich problematischer, weil die legitimierenden Gemeinsamkeiten fehlen. Die Vereinbarung von Regeln in offenen Netzen beruht ausschließlich auf einer entsprechenden Bereitschaft der Nutzer, da mangels Zugangskontrolle eine Sanktion für Missverhalten nicht wirksam werden kann. Netzinterne Kontrollmechanismen wie Softwarefilter lassen sich in einem offenen Netz leicht umgehen, und sei es durch den Anschluss neuer, ungefilterter Netzkomponenten. Ein offenes Netz stellt insofern eine Herausforderung für die Selbstregulierung dar, als es in besonderer Weise auf den Willen der Beteiligten ankommt, die aufgestellten Regeln anzunehmen und zu respektieren.

(3) Qualifikation des Internets

Das Internet an sich ist ein loser Verbund einer Vielzahl eigenständiger Netzwerke.[651] Zugangsregeln für die Teilnahme und Teilhabe am Internet bestehen schon deshalb nicht, weil es keine Autorität im Internet gibt,[652] die solche Regeln aufstellen könnte. Die oben[653] erwähnte Institution ICANN regelt ausschließlich technische Fragen zur Daten-Navigation im Internet, um dessen Kommunikationsfähigkeit insgesamt sicherzustellen. Mit dem Zugang und der Teilhabe an sich hat das jedoch nichts zu tun. Eine zentrale Internet-Autorität dieser grundlegenden Funktion existiert nicht.

Das Fehlen von Zugangsregeln qualifiziert das Internet auf den ersten Blick folglich als offenes Netz. Eine genauere Betrachtung führt jedoch zu der Erkenntnis, dass zumindest die einzelnen Teilnetzwerke, die in ihrer Gesamtheit das Internet bilden,[654] weitestgehend geschlossene Netze im Sinne obiger Charakteristik[655] darstellen. Die einzelnen Service Provider, die diese Netzwerke beherrschen, steuern und beschränken durch die Vereinbarung von Verhaltensregeln mit ihren Teilnehmern deren Zugang zum Teilnetz und von dort ausgehend zum Internet. Wie oben erwähnt, sichert jedoch die Vielzahl der Anbieter eine adäquate Auswahlmöglichkeit für den Nutzer.[656] Für den Teilnehmer bildet das Teilnetz den Schlüssel zum Internet, weil erst der Zugang zum Teilnetz den Zugang ins (weitere) Internet vermittelt.

---

651 Das Internet besteht genau genommen nur als Bezeichnung für die miteinander verbundenen TCP/IP-Netzwerke in ihrer Gesamtheit. Siehe dazu auch schon oben, A.III.

652 *Christiansen*, MMR 2000, 123, 125.

653 Siehe oben, C.

654 Siehe oben, A.III.

655 Siehe C.I.2.c(1).

656 C.I.2.c(1). Siehe auch *Petri/Göckel*, CR 2002, 329, 331. Zu Providerverträgen generell *Spindler* in: Spindler, Internet-Provider, IV.

Die strukturelle Ordnung des Internets beruht dabei auf einer gewissen Beherrschungs-Hierarchie, angefangen beim Nutzer, über dessen Provider, bis hin zum Betreiber des jeweiligen *backbone*.[657] Die jeweils nächsthöhere Instanz steuert durch die Aufstellung von Regeln den Zugang für die nächstniedrigere Instanz. Die *backbones* des Internets befinden sich in diesem System hierarchisch gesehen auf einer obersten Ebene, in der die Gleichwertigkeit und der partnerschaftliche Zusammenschluss im Vordergrund stehen. Die Interaktion dieser *backbones* sichert die Kommunikation im Internet auf einer rein physischen Ebene.[658] Das *Peering* genannte Zusammenschalten von öffentlichen (Teil-) Netzen ohne gegenseitige Verrechnung des verursachten Verkehrs[659] kennzeichnet diese partnerschaftliche Form der Zusammenschlusses am deutlichsten. Der Anschluss eines weiteren *backbones* etwa dient der Kommunikationsfähigkeit aller, weil die Bandbreite erhöht wird und neue Kommunikationswege eröffnet werden. Das Do-ut-des der Anfangstage des Internets hat sich damit zumindest auf der Ebene der *backbones* bis heute erhalten.[660] Aus dieser technischen Sicht handelt es sich beim Internet tatsächlich um ein offenes Netz, das sich aus einer Vielzahl geschlossener Netze zusammensetzt.

---

657 Zu den Betreibern dieser *backbones* siehe insb. *Petri/Göckel*, MMR 2002, 329 ff., 418 ff.

658 In Deutschland heißt der Zusammenschluss der kommerziellen *backbones* „Deutscher Commercial Internet Exchange" kurz: DE-CIX (http://www.decix.com). Dem gegenüber steht das von den Universitäten und Forschungseinrichtungen betriebene Deutsche Forschungsnetz DFN.

659 Siehe zu dieser Def. *Petri/Göckel*, CR 2002, 418. Dabei unterscheidet man zwischen *Public* und *Private Peering*, wobei Ersteres für die Verknüpfung mehrere *backbones* steht, Letzteres dagegen die bilaterale Zusammenschaltung der *backbones* zweier in der Regel gleich großer Provider meint.

660 Die zunehmende Kommerzialisierung des Internets markierte einen deutlichen Bruch zu der früheren, dem Do ut des-Prinzip verhafteten Nutzung durch die Pioniere des Internets. Jeder Teilnehmer war in den Anfängen des Internets zugleich Anbieter und Nutzer. Die Kommunikation funktionierte nur, weil jeder angeschlossene Rechner auch fremde Daten weiterleitete. Diese Bereitstellung der eigenen Ressourcen war die praktische Gegenleistung für die Benutzung fremder Ressourcen bei der Übermittlung der eigenen Daten. In diesem System war jeder gleich und das Do-ut-des brachte tatsächliche Vorteile für alle. Im Zuge der massenhaften Nutzung des Internets kamen jedoch immer neue Teilnehmer dazu, die mittels eines Access Providers nur noch Nutzer waren. Für den Provider war die Kommunikation allerdings nicht mehr kostenlos, weil er nicht zum privilegierten subventionierten Kreis der zumeist universitären Pioniere gehörte. Damit war das Gleichgewicht von Anbietern und Nutzern verschoben, das Do-ut-des konnte nicht mehr funktionieren. Siehe dazu ausführlich *Rehbinder* in: Hilty, S. 87, 107 f.

(4) *Qualifikation des DNS und des* country code *TLD Space*

Die Vergabe der *country code* TLDs ist in der Regel einer Domain-Verwaltung übergeben,[661] bei der ihrerseits eine Vielzahl von Providern (Registrare) die eigentlichen Registrierungen vornehmen.[662] Voraussetzung der Registrierungsfähigkeit des Providers ist seine Zulassung (Akkreditierung) bei der entsprechenden *cc*TLD-Verwaltung. Auf diese Weise kann die Verwaltung den Providern Verhaltensregeln vorgeben und deren Registrierungsfähigkeit kontrollieren. Diese Struktur qualifiziert die jeweilige *cc*TLD als geschlossenes Netz.

Das DNS selbst wiederum wird umfassend von ICANN kontrolliert und gesteuert, wobei ein offener Streit besteht zwischen der eigentlich nur für die *generic* TLDs zuständigen ICANN und den einzelnen *cc*TLDs Länder-Registraren.[663] Wie dargestellt,[664] ist die Zuständigkeit für die einzelnen TLDs nach generischen und länderspezifischen getrennt, wobei sich ICANN neben der Verwaltung der *g*TLDs auch als oberste Instanz für den Domain-Raum insgesamt - also einschließlich der *cc*TLDs - versteht.[665] Die *cc*TLDs Vergabestellen betrachten sich dagegen als eigenständige und allein verantwortliche Instanzen für die Wartung und Steuerung ihrer jeweiligen TLD. Nach dieser Sicht der Dinge würde das DNS somit aus weitgehend separaten Teilnetzen - den *generic* und *country code* TLDs - bestehen. Problematischerweise kontrolliert ICANN jedoch die 13 wichtigsten *Domain Name Servers* weltweit (die sog. *Root Server*), die auch für die Lokalisierung der zuständigen *cc*TLD *Name Servers* bei einer Domain-Anfrage autoritativ sind. Diese Kontrolle ermöglicht es ICANN, in gewissen Grenzen eigene Regeln gegenüber den *cc*TLD Verwaltungen durchzusetzen.[666] Die Ebene

---

661 Siehe oben, A.III.4.c.

662 Siehe beispielhaft für die DENIC, oben A.III.4.c(1).

663 Siehe dazu „Streit um "Superregistry"", http://www.heise.de/newsticker/data/anw-03.02.02-004/ und „Europas Länderdomain-Manager wollen ICANNs Macht begrenzen", http://www.heise.de/newsticker/data/jk-23.06.03-000/.

664 Siehe oben, A.III.3.

665 Diese Verständnis beruht unter anderem darauf, dass ICANNs Existenz auf einen Vertrag mit dem US-Wirtschaftsministerium zurückgeht, das wiederum für sich die Zuständigkeit für das Internet und den Domainraum in Anspruch nimmt. Siehe oben, A. und A.III.4.b(1).

666 Diese Erfahrung mussten kürzlich eine ganze Reihe von Länder-Domain-Verwaltungen machen, die wegen des drohenden Betriebsendes des KPNQwest-Netzes in Europa zu technischen Umstellungen gezwungen waren. Dabei stellte sich heraus, dass sich rund 60 Domain-Verwaltungen auf *einen* Server von KPNQwest als Secondary Name Server aufgeschaltet hatten, der in dieser Funktion in ICANNs Root-Server Datenbanken eingetragen war. Die notwendige Änderung dieser Eintragungen beim Umzug auf einen neuen

der Domains stellt damit kein offenes Netz dar, da ICANN aufgrund der Kontrolle über die autoritativen Domain-Server eigene Regeln bestimmen und den Anschluss an das DNS von deren Anerkennung abhängig machen kann. Der von SASSEN in die Diskussion um die Souveränität im Internet eingebrachte Hinweis auf ICANNs Autorität[667] hat damit im Hinblick auf das DNS durchaus seine Berechtigung. Die Folge ist, dass auch das DNS als geschlossenes Netz anzusehen ist. Die Geschlossenheit des Netzes beruht hier auf einer technischen Komponente, dem Verbund der *Name Servers*.

d. Grundlegende Probleme der Anwendung selbstregulativer Systeme

Eines der Hauptprobleme der Selbstregulierung,[668] ihre (ggf. zwangsweise) Durchsetzung, ist an gesonderter Stelle[669] noch näher zu beleuchten. Auch inhaltlich wirft die Selbstregulierung jedoch in besonderer Weise Probleme auf. Zum einen geht es um die Frage des Minderheitenschutzes innerhalb der selbstregulierten Beziehung,[670] womit bei einer globalen Betrachtungsweise des Internet insbesondere der Schutz lokaler und regionaler Werte gemeint ist.[671]

Secondary Name Server wollte ICANN zum Anlass nehmen, einige Forderungen im Dienste der Kommunikationssicherung durchzusetzen, wie etwa die Übermittelung des regionalen Zonefile für eine technische Überprüfung. Aus Datenschutzgründen stehen insbesondere die europäischen Länderverwaltungen der Sammlung und Speicherung der Zone-Daten an einem Ort äußerst kritisch gegenüber, weil potentielle Spammer an diesen Daten ein großes Interesse hätten. Die ebenfalls betroffene DENIC wurde von den ICANN-Forderungen allerdings freigestellt, weil die de-Zone aufgrund ihrer Größe bei dem derzeit verwendeten Protokoll mittlerweile nicht mehr übermittelt werden kann. Nach Ansicht der DENIC handelt es sich bei diesem technischen Grund allerdings wohl um eine reine Schutzbehauptung (zit. bei „Länderdomain-Verwaltungen mit Problemen wegen KPNQuest-Pleite", http://www.heise.de/newsticker/data/jk-26.06.02-005/), der wahre Grund dürfte jedoch eher darin liegen, dass ICANN sich nicht mit den großen Domain-Verwaltungen anlegen möchte - und die deTLD ist mit deutlichem Abstand die größte *country code* TLD.

667 Siehe oben, C.

668 Ausführlich zu den Probleme der Selbstregulierung im Internet *Mankowski*, AfP 1999, 138, 140; *Osthaus*, AfP 2001, 13 ff.; *Roßnagel*, MMR 2002, 67, 69.

669 Siehe C.II.

670 *Mill*, On Liberty, S. 76, bringt dies in bemerkenswerter Weise auf den Punkt: „If all mankind minus one were of one opinion, mankind would be no more justified in silencing that one person than he, if he had the power, would be justified in silencing mankind".

671 Lokale und regionale Werte stellen, sofern die übrige Internet Community ihnen nicht folgt, eine Minderheit dar, die demokratischen Grundsätzen zufolge nach besonderem Schutz verlangen würden.

Eines der wesentlichen Problemfelder der Selbstregulierung ist zum anderen ihre Legitimation und ihr Verhältnis zu staatlichem Recht, wenn einzelne Beteiligte selbstregulative Entscheidungen anzugreifen versuchen, um ihre Durchsetzung abzuwehren.[672] Das Verlassen der Konsensbindung führt eigentlich zur Aufhebung der Geltung der Selbstregulierung zwischen den Beteiligten, da der Konsens als Grundlage der Bindung entfällt. Andererseits darf die einseitige Lossagung von den selbst geschaffenen Regeln nicht ohne weiteres zur Bedeutungslosigkeit der Selbstregulierung führen, da eine Durchsetzung der Selbstregulierung außerhalb konsensualer Beziehungen dadurch unmöglich würde. Der Staat wiederum muss selbstregulierten Beziehungen grundsätzlich neutral gegenüberstehen, d.h. eine *rechtliche* Überprüfung durch ordentliche Gerichte kann nicht in Betracht kommen. Wenn die Beteiligten ihre Beziehung konsensual außerhalb staatlichen Rechts regeln und bewusst auf den Schutz des Staates bei der Ausgestaltung der Regeln verzichten, kann ein Meinungsumschwung eines Beteiligten nicht zu einer Beurteilung und Bewertung der Beziehung anhand staatlichen Rechts führen. Dies wäre ein systematischer Bruch in der Regulierungslehre und ein Widerspruch zu der staatlichen Garantie selbstregulativer Gestaltungsmöglichkeiten.

(1) Legitimation

Oft wird behauptet, der Selbstregulierung fehle die demokratische Legitimation.[673] Diese Kritik greift in ihrer Pauschalität jedoch viel zu kurz. Zu bedenken ist, dass selbstaufgestellte Regeln dem klassischen Bild der Demokratie letztlich viel näher kommen, als die staatliche Gesetzgebung durch gewählte Volksvertreter. Nicht ein Abbild der Gesellschaft, sondern die Gesellschaft selbst - zumindest der von den Regeln betroffene Ausschnitt - schafft sich hier Regeln, nach denen sich ihr Verhalten richten soll. Zuzugeben ist der Kritik jedoch, dass nicht klar ist, ob in dem sich selbstregulierenden Ausschnitt der Gesellschaft tatsächlich alle Kräfte an der Regelfindung teilhaben oder ob letztlich auch dort nur eine Minderheit über den Rest dominiert. Dies jedoch ist nicht ein Problem der Legitimation, sondern der Wahrung eines rudimentären Minderheitenschutzes.[674] Der Vorschlag, den Legitimationsverlust durch pluralistisch zusammengesetzte Kontrollgremien für die Selbstregulierung auszugleichen,[675] greift jedoch deutlich zu weit und kann nur für die regulierte Selbstregulierung in

---

672 Siehe dazu auch unten, C.II.3.

673 *Roßnagel*, MMR 2002, 67, 69; *Hoeren*, NJW 1998, 2849, 2852 f.

674 Dazu sogleich, C.I.2.d(2).

675 *Rossen-Stadtfeld*, AfP 2004, 1, 6.

Betracht kommen. Denn nur in diesem Bereich ist eine „äußere" Kontrolle denkbar, weil es dort darauf ankommt, den hoheitlich abgesteckten Rahmen der Regulierung einzuhalten und zu garantieren. Für die echte Selbstregulierung dagegen würde jedes Kontrollorgan, das nicht unmittelbar aus dem Kreis der Regulierungssubjekte hervorgeht, einen fundamentalen Bruch des Systems darstellen, so dass eine solche Steuerung nicht mehr als Selbstregulierung zu bezeichnen wäre.

Der Grund für die Möglichkeit der Selbstregulierung ist letztlich in der Privatautonomie zu finden,[676] die ihrerseits verfassungsrechtlich geschützt ist.[677] Privatautonomie ist die rechtliche Möglichkeit willkürlicher Selbstgestaltung durch die Beteiligten.[678] Die Geltung privatautonomer Regeln beruht ausschließlich auf Vereinbarung[679] und Konsens.[680] Dies ist insofern problematisch, als es in vielen Bereichen gesellschaftlichen Lebens gerade auf die Geltung der Regeln gegenüber *allen* Beteiligten ankommt, so etwa, wenn es um die Wahrnehmung öffentlicher Aufgaben im Internet oder die Durchführung staatlicher Verfahren geht.[681] Der Aspekt der Vereinbarung enthält eine diesem Anspruch der Allgemeingeltung entgegenstehende Komponente der Freiwilligkeit. Diese Freiwilligkeit wiederum würde hier zu einem unübersichtlichen System von Selbstregulierung und Nichtregulierung führen, das der Durchsetzung der Selbstregulierung letztlich nur schaden kann. Ein Anreiz, sich der Selbstregulierung freiwillig zu unterwerfen, kann so nur durch externe Vorteile erreicht werden. Oder aber es existieren echte Zugangsbarrieren (wie etwa in Gestalt der *Root Servers* der ICANN), die dessen Administrator die Durchsetzung seiner Regeln erleichtern. Diese Möglichkeit einer Bindung ist das entscheidende Merkmal geschlossener Netze.[682]

Im Ergebnis kommt es damit auf die Interessen der Beteiligten an, die auf konsensueller Basis die Geltung der eigenen Regeln anerkennen. Wenn dazu ein durch Zugangsbarrieren verwirklichtes Durchsetzungsmittel tritt, kann dies die Selbstregulierung nur stärken.

---

676 *Herzog* in: Maunz/Dürig, GG, Art. 20 I Rz. 47.

677 BVerfGE 89, 214, 231; *v.Münch* in: v.Münch/Kunig, GG^5 , Vorb. Art. 1-19 Rn. 30 f.; *Kannengießer* in: Schmidt-Bleibtreu/Klein, GG^9, Vorb.v. Art. 1 Rz. 25b;

678 *Bydlinski*, AcP 180 (1980), 1, 33.

679 *Roßnagel*, MMR 2002, 67, 69.

680 *Christiansen*, MMR 2000, 123, 125. Siehe auch *Karitzki* in: Zöller, S. 110, 111, der dies für die hier eng verwandten, im Vordringen begriffenen Nichtregierungsorganisationen (NGOs) feststellt.

681 *Roßnagel*, MMR 2002, 67, 69.

682 Dazu siehe oben, C.I.2.c(1).

(2) *Schutz lokaler Werte und Minderheiten*

Selbstregulierung als Konsenssystem verlangt eine faire Balance der beteiligten Interessen. Die Schwierigkeit dabei ist ein gesellschaftliches Grundproblem, nämlich der Ausgleich widerstreitender Interessen unter angemessener Wahrung eines Minderheitenschutzes. Selbstregulierung ist für Ungleichgewichte dieser Art besonders anfällig, weil ein abstraktes Medium der Überwachung - der Staat - fehlt. Auch wenn die Selbstregulierung grundsätzlich auf einer Konsensbindung beruht, kann gerade für Minderheiten ein gewisser Zwang zur Beteiligung an der Selbstregulierung unter Zurückstellung entgegenstehender Interessen bestehen. Die Minderheit wird in diesem Fall von der Selbstregulierung erfasst, und dennoch nicht in hinreichendem Maße berücksichtigt.

Gerade weil Selbstregulierung privates Engagement voraussetzt, besteht die Gefahr, dass dieses Engagement nicht uneigennützig und zum Wohle der Gesamtheit ausgeübt wird, sondern mehr oder weniger offen individuelle Interessen verfolgt werden. Zumeist setzen sich bekanntlich die wirtschaftlichen Interessen des Stärksten in der Gemeinschaft durch.[683] Die Selbstregulierung funktioniert jedoch nur, wenn eigennützige Interessen weitestgehend zurückgestellt werden, um entsprechend dem demokratischen Mehrheitsgedanken die Interessen der Gesamtheit zu berücksichtigen. Der notwendige Konsens ist dabei zwar eine Hilfe, jedoch - wie dargestellt - keine Garantie für eine ausgewogene Regelung.

Dies beruht auch darauf, dass die Minderheit ungenügend Gehör findet und im Zuge der Durchsetzung der Mehrheitsmeinung vernachlässigt wird. Dies im demokratischen Staat zu verhindern und die Minderheit gebührlich zu berücksichtigen, ist in der Regel ein wesentlicher Grundsatz der Verfassung des betreffenden Staates. Bei der Selbstregulierung fehlt ein solches grundlegendes Regelwerk, so dass der Konsens die ausschließliche Grundlage der Regulierung darstellt.

Problematisch ist in diesem Zusammenhang deshalb die Sicherstellung einer gewissen Interessenrepräsentativität bei der Aufstellung der Regeln, um Individual- und Minderheitsinteressen hinreichend zu berücksichtigen. Auch diese Fähigkeit wird der Selbstregulierung - zu Unrecht - pauschal abgesprochen.[684] Grundsätzlich ist die Selbstregulierung nämlich offen für die Partizipation aller, auch wenn die Regeln in der Praxis nur durch einige wenige formuliert werden. Richtig ist allerdings, dass es auch in der Selbstregulierung letztlich um die Durchsetzung von Interessen geht. Auch hier

---

[683] *Roßnagel*, MMR 2002, 67, 69.

[684] Siehe *Mankowski*, AfP 1999, 138, 140; *Roßnagel*, MMR 2002, 67, 69.

setzt sich im Ergebnis die Mehrheit gegenüber der Minderheit durch, allerdings mit der wesentlichen Besonderheit, dass die Minderheit prinzipiell frei ist, die entstandenen Regeln nicht anzuerkennen. Denn ein wichtiger Aspekt der Selbstregulierung liegt darin, dass sie nur gegenüber denjenigen wirkt, die sich ihr unterworfen haben. Eine Allgemeingeltung, wie sie Gesetzen zukommt, kann schon wegen der fehlenden Hoheitsfunktion nicht bestehen.[685] Der erwähnte Zwang für Minderheiten zur Beteiligung an der Selbstregulierung ergibt sich dagegen in der Regel aus Partizipationsvorteilen, deren Gewicht gegenüber den zurückgestellten Interessen aus Sicht der Minderheit eine Präferenz verlangt.

e. Die *Lex Mercatoria* als Vorbild einer Selbstregulierung des Internets

Als Vorbild für die Diskussion der Selbstregulierung des Internets wird weithin die *Lex Mercatoria* angeführt.[686] Die *Lex Mercatoria* ist eine Zusammenfassung von Handelsbräuchen in Form eines Regelwerkes, das zumeist als Grundlage internationaler Handelstransaktionen vereinbart wird.

Die *Lex Mercatoria* entstand im Mittelalter, als es möglich wurde, Handel über die Grenzen einer Hoheitsgewalt hinaus zu treiben. Dabei wurden mit der Überschreitung von Grenzen erstmals unterschiedliche Rechtsordnungen für die Handelsbeziehung relevant. Dies belastete die Entwicklung grenzüberschreitender Transaktionen, weil der Kaufmann nun nicht mehr nur die eigene Rechtsordnung, sondern auch die des Ziellandes und womöglich die der Durchgangsländer zu berücksichtigen hatte. Die Lösung dieses Problems lag in der Schaffung eigenständiger Regelungen für grenzüberschreitende Handelsbeziehungen. Die beteiligten Souveräne verzichteten auf eine Einflussnahme, weil der Handel zur damaligen Zeit eine eher geringe Bedeutung hatte und sich gerade erst entwickelte. Haupteinnahmequelle und wichtigstes Wirtschaftsgut war zu dieser Zeit das Land. Handelsstreitigkeiten wurden in sog. *merchant courts* geregelt, in deren Verfahren nur die „gute Handelssitte" als Maßstab galt. Die normale Gerichtsbarkeit dagegen war in erster Linie für Streitigkeiten über Land zuständig, so dass es in der Regel auch nicht zu Überschneidungen mit der Handelsgerichtsbarkeit kommen konnte.[687]

Die *Lex Mercatoria* war ein Satz von Regeln der Handelssitte, die auf die Händler selbst zurückgingen.[688] Das übereinstimmende Verständnis der

---

685 *Roßnagel*, MMR 2002, 67, 69.

686 Auch als „law merchant" bezeichnet, *Jung*, GRUR Int. 1998, 841, 843.

687 *Mefford*, Indiana Journal of Global Legal Studies, Volume 5 (1) 1997, p.211ss, III. A.

688 *Burnstein* in: Boele-Woelki/Kessedjian, S. 23, 28f.

Händler von Recht und von dem, was im internationalen Handel gute Sitte sein sollte, war die Grundlage dieses Regelwerkes. Das fehlende Interesse der Hoheitsträger war ein hilfreicher Aspekt bei der Entwicklung der Regeln und ihrer Durchsetzung auf freiwilliger Basis.

Als Fortschreibung und Nachfolger der *Lex Mercatoria* lässt sich heute die *United Nations Convention on Contracts for the International Sale of Goods* (1980) verstehen,[689] auch wenn der Aspekt der Selbstregulierung bei diesem Regelwerk bereits zurückgedrängt ist.

f. Selbstregulative Ansätze im Internet außerhalb des DNS

Abgesehen von den bereits angedeuteten, noch näher darzulegenden selbstregulativen Ansätzen bei der Domain-Vergabe und deren Streitlösung finden sich auch auf anderen Gebieten im Internet eine Vielzahl selbstregulativer Initiativen, etwa beim Verbraucherschutz und der Inhaltskontrolle.

(1) Netiquette

Die sog. *Netiquette* ist das wohl erste Beispiel einer Selbstregulierung im Internet.[690] Gemeint sind damit bestimmte Verhaltensregeln für den Umgang mit anderen Nutzern im Netz und bei der Inanspruchnahme der Internetressourcen. Entstanden sind diese Regeln ursprünglich im Usenet, einem Vorläufer der heutigen Chat-Rooms, das heute in Form der Newsgroups fortbesteht.

Die *Netiquette* war die Antwort auf die durch steigende Teilnehmerzahlen zunehmend unübersichtlicheren Zustände in den *newsgroups, bulletin boards* und Chatforen des frühen Internets. Die halb-anonyme Teilnahme in diesen Diskussionsgruppen verleitete einige Nutzer dazu, jegliche herkömmlichen Benimmregeln abzulegen und ein Verhalten zu pflegen, das in der „realen Welt" in krassem Gegensatz zu gesellschaftlichen Konventionen stehen würde. Die *Netiquette* sollte dieser Entwicklung Einhalt gebieten, indem sie einen Satz von Regeln für gutes Online-Benehmen für die Teilnehmer aufstellte, quasi eine Art „Online-Knigge". Die Durchsetzung der Regeln wurde durch originär Internet-basierte Sanktionen sichergestellt.[691] Das ultimative Mittel – der Ausschluss des störenden Nutzers aus

---

[689] *Burnstein* in: Boele-Woelki/Kessedjian, S. 23, 29.

[690] Vgl. *F.Mayer*, NJW 1996, 1782, 1789, insb. Fn. 95.

[691] Zur Verdeutlichung sei hier nur auf das bekannte Beispiel der amerikanischen *law firm* „Canter & Siegel" verwiesen, die Anfang 1994 über 1,2 Millionen E-Mails an Internet-Nutzer verschickte, um ihre Dienste im Zusammenhang mit der amerikansichen *Green-Card-Lottery* anzubieten. Das Ergebnis waren 600.000 wütende Antworten, die die Mailbox der *law firm* hoffnungslos verstopften und damit jegliche E-Mail-Kommunikation der

der *newsgroup*, dem Forum etc. - kam dabei eher selten zur Anwendung. Verbreiteter waren die Sanktionsmittel *flaming*[692] und *mail-bombing*.[693]

Es zeigte sich bereits hier, dass die Beschränkung auf Technik-basierte Sanktionen für Internet-spezifisches Missverhalten durchaus eine erfolgreiche Strategie war. Die Frage von HOEREN zur Vereinbarkeit dieses „virtuellen Faustrechts" mit geltendem Recht[694] wird hier noch - in den richtigen Kontext gesetzt - zu beantworten sein.[695]

(2) Inhaltskontrolle

Selbstregulative Ansätze im Internet beschäftigten sich von jeher mit inhaltlichen Fragestellungen. Die *Netiquette* als erste Form selbstregulativer Initiativen im Internet war in erster Linie inhaltlichen Probleme gewidmet, etwa hinsichtlich der kommerziellen Werbung in *newsgroups* oder der Form der Meinungsäußerung an sich.[696]

Auch heute spielen selbstregulative Ansätze bei der Inhaltskontrolle eine wichtige Rolle. Zwar haben sich die Problemstellungen über die *newsgroups* hinaus mehr in Richtung des WWW verschoben, doch auch dort kommt es in besonderem Maße auf die private Initiative an.[697] Dies liegt nicht zuletzt an der von der Politik geforderten verstärkten Einbeziehung der Provider

---

Firma vorübergehend unmöglich machten. Obschon „Canter & Siegel" damit als Erfinder des *Cyberselling* gelten, ist ihr Ruf im Internet zumindest ruiniert.

692 Als *flaming* wird die üble Beschimpfung eines Teilnehmers in einem Newsforum etc. bezeichnet. Der Effekt liegt hier in der öffentlichen Anprangerung eines bestimmten Teilnehmers für sein Missverhalten.

693 *Mail-bombing* ist das Überhäufen eines E-Mail-Accounts mit einer Unzahl an (sinnlosen) Mails, bis der Mail-Server zusammenbricht bzw. der E-Mail-Account so voll ist, dass weitere Mails nicht mehr angenommen werden können. Gerade in Bezug auf Firmen bedeutet dies meist den elektronischen Exitus, die Firma ist elektronisch nicht mehr erreichbar. Das Kosten-Nutzen-Verhältnis bei dieser Art der Sanktion ist praktisch unübertroffen, denn die einzelne E-Mail hat faktisch keine relevanten Kosten, die Auswirkungen bei der Firma sind jedoch so gravierend, dass ein Abschreckungseffekt in Bezug auf künftige Kommunikation und Werbung überdeutlich eintritt. Massen-Werbe-E-Mails von großen Firmen sind deshalb mittlerweile die Ausnahme im Internet.
Siehe dazu auch *Ernst*, JuS 1997, 776, 778, der dieses „selbstjustizartige Sanktionsmittel" als unzulässig ablehnt, da dessen Grundlage - die *Netiquette* - mangels Einheitlichkeit und Verbindlichkeit kein Rechtfertigungsgrund sein könne. Mit dieser Argumentation wird sich unten - C.I.2.c. und C.II. - noch auseinanderzusetzen sein.

694 *Hoeren*, NJW 1998, 2849, 2853.

695 Siehe unten, C.I.2.c. und C.II.

696 Dazu gehören z.B. die Bedeutung der Großschreibung (Anschreien) und die Vermeidung von *bad language*.

697 Zu den Problemen hoheitlicher Regulierung im Internet siehe schon oben, C.I.1.b.

in die Regulierung des Internets durch die Aufstellung von Verhaltenskodizes u.ä.[698] In diesem Zusammenhang wird auch von „Co-Regulierung" gesprochen, um anzudeuten, dass sowohl staatliche Regelungen als auch selbstverpflichtende Initiativen der Provider bei der Bekämpfung von Kriminalität und illegalen Inhalten im Internet zusammenwirken sollen.[699]

(3) Verbraucherschutz

Nach der Ernüchterung in der IT-Branche Ende der 90er Jahre hat sich mehr und mehr die Erkenntnis durchgesetzt, dass nur durch die Gewinnung einer soliden Vertrauensbasis bei den Verbrauchern ein dauerhafter wirtschaftlicher Erfolg im Internet zu erreichen ist. In Anbetracht der Globalität des Internets und der logistischen Möglichkeiten sind Internet-Händler heute in der Regel nicht mehr auf nationale Absatzgebiete beschränkt, allerdings mit der Folge einer rechtlichen Verkomplizierung der Geschäftstätigkeit. Die Fülle ausländischer Verbraucherschutzvorschriften lässt sich für den Händler zumeist nur schwer und mit erheblichem Aufwand durchschauen, so dass die praktischen Möglichkeiten durch rechtliche Hindernisse geschmälert werden. Auf der anderen Seite führt allein die formale Geltung des eigenen Rechts für den ausländischen Händler beim Verbraucher noch nicht zu einem Vertrauensgewinn, da die Durchsetzung der eigenen Rechte im Ausland für den Verbraucher mit Unsicherheiten und Problemen verbunden ist. Hier besteht somit auf beiden Seiten der Bedarf für eine vertrauensfördernde Gestaltung der Verbraucherbeziehungen.

---

[698] Siehe dazu die „Entschließung des Europäischen Parlaments zu dem Evaluierungsbericht der Kommission an den Rat und das Europäische Parlament über die Anwendung der Empfehlung des Rates vom 24. September 1998 in Bezug auf den Jugendschutz und den Schutz der Menschenwürde" (KOM(2001) 106 - C5-0191/2001 - 2001/2087(COS)) vom 11.04.2002, in der sich das Parlament gegen die (hoheitlich veranlasste) Sperrung von Websites als Mittel zur Bekämpfung schädigender und illegaler Inhalte im Internet ausgesprochen hat. Vielmehr wird eine partnerschaftliche Zusammenarbeit zwischen der Internetbranche, den Regierungen und den nationalen und regionalen Behörden favorisiert, um eine effektive und nachhaltige Bekämpfung rechtswidriger und illegaler Inhalte zu ermöglichen.
Das Dokument ist unter der Nummer P5_TA(2002)0182 auf den Seiten des Europäischen Parlaments unter http://www.europarl.eu.int/ zu finden.
Siehe dazu auch „EU-Parlament gegen Webzensur und Site-Sperrung", http://www.heise.de/newsticker/data/jk-12.04.02-004/.

[699] Siehe dazu die Aussagen des Verbands der deutschen Internetwirtschaft, eco Forum e.V., unter http://www.eco.de/servlet/PB/menu/1015951/index.html zum Verständnis der Wirtschaft hinsichtlich ihrer Verantwortung im Bereich der Internet-Regulierung. Siehe dazu auch die ICRA-Initiative der großen Provider Deutschlands zur Einführung von automatisierten Filtersystemen, die den Einstufungen des BJuSchG entsprechen. Informationen zu dieser Initiative sind über beim eco Forum verfügbar, http://www.eco.de/.

Der globale Wettbewerb hilft dabei letztlich eindeutig dem Verbraucher, schließlich kann er aus einer Fülle von Anbietern weltweit denjenigen auswählen, zu dem er Vertrauen hat, etwa wegen dessen selbst auferlegter Verpflichtungen entsprechend bestimmten *guidelines*. Gleichwohl sind auch die wettbewerbsrechtlichen Konsequenzen solcher *guidelines* nicht zu übersehen. Die Großen im Netz werden auf diesem Wege versucht sein, kleinere Unternehmen zu verdrängen, indem sie vor dem Hintergrund ihrer finanziellen Potenz großzügige, verbraucherfreundliche Regeln für Reklamationen oder Kulanzfälle aufstellen, denen kleinere Händler nicht gewachsen sind.

g. Bewertung

Selbstregulierung als nicht-staatliche Regulierung hat den grundsätzlichen Vorteil, nicht an schwerfällige Entscheidungsfindungsgremien gebunden zu sein. Die nationale, rechtsstaatliche Gesetzgebung ist stets gebunden an formelle, mitunter jedoch übermäßig langwierige Verfahren. Dies deshalb, weil sichergestellt werden muss, dass die Rechtssetzung eines demokratischen Staates auf dem größtmöglichen Konsens beruht. Das starre Gesetzgebungsverfahren ist jedoch für bestimmte gesellschaftliche Probleme einfach unpraktikabel. Nicht jede Materie ist von solchem Gewicht, dass herkömmliche demokratische Abläufe mit Beteiligung verschiedener Kammern und Institutionen ausschließlich befugt sein sollten, diese zu regulieren. Es gibt durchaus Sachgebiete, und dazu gehört - entgegen aller kritischen Stimmen - zweifellos das Internet, die auf schnelle Entscheidungen angewiesen sind.

In diesem Bereich kann die Selbstregulierung problemadäquate, flexible Regelungen in kurzer Zeit schaffen.[700] Insbesondere die Akzeptanz unter den Regelungsadressaten wird dabei durch die Regelungsnähe höher sein als ein - wenn auch durch Lobbyarbeit mitgestaltetes - Gesetz es je erreichen wird, vor allem in Bezug auf das Internet. Ein ganz wesentlicher Punkt bei der Selbstregulierung ist zudem die Fähigkeit, unabhängig von Staatsgrenzen und Hoheitsgebieten eine Vielzahl von Nutzern zu erreichen. Dies reflektiert eines der Hauptmerkmale des Internets, die Ubiquität, und begegnet damit dem dargestellten hoheitlichen Regulierungsproblem der Disparität.[701]

---

[700] *Roßnagel*, MMR 2002, 67, 69. Ablehnend *Mankowski*, AfP 1999, 138, 139 f.

[701] Siehe oben, C.I.1.b(1).

II. Die Durchsetzung der Selbstregulierung im Internet

Ein wesentlicher Aspekt der Selbstregulierung, der mit dem Problem der Vereinbarung[702] eng verknüpft ist, ist die Frage der Durchsetzung der Regeln unter den Teilnehmern. Zum einen geht es dabei um die Lösung aufkommender Streitigkeiten im Rahmen der Selbstregulierung, zum anderen um die Durchsetzung dieser Lösung gegenüber den Betroffenen.

1. Streitlösung

Auch in selbstregulierten Systemen bleiben Beurteilungsdifferenzen nicht aus, so dass Streitlösungsmechanismen gefordert sind, die für die Anwendung und Durchsetzung der Regeln gegenüber den Teilnehmern sorgen. Die beschriebene Autonomie der echten Selbstregulierung erfordert ein originär selbstregulatives Regime der Streitlösung, das auf staatliche Gerichte nicht zurückgreifen kann. Aus diesem Grund lassen sich auch die Regeln der ZPO-Schiedsgerichtsbarkeit nicht anwenden, da die Beteiligung des Staates an diesen Regeln durch die Schaffung des in der ZPO verankerten Rahmens bei der echten Selbstregulierung nicht in Betracht kommt.

Bei der Selbstregulierung wird üblicherweise die Unterwerfung unter einen besonderen Streitlösungsmechanismus - die sog. selbstregulierte Streitlösung - vereinbart, dessen Regeln integraler Bestandteil der Selbstregulierung sind. Diese Regeln umfassen zumeist sowohl Verfahrensfragen, wie etwa die Bestellung eines Experten als Streitlöser, als auch die Definition bestimmter Auslegungskriterien für Erklärungen oder Nachweise der Beteiligten im Konfliktfalle. Dies sorgt zum einen für Transparenz im Hinblick auf die entscheidungsrelevanten Kriterien und gleichzeitig für eine gesteigerte Anerkennung der Selbstregulierung insgesamt, indem eine gewisse Sicherheit und Vorhersehbarkeit der Entscheidungen bezüglich zukünftiger Streitfälle geschaffen wird. Die Festlegung von Regeln, denen die Streitlösung zu folgen hat, unterscheidet den selbstregulierten Mechanismus deshalb von herkömmlichen Schiedsgerichten, die in der Regel bei der Gestaltung ihres Verfahrens frei sind.[703]

2. Sanktionsmechanismen und Zwangsmittel

Der Selbstregulierung fehlt im Gegensatz zu hoheitlicher Regulierung die Möglichkeit, mit Zwang auf die Nichtbeachtung von Regeln zu reagieren.[704] Die schärfste Waffe der Selbstregulierung - der Ausschluss des

---

[702] Siehe dazu oben, C.I.2.c.

[703] *Schütze/Tscherning/Wais*, Hdb. d. Schiedsverfahrens², Rn. 5 (S. 4)

[704] *Roßnagel*, MMR 2002, 67, 69.

„Delinquenten“ aus der selbstregulierten Gruppe – ist letztlich nur ein stumpfes Schwert, wenn damit nicht weitere Nachteile einhergehen. Denn ob die Teilhabe und Beteiligung an der Selbstregulierung tatsächlich ein Vorteil ist, ist abstrakt gesehen zweifelhaft und hängt im Einzelfall von deren Regeln und den Intentionen des betroffenen Teilnehmers ab. Eine effektive Durchsetzung der Selbstregulierung bedarf deshalb genuin selbstregulativer Mittel, die von den Beteiligten auch als nachteilig empfunden werden.

Es kommt deshalb, worauf HOEREN maßgeblich abstellt, jedenfalls bei der echten Selbstregulierung auf die Vereinbarkeit des „virtuellen Faustrechts“ mit geltendem Recht nicht wirklich an.[705] Auch ERNST argumentiert eher aus der Perspektive der regulierten Selbstregulierung, wenn er aufgrund fehlender Einheitlichkeit und Verbindlichkeit die *Netiquette* als Rechtfertigungsgrund für die daraus folgenden Sanktionen ablehnt.[706] Es geht bei der hier betrachteten echten Selbstregulierung gerade nicht darum, die selbstregulativen Sanktionen staatlichem Recht oder staatlichen Prinzipien zu unterstellen. Die Legitimation der Selbstregulierung und ihrer Durchsetzungsmittel kann nur aus sich selbst heraus erfolgen, die Frage der Rechtskonformität stellt sich nach dem hier zugrundegelegten Verständnis nicht.[707]

Gerade in Bezug auf technische Durchsetzungssysteme wird von einigen die Frage nach der Legitimität entsprechender Verfahren gestellt.[708] Gleichwohl spielt auch hier die Rechtskonformität keine Rolle, weil diese technischen Sanktionen in der Selbstregulierung selbst wurzeln und mit dieser als für die Beteiligten maßgeblich anerkannt wurden. Die Legitimität kann nur dann von Bedeutung sein, wenn die Selbstregulierung auf staatliche Mitwirkung angewiesen ist bzw. deren Respektierung bedarf. Die Feststellung von HOEREN, dass Technik nur ein „Faktum“ sei und keine Legitimität aus sich heraus beanspruchen könne, berücksichtigt nicht die Möglichkeiten der Technik und Technikbeherrschung, selbstregulative Prozesse zu sanktionieren. Es geht mithin nicht darum, die technik-basierte Regulierung innerhalb der Rechtsordnung zu verankern,[709] sondern die selbstregulativen Sanktionsmittel ohne Beteiligung staatlichen Zwangs

---

[705] *Hoeren*, NJW 1998, 2849, 2853.

[706] *Ernst*, JuS 1997, 776, 778.

[707] Anderem Verständnis folgend wohl *Hoeren*, NJW 1998, 2849, 2852. Ausgenommen sei auch hier natürlich das Ordnungsrecht, das in jeder sozialen Beziehung zur Anwendung kommen muss. Siehe dazu schon oben, C.I.2.a(1).

[708] Siehe nur *Hoeren*, NJW 1998, 2849, 2853.

[709] So der Ansatz von *Hoeren*, NJW 1998, 2849, 2853.

wirken zu lassen. Staatliche Anerkennung und Unterstützung ist der (echten) Selbstregulierung gerade fremd.[710]

Die Antwort der Selbstregulierung auf die Frage der Durchsetzung durch Zwang ist nicht von der Seite der Legitimität in Verbindung mit hoheitlicher Mitwirkung zu beleuchten, sondern autonom aus der Selbstregulierung heraus. Für das Internet bieten sich insbesondere Technik-basierte Zwangsmittel an, denn gerade im Internet tritt die Dominanz der Technik im gesellschaftlichen Verhalten besonders deutlich hervor. Der gesamte Interaktionsraum Internet konstruiert sich ausschließlich über die Verknüpfung virtueller Systeme, so dass die Überlegung in den Vordergrund rückt, ob nicht auch die Antwort auf die Frage der Bindungswirkung und Durchsetzungskraft in der Technik zu suchen ist.[711] Technische Verfahren helfen bereits heute, bestimmte juristische Probleme zu lösen.[712] Die Möglichkeiten effektiver Verhaltenssteuerung durch Technik-basierte Sanktionsmechanismen sollten deshalb nicht vorschnell verneint werden.

Die juristischen Fallstricke, die HOEREN in der Regulierung durch Technik statt Recht ausgemacht haben will, stellen sich bei näherer Betrachtung als kaum haltbar heraus. HOEREN problematisiert die „technizistischen Modelle"[713] pauschal anhand des ersten deutschen Signaturgesetzes,[714] demzufolge privatrechtlich organisierte Einrichtungen für die elektronische Zertifizierung zuständig sind und dabei durchaus in die Situation kommen können, Akte der Verwaltung zu zertifizieren. Hier meint HOEREN ein Legitimitätsproblem in verwaltungsorganisationsrechtlicher Hinsicht auszumachen.[715] Dem kann nur widersprochen werden. Der Zertifizierer bestätigt nicht den Verwaltungsakt, sondern lediglich und ausschließlich die Herkunft der elektronischen Kommunikation, die den in der Realität erlassenen Verwaltungsakt in die virtuelle Welt portiert. An dieser Stelle liegt in der Verwendung der Technik kein Legitimitätsproblem, denn die Technik hat hier sogar nur eine Authentifizierungsfunktion hinsichtlich des Ausstellers des Verwaltungsakts - auf einer rein virtuellen Ebene wohlgemerkt. Die

---

[710] Siehe oben, C.I.2.a(1).

[711] *Hoeren*, NJW 1998, 2849, 2853, denkt dies zwar an, bewertet es letztlich jedoch anhand des deutschen Signaturgesetzes von 1997 als äußerst problematisch.

[712] Angesprochen sind hier etwa die im Urheberrecht durch die „Kopiermaschine Internet" entstandenen Probleme der Vervielfältigung und Verbreitung, die sich durch *Digital Watermarks* u.ä. zumindest zurückverfolgen lassen, *Hoeren*, NJW 1998, 2849, 2853. In diesen Kontext fällt auch die aktuelle Diskussion um das sog. *Digital Rights Management* DRM.

[713] *Hoeren*, NJW 1998, 2849, 2853.

[714] Siehe dazu *Hoeren*, NJW 1998, 2849, 2853.

[715] *Hoeren*, NJW 1998, 2849, 2853.

dienende Rolle der Technik in diesem Fall als Regulierung zu bezeichnen, verwechselt Äpfel mit Birnen. Das Stichwort Regulierung durch Technik ist in diesen Fällen fehl am Platze.

Gerade bezogen auf das Internet geht es nicht darum, die Technik legitimatorisch (einzel-) staatlichem Recht unterzuordnen, sondern - aus der Erkenntnis der greifbaren Schwächen staatlicher Regulierung im Internet[716] heraus - die Regulierung selbst auf die Technik zu stützen, unabhängig von staatlicher Einflussnahme. Denn es stellt sich - anknüpfend an das Community-Problem im Internet[717] - an diesem Punkt die Frage, ob nicht gerade über die Technik eine grundlegende Geschlossenheit im Internet begründet werden kann, so dass die Wirksamkeit selbstregulativer Zwangsmittel - etwa bei der Verwendung von Zugangsbarrieren als Garant für die Geltung der Regeln - gesichert werden kann. Und genau hier liegt die Antwort auf die Legitimitätsfrage der Technik gegenüber den Teilnehmern der technikbasierten Selbstregulierung.

a. Zugangsbarrieren

Zwangsmittel in selbstregulativen Systemen beruhen zumeist auf der technischen Beherrschung von Zugangsbarrieren. Der technische Zugang zu abgeschlossenen Systemen verlangt in der Regel die Anerkennung bestimmter Bedingungen des Zugangs-Providers im Gegenzug für die Überlassung bestimmter Zugangsdaten. Das Bestehen einer Zugangsbarriere an sich führt zwangsläufig zur Qualifikation des dahinter liegenden Netzes als geschlossenem Netz. Wie bereits dargestellt eignen sich vor allem geschlossene Netze für die Selbstregulierung.[718]

b. Technikbasierte Sanktionen

Innerhalb des offenen Netzes Internet[719] lassen sich durchaus Nutzungsbedingungen für einzelne Dienste mittels technischer Sanktionen durchsetzen. Der Suchmaschinenanbieter *Google* etwa sperrte nach dem Missbrauch seiner Dienste durch einen Nutzer einen ganzen IP-Strang und verwehrte damit den unter diesen IP-Nummern auftretenden Nutzern den Zugang zu seiner Suchmaschine.[720] Es ließe sich hier streiten, inwiefern eine solche „Sippenhaft" unter staatlichem Recht gerechtfertigt werden könnte. Zu

---

716 Siehe oben, C.I.1.b.

717 Siehe oben, C.I.2.c(3) und C.I.2.c(4).

718 Siehe oben, C.I.2.c(1).

719 Siehe zur Einordnung oben, C.I.2.c(3).

720 Siehe dazu „Google: Sippenhaft für DSL-Nutzer", http://www.heise.de/newsticker/data/ecp-27.07.02-000/.

berücksichtigen ist jedoch, dass es grundsätzlich keinen Anspruch darauf gibt, einen kostenlosen Internetdienst nutzen zu können, so dass im Ergebnis dem Anbieter zur Durchsetzung seiner *Terms of Service* durchaus effektive Sanktionsmittel zur Verfügung stehen, auch wenn im Falle einer mangelnden Identifizierbarkeit des Übeltäters notfalls eine ganze Gruppe von Nutzern ausgesperrt werden muss. In diesem Zusammenhang gehört auch die zumeist überraschende, jedoch juristisch offensichtliche Feststellung, dass ein Provider nicht verpflicht ist, die E-Mails anderer Anbieter bei den eigenen Kunden zuzustellen.[721] Auch dies ist Ausdruck der Regulierungsmacht des Providers.

Die technische Struktur des Internets kommt dabei den technik-basierten Zwangsmechanismen entgegen. Die Steuerung von Prozessen auf der Ebene des IP ist bei der Gestaltung von Webseiten die Regel, indem z.B. Nutzer anhand ihrer geographischen Herkunft[722] auf regionale Versionen des angefragten Dienstes umgeleitet werden.[723] Prinzipiell lassen sich auf diesem Wege auch Nutzer ausschließen oder die Verfügbarkeit von Angeboten regional einschränken. Regelungen dieser Art beruhen ausschließlich auf den technischen Möglichkeiten des IP und lassen sich ohne hoheitliche Beteiligung effektiv durchsetzen. Für den Nutzer bieten sich nur eingeschränkte Möglichkeiten, solche Steuerungssysteme zu umgehen. Die Beherrschung technischer Mittel - eine Website im Internet etwa - führt folglich zu einer hoheitlich unabhängigen Durchsetzbarkeit selbstaufgestellter Regeln.

3. Selbstregulierte Streitlösung vor ordentlichen Gerichten

Ein wesentliches Problem der Selbstregulierung ist ihr Bestand vor ordentlichen Gerichten. Wie bereits dargestellt, zwingt das Bestehen der Selbstregulierung außerhalb staatlichen Rechts zur Verwendung außerrechtlicher Durchsetzungsmittel. In dieser Situation ist die Angreifbarkeit der Selbstregulierung durch Entscheidungen ordentlicher Gerichte ein Problemfeld, das die Geltung und Verbindlichkeit der Selbstregulierung zwischen den Teilnehmern insgesamt betrifft. Eine Beurteilung der selbstregulierten Beziehung durch staatliche Gerichte würde zur Anwendung staatlichen

---

[721] Diese Feststellung ist u.a. der Ausgangspunkt für die Implementation von SPAM-Blockern durch die Provider zum Schutz der eigenen Kunden vor unverlangten Werbe-E-Mails. Problematisch wird diese Art der Regulierung erst dann, wenn die Filter „zu gut" sind, d.h. wenn auch erwünschte E-Mails herausgefiltert werden.

[722] Gemeint ist hier die geographische Position des zugangsvermittelnden Computers des Nutzers.

[723] Der Aufruf der Seite google.com etwa führt deutsche Internetnutzer automatisch auf die regionale google.de Seite.

Rechts auf die Selbstregulierung führen,[724] wodurch deren Regulierungsmöglichkeiten - wie dargestellt - ad absurdum geführt würden.[725]

Die Lösung muss deshalb in einer Nichtbefassung staatlicher Gerichte mit selbstregulierten Sachverhalten liegen. § 1032 Abs. 1 ZPO, der dies für den Fall des Bestehens einer Schiedsvereinbarung im Sinne der §§ 1029 ff. ZPO explizit regelt, lässt sich für die Selbstregulierung jedoch nicht heranziehen, da die Anforderungen an die Schiedsvereinbarung, wie sie das ZPO-Schiedsverfahren vorsieht, einen rechtlichen Rahmen für die Ausgestaltung und Regelungsfähigkeit des Schiedsverfahrens vorgeben, der mit den außerrechtlichen Grundlagen der Selbstregulierung nicht vereinbar ist. Eine analoge Anwendung des § 1032 Abs. 1 ZPO auf selbstregulierte Beziehungen kommt ebenfalls nicht in Betracht, da eine Regelungslücke seitens des Gesetzgebers in Bezug auf andere nichtstaatliche Streitlösungsverfahren durch die Festlegung bestimmter Anforderungen an die zugrunde liegende (Schieds-) Vereinbarung ausgeschlossen werden muss.

Die Autonomie der Selbstregulierung und die Nicht-Befassung staatlicher Gerichte mit den daraus erwachsenden Streitigkeiten ergibt sich vielmehr aus der außerrechtlichen Stellung der Selbstregulierung an sich. Schon die Befassung eines staatlichen Gerichts mit selbstregulierten Sachverhalten - unabhängig von dem dabei zugrundegelegten Recht oder Regelwerk - würde einen Widerspruch mit den oben dargelegten Grundlagen der Regulierung und Selbstregulierung[726] darstellen, da dies eine Beteiligung hoheitlicher Institutionen an der Selbstregulierung darstellen würde. Eine Beurteilung oder Bewertung selbstregulativer Sachverhalte durch staatliche Gerichte muss systembedingt ausscheiden, soweit die Möglichkeit nichtstaatlicher Regulierung überhaupt anerkannt wird. Dies lässt sich nicht zuletzt auch damit belegen, dass die Zuständigkeit staatlicher Gerichte nur für Entscheidungen über *Rechts*streitigkeiten begründet ist.[727]

Der Ausschluss staatlicher Gerichtsbarkeit bei selbstregulierten Sachverhalten kann gleichwohl nur dort gelten, wo die Selbstregulierung die Beziehungen der Beteiligten autonom regeln kann. Werden (externe) Rechte der Beteiligten durch die Selbstregulierung berührt, muss die staatliche Gerichtsbarkeit schon wegen § 1032 Abs. 1 ZPO zur Anwendung kommen können. Die Selbstregulierung kann in diesem Fall eine Entscheidung nur vorbehaltlich einer gerichtlichen Befassung treffen, weil andernfalls der

---

724 Vgl. Art. 4 Abs. 2 EGBGB.

725 Siehe dazu schon oben, C.I.2.a(1) und C.I.2.d.

726 Siehe oben, C.I.2.a(1).

727 § 13 GVG.

umgekehrte Fall einer Systemverletzung durch die Einwirkung der Selbstregulierung auf externe, hoheitlich verliehene Rechte der Beteiligten vorliegen würde. Die Entscheidung des Gerichts über diese Rechte kann deshalb durch die Selbstregulierung nicht präjudiziert oder in sonstiger Weise eingeschränkt sein.

III. Die Streitlösung für generische TLDs

Die Verwaltung der generischen TLDs durch ICANN[728] hat neben der Organisation der Vergabe auch eine maßgebliche Neuerung im Bereich der Konfliktlösung bei Domain-Streitigkeiten mit sich gebracht: die Einführung der *Uniform Domain Name Dispute Resolution Policy* (UDRP).[729] Danach kann ein Dritter den Domain-Streit mit dem Inhaber vor eine nicht-staatliche Streitlösungsinstanz bringen, deren Entscheidung von den beteiligten Providern unmittelbar umgesetzt wird.[730]

Die exponentiell steigende Zahl von Domain-Registrierungen führte mehr und mehr zu der Erkenntnis, dass herkömmliche Konfliktlösungsverfahren gerade auch vor dem globalen Hintergrund den zeitnahen Bedürfnissen des Internets nicht gewachsen sind. Ein effektives System zeitnaher Entscheidungsfindung unter Verwendung der Internet-eigenen Kommunikationswege sollte der zunehmenden Zahl internationaler Domain-Konflikte begegnen. Zugleich ging es um eine radikale Vereinfachung und Vereinheitlichung der Entscheidungsfindungskriterien, um die diffizilen Fragen internationaler Zuständigkeit und Rechtswahl zu umgehen.

1. Die *Uniform Dispute Resolution Policy* als Kernstück der Selbstregulierung

Erste Ansätze zur UDRP der ICANN stammen von der *World Intellectual Property Organization* (WIPO).[731] Diese veröffentlichte bereits Anfang 1999 nach mehreren Hearings und Diskussionsforen als Ergebnis des sog. *WIPO Domain Name Process* einen *Final Report* mit etwa 30 präzisierten Empfehlungen.[732]

---

[728] Siehe oben, A.III.4.b.

[729] http://www.icann.org/udrp/udrp-policy-24oct99.htm.

[730] Siehe ausführlich dazu *Strömer*, K&R 2000, 587 ff.

[731] *Luckey*, NJW 2001, 2527; *Gibson*, CRi 2001, 33, 34; *Heisz*, TMR 2002, 24, 26.

[732] The Management of Internet Names and Addresses, Intellectual Property Issues: Final Report of the WIPO Internet Domain-Name Process, 30.04.1999, http://arbiter.wipo.int/processes/process1/report/finalreport.html. Dazu *Bettinger*, CR 1999, 445 ff.

Gleichwohl verfügte erst ICANN über die Position, eine solche Regelung verbindlich festzuschreiben.[733] Am 24. Oktober 1999 wurden die derzeit geltenden Regeln von ICANN verabschiedet. Gleichzeitig veröffentlichte ICANN die sog. *Rules for Uniform Domain Name Dispute Resolution Policy* (UDRP-Rules),[734] die die Durchführung der UDRP steuern und auf eine gemeinsame Auslegungsgrundlage stellen sollen. Darüber hinaus finden gegebenenfalls ergänzende Regeln der in Anspruch genommenen Streitlösungsinstanz, des sog. *Dispute Resolution Service Provider*,[735] Anwendung.

Die UDRP ist nicht als Schiedsverfahren iSd Amerikanischen *Federal Arbitration Act* (FAA) oder der ZPO zu verstehen.[736] Ein wichtiger Aspekt der UDRP-Streitlösung ist ihre Unverbindlichkeit und die fehlende Präjudizwirkung im Hinblick auf etwaige sich anschließende Gerichtsverfahren.[737] Diese Besonderheit disqualifiziert die UDRP als Schiedsverfahren und führt zu einer tatsächlichen Außerrechtlichkeit der Streitlösung.

a. Grundsätze der UDRP

Die UDRP geht von einem transparenten Prozess der Streitentscheidung aus, indem sämtliche im Rahmen der UDRP getroffenen Entscheidungen einschließlich der ihnen zugrunde liegenden Erwägungen im Internet veröffentlicht werden.[738] Die UDRP gibt zudem ein stringentes Verfahren und klare Kriterien vor, nach denen sich die Entscheidung eines Domain-Konfliktes zu richten hat. Die Entscheidung selbst ist beschränkt auf die Löschung oder Übertragung des Domain-Namens.

b. Anwendungsbereich

Der Anwendungsbereich der UDRP umfasst nicht die gesamte dargestellte Palette der Domain-Streitigkeiten,[739] sondern beschränkt sich von vornherein auf bestimmte Arten von Domain-Konflikten, die unter dem Stichwort der *„abusive registration"* zusammengefasst sind. Im *Second Staff Report on*

---

[733] Zur rechtlichen Einbindung der Regeln siehe sogleich, C.III.1.c.

[734] http://www.icann.org/udrp/udrp-rules-24oct99.htm.

[735] Siehe näher sogleich, C.III.1.d.

[736] Siehe auch *Bettinger*, WRP 2000, 1109, 1110.

[737] Siehe dazu näher sogleich, C.III.2.b.

[738] Siehe beispielhaft die Veröffentlichungen der WIPO zu den durch sie durchgeführten Verfahren unter z.B. die Suchmaschine der WIPO, verfügbar unter http://arbiter.wipo.int/domains/.

[739] Siehe oben, B.II.4.

Implementation Documents for the Uniform Dispute Resolution Policy[740] definiert ICANN den Anwendungsbereich der UDRP wie folgt:

> „[The UDRP] calls for administrative resolution for only a small, special class of disputes. Except in cases involving "abusive registrations" made with bad-faith intent to profit commercially from others' trademarks (e.g., cybersquatting and cyberpiracy), the adopted policy leaves the resolution of disputes to the courts (or arbitrators where agreed by the parties) and calls for registrars not to disturb a registration until those courts decide. The adopted policy establishes a streamlined, inexpensive administrative dispute-resolution procedure intended only for the relatively narrow class of cases of "abusive registrations." Thus, the fact that the policy's administrative dispute-resolution procedure does not extend to cases where a registered domain name is subject to a legitimate dispute (and may ultimately be found to violate the challenger's trademark) is a feature of the policy, not a flaw. The policy relegates all "legitimate" disputes--such as those where both disputants had longstanding trademark rights in the name when it was registered as a domain name--to the courts; only cases of abusive registrations are intended to be subject to the streamlined administrative dispute-resolution procedure."

Die Missbräuchlichkeit der Registrierung ist gem. § 4 a UDRP vom Beschwerdeführer geltend zu machen.[741] Hinsichtlich der Geltendmachung des Missbrauchs ist dort geregelt, dass der Beschwerdeführer darzulegen hat, dass der Domain-Name identisch oder verwechslungsfähig mit einer eigenen Marke ist, § 4 a (i) UDRP, dass dem Domain-Inhaber kein eigenes Recht oder legitimes Interesse an dem streitigen Domain-Namen zusteht, § 4 a (ii) UDRP, und dass der Domain-Name in bösem Glauben registriert und benutzt wird, § 4 a (iii) UDRP. Es genügt dabei, dass Tatsachen behauptet werden, aus denen bei zutreffender rechtlicher Würdigung die Missbräuchlichkeit der Registrierung ersichtlich ist.[742] Zur Feststellung der Bösgläubigkeit, § 4 a (iii) UDRP, durch den Streitlöser statuiert die UDRP bestimmte Verhaltensweisen in § 4 b UDRP, die, sofern entsprechende Umstände festgestellt werden, die Bösgläubigkeit der Domain-Registrierung beweisen sollen.

Diese Beschränkung des Anwendungsbereichs der UDRP beruht darauf, dass zur Wahrung der Effektivität der Streitlösung eine Konzentration auf eindeutig gelagerte Fälle unausweichlich ist. Komplexe Erwägungen zum Bestehen der geltend gemachten, dem Domain-Namen entgegenstehenden Rechte verlangen eine eingehende, zeitintensive Analyse des Sachverhalts

---

740 ICANN, Second Staff Report on Implementation Documents for the Uniform Dispute Resolution Policy, ¶ 4.1(c), 25 Oct. 1999, http://www.ICANN.org/udrp/udrp-second-staff-report-24oct99.htm.

741 *Bettinger*, CR 2000, 234, 235.

742 *Bettinger*, CR 2000, 234, 235.

unter extensiver Berücksichtigung von Beweismitteln und Indizien, deren Aufwand die Möglichkeiten einer Internet-basierten Streitlösung bei weitem übersteigen würde. Diese komplexeren Fälle müssen der Lösung durch ordentliche Gerichte vorbehalten bleiben.[743]

Initiiert werden kann das Verfahren unter der UDRP nur von einem Markeninhaber, der sich durch eine Domain in seinen Markenrechten verletzt fühlt, § 4 a (i) UDRP.[744] Die einzelstaatliche Vergabe von Markenrechten steht dem nicht entgegen, da es nur auf den Nachweis der Registrierung der Marke an sich ankommt, nicht auf den regionalen Schutzbereich der Registrierung. Im Falle kollidierender Markenrechte des Domain-Inhabers und des beschwerdeführenden Dritten kommt eine Entscheidung zugunsten des Dritten nach der UDRP ohnehin nicht in Betracht, wie ICANNs obige Stellungnahme verdeutlicht.

Des Weiteren findet die UDRP nur Anwendung bei *g*TLDs. Diese Einschränkung des Anwendungsbereiches liegt in der Regulierungskompetenz von ICANN[745] begründet, die nur die *generic* TLDs ».aero«, ».biz«, ».com«, ».coop«, ».info«, ».museum«, ».name«, ».net«, ».org« und ».pro« umfasst.[746] Die UDRP ist jedoch ausdrücklich nicht auf die *generic* TLDs fokussiert, sondern kann von den nationalen Vergabestellen auch auf *country code* TLDs erstreckt werden. Einige Vergabestellen haben in diesem Sinne eigene

---

743 *Heisz*, TMR 2002, 24, 32; *Renck*, MMR 2000, 586, 591; *Leistner*, CRi 2000, 84, 85.
Das sich bereits entwickelnde *Case Law* der UDRP unterstreicht die engen Grenzen ihres Anwendungsbereichs. So konnte etwa das Land Sachsen-Anhalt im Streit um die Domain »sachsen-anhalt.com« nicht mit dem Hinweis auf sein Namensrecht nach § 12 BGB durchdringen, da rein geographischen Bezeichnungen die absolute Schutzfunktion der Marke und damit die eindeutige Rechtszuweisung, auf die sich die UDRP stützt, fehlt. *Land Sachsen-Anhalt vs. Skander Bouhaouala*, »sachsen-anhalt.com«, WIPO Case No. D2002-0273: http://arbiter.wipo.int/domains/decisions/html/2002/d2002-0273.html.
Siehe in diesem Zusammenhang auch die erfolglosen Fälle
- *Stadt Heidelberg vs. Media Factory*, »heidelberg.net«, WIPO Case No. D2001-1500: http://arbiter.wipo.int/domains/decisions/html/2001/d2001-1500.html;
- *Port of Helsinki vs. Paragon International Projects Ltd.*, »portofhelsinki.com«, WIPO Case No. D2001-0002: http://arbiter.wipo.int/domains/decisions/html/2001/d2001-0002.html;
- *Brisbane City Council vs. Warren Bolton Consulting Pty Ltd.*, »brisbanecity.com«, WIPO Case No. D2001-0047: http://arbiter.wipo.int/domains/decisions/html/2001/d2001-0047.html.

744 *Sorkin*, 18 Santa Clara Computer & High Tech. L.J. (2001), 35.

745 Siehe zu der zwischen den Vergabestellen strittigen Frage der Stellung ICANNs innerhalb des DNS oben, C.I.2.c(4).

746 Siehe die Informationen unter http://www.icann.org/udrp/#udrp.

Streitlösungsmechanismen nach dem Vorbild der UDRP implementiert.[747] Für die deutsche deTLD hat die DENIC eine alternative Streitlösung bisher nicht in Erwägung gezogen. Dies soll mit dieser Arbeit vorgeschlagen werden.[748]

c. Vereinbarung und Wirkung

Bemerkenswert ist zunächst, dass die Geltung der UDRP nur zwischen dem Registrar und dem Inhaber der Domain (Registrant) vereinbart wird.[749] Die Einbindung der UDRP in diesen Vertrag wird durch eine Bedingung in dem Akkreditierungsvertrag zwischen ICANN und dem *g*TLD Provider gesichert. In diesem Akkreditierungsvertrag räumt ICANN dem Provider die Teilnahme am SRS ein[750] und verpflichtet ihn gleichzeitig, die UDRP anzuerkennen und in die Verträge mit seinen Kunden einzubeziehen. Auf diesem Wege finden die von ICANN aufgestellten Regeln der UDRP Eingang in den Vertrag zwischen dem Provider und dem (künftigen) Inhaber einer Domain unterhalb einer *generic* TLD.

Die Vereinbarung der UDRP zwischen dem Domain-Inhaber und dem Registrar räumt jedem Dritten die Möglichkeit ein, im Konfliktfalle mit dem Domain-Inhaber den Streit vor einer UDRP-Streitlösungsinstanz entscheiden zu lassen.[751] Spiegelbildlich ergibt sich für den Domain-Inhaber daraus jedoch nicht, dass er den Dritten, der vor einem ordentlichen Gericht wegen des Domain-Namens klagt, auf das Verfahren nach der UDRP verweisen kann.[752] Dies begründet sich aus dem bereits oben erwähnten Verhältnis der Selbstregulierung zu staatlichen Rechten,[753] die durch selbstregulative Prozesse nicht eingeschränkt werden können. Hier würde sonst das staatlicherseits verliehene Markenrecht in Bezug auf Domain-Namen der staatlichen Gerichtsbarkeit entzogen.

Gleichwohl ergibt sich aus der Initiierung eines UDRP-Verfahrens durch einen Dritten keine Verpflichtung für den Domain-Inhaber, an diesem Verfahren aktiv teilzunehmen. Die fehlende Partizipation des Inhabers führt

---

[747] Siehe zu den Dispute Resolution Policies in *country code* TLDs unten, C.IV.

[748] Siehe unten, D.

[749] http://www.icann.org/udrp/udrp-policy-24oct99.htm, Notes 3.

[750] Siehe oben, A.III.4.b.

[751] Siehe § 4 a ICANN-Policy („*You are required to submit to a mandatory administrative proceeding...*") und § 2 a Nominet-Policy („... *submit to proceedings under the Dispute Resolution Service*").

[752] Siehe explizit § 4k UDRP.

[753] Siehe oben, C.II.3.

nicht automatisch zu einem Obsiegen des Dritten,[754] vielmehr entscheidet der Streitlöser in diesem Falle nur anhand der Beschwerdeschrift und des Vorbringens des Dritten.[755] Zudem kann der Domain-Inhaber zu jedem Zeitpunkt des UDRP-Verfahrens Klage auf Feststellung seiner Rechte an dem Domain-Namen gegenüber dem Dritten vor einem ordentlichen Gericht erheben.

Die Bindung des Domain-Inhabers an die UDRP liegt darin, dass die Entscheidung des Streitlösers unmittelbar zum Verlust der Domain führen kann. Der Provider des Domain-Inhabers ist nach der UDRP verpflichtet, die Streitentscheidung umzusetzen.[756] Dadurch ist zugleich die Ausführung der Entscheidung sichergestellt. Eine Inanspruchnahme hoheitlicher Stellen ist wegen der auf die Löschung oder Übertragung des Domain-Namens beschränkten Folgen der selbstregulierten Streitlösung nicht erforderlich. Dies zeigt erneut, dass es sich hierbei tatsächlich um eine echte Selbstregulierung ohne hoheitliche Beteiligung handelt.

Im Ergebnis ergibt sich durch die UDRP-Vereinbarung zwischen dem Domain-Inhaber und seinem Provider für den Dritten eine unverbindliche Option, die selbstregulierte Streitlösung mit dem Konflikt zu befassen.

d. Die Akkreditierung der Dispute Resolution Service Provider

Das Verfahren nach der UDRP wird nicht von ICANN selbst durchgeführt, sondern von einzelnen bei ICANN akkreditierten *Dispute Resolution Service Providers* (DRS-Provider).[757]

(1) Die akkreditierten Institutionen

Derzeit gibt es vier global operierende DRS-Provider: das *Asian Domain-Name Dispute Resolution Centre* (ADNDRC) mit Sitz in Peking und Hong Kong,[758] das *CPR Institute for Dispute Resolution* (CPR) mit Sitz in New

---

[754] Deutlich wird dies im Fall »sachsen-anhalt.com«, *Land Sachsen-Anhalt vs. Skander Bouhaouala*, WIPO Case No. D2002-0273, http://arbiter.wipo.int/domains/decisions/html/2002/d2002-0273.html, der trotz der fehlenden Partizipation des Domain-Inhabers gegen die Beschwerdeführerin entschieden wurde.

[755] Siehe § 5 (e) ICANN-Rules.
Weniger klar ist diese Frage in dem Nominet-Procedure geregelt, § 5 d. Dort wird nur bestimmt, dass das Verfahren mit der Ernennung des *Expert* fortgesetzt wird.

[756] Siehe § 17 c Nominet-Procedure und § 3 (c) ICANN-Policy.

[757] Siehe http://www.icann.org/udrp/approved-providers.htm für die offizielle Liste der gegenwärtig akkreditierten Dispute Resolution Provider.

[758] http://www.adndrc.org/.

York,[759] das *National Arbitration Forum* (NAF) mit Sitz in Minneapolis[760] sowie die *World Intellectual Property Organization* (WIPO) mit Sitz in Genf.[761] Ende 2001 schied *eResolution* (eRes) mit Sitz in Montreal als DRS-Provider aus.

(2) Probleme im Zusammenhang mit der Akkreditierung

Durch die Akkreditierung der DRS-Provider stellt ICANN die Geltung der UDRP und der UDRP-Rules bei der Streitlösung sicher. Dadurch wird die Einheitlichkeit des Verfahrens garantiert und die Verpflichtung der Domain-Name-Provider zur Umsetzung der Streitentscheidung gesichert.

Obschon ICANN eine grundsätzliche Offenheit gegenüber weiteren Akkreditierungen versichert,[762] ließe sich sogar eine Verpflichtung der ICANN zur Zulassung weiterer DRS-Provider aus dem Gedanken der *essential facility* andenken. Die Monopolposition ICANNs bei der Verwaltung der generischen TLDs und die Einführung eines Streitlösungsmechanismus für diese Domains werfen die Frage auf, ob nicht im Zulassungsvorbehalt für Streitlösungsdienste in Verbindung mit der Unterwerfung der Domain-Name-Provider unter die Streitlösungsentscheidungen nach der UDRP eine notwendige Einrichtung zur Entfaltung wettbewerblicher Tätigkeit auf dem Gebiet der alternativen Streitlösung bei generischen TLDs zu sehen ist. Gleichwohl soll diese Frage hier nicht vertieft betrachtet, sondern lediglich auf die ohnehin außerrechtliche Positionierung der Streitlösung und die sich daraus ergebende Autonomie gegenüber Grundsätzen staatlichen Rechts hingewiesen werden.

e. Das Verfahren

Die UDRP von ICANN regelt detailliert das Verfahren der Streitlösung, um die Transparenz und Konsistenz der Entscheidungsfindung in den Streitfällen zu garantieren. Die Regelung des Verfahrens ergibt sich zum einen aus der UDRP selbst, zum anderen aus den UDRP-Rules.

(1) Allgemeine Verfahrensregeln

Das Verfahren der UDRP ist geprägt durch eine zeitnahe Entscheidungsfindung anhand eindeutiger Kriterien. Zu diesem Zweck sind die wesentlichen Komponenten des Verfahrens wie die Kommunikationsmittel, die

---

[759] http://www.cpradr.org/ICANN_Menu.htm.

[760] http://www.arbforum.com/domains/.

[761] http://arbiter.wipo.int/domains/.

[762] Siehe die Informationen zur Akkreditierung unter http://www.icann.org/dndr/udrp/provider-approval-process.htm.

Verfahrenssprache und die Verteilung der Gebührenpflicht in der UDRP festgelegt.

(a) Zulässige Kommunikationsmittel

Die Einleitung des Verfahrens erfolgt gem. § 3 b UDRP-Rules durch Übersendung der Beschwerdeschrift in Papierform (*hard copy*) und in elektronischer Form, soweit dies die Anlagen zulassen. Der Beschwerdeführer hat darin unter anderem festzulegen, auf welchem Wege er zum einen elektronische Dokumente, zum anderen Papier-basierte Dokumente empfangen möchte, § 3 b (iii) der UDRP-Rules.

Die Form der Beschwerde-Erwiderung ist in § 5 b UDRP-Rules geregelt und erfolgt gleichfalls in Papierform (*hard copy*) und elektronischer Form, ebenfalls verbunden mit der Bestimmung der zukünftigen Kommunikationswege, § 5 b (iii) UDRP-Rules.

(b) Verfahrenssprache

Gem. § 11 a UDRP-Rules ist die Sprache des ursprünglichen Vertrags über die Registrierung der streitgegenständlichen Domain auch Verfahrenssprache in der Streitlösung, sofern sich die Parteien nicht auf eine andere Sprache einigen. Anderssprachige Dokumente können vom Streitlöser in einer entsprechenden Übersetzung angefordert werden, § 11 b UDRP-Rules.

(c) Gebühren

Anfallende Gebühren sind gem. § 4 g UDRP vom Beschwerdeführer zu entrichten. Dazu gehört in erster Linie die von dem DRS-Provider in seinen ergänzenden Streitlösungsregeln festgelegte Grundgebühr, § 19 a UDRP-Rules, ohne die das Verfahren erst gar nicht beginnt, § 19 c UDRP-Rules. Diese Grundgebühr richtet sich nach der Zahl der streitgegenständlichen Domains, die mit dieser Beschwerde angegriffen werden, und liegt auf der untersten Stufe, je nach DRS-Provider, zwischen 1150 und 2000 US$.[763] Darüber hinaus werden in besonderen Fällen zusätzliche Gebühren fällig, § 19 d UDRP-Rules, etwa wenn der Streitlöser entscheidet, ein *In-Person Hearing* durchzuführen.

---

763 US$ 2000 bei CPR: http://www.cpradr.org/ICANN_RulesAndFees.htm ¶ 13 Fees.
US$ 1150 bei NAF: http://www.arbforum.com/domains/UDRP/rules.asp ¶ 16 Fees
US$ 1500 bei WIPO: http://arbiter.wipo.int/domains/fees/index.html.
US$ 1000 bei ADNDRC: http://www.adndrc.org/adndrc/hk_schedule_fees.html (Hong Kong Office), http://www.adndrc.org/adndrc/bj_schedule_fees.html (Beijing Office).
Diese Preise gelten für eine Domain vor einem *Single-Member-Panel*.

Die beträchtliche Höhe der Gebühren ist vor dem Hintergrund der Internationalität des Verfahrens relativ günstig, verglichen mit den Kosten herkömmlicher Rechtsverfolgung im internationalen Kontext.

(2) Verfahrensablauf

Die UDRP regelt detailliert den Ablauf des Verfahrens. Dies sichert zum einen die Konsistenz der UDRP-Verfahren, zum anderen dient es der Beschleunigung der Streitlösung durch die Vorgabe einheitlicher Fristen.

Das Verfahren der UDRP-Streitlösung beginnt mit der Einreichung eines *Complaint*, einer Beschwerdeschrift gem. § 3 a UDRP-Rules.

(a) Einreichung der Beschwerde

Die Beschwerde kann gem. § 3 a UDRP-Rules bei jedem bei ICANN akkreditierten DRS-Provider eingereicht werden. Aus Kapazitäts- oder anderen Gründen können die Möglichkeiten des Providers hinsichtlich der Entgegennahme von Beschwerden vorübergehend suspendiert sein. In diesem Falle kann der DRS-Provider die Einreichung der Beschwerde bei ihm ablehnen. Dem Beschwerdeführer steht es frei, die Beschwerde bei einem anderen DRS-Provider einzureichen, § 3 a UDRP-Rules.

(i) Form

Die Beschwerde muss in Papierform (*hard copy*) sowie in elektronischer Form, soweit dies für die Anhänge möglich ist, eingereicht werden, § 3b UDRP-Rules.

(ii) Inhalt

Die Anforderungen an die Beschwerdeschrift sind in § 3b i - xv UDRP-Rules detailliert geregelt.

Zunächst muss die Beschwerde den Antrag enthalten, dass über sie in Übereinstimmung mit der Policy und den UDRP-Rules entschieden wird, (i). Des Weiteren soll die Beschwerde die vollständigen Kommunikationsdaten des Beschwerdeführers enthalten und die Verfahrensbevollmächtigten benennen, (ii). Die Kommunikationswege müssen angegeben werden für (A) elektronische Post und (B) anderes Material, (iii). Eine Bestimmung muss getroffen werden, ob der Beschwerdeführer die Entscheidung durch ein ein- oder dreiköpfiges Streitlösungsforum (*panel*) treffen lassen möchte. Im letzteren Falle sind drei Vorschläge aufzuführen für die Besetzung einer der drei Personen des Forums, (iv). Sodann muss die Beschwerde den Namen sowie alle bekannten Kommunikationsdaten des Domain-Inhabers enthalten, um dem DRS-Provider die Übersendung der Beschwerde an den Domain-Inhaber zu ermöglichen, (v). Erforderlich ist zudem die Angabe der betroffenen Domain (vi) sowie des Providers (*registrar*), bei dem die

Domain gegenwärtig registriert ist, (vii). Um die Missbräuchlichkeit der Domain-Registrierung durch den gegenwärtigen Inhaber zu substantiieren, hat der Beschwerdeführer anzugeben, welche *trademark(s)* oder *service mark(s)* seinerseits betroffen sind und für welche Produkte oder Dienstleistungen die Marken benutzt werden oder in der Zukunft benutzt werden sollen, (viii). Sodann soll die Beschwerde näher auf die Missbräuchlichkeit eingehen, indem der Beschwerdeführer darzulegen hat, inwiefern die betroffene Domain identisch oder ähnlich mit einer Marke des Beschwerdeführers ist, (ix.1), warum der Domain-Inhaber keine Rechte oder anerkennenswerten Interessen an der Domain hat, (ix.2) und warum die Registrierung und Benutzung durch den Inhaber als bösgläubig anzusehen ist, (ix.3). Dazu soll die Beschwerde insbesondere auf die in den §§ 4b und 4c UDRP angegebenen Anhaltspunkte für die Bösgläubigkeit bzw. auf anerkennenswerte Interessen des Domain-Inhabers eingehen. Die Beschwerde soll angeben, welche Sanktionen der UDRP im Falle des Obsiegens angewendet werden sollen, (x), also gem. § 4i UDRP entweder die Löschung der Registrierung oder die Übertragung der Domain auf den Beschwerdeführer. Des Weiteren soll die Beschwerde sämtliche anderen verfolgten (*commenced*) oder abgeschlossenen (*terminated*) rechtlichen Schritte im Zusammenhang mit dem streitgegenständlichen Domain-Namen benennen, (xi). Abschließend muss die Beschwerde eine Erklärung über die Übersendung einer Kopie der Beschwerde an den Domain-Inhaber enthalten, (xii) sowie eine Erklärung über eine umfassende Haftungsfreistellung gegenüber dem Streitlösungsforum und allen übrigen, mit der Verwaltung des Domain-Namens befassten Institutionen, (xiv), wie z.B. dem Provider und ICANN selbst. Darüber hinaus sind sämtliche Dokumente oder anderen Beweise, etwa die Registrierungen der Marke, sowie eine Kopie der Policy, wie sie auf die streitbefangene Domain Anwendung findet, beizufügen, (xv).

(b) Weiterreichung der Beschwerde an den Domain-Inhaber

Gem. § 4 UDRP-Rules prüft der DRS-Provider die Beschwerde auf ihre formelle Vereinbarkeit mit der UDRP und den UDRP-Rules und sendet sie sodann an den Domain-Inhaber. Ab dem Zeitpunkt des Zahlungseingangs der Gebühren, die der Beschwerdeführer gem. § 19 UDRP-Rules zu entrichten hat, ist die Beschwerde innerhalb von drei Kalendertagen durch den DRS-Provider an den Domain-Inhaber weiterzureichen, § 4a UDRP-Rules.

Weist die Beschwerde formelle Mängel auf, so informiert der DRS-Provider den Beschwerdeführer und den Domain-Inhaber darüber, woraufhin der Beschwerdeführer fünf Tage Zeit hat, diese Mängel zu beheben, § 4b UDRP-Rules. Tut er dies nicht, gilt die Beschwerde als zurückgezogen, ohne dass dadurch eine erneute Einreichung der Beschwerde durch den Beschwerdeführer präjudiziert wird.

Das förmliche Verfahren beginnt zu dem Zeitpunkt, an dem der DRS-Provider die Beschwerde an den Domain-Inhaber übersendet, § 4c UDRP-Rules.

(c) Beschwerde-Erwiderung

Der Domain-Inhaber hat mit Beginn des Verfahrens 20 Tage Zeit, eine Beschwerde-Erwiderung bei dem DRS-Provider einzureichen, § 5a UDRP-Rules.

(i) Form

Für die Beschwerde-Erwiderung gelten die gleichen formellen Kriterien wie für die Beschwerde, § 5b UDRP-Rules.

(ii) Inhalt

Als Gegenstück zur Beschwerde verlangen die UDRP-Rules auch für die Beschwerde-Erwiderung bestimmte inhaltliche Gegebenheiten.

So soll die Beschwerde ausdrücklich auf die Aussagen und Behauptungen der Beschwerde eingehen und sämtliche Grundlagen (*bases*) des Domain-Inhabers für die Aufrechterhaltung der Registrierung und Benutzung der Domain angeben, (i). Dabei sind etwaige Wort- oder Seitenzahlbegrenzungen der *Supplemental Rules* des DRS-Provider zu beachten. Verlangt sind weiterhin die Kommunikationsdaten des Domain-Inhabers sowie etwaiger Bevollmächtigter in diesem Verfahren, (ii). Zudem müssen die Kommunikationswege für (A) elektronische Post und (B) anderes Material angegeben werden, (iii). Im Falle der Wahl eines einköpfigen Streitlösungsforums durch den Beschwerdeführer kann der Domain-Inhaber auch die Entscheidung durch ein dreiköpfiges Forum verlangen, (iv). Im Falle eines dreiköpfigen Forums soll der Domain-Inhaber drei Vorschläge zur Besetzung eines der Mitglieder des Forum angeben, (v). Zudem sollen sämtliche anderen verfolgten (*commenced*) oder abgeschlossenen (*terminated*) rechtlichen Schritte im Zusammenhang mit dem streitgegenständlichen Domain-Namen benannt werden, (vi). Abschließen soll die Beschwerde-Erwiderung mit einer Erklärung über die Übersendung der Beschwerde-Erwiderung an den Beschwerdeführer (vii) sowie mit eine Versicherung über die Vollständigkeit und Richtigkeit der in der Beschwerde-Erwiderung gemachten Angaben, (viii). Beizufügen sind sämtliche Dokumente oder andere Beweise, auf die sich die Beschwerde-Erwiderung bezieht, (ix).

(d) Ernennung des Panel

Aus der bei jedem DRS-Provider vorhandenen und öffentlich zugänglichen Liste von Streitlösern (*experts*), § 6a UDRP-Rules, werden die für die Entscheidung zuständigen Personen ausgewählt. Im Falle eines dreiköpfigen Forums soll jeweils ein *expert* aus den Vorschlägen der Parteien nominiert werden. Das dritte Mitglied oder – im Falle eines einköpfigen Forums – das einzige Mitglied wählt der DRS-Provider aus der beim ihm geführten Liste von Streitlösern selbst aus.

(3) Die Entscheidung

Die Entscheidungsbefugnis des Streitlösungsforum ist beschränkt auf die Abweisung der Beschwerde und – gem. § 4i UDRP – auf die Löschung der Domain bzw. ihre Übertragung auf den Beschwerdeführer.

Die Entscheidung der Streitlösung hat gem. § 4k UDRP keinerlei bindende Wirkung für ein nachfolgendes gerichtliches Verfahren um den Domain-Namen.[764] Diese Regelung ist der entscheidende Angelpunkt für die Einordnung der UDRP außerhalb staatlich anerkannter Schiedsverfahren.[765] Die Entscheidung des Streitlösungsforums wird erst nach Ablauf von zehn Werktagen durch die beteiligten Provider umgesetzt,[766] sofern nicht in dieser Zeit der Nachweis der Initiierung eines gerichtlichen Verfahrens um den Domain-Namen durch eine der Parteien erbracht wird.[767]

f. Präzedenzfälle

Die Fülle der bisher unter der UDRP entschiedenen Domain-Konflikte hat einige Grundsätze hervorgebracht,[768] die aufgrund ihrer Referenzwirkung für zukünftige Entscheidungen als *Case Law* der UDRP bezeichnet werden können.

Bei beschreibenden Domain-Namen wird überwiegend ein legitimes Interesse des Inhabers iSv § 4 (a) (ii) UDRP anerkannt,[769] wenn der Begriff für den Online-Handel mit Waren oder Dienstleistungen gebräuchlich ist und

---

[764] *Bettinger*, WRP 2000, 1109, 1112 f.

[765] Siehe dazu sogleich, C.III.2.b.

[766] Siehe auch *Sorkin*, 18 Santa Clara Computer & High Tech. L.J. (2001), 35, 51.

[767] Siehe dazu näher sogleich, C.III.1.f.

[768] Siehe zu diesen Grundsätzen eingehend *Bettinger*, WRP 2000, 1109, 1114 ff.

[769] Siehe WIPO Case No. D2000-0016, »allocation.com«, http://arbiter.wipo.int/domains/decisions/html/2000/d2000-0016.html; NAF Case No. 94341, »comingattractions.com«, http://www.arbforum.com/domains/decisions/94341.htm; NAF Case No. 93681, »dogs.com«, http://www.arbforum.com/domains/decisions/93681.htm; NAF Case No. 93547, »concierge.com«, http://www.arbforum.com/domains/decisions/93547.htm; NAF Case No. 94382, »datastream.net«, http://www.arbforum.com/domains/decisions/94382.htm; WIPO Case No. D2000-0223, »countryhome.com«, http://arbiter.wipo.int/domains/decisions/html/2000/d2000-0223.html; NAF Case No. 94976, »golfsociety.com«, http://www.arbforum.com/domains/decisions/94976.htm.

zu diesem Zwecke genutzt oder gewinnbringend veräußert werden soll,[770] es sei denn, die Registrierung erfolgt in Kenntnis eines fremden Markenrechts an dem Begriff und mit Missbrauchsabsicht.[771] Jedoch reicht eine rein spekulative Idee der zukünftigen Nutzung des Domain-Namens im Zusammenhang mit fehlenden tatsächlichen Vorbereitungen diesbezüglich nicht für die Anerkennung eines legitimen Interesses an dem Domain-Namen aus.[772]

Ein wichtiges Tatbestandsmerkmal bei der UDRP ist die Bösgläubigkeit (*bad faith*) des Domain-Inhabers zum Zeitpunkt der Registrierung des Domain-Namens *und* bei dessen Nutzung, § 4 a (iii) UDRP.[773] Abgesehen von den relativ eindeutigen Fällen der Verwendung eines am Ort des Domain-Inhabers bekannten Kennzeichens lässt sich die Bösgläubigkeit zumeist nur aus einer Gesamtschau mehrerer Indizien ableiten, wie etwa das Fehlen eines nachvollziehbaren Interesses an dem Domain-Namen, der Versuch des Verkauf der Domain an den Beschwerdeführer oder die Registrierung einer Vielzahl von Domain-Namen ohne einen erkennbaren geschäftlichen Grund.[774] Eine nicht durchgeführte Markenrecherche vor der Registrierung eines Domain-Namens führt dagegen nicht zwangsläufig zur Annahme von Bösgläubigkeit, sofern nicht besondere Umstände die Vornahme einer Markenrecherche gebieten.[775]

2. Die Bindungswirkung der Streitlösung

Ein wesentliches Kriterium für den Erfolg der alternativen Streitlösung ist ihre Bindung gegenüber den Beteiligten. Da es sich jedoch um ein globales,

---

[770] *Bettinger*, WRP 2000, 1109, 1114.

[771] NAF Case No. 92531, »craftwork.com«, http://www.arbforum.com/domains/decisions/92531.htm.

[772] WIPO Case No. D2000-0186, »libro.com«, http://arbiter.wipo.int/domains/decisions/html/2000/d2000-0186.html, CRi 2000, 83 m.Anm. *Leistner*.

[773] Siehe dazu auch WIPO Case No. D1999-0001, »worldwrestlingfederation.com«, http://arbiter.wipo.int/domains/decisions/html/1999/d1999-0001.html.

[774] *Bettinger*, WRP 2000, 1109, 1115.

[775] Siehe WIPO Case No. D2001-1384, »jackspade.com«, http://arbiter.wipo.int/domains/decisions/html/2001/d2001-1384.html ¶ 6.8 f. In der Entscheidung wurde ausdrücklich betont, dass Grundsätze des amerikanischen Zivilprozesses, die *constructive notice*, angewandt wurden, da beide Parteien aus den USA stammen und die Marke in den USA registriert wurde. Vor diesem besonderen Hintergrund ist die Anwendbarkeit nationalen Rechts bei der Beurteilung des Falles grundsätzlich zulässig, § 15 a UDRP-Rules. Siehe dazu auch WIPO Case No. D2000-0028, »cellularonechina.com«, http://arbiter.wipo.int/domains/decisions/html/2000/d2000-0028.html.

außerstaatlich angewendetes Verfahren handelt, muss sich die Bindung der Beteiligten aus der Streitlösung selbst ergeben.

a. Die UDRP als genuin selbstregulatives Verfahren

Zunächst ist festzuhalten, dass die UDRP als genuin selbstreguliertes Verfahren zur Konfliktlösung bei Domain-Streitigkeiten zu verstehen ist. Weder die Durchführung noch die Durchsetzung der Streitlösung sind auf die Beteiligung hoheitlicher Stellen angewiesen, da die zuständigen technischen Administratoren (Provider) in die Streitlösung eingebunden sind.

Die Zulässigkeit gerichtlicher Verfahren vor, während (§ 18 UDRP-Rules) und nach (§ 4k UDRP) der Streitentscheidung lässt sich mit den ggf. betroffenen hoheitlich verliehenen Rechten (Markenrechte) begründen, auf deren Bestand und Wirkung die Selbstregulierung - wie dargestellt[776] - keinen Einfluss nehmen kann. Für den Markeninhaber bedeutet dies eine gesteigerte Attraktivität des UDRP-Verfahrens, da er - wie SORKIN[777] zu Recht feststellt - durch die Inanspruchnahme der alternativen Streitlösung seine rechtliche Position nicht beeinträchtigt. Dies ist einer der wesentlichen Gründe für die Akzeptanz der alternativen Streitlösung nach der UDRP überhaupt.

b. Die UDRP vor ordentlichen Gerichten

Vor ordentlichen Gerichten können Entscheidungen nach der UDRP aufgrund ihres Zustandekommens in einem selbstregulativen Verfahren keine Bedeutung haben.[778] Die Zuständigkeit der staatlichen Gerichte im Hinblick auf den Domain-Konflikt wird durch die UDRP nicht berührt.[779] Gleichwohl gibt es bereits eine Reihe gerichtlicher Entscheidungen, die sich eingehend mit der Geltung und Wirkung der Streitlösung nach der UDRP auseinandersetzen.

Von besonderem Interesse ist in diesem Zusammenhang der Fall »netlearning.com«,[780] bei dem es um die Frage ging, ob ein UDRP-Verfahren als Schiedsverfahren nach dem amerikanischen *Federal Arbitration Act* (FAA)[781] zu beurteilen ist mit der Folge einer eingeschränkten Überprüfbarkeit der

---

776 Siehe oben, C.II.3.

777 *Sorkin*, 18 Santa Clara Computer & High Tech. L.J. (2001), 35, 51 Fn. 95.

778 So auch *Bettinger*, CR 2000, 234, 238.

779 *Luckey*, NJW 2001, 2527, 2528; *Bettinger*, WRP 2000, 1109, 1112 f.; *Bettinger*, CR 2000, 234, 238.

780 *Dan Parisi* vs. *NetLearning, Inc.*, 139 F. Supp. 2d 745 (E.D. Va. May 10, 2001), verfügbar unter http://www.sorkin.st/documents/netlearning1.html.

781 Verfügbar unter http://www.dsi-adr.com/faa.html.

UDRP-Entscheidung durch staatliche Gerichte. Der in der UDRP-Entscheidung[782] unterlegene Domain-Inhaber wollte durch eine Klage vor einem ordentlichen Gericht die Umsetzung der UDRP-Entscheidung verhindern, wie es in § 4k UDRP vorgesehen ist. Gegen diese Klage wandte sich die UDRP-Klägerin mit der Begründung, dass die Feststellungsklage (*declaratory judgment action*) des Domain-Inhabers kein zulässiges Mittel im Rahmen des auf die UDRP anzuwendenden FAA darstellt. Das Gericht entschied gegen die Klageabweisung (*Motion to Dismiss*) mit der Begründung, dass zum einen die UDRP ausdrücklich parallele Verfahren (*parallel litigation*) zulässt, wodurch ein Aussetzen (*stay*) des Verfahrens nach § 3 FAA nicht in Betracht kommt. Zum anderen kann ein am Registrierungsvertrag nicht beteiligter Dritter nicht zur Durchführung des UDRP-Verfahrens als Voraussetzung eines ordentlichen Gerichtsverfahrens gezwungen werden. Darüber hinaus passt das UDRP-Verfahren nicht zu den dem FAA zugrundeliegenden Typus der Schiedsgerichtsbarkeit (*arbitration*), bei dem sich eine anschließende gerichtliche Überprüfung auf die Einhaltung des Verfahrens (*procedural soundness*) zu beschränken hat. Denn die in der UDRP vorgesehene, ggf. parallele Anrufung eines ordentlichen Gerichts hat eine unvoreingenommene, umfassende Bewertung des Streitfalls (*de novo adjudication*) zum Zweck, bei der dem UDRP-Verfahren keine Präjudizwirkung zukommen soll.[783]

Die Entscheidung bestätigt die in der UDRP verankerte Parallelität der selbstregulierten und einer hoheitlichen Streitlösung. Als Schiedsentscheidung mit eingeschränkter gerichtlicher Überprüfung ist die UDRP mithin nicht zu verstehen.

3. Die Vorteile der UDRP

Die Akzeptanz der UDRP hängt maßgeblich von den mit ihr verknüpften Vorteilen ab, denn gerade die unangetastete Möglichkeit einer gerichtlichen Klärung des Domain-Konfliktes verlangt nach Anreizen für den Dritten, eine Entscheidung mit Hilfe der UDRP herbeizuführen. Vorteile der UDRP lassen sich jedoch auch für den Domain-Inhaber ausmachen.

---

782 Siehe NAF Case No. 95471, »netlearning.com«: http://www.arbforum.com/domains/decisions/95471.htm.

783 Siehe dazu den Fall *Referee Enterprises, Inc.* vs. *Planet Ref, Inc.*, No. 00-C-1391 (E.D. Wis. Jan. 24, 2001), http://www.case.info/domain/referee1.html, bei dem das Gericht in seiner Entscheidung das vorangegangene UDRP-Verfahren (NAF Case No. 94707, »eReferee.com«, http://www.arbforum.com/domains/decisions/94707.htm) nicht einmal erwähnte.

a. Der Kosteneffekt

Gem. § 19 UDRP-Rules ist grundsätzlich der Beschwerdeführer verpflichtet, die Kosten des Verfahrens zu tragen. Die Kosten werden mit der Einreichung der Beschwerde an den DRS-Provider entrichtet.[784] Eine Ausnahme dieser generellen Zuweisung an den Beschwerdeführer liegt in dem Fall, dass der Domain-Inhaber die Entscheidung durch ein dreiköpfiges Streitentscheidungsforum verlangt. In diesem Fall hat der Domain-Inhaber als Beschwerdegegner die Hälfte der Kosten zu tragen, § 19a UDRP-Rules. Dieser Fall der Beteiligung des Domain-Inhabers an den Kosten eines Streitlösungsverfahrens gegen ihn erscheint nicht unbillig, ist es doch der Domain-Inhaber selbst, der durch die Wahl eines dreiköpfigen Streitentscheidungsforums die Kosten des Verfahrens erhöht.

Im Ergebnis bietet das UDRP-Verfahren für den Domain-Inhaber einen klaren Kostenvorteil, da er nur die im Rahmen seiner Verteidigungsmaßnahmen anfallenden Kosten zu tragen hat und an den Kosten des Verfahrens in der Regel nicht beteiligt ist. In Anbetracht der klaren Regelungen in der UDRP ist die Inanspruchnahme anwaltlicher Hilfe bei einem Domain-Konflikt grundsätzlich nicht erforderlich.[785] Im Vergleich zu einem herkömmlichen Gerichtsverfahren, in dem in der Regel der Unterlegene die Kostenlast trägt, § 91 ZPO, kommt es für den Domain-Inhaber - jedenfalls von der Seite der Kosten her - auf den Ausgang des Verfahrens nicht an. Eine wesentliche Besonderheit der alternativen Streitlösung liegt darüber hinaus in der Beschränkung auf selbst durchsetzbare Spruchfolgen, so dass etwa Schadensersatz nicht Gegenstand der Streitlösung sein kann. Für den Domain-Inhaber ergibt sich daraus ein weiterer Kostenvorteil, da sein Risiko allein in dem Verlust der Domain besteht, nicht jedoch muss er im Rahmen der Streitlösung Schadensersatzforderungen des Beschwerdeführers befürchten.

Für den Beschwerdeführer wiederum führt die klare Kostenstruktur der DRS-Provider zu einem überschaubaren Kostenrisiko, dass sich durch eventuelle Verteidigungsmaßnahmen des Domain-Inhabers nicht erhöht. Ebenfalls keinen Einfluss auf die Kosten des Verfahrens hat eine Auslandsbezogenheit des Domain-Konflikts,[786] die im Hinblick auf die der UDRP unterfallenden gTLDs die Regel sein dürfte.[787] Anwaltliche Hilfe ist auch für den Beschwerdeführer im Rahmen der UDRP zumeist entbehrlich. Da

---

[784] *Bettinger*, CR 2000, 234, 238.

[785] *Gibson*, CRi 2001, 33, 37; *Bettinger*, CR 2002, 234, 237.

[786] *Luckey*, NJW 2001, 2527, 2528.

[787] *Gibson*, CRi 2001, 33, 36.

es keinen Gerichtsort beim UDRP-Verfahren gibt, entfallen auch Reisekosten, sofern nicht der Streitlöser aufgrund einer außergewöhnlichen Sachlage ein *In-Person Hearing* bestimmt.[788] Die festen Kosten der UDRP ermöglichen dem Beschwerdeführer schon vor Einreichung einer Beschwerde eine umfassende Risikoabschätzung. Dies ist ein klarer Vorteil gegenüber herkömmlichen Gerichtsverfahren, insbesondere bei international bezogenen Streitfällen.

b. Der Zeiteffekt

Das stringente, zeitnahe Verfahren der UDRP führt zu einer Entscheidungsfindung binnen ca. 40 bis 45 Tagen nach Einreichung der Beschwerde.[789] Für die Beteiligten bedeutet dies einen wesentlich überschaubareren Zeitrahmen bis zur Klärung des Konflikts als bei einem herkömmlichen Gerichtsverfahren. Gerade im Falle von Domain-Namen ist eine zeitnahe Klärung der Berechtigungsfrage unabdingbar.

c. Der Spruchfolgeeffekt

Die Spruchfolge der alternativen Streitlösung nach der UDRP ist beschränkt auf die Löschung oder Übertragung des Domain-Namens. Genau dies ist einer der wesentlichen Vorteile der selbstregulierten Streitlösung,[790] führt doch eine Entscheidung des Streitlösungsforums direkt zu einer Übertragung der Domain auf den Beschwerdeführer, ohne dass die Domain wie bei gerichtlich verfolgten Ansprüchen[791] zwischenzeitlich - nach der Löschung des Beklagten als Domain-Inhaber - frei wird und damit dem potentiellen Zugriff durch jedermann unterliegt, sofern nicht ein Dispute-Eintrag das Nachrücken des Klägers sichert. Auch die aufgezeigten Schwierigkeiten beim Dispute-Eintrag[792] lassen sich vermeiden, da das Verfahren von Beginn an in einer Hand - der Registrierungsstelle - läuft und die beschriebene Zweigleisigkeit - Streitführung mit dem Domain-Inhaber und Nachweis gegenüber der Registrierungsstelle - vermieden wird. Die integrierte Umsetzung der Entscheidung durch die beteiligten Provider

---

[788] § 13 UDRP-Rules: „There shall be no in-person hearings (including hearings by teleconference, videoconference, and web conference), unless the Panel determines, in its sole discretion and as an exceptional matter, that such a hearing is necessary for deciding the complaint."

[789] *Bettinger*, CR 2000, 234, 235; *Gibson*, CRi 2001, 33, 37; *Heisz*, TMR 2002, 24, 27.

[790] *Bettinger*, WRP 2000, 1109, 1110.

[791] Siehe zu den Rechtsfolgen denkbarer Ansprüche oben, B.II.5.a(2) und B.II.5.b(3).

[792] Siehe oben, B.II.4.

vereinfacht das Verfahren darüber hinaus und macht es auch in der Durchsetzung unabhängig von staatlicher Gerichtsbarkeit.[793]

4. Der Missbrauch der UDRP

Die Stringenz des UDRP-Verfahrens macht dieses weitgehend resistent gegen eine missbräuchliche Verwendung. Gleichwohl zeigen sich in der praktischen Anwendung der UDRP einige Problemfelder, die zum einen den Beschwerdeführern, zum anderen den DRS-Providern zuzuschreiben sind.

a. Reverse Domain Name Hijacking

Eines der Hauptprobleme der Domainkonflikte, das *Reverse Domain Name Hijacking,* wurde schon bei der Konstruktion des Streitlösungsverfahrens versucht einzudämmen, indem die UDRP diese Missbrauchskonstellation ausdrücklich erwähnt. Gem. § 1 UDRP-Rules definiert sich das *Reverse Domain Name Hijacking* wie folgt:

> „Reverse Domain Name Hijacking means using the Policy in bad faith to attempt to deprive a registered domain-name holder of a domain name."

Die Missbräuchlichkeit der Inanspruchnahme der UDRP soll in der Entscheidung explizit zum Ausdruck kommen, sofern das Streitlösungsforum zu der entsprechenden Überzeugung gelangt, § 15e UDRP-Rules. Gleichwohl fehlt eine Regelung der Kriterien, die eine Missbräuchlichkeit seitens des Beschwerdeführers begründen. Auswirkungen hat die Feststellung des Versuchs von *Reverse Domain Name Hijacking* für den Beschwerdeführer – außer der Abweisung der Beschwerde – im Rahmen der UDRP nicht.[794]

Das Phänomen des *Reverse Domain Name Hijacking* begründet sich vor allem aus den Vorteilen, die die UDRP dem Beschwerdeführer bietet.[795] Der formelle und finanzielle Aufwand für die Einreichung einer Beschwerde ist relativ gering und verleitet deshalb offenbar leicht dazu, die UDRP für die Erlangung einer gewünschten, anderweitig registrierte Domain zu benutzen. Auch an prominenten „Schwarzen Schafen" fehlt es in diesem Zusammenhang nicht.[796] Gleichwohl bewirkt die Erwähnung des *Reverse Domain Name*

---

793 *Gibson,* CRi 2001, 33, 37.

794 Sorkin, 18 Santa Clara Computer & High Tech. L.J. (2001), 35, 41. Siehe aber die Regelung in der Streitlösung für die ukTLD unten, C.IV.1.d.

795 Siehe dazu oben, C.III.3.

796 Siehe nur den Fall *HER MAJESTY THE QUEEN, in right of her Government in New Zealand [...]* vs. *Virtual Countries, Inc.,* »newzealand.com«, WIPO Case No. D2002-0754: http://arbiter.wipo.int/domains/decisions/html/2002/d2002-0754.html, bei dem im Ergebnis die QUEEN OF ENGLAND des *Reverse Domain Name Hijacking* bezichtigt wird, weil die

Hijacking eine entsprechende Aufmerksamkeit der Streitlösungsforen gegenüber derartigen Versuchen einer unlauteren Inanspruchnahme der alternativen Streitlösung. Dem Domain-Inhaber zudem bleibt stets der Weg vor ein ordentliches Gericht, um unberechtigte Domain-Übernahmeversuche abzuwehren.

b. Forum Shopping bei Dispute Resolution Service Providern

Ein weiteres Problem der UDRP offenbart die von privaten Organisationen durchgeführte Anwendung der UDRP. Erste Missstände wurden im Herbst 2001 sichtbar. Die vier zu dieser Zeit akkreditierten Schiedsstellen zeigten mittlerweile recht unterschiedliche Statistiken hinsichtlich der Entscheidung der behandelten Streitigkeiten.[797] So zeichneten sich die WIPO-Verfahren dadurch aus, dass in ca. 80% der Fälle zugunsten des Klägers entschieden wurde.[798] Eine derart hohe Erfolgsquote erreichte sonst keiner der DRS-Provider; bei eResolutions etwa lag die Quote bei nur 51%. Die WIPO sah sich deshalb dem Vorwurf ausgesetzt, besonders „markenfreundlich" zu entscheiden. Im Ergebnis zeigen die Statistiken, dass auch die alternative Streitlösung für das sog. *forum shopping* anfällig ist.

Dieses Phänomen lässt sich im Gegensatz zum *Reverse Domain Name Hijacking* auch nicht von der UDRP selbst angehen, da Entscheidungen letztlich durch die Streitlösungsforen getroffen werden. Die UDRP hat durch die Vorgabe stringenter Kriterien für die Lösung von Konflikten bereits einen engen Rahmen für die Argumentation der Parteien geschaffen. Die Wertung dieser Argumente liegt jedoch in der Hand des Streitlösungsforums. Das *forum shopping* ist damit nicht der UDRP anzulasten, sondern den mit dem Konflikt befassten Streitlösungsforen. Für den betroffenen Domain-Inhaber bleibt jedoch auch hier als letzte Möglichkeit die Anrufung eines ordentlichen Gerichts im Falle des Verdachts einer unausgewogenen Streitlösungsentscheidung.

5. Bewertung der UDRP

Die UDRP stellt insgesamt ein erfolgreiches Verfahren außergerichtlicher Streitlösung bei Domain-Namen dar, dessen Beschränkung auf spezifische

---

Beschwerde in Kenntnis des Nichtbestehens von Markenrechten an der rein geographischen Bezeichnung *New Zealand* eingereicht wurde.
Siehe auch den Fall *Societe des Produits Nestle S.A.* vs. *Pro Fiducia Treuhand AG,* »maggi.com«, WIPO Case No. D2001-0916: http://arbiter.wipo.int/domains/decisions/html/2001/d2001-0916.html.

[797] Siehe den Artikel „"Rough Justice" bei Schlichtern von Domain-Streitigkeiten", http://www.heise.de/newsticker/data/jk-13.11.00-006/.

[798] *Gibson*, CRi 2001, 33, 37.

Sachverhalte die Effektivität und Schnelligkeit der Entscheidungen fördert. Die Vorteile für die Beteiligten gegenüber einem herkömmlichen Gerichtsverfahren lassen trotz der nicht ausbleibenden Missbrauchsgefahren eine Übertragung dieses Verfahrens auf *cc*TLDs sinnvoll erscheinen.

IV. Alternative Dispute Resolution in *country code* TLDs

Die UDRP ist ausdrücklich nicht fokussiert auf *generic* TLDs, sondern kann durchaus auch in *country code* TLDs Anwendung finden. Es zeigt sich jedoch, dass die Betreiber der *cc*TLDs - so sie überhaupt alternative Streitlösungsmechanismen anbieten - zumeist[799] eigene *Dispute Resolution Policies* implementieren,[800] die sich nur teilweise an der ICANN-Lösung orientieren. Dies ist nicht zuletzt der differenzierten Sachlage bei Konflikten um *cc*TLDs geschuldet, bei denen spezifisch internationale Probleme wie die Überbrückung großer Distanzen oder die Frage des anwendbaren Rechts in der Regel keine Rolle spielen.[801] Stattdessen gilt es, nationalen Besonderheiten der Vergabepraxis bei Domain-Namen oder spezifischen Bedürfnissen der Beteiligten im Hinblick auf die Akzeptanz eines selbstregulierten Streitlösungsverfahrens Rechnung zu tragen.

Die bestehenden Streitlösungen in *cc*TLDs lassen sich dennoch für den Vorschlag einer deutschen Streitlösung fruchtbar machen, weil die Besonderheiten nationaler Lösungen auch für die deutsche TLD von Interesse sind. Als erste europäische Vergabestelle hat *Nominet UK*, die zentrale Registrierungsstelle für die ukTLD, eine *Dispute Resolution* verabschiedet.

1. Die ukTLD

Das in der ukTLD vorgesehene Verfahren ist vierstufig und weist eine markante Neuerung gegenüber anderen *Dispute Resolution Policies* auf: die Einführung einer Berufungsinstanz.

a. Der Anwendungsbereich

Im Gegensatz zur ICANNs UDRP ist das Verfahren in der ukTLD nicht auf Markenrechtsstreitigkeiten beschränkt. Das Verfahren ist vielmehr offen für

---

799 Zu den Ausnahmen, die die UDRP weitestgehend wörtlich implementiert haben, siehe sogleich, C.IV.3.

800 Eine Übersicht über die *country code* TLDs und ihre Dispute Resolution Policies bietet die WIPO unter http://arbiter.wipo.int/domains/cctld/.

801 Eine Ausnahme bilden hier wieder die generisch verwendeten ccTLDs, bei denen der internationale Kreis der Domain-Inhaber auch internationale Probleme hervorruft.

alle Streitigkeiten, bei denen eine Partei Rechte an einem Namen oder einer Marke innehat, die mit einem Domain-Namen kollidieren.[802]

b. Das Verfahren

Das Verfahren wird ähnlich wie die UDRP durch zwei Regelwerke bestimmt: die *Policy*[803] und das *Procedure*.[804] In der *Policy* ist der Anwendungsbereich der *Dispute Resolution* festgelegt (§ 2 uk-Policy). Danach kommt das Verfahren nur zur Anwendung, wenn der Beschwerdeführer ein Recht aufgrund eines Namens oder einer Marke an einer Bezeichnung geltend macht, die der Domain entspricht, und wenn die Domain von ihrem Inhaber missbräuchlich registriert wurde. Daneben regelt die uk-Policy inhaltliche Fragen der *Dispute Resolution*, wie etwa die Anforderungen an die Feststellung einer missbräuchlichen Registrierung sowie die entsprechenden Verteidigungsmittel des Beschwerdegegners zum Nachweis der Lauterkeit der Registrierung. Daneben ist dort auch die Möglichkeit der Berufung sowie der parallelen Klageerhebung vor einem ordentlichen Gericht geregelt. In der uk-Procedure werden der Ablauf des Verfahrens und die zu verwendenden technischen Mittel bestimmt.

Im Gegensatz zu ICANN-Lösung wird die Streitlösung ausschließlich von der Vergabestelle *Nominet* durchgeführt, eine Akkreditierung anderer *Dispute Resolution Provider* ist nicht vorgesehen.

Das Streitlösungsverfahren wird eingeleitet durch die Übermittlung einer Beschwerdeschrift (*complaint*) an die Streitlösungsstelle *Nominet UK*, § 3a uk-Procedure. Die Beschwerdeschrift muss dabei bestimmte Konventionen gem. § 3b uk-Procedure einhalten. Danach darf die Beschwerdeschrift aus prozessökonomischen Gründen[805] nicht mehr als 2000 Wörter umfassen, § 3b i uk-Procedure. Bestimmte inhaltliche Vorgaben sind einzuhalten, wie etwa die Angabe der eigenen Kontaktinformationen, die streitgegenständliche Domain[806] und vor allem die Darlegung der Gründe entsprechend

---

[802] *Stotter*, MMR 2002, 11, 12.

[803] Siehe http://www.nominet.net/ref/drs-policy.html.

[804] Siehe http://www.nominet.net/ref/drs-procedure.html.

[805] Das vermutet jedenfalls *Stotter*, MMR 2002, 11 Fn. 10. In Wahrheit wird aber wohl auch eine gewisse Vorauswahl der Fälle eine Rolle spielen, denn ein Sachverhalt, der so komplex ist, dass er nicht mit 2000 Wörtern die Missbräuchlichkeit der Registrierung darlegen kann, wird kaum in dem gegenüber einem Gericht stark vereinfachten und auf relativ klare Fälle zugeschnittenen Verfahren der *Dispute Resolution* zugunsten des Beschwerdeführers entschieden werden können.

[806] Der Beschwerdeführer kann auch mehrere Domains zum Streitgegenstand machen, sofern sie von demselben Beschwerdegegner registriert wurden.

§ 3 uk-Policy, die die Registrierung der Domain durch den Beklagten als missbräuchlich erscheinen lassen. Darüber hinaus hat die Beschwerdeschrift die Rechte des Beschwerdeführers an der der Domain entsprechenden Bezeichnung nachzuweisen. Schließlich ist anzugeben, was mit der Domain bei erfolgreicher Beschwerde geschehen soll. Vorgesehen sind - im Gegensatz zur ICANN Lösung - verschiedene Spruchfolgen wie die Übertragung, Aufhebung oder Löschung der Domain oder eine sonstige Änderung an der Domain.

Nach Erhalt der Beschwerdeschrift wird diese von *Nominet UK* geprüft und im Falle der Vereinbarkeit mit der uk-Policy und dem uk-Procedure innerhalb von drei Tagen an den Beschwerdegegner weitergeleitet, § 4a uk-Procedure. Andernfalls erhält der Beschwerdeführer drei Tage Zeit, die Beschwerde zu berichtigen, sonst gilt die Beschwerde als zurückgezogen, § 4b uk-Procedure. Die Einreichung einer erneuten Beschwerde wird dadurch nicht ausgeschlossen, § 4b uk-Procedure.

Das eigentliche Verfahren kommt in Gang zu dem Zeitpunkt, an dem die Beschwerdeschrift frühestens beim Beschwerdegegner als zugegangen gilt, § 4c uk-Procedure. Dies richtet sich nach § 2e uk-Procedure und hängt von dem benutzten Transportweg ab, bei Übermittlung per Fax oder E-Mail am Tag der Absendung, beim Postweg am zweiten Tag nach Absendung. Ab dem Tag der Zugangsfiktion - dem Beginn des Verfahrens - hat der Beschwerdegegner 15 Tage Zeit, auf die Beschwerde zu reagieren und eine Beschwerde-Erwiderung an *Nominet UK* zu übermitteln, § 5a uk-Procedure. *Nominet UK* wird diese Erwiderung binnen drei Tagen an den Beschwerdeführer weiterleiten, § 5b uk-Procedure. Auch für die Erwiderung gilt die Beschränkung auf 2000 Wörter, § 5c i uk-Procedure. Unterlässt der Beschwerdegegner eine Erwiderung, geht das Verfahren mit der Ernennung des *Expert*, also des Streitlösers, weiter, sobald der Beschwerdeführer die entsprechenden Gebühren entrichtet hat, § 5d uk-Procedure. Innerhalb von fünf Tagen nach Eingang der Beschwerde-Erwiderung kann der Beschwerdeführer eine Antwort an *Nominet UK* übermitteln, § 6a uk-Procedure.

Nach Ablauf der fünf Tage oder innerhalb von drei Tagen nach Erhalt der Antwort tritt das Verfahren in eine Zwischenphase, die *Informal Mediation*, § 7 uk-Procedure, ein, die dazu dient, durch Vermittlung seitens *Nominet UK* zu einer gütlichen Einigung zu kommen.[807] Die Verhandlungen der Parteien haben dabei keinerlei präjudizierende Wirkung im Hinblick auf das sich ggf. anschließende Hauptverfahren, § 7b uk-Procedure. Das Verfahren der *Informal Mediation* dauert zehn Tage.

---

[807] *Stotter*, MMR 2002, 11 f.

Sollte in dieser Zeit keine beiderseits akzeptable Lösung gefunden werden, informiert *Nominet UK* die Parteien dahingehend, dass es nun einen *Expert* bestimmen wird, sobald der Beschwerdeführer die entsprechenden Gebühren entrichtet hat, § 7c uk-Procedure. Reagiert der Beschwerdeführer darauf nicht innerhalb von 10 Tagen mit dem Antrag, den Streit an einen *Expert* zu verweisen, und mit Zahlung der entsprechenden Gebühren, wird die Beschwerde als zurückgezogen betrachtet und das Verfahren ist beendet, § 8a uk-Procedure. Andernfalls ernennt *Nominet UK* innerhalb von fünf Tagen nach Erhalt der Gebühren im Rotationsverfahren einen *Expert* von einer bei *Nominet UK* geführten und veröffentlichten Liste, § 8b uk-Procedure. *Nominet UK* informiert die Parteien über die Ernennung und über das voraussichtliche Datum der Entscheidung, § 8d uk-Procedure.

Der *Expert* soll seine Entscheidung innerhalb von 10 Tagen nach seiner Ernennung *Nominet UK* mitteilen, § 16b uk-Procedure. Grundlage der Entscheidung des *Expert* sind gem. § 16a uk-Procedure ausschließlich die Schriftsätze der Parteien, die uk-Policy und das uk-Procedure. Dies ist insofern konsequent, als bei Berücksichtigung weiterer rechtlicher Quellen im Ergebnis eine Gerichtsentscheidung getroffen würde. Die Entscheidung und das Datum ihrer Umsetzung werden den Parteien innerhalb von drei Tagen nach Erhalt durch *Nominet UK* mitgeteilt, § 17a uk-Procedure.

Sofern der Beschwerdeführer Erfolg hat, wird die Entscheidung nach zehn Tagen durch *Nominet UK* umgesetzt und die entsprechenden Änderungen in der *name server* Datenbank werden vollzogen, § 17c uk-Procedure, es sei denn, eine der Parteien legt gegen die Entscheidung innerhalb dieser zehn Tage Berufung ein, § 17c i uk-Procedure. Die Umsetzung wird ebenfalls suspendiert durch den Nachweis rechtlicher Schritte seitens des Beschwerdegegners gegen den Beschwerdeführer mit dem Ziel der Umkehrung der Entscheidung, § 17c ii uk-Procedure. In diesem Fall unternimmt *Nominet UK* in Bezug auf diesen Domain-Namen nichts weiter, es sei denn, es erhält hinreichende Beweise, dass die Parteien eine Einigung erzielt haben (*„evidence which satisfies us that the Parties have reached a settlement“*, § 17c ii A uk-Procedure) oder dass das Verfahren aus anderen Gründen erfolglos war (*„evidence which satisfies us that such proceedings have been dismissed, withdrawn or are otherwise unsuccessful“*, § 17c ii B uk-Procedure).

Die Entscheidung kann nach Maßgabe des Beschwerdeführers auf drei verschiedene Folge gerichtet sein: Übertragung, Löschung oder Dekonnektierung des Domain-Namens, § 3 vi uk-Procedure.[808]

[808] *Stotter*, MMR 2002, 11, 12.

Die Kosten des Verfahrens trägt - wie bei ICANNs UDRP - der Beschwerdeführer. Sie belaufen sich auf £ 750 für Streitigkeiten betreffend eine bis fünf Domains, § 21a uk-Procedure. Ab sechs streitgegenständlichen Domains werden die Gebühren mit *Nominet UK* ausgehandelt. Die Gebühren werden ausschließlich zur Kostendeckung erhoben („*calculated on a cost-recovery basis*") und fließen vollständig dem *Expert* zu, § 21a uk-Procedure. Die *Informal Mediation* und die administrativen Services durch *Nominet UK* sind gebührenfrei. Die Gebühren werden nur fällig, wenn *Nominet UK* die Parteien im Verlaufe des Verfahrens über die Ernennung des *Expert* informiert, § 21b uk-Procedure.

Das Berufungsverfahren kostet £ 3000, § 21e uk-Procedure, die von dem zu tragen sind, der die Berufung einlegt, § 18a uk-Procedure.

c. Die Berufung (*Appeal*)

Jede Partei hat das Recht, Berufung (*Appeal*) gegen die Entscheidung des *Expert* einzulegen, § 18 uk-Procedure. Auch für die Berufungsschrift gilt die Beschränkung auf 2000 Wörter. Die Berufung muss zusammen mit den entsprechenden Gebühren innerhalb von fünf Tagen nach Mitteilung der Entscheidung bei *Nominet UK* eingehen. Die Vergabestelle wählt daraufhin ein Streitlösungsforum (*Panel*) aus drei *Experts* aus, die so schnell wie möglich (*as soon as is practically possible*) eine Entscheidung fällen.

d. Reverse Domain Name Hijacking

Eine weitere Besonderheit des *Nominet* Verfahrens ist die Sanktionierung des *Reverse Domain Name Hijacking*. Gem. § 16b uk-Procedure führt die Feststellung des Missbrauchs des *Nominet* Verfahrens seitens desselben Beschwerdeführers in drei unabhängigen Verfahren innerhalb von zwei Jahren zu einer Suspendierung des Beschwerdeführers von der Einreichung weiterer Beschwerden für einen Zeitraum von zwei Jahren. Im Gegensatz zur UDRP ist durch diese Sanktion die Resistenz der Streitlösung gegenüber einer missbräuchlichen Inanspruchnahme wesentlich höher.

e. Bewertung

Die *Dispute Resolution* durch *Nominet UK* zeichnet sich durch ein straffes, in der Hand von *Nominet* geführtes Verfahren aus.[809] Das Verfahren unterscheidet sich in einigen wesentlichen, nicht unbedingt vorteilhaften Punkten von der ICANN-Lösung.

---

809 Für eine statistische Übersicht über die Verfahren bei *Nominet UK* siehe http://www.nominet.org.uk/DisputeResolution/DisputeResolutionStatistics/.

Zum einen stört die Möglichkeit einer Erwiderung des Beschwerdeführers die Verfahrensgerechtigkeit, da es dadurch zu einem Ungleichgewicht in der Darlegungsmöglichkeit von Argumenten seitens der Parteien kommt. Zum anderen ist die Einführung einer Berufung ein zweischneidiges Schwert im Hinblick auf die Akzeptanz des Verfahrens bei den Betroffenen. Die Möglichkeit der selbstregulativen Überprüfung der *Expert*-Entscheidung durch ein erweitertes Forum unterminiert die Autorität des ersten *Expert* und führt im Ergebnis zu einer Verlängerung und Angleichung des Verfahrens an die herkömmliche Gerichtsbarkeit, die die Akzeptanz der Streitlösung nicht unbedingt fördert. Die zeitnahen Möglichkeiten der alternativen Streitlösung werden dadurch teilweise aufgehoben.

Die Ausdehnung des Anwendungsbereichs über Markensachverhalte hinaus auch auf namensrechtliche Konflikte öffnet das Verfahren einem breiteren Spektrum von Streitigkeiten um Domain-Namen und sollte deshalb eigentlich zu einer verbreiteteren Anwendung der alternativen Streitlösung bei Domain-Konflikten führen. In Bezug auf Deutschland eignet sich das Namensrecht jedoch eher nicht für eine selbstregulierte Streitlösung, da dessen diffizile und mitunter wenig griffige Kriterien keine dem Markenrecht vergleichbare Nachweisbarkeit gestatten, die Grundlage für eine Domain-Übertragung sein könnte.

Die Möglichkeit der Übertragung des Domain-Namens auf den Beschwerdeführer ist dagegen auch in der *Nominet* Lösung ein wichtiger Vorteil selbstregulierter Streitentscheidung. Die Durchführung des Verfahrens durch *Nominet* selbst ohne Beteiligung anderer *Dispute Resolution Provider* verstärkt die Konsistenz des Verfahrens und begegnet gleichzeitig der erwähnten Gefahr des *forum shopping*.[810] Im globalen Rahmen der UDRP ist eine Durchführung der Streitlösung durch ICANN selbst schon aus Kapazitätsgründen undenkbar, bei der *Nominet* Lösung dagegen ist die Zahl der Konfliktfälle durch die regionale Verwendung der ukTLD von vornherein begrenzt, so dass die Konzentration des Verfahrens in einer Hand praktikabel ist. Die Durchführung der Streitlösung durch die Vergabestelle sichert zudem deren Anwendung im Sinne des Regelgebers und dient damit der Akzeptanz der alternativen Streitlösung durch die Betroffenen. Diese Vorteile sind auch für den hier zu entwickelnden konkreten Vorschlag einer deutschen alternativen Streitlösung relevant.

[810] Siehe zum *forum shopping* bei der ICANN-Lösung oben, C.III.4.b.

2. atTLD

Die österreichische Vergabestelle *nic.at* hat Anfang 2003 ein eigenes, alternatives Streitlösungsverfahren („Streitschlichtung")[811] für die österreichischen Domains eingeführt.[812] Hintergrund dieser Initiative ist die Auffassung des ÖOHG, dass bereits die Erkennbarkeit der Rechtsverletzung des Domain-Namen für den juristischen Laien die Störerhaftung der Vergabestelle auslöst.[813]

Im Gegensatz zur UDRP und zum Verfahren in der ukTLD beruht die Anwendung der österreichischen Streitlösung auf einer für jeden Einzelfall gesondert einzuholenden Zustimmung *beider* Parteien. Wie *Anderl* zurecht feststellt,[814] kann sich die Streitlösung bei einem solchen Vorgehen nur dann durchsetzen, wenn beide Parteien gleichermaßen Vorteile aus der Streitlösung ziehen.

a. Der Anwendungsbereich

Die Streitlösung der atTLD ist wie bei der ukTLD nicht auf Markenrechtsstreitigkeiten beschränkt, sondern findet Anwendung bei allen Kollisionen, die im Namens-, Kennzeichen-, Marken-, Urheber- oder Wettbewerbsrecht wurzeln.[815] Anwendbar ist das Verfahren auch auf die in Österreich verbreiteten Domains unterhalb der Ordnungsebenen ».co.at« und ».or.at«.[816]

b. Das Verfahren

Das Streitlösungsverfahren beginnt mit der Einreichung einer Beschwerde beim Sekretariat der Schlichtungsstelle, Punkt IV. 1. at-Schlichtungsordnung. Dabei sind die Verfahrenskosten in Höhe von € 600 für einen „Einzelstreitschlichter" bzw. € 1000 für einen sog. „Dreiersenat" zu entrichten. Die Beschwerdeschrift („Klage") muss schriftlich per Post eingereicht werden, Punkt IV. 2. at-Schlichtungsordnung, und die üblichen Angaben wie die streitgegenständliche Domain, die begehrte Spruchfolge, den Domain-Inhaber etc. enthalten, Punkt IV. 3. at-Schlichtungsordnung. Mit dem

---

811 In Anbetracht der am Ende des Verfahrens zu fällenden Entscheidung des Streitlösers, ist das Verfahren nicht als Streitschlichtung sondern als Streitlösung bzw. Streitentscheidung zu qualifizieren. Dieser Nomenklatur wird hier gefolgt. Auch *Anderl*, MMR 2003, 374, 377, qualifiziert das Verfahren als „streitige Erledigung" des Falles.

812 Die „at-Schlichtungsordnung" ist unter http://www.streitschlichtung.at/ verfügbar.

813 *Anderl*, MMR 2003, 374, 375.

814 *Anderl*, MMR 2003, 374, 376.

815 Punkt I. 1. at-Schlichtungsordnung.

816 *Anderl*, MMR 2003, 374, 376. Ausgeschlossen sind die Domains unterhalb von ».ac.at« und ».gv.at«, Punkt I. 2. at-Schlichtungsordnung.

Eingang der Beschwerdeschrift bei der Schlichtungsstelle wird die streitgegenständlichen Domain in den „Wartestatus" - vergleichbar dem deutschen Dispute-Eintrag - versetzt, ohne dass es eines gesonderten Antrags des Beschwerdeführers bedarf, Punkt IV. 4. at-Schlichtungsordnung. Die Beschwerdeschrift wird sodann dem Domain-Inhaber zugestellt, woraufhin dieser einen Monat Zeit hat, einen entsprechende Erwiderung beizubringen.[817] Bemerkenswert ist jedoch die Pflicht, eine Unterwerfungserklärung der Erwiderung beizufügen, andernfalls das Verfahren nicht beginnen kann, Punkt IV. 7. at-Schlichtungsordnung. In diesem Fall wird das Verfahren eingestellt und der Beschwerdeführer erhält 75 % (!) der Verfahrensgebühren zurück.[818] Dass 25 % der Gebühren in diesem Stadium einbehalten werden, dürfte für Domain-Inhaber ein besonderer Anreiz sein, sich nicht der Schlichtungsordnung zu unterwerfen.

Im Folgenden findet die Verfahrenskommunikation per E-Mail statt, Punkt V. 1. at-Schlichtungsordnung. Die „Streitschlichter" haben dabei das materielle österreichische Recht ohne das Internationale Privatrecht anzuwenden.[819] Eigene Regeln zur Zulässigkeit oder Unzulässigkeit eines Domain-Namens in der Hand des Inhabers gibt es nicht. Das Verfahren endet in der Regel innerhalb von drei Monaten ab Einreichung der Beschwerde durch den „Schlichtungsspruch" des „Streitschlichters".[820]

Eine Besonderheit des Verfahrens liegt in den Folgen des „Schlichtungsspruchs". Dieser wird nur dann „rechtswirksam", wenn der Unterlegenen nicht binnen einen Monats schriftlich Einspruch erhebt, Punkt X. 1. at-Schlichtungsordnung. Eine Begründung ist nicht erforderlich. Andernfalls ist der Domain-Streit eine „res iudicata"[821] und der „Schlichtungsspruch" wird von *nic.at* umgesetzt.

c. Bewertung

Das Streitlösungsverfahren der atTLD ist keine gelungene Implementierung eines Konfliktverfahrens unter der Ägide der Vergabestelle. Die jeweils gesondert einzuholende Unterwerfung insbesondere des Domain-Inhabers unter das Streitlösungsverfahren kostet letztlich nur Zeit und den Beschwerdeführer in jedem Falle Gebühren, ohne dass die tatsächliche Durchführung des Verfahrens wahrscheinlicher wird. Für den Inhaber

---

[817] Inhaltliche Anforderungen an die Beschwerdeerwiderung sind in Punkt IV. 10. at-Schlichtungsordnung geregelt.

[818] Punkt IV. 15. at-Schlichtungsordnung.

[819] Punkt II. 1. at-Schlichtungsordnung.

[820] Punkt V. 2. at-Schlichtungsordnung.

[821] Punkt X. 3. at-Schlichtungsordnung.

eröffnet dieses Prozedere Möglichkeiten des Taktierens, und gestattet letztlich dem potentiellen Verletzer, über das Verfahren zur Lösung des Konflikts zu entscheiden. Für den Verletzten ist damit das Streitlösungsverfahren praktisch wertlos.

Der pauschale Verweis auf das materielle Recht Österreichs ohne die Bereitstellung spezifischer Regeln in Bezug auf Domain-Namen führt für den „Streitschlichter" zu einem schwierigen Balanceakt zwischen umfassender rechtlicher Würdigung des Falles und zeitnaher Entscheidungsfindung. Letztendlich leidet das Verfahren aber unter der Einspruchsmöglichkeit des Unterlegenen, die das durch eine Entscheidung abgeschlossene Verfahren obsolet werden lässt.

In Anbetracht dieser schwerwiegenden Mängel der österreichischen Streitlösung kann diese nur insofern als Vorbild einer deutschen Streitlösung dienen, als sie die Bandbreite der vermeidbaren Fehler aufzeigt, die zur Ineffektivität eines solchen Verfahrens führen.

3. UDRP Implementationen

Eine Vielzahl von *cc*TLD Vergabestellen hat direkt die UDRP von ICANN übernommen und als verbindliche Dispute Resolution für ihre TLD erklärt.[822] Dabei handelt es sich nicht nur um sog. generische *cc*TLDs, bei denen der Verweis auf die für gTLDs entwickelte UDRP ohne weiteres nachvollziehbar ist. Die globale Ausrichtung dieser Domains offenbart eine gewisse Vergleichbarkeit mit den gTLDs, wodurch auch die Streitlösung grundsätzlich vergleichbaren Anforderungen unterliegt.

Teilweise verweisen jedoch auch die Vergabestellen von „einfachen" *cc*TLDs auf die UDRP von ICANN, wie z.B. bei der gtTLD[823] (Guatemala), der veTLD[824] (Venezuela) und bei der roTLD[825] (Rumänien). Andere wiederum haben eine Variation der UDRP von ICANN implementiert, um nationalen Besonderheiten und Mängeln der UDRP Rechnung zu tragen.[826]

---

822 Siehe dazu die Übersicht der WIPO, http://arbiter.wipo.int/domains/cctld/.

823 http://www.gt/.

824 http://www.nic.ve/.

825 http://www.rnc.ro/.

826 Siehe z.B. die Dispute Resolution Policy der Domainvergabestelle auDA für die ».au« TLD, auDRP, verfügbar unter http://www.auda.org.au/policy/audrp/.

V. Abschließende Bewertung der selbstregulierten Streitlösung bei Domain-Namen

Die UDRP als Kernstück der Selbstregulierung der *generic* TLDs implementiert sowohl das Verfahren der Streitlösung als auch die Regeln, die bei der Entscheidungsfindung zur Anwendung kommen. Die Einbindung der für die Umsetzung der Entscheidung zuständigen Provider sichert die Durchsetzungsfähigkeit dieses selbstregulativen Verfahrens. Die Anlehnung an rechtliche Kategorien des Marken- und Namensrechts verhilft dabei dem Verfahren zur notwendigen Respektierung und Akzeptanz seitens der Beteiligten, da die Streitentscheidung in der Regel eine Tendenz hinsichtlich einer etwaigen gerichtlichen Streitlösung aufzeigt.

Die Vorteile dieses alternativen Streitlösungsmodells und seine zunehmende Verbreitung in *country code* TLDs führen zu der Frage, ob sich auch für die deutsche TLD ein alternativer Streitlösungsmechanismus nach dem Vorbild der UDRP und anderer *Dispute Resolutions* konstruieren und implementieren lässt. Ausgangspunkt sollte dabei nicht eine direkte Übernahme der UDRP, sondern eine an den deutschen Besonderheiten der Domainvergabe orientierte Abwandlung der alternativen Streitlösung sein, ohne jedoch die bei der *Nominet*-Lösung herausgearbeiteten Nachteile zu reproduzieren. Die aufgezeigten Schwächen der österreichischen Lösung sollten gleichfalls nicht in den Streitlösungsvorschlag einfließen. Klärungsbedürftig ist jedoch auch in Bezug auf Deutschland die Frage eines Motivationsanreizes für die DENIC zur Implementation einer alternativen Streitlösung.

D. Vorschlag einer Streitlösung für die deutschen Domains

Die deTLD umfasst Ende 2004 über 8 Millionen Domain-Namen.[827] Sie ist nach der comTLD die zweitgrößte TLD.[828] Die Zahl der Domainkonflikte ist damit zwangsläufig beträchtlich und ihre auf staatliche Gerichte beschränkten Entscheidungen zumeist langwierig.[829] Hier drohen beträchtliche wirtschaftliche Schäden, wenn etwa Unternehmen - wie in der Vergangenheit nur allzu oft - ihre Domain bereits besetzt finden und nur gegen eine hohe Ablösesumme oder über den zeitaufwendigen Gerichtsweg[830] diese Domain erlangen können. Zum anderen zeigt die zunehmende Zahl der Gerichtsverfahren um Domain-Namen, dass es sich in der Tat um die Verteilung einer knappen Ressource handelt.[831] Die Suche nach alternativen Lösungen für Domain-Streitigkeiten ist damit unausweichlich.

Eine gesetzliche Regelung zur Lösung von Streitigkeiten um Domain-Namen gibt es derzeit weder in Deutschland noch weltweit. Die anfangs (hoheitlich) ungeregelte Vergabe von Domain-Namen durch nationale Vergabestellen rückt jedoch zunehmend in den Blickwinkel der zuständigen Behörden.[832]

Die Analyse der alternativen Streitlösung, wie sie von ICANN durchgesetzt wurde, hat erhebliche Vorteile gezeigt[833] gegenüber den herkömmlichen, in Deutschland angewandten Regelungsmechanismen der gerichtlichen Streitentscheidung. Eine Übertragung der alternativen Streitlösung auf deutsche Domains ist deshalb grundsätzlich überlegenswert.

---

827 Siehe die tagesaktuelle Angabe der DENIC unter http://www.denic.de/de/domains/statistiken/index.html.

828 Zum Vergleich: http://www.denic.de/de/domains/statistiken/domainvergleich_tlds/index.html.

829 Siehe zu den derzeitigen Lösungsmöglichkeiten für Domainkonflikte unterhalb der deTLD, oben B.

830 Siehe nur die Angaben von *Welzel*, MMR 2001, 744, zur Dauer des Verfahrens von der Klageeinreichung beim LG Frankfurt/M. Anfang 1998, als in Deutschland gerade rund 137.000 Domains registriert waren, bis zur letztinstanzlichen Entscheidung des BGH Anfang 2001, als schon ca. 4,5 Millionen Domains eingetragen waren. Dies belegt deutlich die Diskrepanz zwischen der Entwicklungsgeschwindigkeit des Internets und den langwierigen zivilprozessualen Verfahren.

831 Siehe dazu schon *Hoeren*, CR 1996, 355.

832 Siehe etwa die von der Bundesregierung soeben verabschiedete Nummerierungsverordnung zur Novelle des TKG, dazu sogleich.

833 Siehe oben, C.V.

Equivalent zur Implementation der UDRP durch ICANN sollte eine alternative Streitlösung für deutsche Domains durch die DENIC ein- und umgesetzt werden. Als Kehrseite des oben dargestellten Kontrahierungszwangs[834] muss sich die Streitlösung an sachgerechten Kriterien orientieren. Fraglich ist, wie sich ein solcher Vorschlag im Kernbereich der Tätigkeiten der DENIC - der Vergabe von Domain-Namen - realisieren ließe. Insbesondere vor dem Hintergrund der Etablierung des „first come, first served" bei der Vergabe der Domain-Namen durch die DENIC und den daraus resultierenden Konflikten stellt sich die grundsätzliche Frage einer Verantwortlichkeit und Handlungspflicht der DENIC in Bezug auf die Lösung der durch das Vergabeverfahren verursachten Domain-Konflikte.

I. Umdenken in der Haftungsfrage – die Verantwortlichkeit der DENIC

Schon 1997 wurde die Vergabepraxis für Internet Domains als „Wild-West-Methoden" bezeichnet.[835] Bereits damals, zu Beginn der deutschen Internet-Begeisterung, zeichneten sich Probleme im Vergabeverfahren ab. Die umfangreiche Kasuistik, die sich im Bereich der Domain-Namen aus dem Namens- und Kennzeichenrecht und zunehmend auch dem Wettbewerbsrecht entwickelt hat und weiter entwickelt, hat die Tendenz zunehmender Konfliktfälle bei Domain-Namen bestätigt.

HOEREN hatte deshalb bereits 1996 - in den Anfängen des Internet-Booms in Deutschland - auf die Domain-Namen als „knappe Güter" hingewiesen und vorgeschlagen, die DENIC als „Internet-Markenamt" umzugestalten, das die Rechtmäßigkeit der Domain-Registrierung vor Zuteilung prüft und in der Folge dafür auch haftet.[836] Er bezweifelte allerdings selbst die Sinnhaftigkeit dieses Vorschlags angesichts der Grundstruktur und den Grundprinzipien, wie sie im Internet vorzufinden sind.[837] Letztlich sei der Gesetzgeber gefragt, hier für eine Regelung der Internet-Adressierung zu

[834] Siehe oben, A.IV.b.

[835] *Ubber*, WRP 1997, 497, 511. Der Ausspruch geht aber wohl auf *Hoeren*, CR 1996, 355, 356 zurück.

[836] *Hoeren*, CR 1996, 355, 356. Kritisch dazu *Ubber*, WRP 1997, 497, 511.

[837] „... angesichts der anarchisch-regellosen Struktur des Internet ...", *Hoeren*, CR 1996, 355, 356.

sorgen.[838] Die Freistellung der DENIC verlagere jedenfalls das Risiko unrichtiger Adresszuweisungen auf den Verletzten.[839]

Nach einer langen Phase des Desinteresse an der Domain-Namen Problematik[840] verkündete die Bundesregierung 2000 ihre Zufriedenheit mit dem privatwirtschaftlichen System der Domain-Namen Vergabe und stellte einen gesetzgeberischen Handlungsbedarf diesbezüglich in Abrede.[841] Im Rahmen der Diskussion um den Reformprozess bei ICANN im Jahre 2002 bestätigte die Bundesregierung diese Auffassung erneut.[842] Gleichwohl steht derzeit der soeben beschlossene Entwurf einer Nummerierungsverordnung[843] der Bundesregierung zur TKG-Novelle in der Diskussion, weil in dieser die Domain-Namen ausdrücklich erwähnt werden.[844] Dadurch könnte die Vergabe der Domain-Namen in die Zuständigkeit der Regulierungsbehörde fallen.[845]

---

[838] *Hoeren*, CR 1996, 355, 356. Genau dies scheint nun mit der Novelle des TKG und der Telekommunikations-Nummerierungsverordnung (TKNV) in greifbare Nähe gerückt, wobei sich bereits seitens der DENIC Protest formiert. Siehe „Denic kritisiert Nummerierungsverordnung für Telekommunikation", http://www.heise.de/newsticker/data/anw-28.05.03-005/.

[839] *Hoeren*, CR 1996, 355.

[840] Der erste gesetzgeberische Ansatz zur Regulierung der Neuen Medien, das „Gesetz zur Regelung der Rahmenbedingungen für Informations- und Kommunikationsdienste" (Informations- und Kommunikationsdienste-Gesetz - IuKDG) vom 22. Juli 1997 (BGBl. I S.1870), erwähnt die Domain-Namen an keiner Stelle.

[841] Antwort der Bundesregierung auf die Kleine Anfrage der Abgeordneten *Dr. Mayer, Uldall, Börnsen* und anderer zum Schutz von Internetadressen (Domain-Namen), BT-Drs. 14/3956 (28.07.2000), S. 4.

[842] Siehe die Stellungnahme der Bundesregierung zu den Vorschlägen des ICANN Reform Committee vom 20.Juni 2002, abrufbar unter http://forum.icann.org/reform-comments/general/pdf00027.pdf, S. 1. Lediglich hinsichtlich der Struktur von ICANN sieht die Bundesregierung einigen Handlungsbedarf, weil in Anbetracht der durchaus auch als politisch betrachteten Entscheidungen von ICANN (etwa hinsichtlich neuer *generic* TLDs) die Rolle des GAC gestärkt werden soll, um eine maßvolle Beteiligung und Berücksichtigung der Regierungen zu ermöglichen. Denkbar sei aber auch eine verstärkte Beteiligung der für die internationale Zusammenarbeit vornehmlich geeigneten ITU an der Organisation von ICANN.

[843] TKNV. Verfügbar auf den Seiten des Bundesministeriums für Wirtschaft und Arbeit, http://www.bmwi.de/.

[844] § 1 Abs. 2 Nr. 10 TKNV.

[845] Siehe dazu *Holznagel*, MMR 2003, 219 ff.

Auf der Suche nach Lösungen der Misere bei den Domain-Namen bleibt der Blick somit erneut bei der DENIC hängen. Deren künftige Beteiligung in Streitfällen lässt sich in zwei Szenarien darstellen.

Zum einen ist auf den Vorschlag von HOEREN zurückzukommen und zu fragen, ob die DENIC nicht über die Haftungsfrage gezwungen werden könnte, eine rechtliche Überprüfung beantragter Domains vorzunehmen. Eine Ausgestaltung als Domain-„Amt" ist zweifellos überzogen und der Sache nicht dienlich, doch die derzeitige Freistellung der DENIC von Ansprüchen bei der Registrierung verletzender Domains ist im Hinblick auf die zunehmende Beschäftigung der Gerichte mit Domain-Konflikten zu hinterfragen. Gäbe es diese Freistellung nicht, wäre die DENIC gezwungen, eine Registrierung erst nach Klärung der Rechtslage an dem Domain-Namen vorzunehmen, andernfalls drohte die Haftung. Durch wen und in welchem Umfang diese Klärung erfolgen müsste, ist damit noch nicht entschieden, nur ließen sich eine Vielzahl von Prozessen um Internet-Domains vermeiden, wenn nicht mehr ungeprüft jede Domain registriert würde. Obschon eine Vorabprüfung wünschenswert erscheint, ist eine Berücksichtigung aller erdenklichen Rechte an einem Domain-Namen praktisch unmöglich. Eine solche „Global-Prüfung" wird auch von Gerichten nicht vorgenommen, da es im Prozess stets nur um die Rechte der Parteien geht. Eine Überprüfung durch die DENIC steht damit vor dem Dilemma, dass bei der Registrierung eines Domain-Namen ein Dritter, an dessen Rechten sich der Name messen lassen muss, nicht vorhanden ist. Dadurch jedoch fehlen auch die Bezugsrechte für eine „globale" Überprüfung des Domain-Namens, so dass es scheint, als wenn die von der DENIC abgelehnte Vorabüberprüfung in der Tat schon aus praktischen Erwägungen heraus nicht möglich ist.

Gleichwohl darf eine solche Argumentation nicht über die Möglichkeit von Negativlisten hinwegsehen, die z.B. ausgehend vom Markenregister des DPMA eine Liste als Marke geschützter Begrifflichkeiten enthalten kann, deren Verwendung in einem Domain-Namen in jedweder Zusammensetzung nur mit Zustimmung des Markeninhabers erfolgen darf. Zwar wirkt der Schutz des Markenrechts nicht gegen eine private Verwendung der als Marke geschützten Bezeichnung, so dass auf diesem Wege auch rechtmäßige Markenbenutzungen – im Rahmen einer ausschließlich privaten Nutzung der entsprechenden Domain – ausgeschlossen würden. Jedoch ließe sich in diesen Fällen ein ggf. für den Domain-Interessenten kostenpflichtiges Nachweisverfahren seiner rechtmäßigen Interessen an dem gesperrten Domain-Namen implementieren. Die Negativliste müsste darüber hinaus auf eindeutige Fälle, also etwa die Kombination von Marken oder eine durch Einfügung eines Bindestrichs erzeugte Alleinstellung der Marke in dem Domain-Namen, beschränkt sein. Eine solche am Markenrecht orientierte Negativliste ließe sich wohl auch über Beiträge der Markeninhaber finanzieren, für die ein finanzielles Engagement im Vorfeld der Domain-Registrierung und damit der Ausschluss markenverletzender Domain-Namen attraktiver sein müsste, als die nachträgliche Identifizierung und Verfolgung registrierter markenverletzender Domain-Namen.

Die zweite Variante einer zukünftigen Beteiligung der DENIC bei der Entschärfung der Domain-Streitfälle liegt in der Implementation einer alternativen Streitlösung für die deTLD. Die DENIC müsste dazu bei jeder Registrierung die Geltung einer entsprechenden *Dispute Resolution Policy* (Streitlösungsabrede) vereinbaren, die es einem potentiell Verletzten erlaubt, die Entscheidung eines Streitlösungsforums zur Interessenlage an einer Domain herbeizuführen. Die Vorteile einer Forumsentscheidung wurden bereits bei der Darstellung der ICANN-Lösung angedeutet.[846] Geprüft würde dabei gleichfalls nicht die allgemeine Rechtslage an einem Domain-Namen, sondern lediglich die Interessenlage, wie sie zwischen dem Domain-Inhaber und demjenigen besteht, der eine Verletzung seiner Rechte behauptet und zu diesem Zweck die Forumsentscheidung herbeiführen möchte.

Ausgangspunkt für beide Szenarien muss jedoch zunächst ein Umdenken in der Haftungsfrage sein. Erst durch die auch höchstgerichtlich festgestellte Freistellung der DENIC von der Haftung für rechtswidrige Domain-Namen werden neue Lösungsansätze bei der Bewältigung der Konflikte blockiert, da aus Sicht der DENIC kein Handlungsbedarf besteht. Eine potentielle Haftung dagegen könnte auch bei der DENIC die Bereitschaft wecken, sich stärker bei den Domain-Streitigkeiten zu engagieren und nach zeitnahen Lösungen für Kollisionsfälle zu suchen.

1. Analyse der Rechtsprechung

Die Rechtsprechung wurde frühzeitig, praktisch schon im ersten deutschen Urteil zu Domain-Namen überhaupt, mit der Frage der Haftung der DENIC beschäftigt. Das *LG Mannheim*, bereits 1996 mit der Domain »heidelberg.de« befasst,[847] konnte diese Frage allerdings noch offen lassen, da jedenfalls hinsichtlich des Beklagten eine Namensrechtsverletzung festgestellt werden konnte und die DENIC an diesem Verfahren selbst nicht beteiligt war. Gleichwohl fühlte sich das Gericht bemüßigt, zur namensrechtlichen Verantwortlichkeit der DENIC eine Aussage dahingehend zu treffen,

[846] Siehe oben, C.III.3.

[847] LG Mannheim, CR 1996, 353 - »heidelberg.de«, m. Anm. *Hoeren*.

dass aufgrund der fehlenden „inhaltlichen Prüfung" seitens der DENIC bei der Registrierung der Domains eine Verantwortlichkeit eher zu verneinen sei. In Anbetracht der verschuldensunabhängigen Unterlassungsansprüche des § 12 BGB[848] und der §§ 14 V, 15 IV MarkenG[849] kann diese pauschale Aussage nur erstaunen. Die fehlende Prüfung allein kann die kennzeichenrechtliche Verantwortlichkeit der DENIC jedenfalls nicht per se ausschließen.[850]

Für den BGH war die Lösung der Haftungsfrage deshalb in der grundsätzlichen Anwendbarkeit des Kennzeichenrechts auf die Tätigkeiten der DENIC zu suchen. Anfang 2001 hatte der BGH erstmals Gelegenheit, seine Auffassung zur Haftung der DENIC bei der Registrierung rechtsverletzender Domain-Namen darzulegen.[851] Der Fall »ambiente.de« war schon in den Vorinstanzen auf reges Echo in der Literatur gestoßen.[852] Für den BGH war es zugleich das erste Urteil zu Domain-Namen überhaupt.

> Im Fall ging es um die Inhaberin der Marke „Messe Frankfurt Ambiente" (Klägerin), die die Domain »ambiente.de« für sich registrieren wollte, sich daran aber aufgrund anderweitiger Vergabe gehindert sah. Die Markeninhaberin verlangte daraufhin vom Inhaber der Domain die Freigabe derselben. Dieser gab jedoch nur eine strafbewehrte Unterlassungserklärung des Inhalts ab, dass er jede Handlung unterlassen werde, die dazu führen könnte, dass die Bezeichnung »ambiente.de« im Internet genutzt wird. Die Freigabe der Domain lehnte er ab. Die Klägerin wandte sich daraufhin mit der Unterlassungserklärung an die DENIC, damit diese die Registrierung der Domain für den derzeitigen Inhaber kündige und den Domain-Namen für sie eintrage. Dies lehnte die DENIC ab und nahm die Klägerin stattdessen in ihre Warteliste für diese Domain auf, damit die Klägerin in die Position des Domain-Inhabers aufrücken kann, sobald dieser die Domain freigibt. Die Klägerin dagegen war der Auffassung, dass die DENIC wegen der Unterlassungserklärung des Inhabers verpflichtet sei, die Domain-Registrierung aufzuheben und die Klägerin einzutragen. Die Registrierung eines Domain-Namen ohne Nutzungsabsicht stelle eine Reservierung der Domain dar, die nach den eigenen Richtlinien der DENIC unzulässig sei. Die DENIC sei aufgrund ihrer marktbeherrschenden Stellung verpflichtet, ihre selbstaufgestellten Registrierungsrichtlinien einzuhalten.

Der Fall warf einige interessante Fragen grundsätzlicher Natur hinsichtlich der Rechtsstellung der DENIC im diffizilen System der Domain-Vergabe

---

848 MüKo-BGB[4]/*Schwerdtner*, § 12 Rn. 271.

849 *Fezer*, MarkenR[3], § 14 Rn. 509, § 15 Rn. 180, 183.

850 *A.Nordemann*, NJW 1997, 1891, 1896.

851 BGH, MMR 2001, 671 – »ambiente.de«, m.Anm. *Welzel*, 744 ; s.a. *Römermann*, DB 2001, 2433, 2434.

852 OLG Frankfurt/M., MMR 2000, 36 – »ambiente.de«, m.zust.Anm. *Welzel*, 39, und LG Frankfurt/M., MMR 1999, 233 – »ambiente.de«.

auf, die - von der Literatur lange erwartet - nun durch den BGH geklärt werden konnten.

a. Die Registrierung und Verwaltung der Domain-Namen durch die DENIC als namens- und kennzeichenrechtliche Benutzungshandlung

Einstiegspunkt für die Anwendung des Kennzeichenrechts auf die Tätigkeiten der DENIC ist die Frage, ob die DENIC mit dem Registrieren und Verwalten der deutschen Domain-Namen die darunter befindlichen, Marken und geschäftlichen Kennzeichen entsprechenden Zeichen benutzt iSd Markengesetzes.

(1) Benutzung iSv §§ 14, 15 MarkenG

Nach Auffassung des BGH liegt in der Tätigkeit des Registrierens und Verwaltens von Domain-Namen durch die DENIC keine Benutzung der entsprechenden Marke oder des geschäftlichen Kennzeichens im geschäftlichen Verkehr iSd §§ 14, 15 MarkenG aus.[853] Die Begründung stützte der BGH auf einen Vergleich mit der Rechtslage bei Eintragungen des Deutschen Patent- und Markenamts (DPMA), bei denen unstrittig nicht von einem kennzeichenrechtlichen „Benutzen" auszugehen ist. Dieser Vergleich ist allerdings nicht ganz unproblematisch. Zwar ist richtig, dass Marken und Domains in gewisser Hinsicht eine ähnliche Wirkung haben, nämlich dem Inhaber eine Exklusivität zu verleihen, die ihm gestattet, andere von deren Verwendung auszuschließen.[854] Diese Exklusivität ist jedoch bei Domain-Namen eine rein tatsächliche, bei Marken dagegen handelt es sich in Anbetracht der markenrechtlichen Unterlassungsansprüche um eine rechtliche Exklusivität. Zudem ist das DPMA eine Verwaltungsbehörde,[855] die in Wahrnehmung einer öffentlichen Aufgabe öffentlich-rechtlich tätig wird.[856] Die Erteilung eines Patents und die Eintragung einer Marke - so denn der BGH dies mit der Registrierung von Domain-Namen tatsächlich vergleichen wollte - ist insoweit konsequent als Verwaltungsakt anzusehen.[857] Die DENIC dagegen als genossenschaftlicher Zusammenschluss der

---

[853] BGH, MMR 2001, 671, 673 - »ambiente.de« m.zust.Anm. *Welzel*, MMR 2001, 744.

[854] So *Welzel*, MMR 2001, 321, 323.

[855] Siehe § 2 Abs. 2 Nr. 3 VwVfG, der das Verfahren vor dem DPMA vom Anwendungsbereich des VwVfG ausnimmt, eine Vorschrift, die ohne Sinn wäre, wenn das DPMA keine Behörde iSv § 1 VwVfG wäre. Siehe dazu *König*, GRUR 1999, 809, 810.

[856] *König*, GRUR 1999, 809.

[857] BGHZ 18, 81, 92; *König*, GRUR 1999, 809, 810.

ISP Deutschlands[858] wäre zum Erlass eines Verwaltungsaktes schon nicht legitimiert. Die Tätigkeit der DENIC entzieht sich deshalb prinzipiell einer Vergleichbarkeit mit dem DPMA.

Die Literatur versucht aus diesem Grunde auch zurecht, die fehlende kennzeichenrechtliche „Benutzung" seitens der DENIC auf anderem Wege zu begründen. WELZEL etwa betrachtet die Haftungsfrage von der praktischen Seite her, wonach die DENIC allein zwei technische Aufgaben wahrnehme: die Pflege einer Datenbank, die sämtliche deutschen Domains verzeichnet, um Doppelregistrierungen auszuschließen, und den Betrieb des *primary name server*, der die Verknüpfung zwischen einer Domain und einer den jeweiligen Server tatsächlich bezeichnenden IP-Adresse herstellt.[859] Diese Reduzierung der Tätigkeit der DENIC lässt jedoch außer Betracht, dass jedem Domain-Aufruf unterhalb der deTLD direkt[860] oder indirekt[861] eine Dienstleistung der DENIC, nämlich die autoritative Bereitstellung der verknüpften IP-Adresse, zugrunde liegt. So offensichtlich („versteht sich in der Tat von selbst")[862] ist die fehlende geschäftliche Benutzung deshalb keineswegs. Im Gegenteil, die maßgebliche Tätigkeit der DENIC, gemessen an der Nachfrage nach den einzelnen Diensten, ist gerade die Bereitstellung der Domain-Datenbank für den millionenfachen Zugriff durch Nutzer tagtäglich, in dessen Verlauf geschützte Zeichen in Form von Domain-Namen durch die DENIC mit IP-Adressen verknüpft werden.[863]

Die Benutzung eines Zeichens im geschäftlichen Verkehr durch die Verwaltung der Domain-Namen durch die DENIC bedarf deshalb einer genaueren Analyse. Als Handeln im geschäftlichen Verkehr iSv § 14 II, IV MarkenG ist zunächst jede wirtschaftliche Tätigkeit auf dem Markt zu verstehen, die der Förderung des eigenen oder eines fremden Geschäftszwecks zu dienen bestimmt ist.[864] Die Absicht der Gewinnerzielung ist nicht erforderlich, so dass auch die erwerbswirtschaftliche Tätigkeit eines gemeinnützigen

---

858 Siehe oben, A.III.4.c(1).

859 *Welzel*, MMR 2001, 744.

860 Durch Anfrage bei einem der *secondary name server* der DENIC.

861 Durch Anfrage bei einem *secondary name server* eines ISP, der wiederum seine Daten von den *name servern* der DENIC aktualisiert.

862 *Welzel*, MMR 2001, 744.

863 Detailliert betrachtet verknüpft die DENIC bei einer Domain-Anfrage den Namen mit einem *Name Server* des Providers, bei dem die Domain gehostet wird. Nichtsdestotrotz bewirkt gerade diese Verknüpfung die weltweite Erreichbarkeit des Domain-Namens. Im Ergebnis liegt deshalb in der Tätigkeit der DENIC der maßgebliche Anteil für die Verknüpfung des Domain-Namens mit einer IP-Adresse.

864 *Fezer*, MarkenR³, § 14 Rn. 41.

Unternehmens geschäftlichen Verkehr darstellt. Zum geschäftlichen Verkehr gehören alle Bereiche, in denen einer unbestimmten Vielzahl von Personen die Ware oder Dienstleistung unter der betreffenden Marke nicht notwendig gegen Entgelt außerhalb des Privatverkehrs angeboten wird.[865]

Die Bereitstellung der IP-Adressen zu einem angefragten Domain-Namen unterhalb der deTLD wird von der DENIC im Rahmen ihres Geschäftsgegenstands - der Verwaltung und des Betriebs von Internet-Adressen (Domain-Namen)[866] - als Dienstleistung für alle Internet-Nutzer weltweit kostenfrei erbracht. Die Übersetzung eines einem geschützten Zeichen entsprechenden Domain-Namen in eine IP-Adresse sichert erst die Zugänglichkeit des betreffenden Servers unter diesem Namen. Es handelt sich folglich bei der Tätigkeit der DENIC zwar um eine unentgeltliche Dienstleistung,[867] und die DENIC arbeitet auch nach eigenen Angaben nicht mit der Absicht der Gewinnerzielung,[868] doch bietet sie in der Tat einer unbestimmten Vielzahl von Personen - nämlich sämtlichen Internet-Nutzern weltweit - eine bestimmte IP-Adresse unter einem bestimmten Domain-Namen an. Sie fördert damit zum einen ihren eigenen Geschäftszweck[869] - den Betrieb der *Name Server* - sowie den ihr fremden Geschäftszweck des Inhabers des Domain-Namens. Dass die DENIC für den unter dieser IP-Adresse abrufbaren Inhalt wegen § 9 I S. 1 TDG (2002) nicht verantwortlich ist,[870] kann im Kontext des Handeln im geschäftlichen Verkehr iSd MarkenG nicht berücksichtigt werden, da es hier nicht um die inhaltliche Verantwortlichkeit für die Website, sondern um die Benutzung eines geschützten Zeichens in Form eines Domain-Namen geht. Mithin ist die Tätigkeit der DENIC - insbesondere der Betrieb der *Name Server* - als Handeln im geschäftlichen Verkehr iSd §§ 14, 15 MarkenG anzusehen. Die marken- bzw. kennzeichenmäßige Benutzung ergibt sich bei der DENIC über den Domaininhaber als Dritten, der die Domain mit einem inhaltlichen Angebot und damit produkt- oder unternehmensbezogen benutzt.[871]

---

865 *Fezer*, MarkenR³, § 14 Rn. 42.

866 Siehe näher oben, A.III.4.c(1).

867 Die DENIC finanziert sich über die Beiträge ihrer Mitglieder und die bei der Registrierung und Verlängerung der Registrierung eines Domain-Namens anfallenden Entgelte. Siehe näher oben, A.III.4.c(1).

868 § 2 Abs. 2 DENIC-Statut.

869 Zutreffend *Schieferdecker*, S. 50.

870 Als Diensteanbieter iSv § 3 TDG ist die DENIC schon deshalb anzusehen, weil sie im Rahmen ihres *name server* Dienstes Angebote im Bereich der Individualkommunikation (§ 2 II Nr. 1 TDG) erbringt.

871 So auch *Schieferdecker*, S. 88.

Eine markenrechtlich relevante Benutzung geschützter Zeichen, die von Dritten als Domain-Namen bei der DENIC registriert wurden, ist somit seitens der DENIC – entgegen der Auffassung des BGH – gegeben.

(2) Benutzung iSv § 12 BGB

Das OLG Dresden hatte kurz vor der BGH-Entscheidung bereits hinsichtlich der Domain »kurt-biedenkopf.de« ein Benutzen des Namens iSv § 12 BGB durch die Registrierung und Verwaltung der Domain-Namen durch die DENIC abgelehnt.[872] Ein Namensgebrauch iSv § 12 BGB erfordere eine Verwendung, durch die ein nicht unerheblicher Teil des Verkehrs auf eine wie auch immer geartete persönliche Beziehung des Namensträgers zu der mit seinem Namen bezeichneten Person, Sache oder Leistung schließen könne.[873] Die Tätigkeit der DENIC beschränke sich dagegen auf eine rein technische Komponente, nämlich die der Zuordnung von Domain-Namen zu IP-Nummern. Auch eine Benutzung im Internet scheide aus, da die DENIC keinerlei eigene Informationen unter den eingetragenen Domains anbiete. Soweit verdient die OLG-Entscheidung Zustimmung. Im Folgenden nimmt das OLG jedoch Bezug auf das DPMA, ein Missgriff, der wohl auch die Vorlage für den BGH war. Das OLG versucht, die Situation des DPMA, das durch die Eintragung einer Marke im Markenregister unstrittig nicht zu deren Benutzer wird, mit der DENIC zu vergleichen, die durch die Registrierung und Verwaltung der Domain diese gleichfalls nicht benutze. Dieser Vergleich, der – wie beim BGH dargestellt – nur als missglückt zu bezeichnen ist, verschleiert den eigentlichen Grund für die Ablehnung einer im Rahmen von § 12 BGB relevanten Benutzungshandlung. Die Tätigkeit der DENIC ist nämlich allenfalls als Namensnennung zu bewerten und der Vergleich hätte vielmehr mit Fernsprechbüchern[874] oder Branchenverzeichnissen[875] vorgenommen werden müssen. Die Registrierung und Verwaltung der Domain-Namen durch die DENIC ist letztlich die Pflege einer Datenbank, in der Domain-Namen mit IP-Nummern verknüpft sind. Die Zuordnung durch die DENIC betrifft nur eine IP-Adresse und darin erschöpft sich schon die Benutzung des Namens. Dies stellt aber keine namensmäßige Benutzung iSv § 12 dar, sondern – wenn überhaupt – eine Namensnennung, sofern in der Verknüpfung eine Außenwirkung gesehen wird.

---

[872] OLG Dresden, CR 2001, 408 – »kurt-biedenkopf.de«, m.Anm. *Welzel*, MMR 2001, 462.

[873] OLG Dresden, CR 2001, 408 – »kurt-biedenkopf.de«; *Baumbach/Hefermehl*, WettbewerbsR[22], Allg Rn. 199.

[874] Siehe dazu ausführlich *Müller-Graff*, GRUR 1987, 493 ff.

[875] Dazu OLG Nürnberg, NJW 1993, 796.

Im Februar 2004 hatte der BGH Gelegenheit, im Fall »kurt-biedenkopf.de« durch eine Grundsatzentscheidung hinsichtlich der namensrechtlichen Verantwortlichkeit der DENIC Rechtssicherheit zu schaffen,[876] nachdem bereits mehrere Instanzgerichte zu unterschiedlichen Ergebnissen in dieser Frage gekommen waren.[877] Der BGH bestätigt in seinem Urteil zunächst die Auffassung des OLG, wonach die DENIC mit der Registrierung eines Domain-Namens den davon betroffenen Namen nicht im Sinne von § 12 BGB gebraucht. Zwar könne schon - entgegen der hier vertretenen Auffassung[878] - die bloße Registrierung eines Domain-Namens den Berechtigten in seinem Namensrecht verletzen, weil bereits die Registrierung zu einer Ausschließlichkeitswirkung im Internet führt,[879] es sei denn, der Namensträger habe selbst keine Benutzungsabsicht.[880] Die durch die Registrierung begründete Namensanmaßung erfolge jedoch durch den Anmelder, der den Domain-Namen namensmäßig verwenden will,[881] nicht durch die DENIC, deren Beteiligung sich auf die Bereitstellung technischer Komponenten für die Registrierung und Nutzung von Domain-Namen beschränke.

Der Grund für die scheinbar widersprüchliche Beurteilung im Namens- und Kennzeichenrecht liegt in den eingeschränkten Verletzungstatbeständen des Namensrechts. Während im Kennzeichenrecht die exklusive Zuweisung der wirtschaftlichen Verwertung des Kennzeichens Hintergrund der umfassenden Abwehrrechte des Inhabers ist, ist der Namensschutz mit seinem weit gefassten Schutzgegenstand auf die Namensanmaßung und

---

[876] BGH, MMR 2004, 467 - »kurt-biedenkopf.de«.

[877] Keine Verantwortlichkeit: OLG Dresden, CR 2001, 408 - »kurt-biedenkopf.de«. Verantwortlichkeit bei Kenntnis: LG Magdeburg, K&R 1999, 426 - »foris.de«; LG Frankfurt, CR 2001, 785 - »viagratip.de«.

[878] Siehe oben B.II.5.a(1).

[879] BGH, MMR 2004, 467, 468 - »kurt-biedenkopf.de«.

[880] BGH, MMR 2004, 467, 469 - »kurt-biedenkopf.de«. Diese Einschränkung des BGH kann nur verwirren, da die Ausschließlichkeitswirkung auch in diesem Falle besteht und der Namensträger trotz fehlender eigener Benutzungsabsicht eine Nutzung durch einen Dritten verhindern können muss.

[881] Bemerkenswerterweise stellt der BGH hier doch auf die beabsichtigte Nutzung des Domain-Namens ab. Daraus lässt sich nur ableiten, dass der BGH bei der bloßen Registrierung eines Domain-Namens auf die Motivation des Anmelders rekurrieren will, um eine Namensrechtsverletzung zu begründen. Genau diese Motivation wird jedoch jedem Dritten, wie auch dem Namensrechtsinhaber, solange nicht bewusst, wie der Anmelder die Domain nicht benutzt. Eine „leere" Domain kann deshalb - wie bereits ausgeführt - schwerlich „als Bezeichnung einer Person ... zur Unterscheidung von anderen" (BGH, MMR 2004, 467, 468 - »kurt-biedenkopf.de«) eingeordnet werden. Eine Namensrechtsverletzung lässt sich bei der bloßen Registrierung nicht erkennen.

die Namensleugnung beschränkt. Keiner der beiden Tatbestände greift bei der Tätigkeit der DENIC ein.[882] Die Vorrangwirkung des Kennzeichenrechts[883] wird dadurch nicht beeinträchtigt, da die Wertung des Kennzeichenrechts - Haftung der DENIC nach §§ 14, 15 MarkenG - durch die abweichende Wertung des Namensrechts unberührt bleibt.[884]

(3) Ergebnis: markenrechtlich relevante Benutzung

Die Registrierung und Verwaltung der deutschen Domain-Namen durch die DENIC ist deshalb bei der Verwendung von Marken in Domain-Namen als markenrechtlich relevante Benutzungshandlung anzusehen.

Der BGH verneinte zudem ein Handeln zu Wettbewerbszwecken iSv § 1 UWG a.F. (§ 3 UWG 2004), da es nicht ersichtlich sei, dass die DENIC eigenen oder fremden Wettbewerb zum Nachteil der Klägerin fördern wollte. Allerdings genügt für die wettbewerbsrechtliche Passivlegitimation bereits jegliches Mitfördern des Wettbewerbs eines Dritten.[885] Einschränkend ist dabei wohl zuzugestehen, dass bei Unkenntnis hinsichtlich der Person des Geförderten ein iSd § 3 UWG (2004) tatbestandliches Handeln zu Zwecken des Wettbewerbs ausgeschlossen ist.[886] Andererseits handelt die DENIC nicht in Unkenntnis, sie „weiß" sehr wohl um die Person, die eine bestimmte Domain registriert hat und deren Wettbewerb sie mit der Verknüpfung des Domain-Namens mit der IP-Adresse fördert.

---

882 Dagegen *Schieferdecker*, S. 114 ff., der bei der DENIC einen Namensgebrauch annehmen will, wobei sich die Unbefugtheit ggf. aus der fehlenden Berechtigung des Domaininhabers ergebe.

883 Siehe oben, B.II.5.b(1).

884 Sperrwirkung entfaltet das Kennzeichenrecht nur im umgekehrten Falle, wenn trotz geschäftlicher Nutzung eine Haftung nach dem MarkenG entfällt. In diesem speziellen Fall darf sich das Namensrecht nicht über die kennzeichenrechtliche Wertung hinwegsetzen und eine Haftung nach § 12 BGB bejahen, da die nach MarkenG zulässige geschäftliche Nutzung nicht mit einer namensrechtlich unzulässigen Nutzung kollidieren darf. In diesem eng umgrenzten Bereich ist das MarkenG spezieller, so dass das Namensrecht zurücktritt. Im hier diskutierten Fall der Bejahung einer kennzeichenrechtlichen Haftung ist die namensrechtliche Zulässigkeit dagegen unbedenklich und letztlich unerheblich.

885 BGH, WRP 1991, 19, 20 - Pressehaftung I; BGH, WRP 1994, 739, 741 - Suchwort; BGH, GRUR 1993, 53, 54 - Ausländischer Inserent; *Baumbach/Hefermehl*, WettbewerbsR[22], Einl UWG Rn. 325.

886 *Freytag*, Haftung im Netz, S. 53

b. Die DENIC als Störer

Im Fall »ambiente.de« ging der BGH sodann auf die auch von der Vorinstanz[887] herangezogene Störerhaftung[888] ein. Als Störer kann nach anerkannter Rspr. derjenige auf Unterlassung und Beseitigung in Anspruch genommen werden, der, wenn auch ohne Wettbewerbsförderungsabsicht und ohne Verschulden, willentlich und adäquat-kausal an der Herbeiführung oder Aufrechterhaltung einer rechtswidrigen Beeinträchtigung mitgewirkt hat.[889] Auch die bloße Unterstützung oder Ausnutzung der Handlung eines eigenverantwortlichen Dritten ist als Mitwirkung anzusehen, sofern der Inanspruchgenommene die rechtliche Möglichkeit zur Verhinderung dieser Handlung hatte.[890] Diese weite Ausdehnung der Störerhaftung bedarf aus Billigkeitsgründen jedoch dahingehend einer Einschränkung, dass gebotene Prüfungspflichten verletzt worden sein müssen, die dem Inanspruchgenommenen unter den gegebenen Umständen zumutbar gewesen sind.[891] Die Reichweite der Prüfungspflichten beurteilt sich nach dem BGH unter anderem danach, welche Funktion und Aufgabenstellung der Inanspruchgenommene innehat unter Berücksichtigung der Eigenverantwortung des unmittelbar handelnden Dritten.[892] Um zu einer sachgerechten Haftung zu kommen, wurden etwa nur eingeschränkte Prüfungspflichten angenommen, wenn der Inanspruchgenommene den Störungszustand nicht ohne weiteres oder nur mit unverhältnismäßigem Aufwand erkennen konnte.[893]

---

[887] OLG Frankfurt/M., MMR 2000, 36 = NJW 2001, 376 – »ambiente.de«

[888] Zur Störerhaftung im Internet siehe *Freytag*, Haftung im Netz, S. 59 ff.; *Kur* in: Loewenheim/Koch, S. 325, 373. Siehe dazu auch die Beispiele aus der Pressehaftung, BGH, GRUR 1993, 53, 54 – Ausländischer Inserent (Verleger); BGH, WRP 1992, 640, 641 – Pressehaftung II; BGH, GRUR 1995, 751, 752 – WSV-Werbung für Möbel (Drucker), s. ferner *Baumbach/Hefermehl*, WettbewerbsR[22], Einl UWG Rn. 326 ff., 331 ff. mwN

[889] Zum Wettbewerbsrecht grundlegend BGH, GRUR 1976, 256, 257 - Rechenscheibe; BGH, NJW 1997, 2180 – „Architektenwettbewerb"; *Baumbach/Hefermehl*, WettbewerbsR[22], Einl UWG Rn. 326, 327.

[890] BGH, NJW 1997, 2180 – „Architektenwettbewerb"; OLG Stuttgart, MMR 2001, 398, 399.

[891] BGH, MMR 2001, 671, 673 – »ambiente.de«; BGH, WRP 1994, 739, 741 f. – Suchwort (Kennzeichenrecht); BGH, WRP 1999, 211 – Möbelklassiker (Urheberrecht); OLG Dresden, CR 2001, 408, 409 – »kurt-biedenkopf.de«.

[892] BGH, MMR 2001, 671, 673 f. – »ambiente.de«; BGH, GRUR 1995, 62, 64 – Betonerhaltung; BGH, WRP 1993, 476, 477 – Produktinformation I; BGH, WRP 1994, 728, 729 f. – Produktinformation II; BGH, WRP 1996, 98, 100 – Produktinformation III.

[893] BGH, WRP 1991, 19, 21 – Pressehaftung I; BGH, WRP 1992, 640, 641 – Pressehaftung II; BGH, WRP 1994, 739, 741 – Suchwort; BGH, WRP 1997, 1059, 1061 – Branchenbuch-Nomenklatur.

(1) BGH: Keine Prüfungspflichten

In Anwendung dieser Grundsätze kommt der BGH im Fall »ambiente.de« zu der Auffassung, dass auch der DENIC nur eingeschränkte Prüfungspflichten zuzumuten sind.[894] Die Prüfung sei beschränkt auf offenkundige und aus Sicht der DENIC eindeutige Rechtsverstöße.[895] Die Registrierung eines Domain-Namens sei nur dann abzulehnen oder aufzuheben, wenn für die DENIC unschwer zu erkennen sei, dass die Nutzung dieses Domain-Namens Rechte Dritter beeinträchtigt.[896] Der BGH geht aber noch weiter, indem er diese eingeschränkte Prüfungspflicht nur für den Fall annimmt, dass die DENIC darauf hingewiesen wird, dass eine bereits eingetragene Domain Rechte Dritter verletze. Für die sog. Erstregistrierung sei der DENIC im Hinblick auf ihre Funktion und Aufgabenstellung unter Berücksichtigung der Eigenverantwortlichkeit des Domain-Inhabers keine Prüfungspflicht zuzumuten.[897] Dies begründe sich schon daraus, dass die DENIC keine eigenen Zwecke verfolge und nicht mit der Absicht der Gewinnerzielung, sondern im Interesse sämtlicher Internet-Nutzer handele. Die Tätigkeit der DENIC liege damit auch im öffentlichen Interesse. Zwar sei die DENIC eine private Organisation, doch müsste deren Aufgabe andernfalls von staatlichen Stellen ausgeübt werden.[898] Die derzeitige Vergabepraxis der Domain-Namen durch die DENIC erfolge jedoch - nach Angaben der Bundesregierung - zur Zufriedenheit der deutschen Internetgemeinschaft und gewährleiste eine funktionsfähige und faire Versorgung aller Antragsteller, so dass eine Veränderung des rechtlichen oder

---

[894] BGH, MMR 2001, 671, 674 - »ambiente.de«; sowie die Vorinstanzen OLG Frankfurt/M., MMR 2000, 36 und LG Frankfurt/M., MMR 1999, 233. Siehe auch OLG Dresden, CR 2001, 408, 409 - »kurt-biedenkopf.de«; OLG Frankfurt, CR 2003, 607 - »viagratip.de«.

[895] Siehe schon *Kort*, WRP 2001, 1260, 1261 in seiner Besprechung des OLG Dresden, CR 2001, 408 - »kurt-biedenkopf.de«.

[896] BGH, MMR 2001, 671, 674 - »ambiente.de«; OLG Dresden, CR 2001, 408 - »kurt-biedenkopf.de«; LG Frankfurt/M. CR 2001, 51 - »dresdnervereinsbank.de«; LG Magdeburg, K&R 1999, 426, 428 - »foris.de«; *Abel*, CR 1999, 788; *Welzel*, MMR 2000, 39 f.; *Bettinger/Freytag*, CR 1999, 28, 35 f.; *Wagner*, ZHR 162 (1998), 701, 720; *Bücking*, Domainrecht, Rn. 252. Kritisch: *Völker/Weidert*, WRP 1997, 652, 661 f. Gegen eine Prüfungspflicht *A.Nordemann*, NJW 1997, 1891, 1897.

[897] BGH, MMR 2001, 671, 674 - »ambiente.de«. So auch OLG Dresden, CR 2001, 408, 409 - »kurt-biedenkopf.de«, unter Verweis auf den Internet Standard RFC #1591 (*Postel*, Domain Name System Structure and Delegation, RFC #1591 (1994), http://www.rfc-editor.org/rfc/rfc1591.txt), der als Grundlage der Registrierungsbedingungen der DENIC die alleinige Verantwortlichkeit des Antragstellers für die Vereinbarkeit der Domain mit Rechten Dritter postuliert. So auch *Bettinger/Freytag*, CR 1999, 28, 35.

[898] Der BGH führt an dieser Stelle als Vergleich die im Allgemeininteresse erfolgende staatliche Vergabe von Straßennamen und Hausnummern und die Eintragung von Marken an.

organisatorischen Rahmens der Vergabe von Domain-Namen nicht angezeigt sei.[899] Die Schnelligkeit und Effektivität des Registrierungsverfahrens sei nur durch das von der DENIC angewandte Verfahren der automatisierten Registrierung nach dem Prioritätsprinzip zu gewährleisten, wodurch überhaupt nur die Registrierung der großen Zahl beantragter Domains möglich sei. Eine Vorabprüfung selbst bei Beschränkung auf offensichtliche Rechtsverstöße lasse sich mit dem automatisierten Verfahren der Erstregistrierung nicht vereinbaren.[900] Interessant ist allerdings, dass der BGH den Wegfall der Prüfungspflicht unter anderem damit begründet, dass die Eigenverantwortlichkeit des Dritten hier im Vordergrund stehe. im Rahmen der Störerhaftung existiert stets ein solcher Hauptverantwortlicher.

Auch nach einer Registrierung treffen die DENIC nach Ansicht des BGH wegen des Erhalts der Effektivität des Registrierungsverfahrens und der Funktionsfähigkeit der DENIC als rein technische Registrierungsstelle nur eingeschränkte Prüfungspflichten bei Hinweisen Dritter. Lediglich zweifelsfreie, ohne weitere Nachforschungen offensichtliche Rechtsverstöße könnten eine Verpflichtung der DENIC zur Aufhebung der Domain-Registrierung begründen.[901] In diesem Sinne offensichtlich sei nur ein Rechtsverstoß, der durch einen rechtskräftigen Titel belegt[902] oder derart eindeutig sei, dass er sich aufdränge.[903] Zwar könne durch einen automatischen Vergleich mit Datenbanken, für eingetragene Marken etwa, die Übereinstimmung der beantragten Domain mit einer Marke leicht festgestellt werden, doch würde auch dies die Rechtslage an einer Domain nicht endgültig klären, da es zumeist noch auf die Beurteilung der markenrechtlichen Verwechslungsgefahr oder der Bekanntheit des Kennzeichens ankomme. Allenfalls bei berühmten Kennzeichen, deren überragende Bedeutung auch in allgemeinen Verkehrskreisen Geltung beansprucht, könne eine Verletzung offensichtlich sein,[904] sofern diese Umstände auch

---

[899] So die Ansicht der Bundesregierung, mitgeteilt in der Antwort auf die Kleine Anfrage der Abgeordneten *Dr. Mayer, Uldall, Börnsen* und anderer zum Schutz von Internetadressen (Domain-Namen), BT-Drs. 14/3956 (28.07.2000), S. 4.

[900] Die gleiche Begründung wird vom OLG Hamburg (GRUR-RR 2003, 332, 334 - »nimm2.com«) auch für den Name-Server-Betreiber herangezogen, denn seine Tätigkeit sei lediglich eine Zuarbeit für die Registrierung der Domain, die gleichfalls als Massengeschäft eine möglichst schnelle und reibungslose Durchführung erfordere.

[901] Ähnlich *Bettinger/Freytag*, CR 1999, 28, 35 f.

[902] OLG Naumburg, MMR 2002, 57, 58 - »anwalts-auskunft.de«.

[903] BGH, MMR 2001, 671, 675 - »ambiente.de«; *Abel*, CR 1999, 788; *Welzel*, MMR 2000, 39, 40; *Renck*, NJW 1999, 3587, 3593; *Kur* in: Loewenheim/Koch, S. 325, 373. Unverständlich deshalb OLG Frankfurt, CR 2003, 607, 608 - »viagratip.de«.

[904] *Wagner*, ZHR 162 (1998), 701, 721.

für die DENIC ohne weiteres erkennbar seien. Dies sei hinsichtlich der streitgegenständlichen Domain - »ambiente.de« - nicht der Fall gewesen. Ein rechtskräftiger Titel sei nur dann nicht erforderlich, wenn der Domain-Inhaber den Dritten durch eine Unterlassungserklärung klaglos gestellt habe. Diese nicht unwesentliche Einschränkung der Anforderungen an das Aufleben der Prüfungspflicht relativiert der BGH jedoch umgehend, indem eine solche Erklärung für die DENIC nur dann maßgeblich sein könne, wenn über ihre Wirksamkeit kein ernsthafter Streit bestehe.[905] Die Wirksamkeit der abgegebenen Erklärung des Domain-Inhabers konnte von der DENIC im Fall nicht beurteilt werden, da die Klägerin selbst die Erklärung als unzureichend bezeichnet hatte.

Diese Linie der Haftungsfreistellung der DENIC hat der BGH im Fall »kurt-biedenkopf.de« bestätigt.[906] In Bezug auf die Erstregistrierung träfen die DENIC keinerlei Prüfungspflichten. Die Aufgabe der Domain-Vergabe und -Verwaltung nehme die DENIC im Interesse sämtlicher Internetnutzer und im öffentlichen Interesse wahr. Die wenigen Mitarbeiter der DENIC würden eine automatisierte, schnelle und preiswerte Registrierung von Domain-Namen nach dem Prioritätsprinzip gewährleisten, bei der für Prüfungspflichten „gleich welchen Umfangs" kein Raum sei. Selbst eindeutige und für jedermann offensichtliche Rechtsverstöße müsse die DENIC in dieser Phase nicht beachten.[907] Doch auch zukünftige Registrierungen nach einer durch den Kläger veranlassten Löschung des Domain-Namens durch Dritte stellten für die DENIC eine Situation der Erstregistrierung dar, bei der ihr generell keine Prüfungspflichten zuzumuten seien.[908] Dem

---

905 BGH, MMR 2001, 671, 675 - »ambiente.de«.

906 BGH, MMR 2004, 467, 468 - »kurt-biedenkopf.de«.

907 Bei dieser Deutlichkeit des BGH muss jede Kritik verstummen. Es ist wohl letztlich eine „glückliche Fügung", dass die DENIC zu keinem Zeitpunkt eine Änderung des Vergabeverfahrens in Betracht gezogen hat. Schon die simpelste Filterlösung hätte hier wohl zu einer anderen Einschätzung geführt und eine jedenfalls rudimentäre Haftung der DENIC begründet. Insoweit bleibt nur festzustellen, dass in diesem Fall augenscheinlich der Störer durch sein Verhalten das Maß der Prüfung (nicht nur der Pflichten!) bestimmt und die Störerhaftung der rechtlichen Manifestierung des Gegebenen dient.

908 BGH, MMR 2004, 467, 469 - »kurt-biedenkopf.de«. Aufgrund des in der Revision nur noch beschränkt aufrechterhaltenen Unterlassungsanspruchs konnte der BGH eine Stellungnahme zum Fall offenlassen, dass der ursprüngliche Domain-Inhaber, der bereits in einem Rechtsstreit unterlegen war und die Domain löschen lassen musste, die Domain erneut registriert. Aus diesem Offenlassen des BGH lässt sich jedoch angesichts der klaren Aussage zur Nachteiligkeit jeglicher Prüfungspflichten hinsichtlich der Effektivität des Vergabeverfahrens wohl nicht der Schluss ziehen, dass die DENIC eine erneute Registrierung durch einen früheren Inhaber verhindern müsste.

Verletzten stünden jedenfalls keine gegenteiligen anerkennenswerten Interessen zu. Er könne zukünftige Rechtsverletzungen durch Dritte durch die eigene Registrierung des Domain-Namens ausschließen oder bei einer eingetretenen offenkundigen Rechtsverletzung durch einen Dritten von der DENIC Löschung verlangen, sofern dies für die DENIC offenkundig sei.[909]

Festzustellen bleibt damit, dass die Ausführungen des BGH zur Störerhaftung praktisch zu einer Pauschal-Freistellung der DENIC führen.[910] Die Anerkennung des automatisierten Erstregistrierungsverfahrens stellt die DENIC in diesem Stadium von jedweder Prüfungspflicht frei. Wenn eine Prüfung in diesem Bereich generell nicht zuzumuten ist, dann erübrigt sich auch die Frage der Störerhaftung. In den übrigen Fällen ist die DENIC nach Auffassung des BGH nur bei Vorlage eines rechtskräftigen Titels handlungspflichtig. Der Fall eines sich aufdrängenden Rechtsverstoßes wird unter Berücksichtigung der Argumentation des BGH für die DENIC jederzeit leicht zu entkräften sein. Von Prüfungspflichten der DENIC kann insofern nicht mehr die Rede sein.[911]

Dass dem so nicht zugestimmt werden kann, ist bereits in einigen vorher ergangenen untergerichtlichen Urteilen angedeutet worden.[912] Die prinzipielle Freistellung der DENIC von jeglicher Prüfungspflicht ist im Rahmen der Störerhaftung überraschend. Durch die Registrierung einer Domain auf eine bestimmte Person ermöglicht es die DENIC erst, dass diese Person durch das Halten der Domain eine Markenrechtsverletzung begeht. Auf ein Verschulden der DENIC kommt es, wie dargestellt, im Rahmen der Störerhaftung nicht an. Die Kausalität der DENIC für die durch den Dritten begangene Rechtsverletzung ist damit ohne weiteres gegeben. Als Störer ist die DENIC folglich ohne weiteres anzusehen. Die Haftung als Störer beurteilt sich nach der Verletzung von zumutbaren Prüfungspflichten, die als Korrektiv den weiten Anwendungsbereich der Störereigenschaft einschränken sollen. Die Zumutbarkeit ist dabei auf den Umfang der Prüfung bezogen, nicht auf die Prüfung selbst.[913] Es geht mithin bei der Zumutbarkeit nicht darum, ob der als Störer Inanspruchgenommene überhaupt eine Prüfung vornehmen musste, sondern in welchem Umfang ihm eine vorzunehmende Prüfung zumutbar ist.

---

909 BGH, MMR 2004, 467, 469 - »kurt-biedenkopf.de«.

910 Ebenso *Bücking*, Vergabe von Internetadressen, S. 100, unter Verweis auf die „unklare Rechtslage".

911 Kritisch zu Recht auch *Kiethe/Groeschke*, WRP 2002, 27, 30.

912 LG Frankfurt/M., CR 2001, 51 - »dresdnervereinsbank.de«; LG Magdeburg, K&R 1999, 426, 428 - »foris.de«; siehe auch *Röhrborn*, CR 2001, 410, 411.

913 Ähnlich *Schieferdecker*, S. 209.

Die Beschränkung der Prüfungspflicht auf offensichtliche und eindeutige bzw. sich aufdrängende Rechtsverstöße erfordert im Ergebnis jedoch keine Prüfung mehr. Die Prüfung einer bestimmten Rechtslage impliziert ein offenes Ergebnis, das erst durch die Prüfung festzustellen ist. Wenn die DENIC erst bei offenkundigen, eindeutigen, sich aufdrängenden Verstößen tätig werden muss, dann geht es tatsächlich nicht mehr um eine Prüfungspflicht, die für die Störerhaftung hinsichtlich ihres zumutbaren Umfangs zu konkretisieren wäre. Bei solcherart evidenten Verstößen, die nach dem BGH erst die Haftung der DENIC begründen könnten, liegt schon ein bewusstes „Die-Augen-Verschließen" vor, das der BGH immer wieder dem bedingten Vorsatz gleichgestellt hat.[914] Um ein Verschulden geht es bei der Störerhaftung aber gerade nicht, so dass die Offenkundigkeit einer Rechtsverletzung nicht der Maßstab der Prüfungspflicht sein kann. Wenn bereits eine Rechtsverletzung vorliegt, nur ihre Offenkundigkeit noch in Frage steht, dann geht es bei der Erkennbarkeit um Kategorien des Verschuldens. Die hier interessierenden Prüfungspflichten dagegen betreffen eine (vorerst) unklare Rechtslage, die sowohl einen Rechtsverstoß als auch dessen Fehlen offenbaren kann. Die Zumutbarkeit einer Prüfung betrifft nach diesem Verständnis zum einen überhaupt das Vorliegen/die Erkennbarkeit von Anhaltspunkten für einen Rechtsverstoß, zum anderen die sich an die Feststellung eines Anhaltspunktes anschließende Prüfung selbst, insbesondere deren Umfang, die allerdings - dies sei hier nochmals betont - auch zu dem Ergebnis führen kann, dass ein Rechtsverstoß nicht vorliegt.

Übertragen auf die Situation bei der DENIC sind deren Prüfungspflichten folglich neu zu bestimmen. Es geht darum, den Umfang der Prüfungspflicht festzulegen, also das Maß der Prüfung, wie etwa den automatischen Vergleich mit einer „Markendatenbank" bei der Erstregistrierung etc.[915] Bei Sachverhalten, die auf diese Weise Verdacht erregen, kann es nicht mehr um die Schnelligkeit der Registrierung gehen, schließlich ist die Gefahr einer Rechtsverletzung in diesem Fall evident. Hier einen schlüssigen Nachweis der Berechtigung des Antragstellers zu verlangen, muss möglich und zumutbar sein,[916] zumal die DENIC ein solches Nachfrage-Verfahren

[914] Vgl. nur BGHZ 133, 246, 251; BGH, NJW-RR 1995, 936, 937.

[915] In die gleiche Richtung *Schieferdecker*, S. 223 ff., der allerdings einen Abgleich mit sämtlichen fremden Marken für unzumutbar hält, weil die markenrechtlich notwendige Bekanntheit der Marke von der DENIC nicht im laufenden Registrierungsverfahren jedes Mal geprüft werden könne. Stattdessen plädiert *Schieferdecker* für die von der DENIC selbst vorgenommene Einrichtung einer Liste eindeutig bekannter Marken, die aufgrund ihres überschaubaren Umfangs einen ständigen Abgleich mit den beantragten Domain-Namen ermöglichen würde.

[916] Ebenso *Schieferdecker*, S. 225.

gleichfalls automatisieren könnte.[917] Dies würde die Klärung der Rechtslage auf den Antragsteller verlagern, dem dies durchaus zuzumuten ist. In diesem Falle müsste die DENIC auch nicht die nachgewiesene Berechtigung ihrerseits en detail überprüfen, dieser Aufwand wäre zweifellos zu groß. Nur hätte sie dann tatsächlich das ihr - zumindest technisch - Zumutbare getan, um Rechtsverstöße zu verhindern oder jedenfalls einzuschränken.

Hinsichtlich der Prüfungspflichten nach Hinweis eines Dritten bezüglich einer rechtsverletzenden Domain sind auch hier die Anforderungen des BGH deutlich zu gering. Wenn die DENIC erst nach Vorlage eines rechtskräftigen Titels tätig werden muss, dann handelt es sich ebenfalls nicht mehr um eine Prüfungspflicht; die Rechtslage ist dann bereits geklärt und es geht nur noch um die Durchsetzung des Urteils. Einen sehr anschaulichen Fall dazu hat das LG Frankfurt hinsichtlich der Domain »dresdnervereinsbank.de« und anderer ähnlich lautender Domains entschieden.[918]

> Im Fall ging es um die im Zuge der Fusionsgerüchte zwischen der Dresdner Bank und der HypoVereinsbank erfolgende massenhafte Registrierung von Wortkombinationen der beiden Banken als Domain. Die Dresdner Bank konnte erfolgreich entsprechende Unterlassungserklärungen von den Inhabern dieser Domains erwirken, woraufhin sie sich an die DENIC wandte mit der Bitte, diese Namen nicht mehr zu registrieren. Die DENIC lehnte dies ab mit der Folge, dass es erneut zu massenhaften Registrierungen dieser Namen kam. Auch hinsichtlich dieser Inhaber konnte die Dresdner Bank Unterlassungserklärungen erwirken. Um nicht endlos ihre Rechte hinsichtlich der Benutzung ihrer Marke in einer Domain gegenüber immer neuen Inhabern nachsuchen zu müssen, erwirkte die Dresdner Bank eine einstweilige Verfügung des Inhalts, dass die DENIC diese Namen nicht mehr registrieren darf.

Der Fall zeigt deutlich, wozu die Ablehnung jeglicher Prüfung und die Fixierung auf rechtskräftige Titel durch die DENIC führen kann. Die Aufwendungen der Bank zum Schutze ihres Markennamens in Form einer Domain waren zweifellos beträchtlich. Gleichwohl konnte die Dresdner Bank aufgrund der Verquickung ihrer Marke mit der einer anderen Bank die fraglichen Domains nicht selbst registrieren,[919] wollte sie nicht eine entsprechende Unterlassungsklage der anderen Bank riskieren. Nichtsdestotrotz

[917] Mit dem Registrierungsantrag erhält die DENIC sämtliche Kommunikationsdaten des Antragstellers, so dass etwa eine automatische E-Mail an den Antragsteller zurückgehen kann mit dem Hinweis auf eine potentielle Kollision der Domain und beispielsweise einer Fristsetzung zur Darlegung der Berechtigung.

[918] LG Frankfurt/M., CR 2001, 51 - »dresdnervereinsbank.de«.

[919] LG Frankfurt/M., CR 2001, 51, 52 - »dresdnervereinsbank.de«.

hatte die DENIC genau diese Lösung vorgeschlagen.[920] Auch dieser Fall hätte keinesfalls eine rechtliche Prüfung der Domain-Namen verlangt, sondern nur die Wahrnehmung des Offensichtlichen, wie das LG zu Recht feststellte. Für offensichtliche Fälle nimmt sogar der BGH eine Prüfungspflicht an, nur dass er für die Beurteilung der Offensichtlichkeit auf subjektive Kriterien - die Erkennbarkeit der Offensichtlichkeit für die DENIC - abstellt. Verständlicherweise wird die DENIC jedoch kaum einmal eine Erkennbarkeit für sich bejahen, wie der Fall der Dresdner Bank nur allzu eindrucksvoll demonstriert.

Im Fall »kurt-biedenkopf.de« mag die Rechtsverletzung durch einen Dritten tatsächlich weniger offensichtlich sein und ein absolutes Ausschließlichkeitsrecht des namenstragenden Klägers besteht zweifellos nicht. Es ist nicht auszuschließen und schon gar nicht der Entscheidung der DENIC überlassen, ob es einen zweiten Namensträger gibt, der bei einer Registrierung der Domain Ansprüche des hiesigen Klägers nach den Grundsätzen des Gleichnamigenrechts[921] abwehren könnte. Per se lässt sich damit in Bezug auf Namen eine solche Offensichtlichkeit nicht begründen, doch muss jedenfalls die wiederholte Registrierung durch Dritte eines bestimmten Namens, der zudem von weiten Verkehrkreisen ohne weiteres mit einer Person der Zeitgeschichte verbunden wird, zu Konsequenzen seitens der DENIC in Bezug auf das Registrierungsverfahren für diesen Domain-Namen führen. Andernfalls lässt sich die Perpetuierung des Rechtsverstoßes nicht ohne Blick auch auf die DENIC beurteilen.

(2) Kritische Betrachtung der BGH-Rechtsprechung und Ergebnis zur Störerhaftung

Im Ergebnis sind die Prüfungspflichten der DENIC bei weitem nicht so rudimentär, wie sie der BGH darstellt. Bei der Erstregistrierung hat die DENIC unter Berücksichtigung der Zumutbarkeit durchaus technische Möglichkeiten, im automatisierten Antragsverfahren bestimmte naheliegende Anhaltspunkte für Rechtsverstöße - wie etwa die Verwendung eingetragener Marken als Domain oder Domain-Bestandteil - herauszufiltern und vom Antragsteller eine weitergehende Berechtigung zu verlangen. Eine solche Lösung wurde bereits 1996 seitens des InterNIC, dem damaligen Registrar für die weiter verbreitete comTLD, diskutiert.[922]

---

[920] Siehe dazu die Ausführungen des LG Frankfurt/M., CR 2001, 51, 52 - »dresdnervereinsbank.de«.

[921] Siehe speziell bei Domain-Namen *Linke*, CR 2002, 271 ff.

[922] Vgl. *Hoeren*, CR 1996, 355.

Die Überprüfung beantragter Domain-Namen wiederum ist unter Berücksichtigung der personellen Verhältnisse der DENIC auszugestalten, also eher im Sinne einer Plausibilitätsprüfung. Die Verzögerung des Verfahrens hinsichtlich der Registrierung dieser Domains ist aus dem Gesichtspunkt der Prävention von Rechtsverstößen auch dem antragstellenden Markeninhaber, der bei diesem Verfahren gleichfalls seine Berechtigung nachweisen müsste, durchaus zumutbar, weil es letztlich in seinem Interesse liegt, schon vorab möglichst weitgehend Klarheit über seine Berechtigung an einer bestimmten Domain zu erlangen.[923] Es wäre aus Unternehmenssicht fatal, wenn etwa eine mit viel Aufwand beworbene Domain nach kurzer Zeit per Urteil wieder freizugeben wäre.

Auch bei erst nach Registrierung aufkommenden Zweifeln an der Rechtmäßigkeit der Domain-Eintragung für den derzeitigen Inhaber darf die Prüfungspflicht der DENIC nicht auf rechtskräftige Titel beschränkt sein. Bei Vorlage eines entsprechenden Urteils bleibt für die DENIC nichts mehr zu prüfen. Hier geht es dann allein um die Frage der Bindung der DENIC durch ein zwischen zwei Parteien wirkendes Urteil. Es versteht sich von selbst, dass geringere Anforderungen an die Prüfungspflichten nicht zu unnötigen Belästigungen rechtmäßiger Domain-Inhaber - insbesondere unter Berücksichtigung der Gefahr des *Reverse Domain Name Hijacking*[924] - führen dürfen.

Die zumutbaren Möglichkeiten der DENIC, in diesen *post registration* Fällen auch ohne Titel zu vermitteln, führen vielmehr zur Frage einer alternativen

[923] Es liegt auf der Hand, dass in diesem Vorabprüfungsverfahren die Rechtslage nicht umfassend zu klären ist, folglich die Domain dennoch nicht endgültig und mit rechtlicher Wirkung gegenüber jedem Dritten dem derzeitigen Inhaber zugewiesen wird. Gleichnamigenfälle wie »krupp.de« (OLG Hamm, CR 1998, 241 - »krupp.de«) ließen sich auch durch ein solches Verfahren nicht im vornherein klären. Der automatisierte Vergleich mit einer Markendatenbank hätte hier zwar einen Nachweis der Berechtigung des Antragstellers verlangt, doch hätte sich dieser auf seinen Familiennamen Krupp berufen, woraufhin die Domain für ihn ohne weiteres hätte eingetragen werden müssen. Es geht also nicht darum, auch schon im Vorabverfahren etwa die Berühmtheit eines Kennzeichens festzustellen oder einen Interessenausgleich durchzuführen, dies wäre der DENIC auch zweifellos nicht zuzumuten. Andererseits würden die Fälle von Domain-Grabbing, also die Registrierung einer Marke zum späteren Verkauf der Domain an den Markeninhaber, deutlich reduziert werden können. (Beispielhaft LG Düsseldorf, GRUR 1998, 159 - »epson.de«, LG München, CR 1997, 479 - »juris.de«.) Zu berücksichtigen ist dabei immer die Art der Berechtigung, die der Antragsteller auf die Nachfrage hin geltend macht, also etwa „eigener Name", „Vertrieb entsprechender Produkte", „Informationen über entsprechende Produkte" etc. Auch diese Berechtigungen ließen sich schematisieren und damit einem elektronischen Verfahren zugänglich machen.

[924] Siehe dazu schon oben, C.III.4.a.

Streitlösung für Domain-Namen.[925] Die Vorlage eines rechtskräftigen Titels abzuwarten und erst dann tätig zu werden, ist jedenfalls für die Betroffenen unzumutbar und wird der Stellung der DENIC als Störer nicht gerecht.[926]

c. Kartellrechtliche Komponenten der DENIC-Haftung

Der Fall »ambiente.de« gab auch Anlass zur Beurteilung der kartellrechtlichen Verantwortung der DENIC nach den §§ 33, 20 Abs. 1 GWB. Zwar sei die marktbeherrschende Stellung der DENIC hinsichtlich der Vergabe der deTLDs offensichtlich.[927] Gleichwohl liege in der Weigerung der DENIC, die Domain »ambiente.de« dem Inhaber zu entziehen und für die Klägerin zu registrieren, keine unbillige Behinderung. Dies beurteile sich nämlich nach einer Interessenabwägung,[928] bei der wiederum das Interesse der DENIC an einer effektiven Vergabepraxis zu berücksichtigen sei. Insofern setze sich das Interesse der Klägerin gleichfalls erst bei einer - wiederum aus Sicht der DENIC zu beurteilenden - Offenkundigkeit und Eindeutigkeit ihrer Rechte an der Domain gegenüber dem Effektivitätsinteresse der DENIC durch.

In diesem Punkt ist dem BGH zuzustimmen, da es in der Tat der DENIC nicht zuzumuten ist, ihre kartellrechtlichen Pflichten für jeden Einzelfall zu prüfen, wenn dem Kläger andere Möglichkeiten der Verfolgung seiner Rechte, insbesondere gegenüber dem Domain-Inhaber als primären Verletzer, offen stehen. Eine kartellrechtliche Inanspruchnahme der DENIC zur Vermeidung der Auseinandersetzung mit dem Domain-Inhaber kann sich in der Interessenabwägung mit dem Effektivitätsdogma auf seiten der DENIC folglich nicht durchsetzen.

2. Ergebnis – tatsächliche Möglichkeiten einer *ex ante*- und *ex post*-Kontrolle

Die Einführung einer sog. Negativliste durch die DENIC, die in Anwendung der bisher ergangenen Rechtsprechung solche Kennzeichen enthält, deren Zuweisung an bestimmte Personen gerichtlich eindeutig festgestellt werden könnte, stellt eine tatsächliche Möglichkeit seitens der DENIC dar, Kennzeichenkonflikte bei Domain-Namen zu vermeiden. Der Aufwand der

[925] Siehe sogleich, D.II.

[926] Zuzustimmen ist an diesem Punkt der Auffassung des ÖOHG, der für die österreichische Vergabestelle eine Erkennbarkeit der Rechtsverletzung des Domain-Namen für einen juristischen Laien als Maßstab der Zumutbarkeit im Rahmen der Störerhaftung ansetzt.

[927] BGH, MMR 2001, 671, 675 - »ambiente.de«.

[928] BGH, MMR 2001, 671, 675 f. - »ambiente.de«. Siehe auch BGH, WRP 1999, 1175, 1177 - „Feuerwehrgeräte".

DENIC bei der Pflege der Liste und der Behandlung entsprechender „Verdachtsfälle" ließe sich durch die oben angedeutete finanzielle Beteiligung der Markeninhaber, die sich durch einen Eintrag in diese Liste vor markenverletzenden Domains weitgehend schützen könnten, ausgleichen.

Ex post zwingt die Störerhaftung der DENIC zur Suche nach Lösungen für offensichtliche Rechtsverstöße. Hier bietet sich für die DENIC die Möglichkeit der Implementierung einer alternativen Streitlösung nach dem Vorbild der UDRP und ihrer in einigen *cc*TLDs verwirklichten Abbilder zur Lösung von Domain-Konflikten. Diese zweite Möglichkeit soll im Folgenden näher beleuchtet werden, insbesondere im Hinblick auf ihre Übertragbarkeit auf Deutschland und ihre konkrete Ausgestaltung.

II. Übertragbarkeit des ICANN Streitlösungssystems

Der von ICANN initiierte Streitlösungsmechanismus für die generischen TLDs stellt einen effektiven Weg der außergerichtlichen, globalen Lösung von Domain-Streitigkeiten dar, der neben einer kostengünstigen, zeitnahen Entscheidung insbesondere die Durchsetzung, d.h. die unmittelbare Übertragung der Domain auf den Beschwerdeführer im Falle des Obsiegens, garantiert. Eine Anwendung dieser Streitlösung in Deutschland ist angesichts der beträchtlichen Schwierigkeiten und Hindernisse der derzeitigen Lösungswege für Domain-Konflikte überlegenswert, auch wenn sich die im internationalen Domain-Verkehr gezeigten Vorteile ggf. nicht vollständig realisieren lassen.

1. Sinn und Zweck einer alternativen Streitlösung für deutsche Domain-Namen

Hintergrund der Einführung einer alternativen Streitlösung für die deutschen Domains muss eine Verbesserung der Stellung des Beschwerdeführers sein. Dessen Nachteile bei den derzeitigen Lösungsmöglichkeiten[929] - Zeit- und Kostenaufwand, Risiko einer Zwischenregistrierung etc. - sind der Hauptgrund für die dringend notwendige Suche nach alternativen Lösungen. Wenn sich neben Vorteilen für den Beschwerdeführer auch für den Domain-Inhaber Anreize feststellen lassen, wäre dies eine Bestätigung für die Sinnhaftigkeit einer alternativen Streitlösung.

Grundsätzlich müssen die Regelungen der alternativen Streitlösung mit klaren Begrifflichkeiten auskommen, damit Auslegungsprobleme und Interpretationen auf ein Minimum reduziert werden können. Dies dient in

[929] Siehe zusammenfassend oben, B.VI.

erster Linie der Transparenz der Regelungen und der Beschleunigung des Verfahrens.

a. Vorteile

Im Rahmen internationaler Konflikte stellt allein schon die integrierte Durchsetzung der Streitlösungsentscheidung einen unschätzbaren Vorteil dar gegenüber den langwierigen Verfahren internationaler Rechtshilfe zur Durchsetzung nationaler Urteile, sofern entsprechende Abkommen überhaupt bestehen. Bezogen auf Deutschland kann dieser Vorteil allerdings nicht ausschlaggebend sein, weil hier bei der Durchsetzung des Urteils die im internationalen Rechtsverkehr bestehenden Hindernisse nicht relevant sind.

Eine alternative Streitlösung für die deutschen Domains lässt sich nur dann begründen, wenn ein hinreichend großer Kreis von Domain-Interessenten und Domain-Inhabern darin einen Vorteil gegenüber der herkömmlichen Streitlösung vor Gericht oder auf privatem Wege sehen kann. Die alternative Streitlösung muss mithin Vorteile aufweisen, die auf eine Vielzahl von Betroffenen anwendbar sind. Der Kreis der potentiellen Inhaber deutscher Domains ist nach den letzten Reformen der DENIC zwar nicht mehr auf Einwohner der Bundesrepublik beschränkt, ausländische Domain-Inhaber bedürfen jedoch eines in Deutschland ansässigen Zustellungsbevollmächtigten, des sog. „admin-c" Kontakt.[930] Dies soll eine zeitnahe Erreichbarkeit des für die Domain Verantwortlichen sicherstellen, wobei im Falle eines Zustellungsbevollmächtigten als Erklärungsempfänger diese Erreichbarkeit offenkundig lediglich eine fingierte ist. Gleichwohl lässt sich damit zunächst feststellen, dass bereits nach den derzeitigen Regeln der DENIC die für jede deutsche Domain maßgeblichen Kontakte in Deutschland ansässig sein müssen. Der im internationalen Rechtsverkehr durch die Vereinfachung der Kommunikationsmittel maßgebliche Gesichtspunkt der Beschleunigung der Kommunikation und der leichteren Überbrückung großer Entfernungen zwischen den Parteien, lässt sich somit auf eine alternative Streitlösung für deutsche Domains nicht übertragen.

(1) Der Zeiteffekt

Dennoch kann die Vereinfachung der Kommunikationsmittel durchaus auch in Deutschland zu einer Beschleunigung des Verfahrens und insbesondere der Entscheidungsfindung beitragen. Durch das relativ kurzen Fristen unterfallende Verfahren der alternativen Streitlösung wird der Domain-Streit verkürzt, sodass im Ergebnis den zeitsensitiven Prozessen des

---

930 § 3 Abs. 1 DENIC-Registrierungsbedingungen.

Internets besser Rechnung getragen werden kann. Bei einer entsprechenden Ausgestaltung des der Entscheidung vorausgehenden Verfahrens lassen sich diesen Zeiteffekte auch in Deutschland gegenüber einem herkömmlichen Gerichtsverfahren realisieren.

Für den Beschwerdeführer bedeutet dies, dass er im Falle des Obsiegens zeitnah und unkompliziert seine Domain erlangt. Im ungünstigsten Fall lassen sich für ihn aus der Streitentscheidung zumindest Chancen ablesen, die eine Klage vor einem ordentlichen Gericht hätte.

Für den Domain-Inhaber bedeutet ein straffes, zügiges Verfahren Planungssicherheit hinsichtlich der Domain, da er zeitnah über die Zulässigkeit der Domain in seiner Hand Klarheit erlangt.[931] Die möglichen Probleme, die der ggf. kurzfristige Verlust der Domain durch die alternative Streitlösung für den Inhaber aufwerfen kann,[932] liegen jedoch in der Unzulässigkeit der Domain begründet und können damit keinen Grund für Kompensationen bilden. In diesem Falle fehlt es schon vom Grundsatz her an einem schützenswerten Interesse des vormaligen Domain-Inhabers an der Erhaltung der Domain. Zu berücksichtigende Nachteile ergeben sich aus der Beschleunigung des Verfahrens mithin nicht.

(2) Der Kosteneffekt

Zudem bewirkt auch in Deutschland die Vermeidung der Distanzüberbrückung einen Kosteneinsparungseffekt, der das (Miss-)Verhältnis zwischen den Registrierungskosten für eine Domain und ihrem späteren Streitwert berichtigen helfen kann. Die Unabhängigkeit der alternativen Streitlösung vom tatsächlichen Streitwert, wie er in einem herkömmlichen Gerichtsverfahren gem. § 11 Abs. 2 GKG zugrundegelegt würde, sorgt für ein überschaubares Kostenrisiko, das zudem in jedem Falle dem Beschwerdeführer zugewiesen ist. Für den Domain-Inhaber ergibt sich daraus ein greifbarer Kostenvorteil, auch wenn er letztlich seine eigenen Kosten im Rahmen der Streitlösung nicht ersetzt bekommt. Obschon im Falle seines Obsiegens

---

[931] Auch dies ist eine Lehre aus dem Fall »shell.de«, dessen Ausschöpfung des Instanzenzuges 3 ½ Jahre in Anspruch nahm (Urteil des LG München I v. 27.05.1998 - Urteil des BGH v. 22.11.2001).

[932] Im Falle geschäftlicher Nutzung der Domain können sich aus deren kurzfristigen Verlust nicht unbeträchtliche Schäden ergeben. Da mit der Entscheidung jedoch die Unzulässigkeit der Domain gegenüber dem Inhaber festgestellt wird, können Schäden im Zusammenhang mit dem Verlust der Domain nicht geltend gemacht werden. Zwar fehlt der Entscheidung die Rechtskraft, da sie gerade außerhalb staatlichen Rechts ergeht, doch sollte die Schiedsentscheidung die rechtliche Beurteilung in etwa nachzeichnen, schon um nicht durch die sofortige Klage des Unterlegenen vor einem ordentlichen Gericht die Vorteile der alternativen Streitlösung zunichte zu machen.

diese Kosten im Rahmen eines Gerichtsverfahrens in der Regel vom Kläger zu tragen sein würden, hat es der Beschwerdegegner hier jedenfalls selbst in der Hand, die Höhe seiner Kosten durch die Wahl und den Umfang seiner Verteidigungsmittel im Rahmen des Verfahrens zu bestimmen. Zumindest jedoch trägt er nicht das Risiko der Verfahrenskosten und der Kosten des Beschwerdeführers im Falle des gegnerischen Obsiegens. Im Rahmen der Verfahrensgerechtigkeit liegt in dieser einseitigen Zuweisung der Verfahrenskosten durchaus ein Vorteil für den Domain-Inhaber, da es wiederum den Beschwerdeführer zwingt, sein tatsächliches Interesse und nicht nur seine rechtlichen Chancen abzuwägen, bevor er eine Entscheidung über die alternative Streitlösung herbeizuführen sucht.

Im übrigen beschränken sich die Kosten der alternativen Streitentscheidung schon dadurch, dass es vom Grundsatz her nur eine Entscheidungsinstanz gibt. Doch selbst wenn man sich für die Möglichkeit der Berufung (*appeal*) wie in Großbritannien[933] entscheidet, liegen die Kosten des Verfahrens deutlich unter denen eines herkömmlichen zwei-stufigen Gerichtsverfahrens.

(3) Der Spruchfolgeeffekt

Aus der Beschränkung der alternativen Streitlösung auf zwei Spruchfolgen - die Übertragung der Domain auf den Beschwerdeführer oder die Löschung - lassen sich weitere Vorteile dieses Verfahrens auch in Bezug auf deutsche Domains ableiten. Während die Streitentscheidung vor ordentlichen Gerichten im Falle des Obsiegens des Klägers in aller Regel mit der Feststellung eines Unterlassungsanspruchs endet,[934] demzufolge die Domain durch den Beklagten freizugeben ist, ohne dem Kläger unmittelbar den „Besitz" an der Domain zu verschaffen, führt die alternative Streitlösung direkt zu einer Übertragung der Domain auf den Kläger ohne das Risiko zwischenzeitlicher Registrierung der Domain durch einen an dem Verfahren nicht beteiligten Dritten. Dieser, hier als Spruchfolgeeffekt bezeichnete Vorteil des selbstregulierten Verfahrens dürfte sich als der maßgebliche Anreiz für die Inanspruchnahme der alternativen Streitlösung etablieren, gerade vor dem Hintergrund der bereits oben beschriebenen Probleme beim Dispute-Eintrag.[935]

933 Siehe oben, C.IV.1.c.

934 Siehe zu den Anspruchsgrundlagen in domainrechtlichen Verfahren oben, B.II.5.

935 Siehe oben, B.II.4.

b. Potentielle Problemfelder

Eine alternative Streitlösung in privater Hand ohne Beteiligung staatlicher Gerichte birgt zwangsläufig Nachteile, die bei der Entscheidung für eine solche Streitlösung zu berücksichtigen sind und ggf. durch eine entsprechende Ausgestaltung des Streitlösungssystems gemildert werden können.

(1) Fehlen staatlicher Zwangsmittel

Ein grundsätzliches Problem der alternativen Streitlösung ist offenkundig ihre fehlende staatliche Sanktionierung.[936] Der Verzicht auf staatliche Zwangsmittel bei der Durchsetzung der Regeln bewirkt auf den ersten Blick eine Oberflächlichkeit, die Zweifel an den Realisierungschancen der Streitlösung aufkommen lässt. Gleichwohl offenbart eine nähere Betrachtung des Zusammenspiels von Registrierungsstelle und Spruchfolge, dass allein schon die Möglichkeiten technischer Einwirkung auf das Registrierungsverhältnis seitens der Registrierungsstelle ein nicht unerhebliches Druckmittel im Hinblick auf die Akzeptanz und Durchsetzung der Streitlösung sind. Die fehlende staatliche Beteiligung führt unausweichlich zu einer Beschränkung der Spruchfolgen auf solche Sanktionen, die tatsächlich allein durch die Registrierungsstelle durchgesetzt werden können. Schadensersatz ist durch die alternative Streitlösung nicht zu erlangen.[937] Die Spruchfolgen können mithin nur den Domain-Namen an sich betreffen.

(2) Erweiterte Forumsentscheidung vs. Berufung

Die Streitlösung in der ukTLD hat gezeigt, dass auch auf selbstreguliertem Wege eine durch zwei Instanzen abgesicherte Entscheidung möglich ist. Gleichwohl ist dieser Weg aus grundsätzlichen Erwägungen heraus nicht empfehlenswert. Zum einen wird durch die Möglichkeit, die von einem Streitlöser getroffene Entscheidung durch einen anderen überprüfen zu lassen, dessen Autorität unterminiert. Ein Streitlösungsmechanismus, der mit eigenen Mitteln die Forumsentscheidung angreifbar macht, suggeriert eine Fehlbarkeit des Streitlösers, die insgesamt der Anerkennung des Verfahrens nur schaden kann. Zum anderen verzögert eine Berufungsmöglichkeit die Streitlösung an sich, so dass wesentliche Zeitvorteile teilweise verloren gehen. Da in jedem Fall der staatliche Gerichtsweg den Beteiligten als letzte Möglichkeit offen steht, leidet die selbstregulierte Streitlösung ohnehin unter dem Verdacht, nicht mehr als ein bloßes Vorverfahren zu sein. Eine Verzögerung des Verfahrens durch eine weitere „Vorinstanz" kann deshalb

---

[936] Siehe bereits oben, C.I.2.d.

[937] Siehe oben, C.III.3.a.

der Sache nicht dienen. Die Möglichkeit einer Berufung sollte damit für die deutsche selbstregulierte Streitlösung nicht gewählt werden.

Um den Beteiligten gleichwohl die Möglichkeit einer Entscheidung mit gesteigerter Kompetenz zu verschaffen, bietet sich der auf internationaler Ebene und in der usTLD gewählte Weg der erweiterten Forumsentscheidung durch drei Streitlöser an. Bei der Wahl einer Entscheidung durch einen oder drei Streitlöser ist ein Autoritätsverlust kaum zu erwarten, da es nicht zu einer Überprüfung und ggf. Aufhebung einer Forumsentscheidung kommt. Es wird lediglich im Vorfeld festgelegt, ob der gesteigerte Sachverstand dreier Streitlöser für den Streit von Nutzen ist oder ob eine Einzelentscheidung ausreicht. Im Rahmen der Bewertung der Bedeutung der Domain für den Beschwerdeführer oder den Domain-Inhaber lässt sich mit dieser Wahlmöglichkeit die selbstregulierte Entscheidung durch ein Mehr an Kompetenz absichern.

Die deutsche selbstregulierte Streitlösung bei Domain-Namen sollte sich mithin für die erweiterte Forumsentscheidung als Kompetenzsteigerung entscheiden.

2. Legitimierung der alternativen Streitlösung

Die Legitimation der Streitlösung ist - wie bereits ausgeführt[938] - grundsätzlich in den Interessen der Beteiligten zu suchen. Aufgrund des Fehlens staatlichen Zwangs muss die Streitlösung aus sich heraus sowohl für den Beschwerdegegner als auch für den Domain-Inhaber eine gewisse Attraktivität aufweisen, die nur durch greifbare Vorteile für die Beteiligten erzeugt werden kann.

a. Interessen des Domain-Inhabers

Für den Domain-Inhaber dürfte der Ausschluss von Schadensersatz die alternative Streitlösung attraktiv erscheinen lassen, da er im Falle des Obsiegens des Beschwerdeführers nur die Domain verliert. Gleichwohl ist gerade diese Folge für den Domain-Inhaber von besonderem Interesse, da sie seine Präsenz im Internet unter einer eingeführten Domain betrifft. Der Verlust der Domain droht dem Inhaber jedoch auch im herkömmlichen Verfahren vor ordentlichen Gerichten.[939] Dass die alternative Streitlösung die Übertragung der Domain auf den Beschwerdeführer zur Folge hat, wohingegen das herkömmliche Gerichtsverfahren nur zur Freigabe der Domain führt, bedeutet für den Domain-Inhaber keinen Unterschied; auf beiden Wegen

[938] Siehe oben, C.I.2.d(1).

[939] Siehe zu den typischen Rechtsfolgen zivilrechtlicher Ansprüche gegen Domain-Inhaber oben, B.II.3.

verliert er die Domain. Der dem Streitlösungsverfahren zugrunde liegende Automatismus der Entscheidungsausführung beschleunigt letztlich nur die Umsetzung, ist aber im Ergebnis keine quantitative Verschlechterung der Stellung des Domain-Inhabers.

Der augenscheinliche Nachteil für den Domain-Inhaber liegt in der Natur des alternativen Verfahrens, da nicht ein staatlicher Richter entscheidet, sondern ein privater Streitlöser, der allerdings dennoch in der Regel Jurist ist und sich im Kennzeichen- oder Domain-Recht profiliert hat. Dies sicherzustellen ist eine Aufgabe der Vergabestelle bei der Aufnahme in die Liste der Streitlöser. Für den Domain-Inhaber führt dessen Entscheidung ggf. zum Verlust der Domain, so dass ein nachvollziehbares Interesse an einer sachgerechten Entscheidung dem Domain-Inhaber nicht abzusprechen ist. Dieser vorgebliche Nachteil lässt sich hier jedoch auch als Vorteil verstehen, da der Sachverstand eines auf diesem Gebiet profilierten Juristen im Zweifel den eines Richters am Amts- oder Landgericht übersteigen dürfte. Gleichwohl wird das maßgebliche Interesse des Domain-Inhabers letztlich allein darin liegen, dass die Entscheidung inhaltlich mit einem gerichtlichen Urteil vergleichbar ist, denn nur dann wird er die Entscheidung anerkennen können und nicht doch noch eine gerichtliche Klärung des Streits herbeizuführen suchen. Als echte Option gegenüber der herkömmlichen Streitlösung kommt es für die alternative Streitlösung mithin auf die konkrete Ausgestaltung der Regeln und insbesondere auf ihre Orientierung an den einem Urteil zugrunde liegenden rechtlichen Kriterien an.

Eindeutig im Interesse des Domain-Inhabers dürfte dagegen die Kostenregelung der alternativen Streitlösung liegen. Die Kosten des Verfahrens trägt unabhängig von der Entscheidung der Beschwerdeführer. Nur seine eigenen Kosten im Rahmen der Streitlösung trägt der Domain-Inhaber selbst. Aus Sicht der Kostenverteilung liegt die alternative Streitlösung somit eindeutig im Interesse des Domain-Inhabers, eine grundsätzliche Bereitschaft der Unterwerfung unter diese Form der Streitlösung kann bei dem Domain-Inhaber mithin vermutet werden.

b. Interessen des Beschwerdeführers

Für den Beschwerdeführer bietet die alternative Streitlösung eine Möglichkeit, zeitnah und effektiv sein Interesse an einer anderweitig vergebenen Domain zu verfolgen. Da im Falle einer abweisenden Entscheidung der alternativen Streitlösung der Weg vor ein ordentliches Gericht nicht versperrt oder präjudiziert ist, besteht das Risiko für den Beschwerdeführer nur in den Kosten der Streitlösung. Diese Kostenseite des Verfahrens unterscheidet die selbstregulierte Streitentscheidung allerdings erheblich von dem Verfahren vor einem ordentlichen Gericht, da unabhängig von dem Ausgang der Streitlösung die Verfahrenskosten von dem Beschwerdeführer zu tragen sind.[940] Der Vorteil des Domain-Inhabers wendet sich hier in einen Nachteil des Beschwerdeführers. Im Hinblick auf dieses Kostenrisiko wird der Beschwerdeführer deshalb in der Regel vorher seine Erfolgsaussichten abzuschätzen versuchen und dieses Kostenrisiko erst bei aussichtsreichen Chancen eingehen, die Domain auf diesem Wege tatsächlich zu übernehmen. Diese Ausgestaltung der Kostenregelung dient damit zugleich der Vermeidung von Missbrauch durch die massenhafte, aussichtslose Inanspruchnahme der Streitlösung. Auch der unter dem Stichwort *Reverse Domain Name Hijacking* bekannt gewordene Missbrauch einer *Dispute Resolution*[941] lässt sich durch diese Kostenregelung in Verbindung mit einer sinnvollen Kostenstruktur eindämmen.

Gleichfalls abweichend von der herkömmlichen gerichtlichen Streitlösung ist durch die alternative Streitentscheidung Schadensersatz nicht zu erlangen. Diese Beschränkung beruht letztlich auf der mangelnden Durchsetzbarkeit des Schadensersatzanspruchs durch die Selbstregulierung. Der Zugriff, den die Streitlösung mittels des Registrars und des Providers hat, beschränkt sich auf die streitgegenständliche Domain. Allein auf dieser Zugriffsmöglichkeit gründet überhaupt die Selbstregulierung der Domain-Namen.[942] Der Zugriff auf die Domain betrifft ausschließlich die Zuweisung des Domain-Namens zu einer bestimmten IP-Nummer, so dass die Website des Domain-Inhabers und ihr Inhalt selbst nicht betroffen sind. Nur die Erreichbarkeit der Website über den Domain-Namen lässt sich durch diesen Zugriff beseitigen, die grundsätzliche Verfügbarkeit der Seite im Internet bleibt über die IP-Adresse oder andere Domain-Namen weiterhin bestehen. Deshalb lässt sich dieses Verfahren der Selbstregulierung auch nicht auf Sanktionen in Bezug auf inhaltliche Aspekte der Website übertragen. Für den Beschwerdeführers steht damit die Frage im Vordergrund, ob sein Interesse auf die Erlangung der Domain selbst gerichtet ist – dann empfiehlt sich die schnelle und effektive alternative Streitlösung – oder ob die Erlangung von Schadensersatz gem. den §§ 14 VI, 15 V MarkenG[943] im Vordergrund steht – dann bleibt nur der gerichtliche Weg.

Die Folge der alternativen Streitlösung – die direkte Übertragung der Domain im Falle des Obsiegens – dürfte ein maßgebliches Argument für die

---

940 Die im Rahmen des Verfahrens anfallenden Auslagen des Domain-Inhabers muss dieser allerdings stets selbst tragen, so dass sich im Falle einer abweisenden Entscheidung zwar ein geringer, aber doch eben ein Kostenvorteil für den Beschwerdeführer ergibt.

941 Siehe dazu schon oben bei der Darstellung der UDRP, C.III.4.a.

942 Siehe oben, C.

943 Näher zum kennzeichenrechtlichen Schadensersatz mit den besonderen Methoden der Schadensberechnung, *Fezer*, MarkenR[3], § 14 Rn. 513 ff., § 15 Rn. 191 f.

alternative Streitlösung seitens des Beschwerdeführers sein. Da bei der Ausführung der Streitlösungsentscheidung direkt der Provider des Domain-Inhabers mitwirkt, kommt es auch nicht mehr auf Handlungen des Domain-Inhabers und damit ggf. einhergehende Verzögerungen bei der Übertragung der Domain auf den Beschwerdeführer an. Die alternative Streitlösung kommt der dem Internet eigenen Schnelllebigkeit entgegen, indem sie zeitnah zu greifbaren Ergebnissen führt. Dies wiederum ist ohne Zweifel ein maßgebliches Interesse des Beschwerdeführers.

c. Ergebnis

Die Legitimierung der alternativen Streitlösung ergibt sich aus den Interessen der Beteiligten. Die überwiegenden Vorteile der Selbstregulierung sowohl für den Beschwerdeführer als auch für den Domain-Inhaber lassen eine grundsätzliche Bereitschaft zur Anerkennung der Streitlösung erwarten.

III. Der Regelungsvorschlag im Detail

Die Selbstregulierung der deutschen Domains muss nach dem Vorbild der für andere TLDs implementierten Streitlösungen auf einen eng umgrenzten Anwendungsbereich beschränkt sein, um ein effektives Verfahren sicherzustellen.[944] Verankert werden sollte das Verfahren in einer *Streitlösungsordnung*[945] (de-Ordnung) und zugehörigen *Streitlösungsregeln*[946] (de-Regeln).

1. Der Anwendungsbereich selbstregulativer Streitlösung

Die Effektivität der Selbstregulierung hängt maßgeblich von der Schematisierung des Verfahrens und damit von der Gleichartigkeit der Fälle ab. Zur Erhöhung der Akzeptanz der Selbstregulierung ist – wie ausgeführt[947] – eine Orientierung an rechtlichen Kategorien unverzichtbar.

a. Markenrechtssachverhalte

Aufgrund einer sehr klaren Begrifflichkeit empfiehlt sich insbesondere das Markenrecht als Anknüpfungspunkt für die selbstregulierte Streitlösung. Der Rückgriff auf den Begriff der Marke iSd MarkenG ermöglicht eine

---

[944] Siehe zur Kritik an der Ausweitung des Anwendungsbereichs in der uk TLD oben, C.IV.1.e.

[945] Siehe Anhang – Vorschlag einer deutschen Streitlösungsordnung für Domain-Namen, Teil I.

[946] Siehe Anhang – Vorschlag einer deutschen Streitlösungsordnung für Domain-Namen, Teil II.

[947] Siehe oben, D.II.2.

trennscharfe Anwendung der alternativen Streitlösung anhand eines einfachen Kriteriums.

Das Bestehen eines Markenrechts ist anhand der Eintragung beim DPMA unkompliziert und zweifelsfrei nachweisbar. Hier kommt das dem internationalen Markenrecht immanente Territorialitätsprinzip[948] gelegen. Eine Besonderheit ist allerdings die sog. Gemeinschaftsmarke, deren Geltung in den Mitgliedstaaten europarechtlich geregelt ist.[949] Auch diese gilt es deshalb im Rahmen der Streitlösung zu beachten.

Klärungsbedürftig ist allerdings, wie sich der Verwechslungsschutz der § 14 II, IV MarkenG auf die alternative Streitlösung übertragen lässt. Die Eintragung von Marken im Markenregister folgt bestimmten Warenklassen,[950] anhand derer eine Branchenidentität oder -ähnlichkeit im Rahmen des § 14 MarkenG feststellbar ist. Die Domain-Namen im Internet kennen dagegen keine Branchenverschiedenheit, da sie auf eine weltweit eindeutige Verwendung beschränkt sind.[951] Der Gebrauch eines markenidentischen Domain-Namen durch einen Markeninhaber schließt damit branchenverschiedene, identische Marken von einer Nutzung als Domain-Name aus. Dies ist jedoch keine spezifische Schwäche der alternativen Streitlösung, sondern ein grundsätzliches, auch vor ordentlichen Gerichten relevantes Problem der Architektur der Domain-Namen. Eine Lösung dieser Konstellationen lässt sich nur im Recht der Gleichnamigen suchen.[952] Dies ist von der alternativen Streitlösung nicht zu leisten.

b. Namensrechtssachverhalte

Schwieriger gestaltet sich die Anwendung der selbstregulierten Streitlösung auf namensrechtliche Sachverhalte. Der Begriff des Namens ist sehr

---

948 Siehe dazu *Fezer*, MarkenR³, Einl Rn. 158.

949 Die unmittelbare Geltung der Gemeinschaftsmarke in den Mitgliedstaaten beruht auf der „Verordnung (EG) Nr. 40/94 des Rates vom 20. Dezember 1993 über die Gemeinschaftsmarke" (GMV), ABl. EG Nr. L 11 vom 14. Januar 1994, S. 1. Das Harmonisierungsamt für den Binnenmarkt, das für die Gemeinschaftsmarken zuständig ist, hat seinen Sitz in Alicante, Spanien.

950 *Fezer*, MarkenR³, § 3 Rn. 120. Siehe zu den verfügbaren Klassen die Anlage zur „Verordnung zur Ausführung des Markengesetzes" (MarkenV) vom 30. November 1994, BGBl. I, S. 3555, zuletzt geändert durch die „Fünfte Verordnung zur Änderung der Markenverordnung" vom 1. September 2003, BGBl. I, S. 1701.

951 Siehe zu technischen Grundlagen der Eindeutigkeit der Domain-Namen oben, A.III.2.d.

952 Siehe zu diesem Komplex bei Domain-Namen ausführlich *Linke*, CR 2002, 271 ff.

weit gefasst und schließt u.a. auch Pseudonyme ein.[953] Beim Namen fehlt es damit schon an der begrifflichen Klarheit, die für eine effektive Anwendung der alternativen Streitlösung unabdingbar ist. Darüber hinaus ist ein einheitlicher Ausgangspunkt für die alternative Streitlösung wie die Registereintragung bei Marken für Namen nicht vorhanden. Die extensive Anwendung des Namensschutzes bewirkt vielmehr, dass ein Name in einer Vielzahl öffentlicher Register festgehalten sein kann, etwa als Firmenname im Handelsregister, als Vereinsname im Vereinsregister, als bürgerlicher Name im Personenstandsbuch[954] etc. Andere als Name geschützte Bezeichnungen dagegen, wie das Pseudonym, werden in keinem öffentlichen Register geführt, so dass eine verlässliche Grundlage für das Bestehen entsprechender Rechte fehlt. Diese Unklarheiten öffnen dem *Reverse Domain Name Hijacking* Tür und Tor, wenn die Behauptung, Träger eines bestimmten Namens zu sein, für die Initiierung eines Streitlösungsverfahrens ausreicht. Zudem können bei der Berücksichtigung von Namen eine Vielzahl Gleichnamiger aufeinandertreffen, weil eine branchenähnliche Ausschließlichkeit bei Namen anders als bei Marken schon aufgrund dieser ganz unterschiedlichen Namensträger undenkbar ist.

Es fehlt deshalb für die Anwendung der alternativen Streitlösung auf Namen an einer einheitlichen Grundlage. Die Verwendung von Namen in Domain-Namen als Beschwerdegrund für die Streitlösung muss deshalb hier ausscheiden.

c. Ergebnis zum Anwendungsbereich

Der Anwendungsbereich der alternativen Streitlösung bei deutschen Domain-Namen verlangt einen an klaren Begrifflichkeiten orientierten Beschwerdegrund. Eine etwaige Abwägung, ob der geltend gemachte Grund in den Anwendungsbereich der Selbstregulierung fällt oder nicht, beeinträchtigt die Schnelligkeit des Verfahrens und gefährdet damit die Effektivität der Regelung und ihre Anerkennung durch die Betroffenen. Deshalb lassen sich namensrechtliche Sachverhalte, denen ein Bezug zu einem spezielleren Kennzeichenrecht fehlt, von der Selbstregulierung nicht lösen.

---

[953] MüKo-BGB[4]/*Schwerdtner*, § 12 Rn. 41 ff.; *Palandt/Heinrichs*, BGB[63], § 12 Rn. 4, 8. Siehe zur Kollision von bürgerlichem Namen und Pseudonym bei einem Domain-Namen, OLG Köln, MMR 2001, 170 - »maxem.de«, und die gegensätzliche Entscheidung des BGH, NJW 2003, 2978 - »maxem.de«. Nach Ansicht des BGH setzt sich in diesen Fällen der Gleichnamigkeit der bürgerliche Name gegenüber dem Pseudonym durch, wenn das Pseudonym nicht „Verkehrsgeltung“ erlangt hat. Dann sei die Registrierung eines entsprechenden Domain-Namens als unbefugter Namensgebrauch anzusehen, den jeder Träger des betreffenden Namens untersagen lassen könne.

[954] Siehe § 60 PersStdG.

Sachverhalte, die sich auf die Verwendung einer Marke oder einer mit einer Marke verwechslungsfähigen Bezeichnung beziehen, können dagegen mit Hilfe der alternativen Streitlösung bewältigt und gelöst werden.

2. Die Implementation durch eine Streitlösungsabrede

Dreh- und Angelpunkt der alternativen Streitlösung als Konfliktmittel der Selbstregulierung ist die Vereinbarung der Unterwerfung des Domain-Inhabers unter das Verfahren der selbstregulierten Streitentscheidung. Im Rahmen der Implementierung der alternativen Streitlösung durch die DENIC müsste eine entsprechende Klausel Eingang in die Registrierungsbedingungen der DENIC finden, um auf diesem Wege für jeden neuen Domain-Inhaber verbindlich zu werden.

a. Vereinbarkeit der selbstregulierten Streitlösung durch Vertrag

Am Schnittpunkt zu staatlich anerkanntem Recht - dem Registrierungsvertrag mit der DENIC - bietet sich die Möglichkeit, die alternative Streitlösung in das Verhältnis zum Domain-Inhaber einzubinden. In Anbetracht der außerstaatlichen Natur der Streitlösung ist jedoch eine staatliche Sanktionierung der Streitregeln ausgeschlossen. Die Einbindung in den Registrierungsvertrag ist insofern nur aus Gründen textlicher Einheit geboten.

(1) Rechtsverhältnis zwischen DENIC und Domain-Inhaber

Die DENIC stellt bereits jetzt Registrierungsbedingungen und Registrierungsrichtlinien, die für jeden neuen Domain-Inhaber Geltung erlangen.[955] In diesen Bedingungen müsste auch die selbstregulierte Streitlösung verankert werden, um ihre Geltung gegenüber dem Domain-Inhaber sicherzustellen. Die Vereinbarkeit einer solchen Klausel mit dem AGB-Recht ist dagegen von untergeordneter Bedeutung, da die gesamte selbstregulierte Streitlösung jenseits staatlicher Anerkennung besteht.[956] Der fehlende Ausschluss staatlicher Gerichtsbarkeit bei der Lösung von Domain-Konflikten führt ohnehin zu einer latenten Vorbehaltlichkeit der alternativen Streitlösung, so dass sich die abstrakte Frage des Bestands der Regeln vor AGB-Recht erübrigt. Wie dargestellt, ist es letztlich eine Frage der Nähe der Regeln zu staatlichem Recht, ob und in welchem Ausmaß die Selbstregulierung von den Teilnehmern - sanktionslos - anerkannt wird.[957]

---

[955] Siehe dazu schon oben, A.IV.a(2).

[956] Siehe zu dem Verhältnis von Selbstregulierung und staatlicher Regulierung oben, C.I.

[957] Siehe oben, D.II.2.

(2) Rechtsverhältnis zwischen DENIC und Provider

Zur Durchsetzung der Streitlösung bedarf es der Mitwirkung des Providers des Domain-Inhabers, der die Übertragung der Domain veranlassen muss, so dass auch diesem gegenüber die Streitlösung verpflichtende Wirkung entfalten muss. Im Verhältnis zwischen der DENIC und dem Provider besteht - wie dargestellt[958] - ein Mitgliedschaftsverhältnis mit einem assoziierten Vertrag zur Nutzung des von der DENIC bereitgestellten Registrierungssystems. Diese vertragliche Bindung lässt sich auch für die Einbindung der Streitlösung fruchtbar machen. Im Verhältnis zum Provider ist für die Streitlösung eine Regelung notwendig, die diesen verpflichtet, die Entscheidung des Streitlösungsforums umzusetzen, d.h. die Konnektierung des Domain-Namens mit der IP-Adresse des Kunden aufzuheben, um die Übertragung der Domain auf den obsiegenden Beschwerdeführer zu ermöglichen.

b. Wirkung der Streitlösungsabrede

Auswirkungen der Streitlösungsabrede zeigen sich insbesondere bei den Drittbeziehungen.

(1) Verhältnis Domain-Inhaber - Provider

Im Verhältnis zwischen dem Domain-Inhaber und seinem Provider bewirkt die Abrede ein besonderes Recht[959] des Providers, die Konnektierung des Domain-Namen aufzuheben, falls eine Streitentscheidung dies erfordert. Hier liegt eine Auswirkung der Streitlösung auf eine Drittbeziehung vor, an der die DENIC selbst nicht beteiligt ist. Gleichwohl begründet sich diese Auswirkung durch die parallelen, direkten Verknüpfungen sowohl des Domain-Inhabers als auch des Providers mit der DENIC. Insofern ist das Verhältnis zwischen Domain-Inhaber und Provider durch die alternative Streitlösung zwar betroffen, aber nur infolge der direkten Auswirkungen, die die Streitlösung auf den Domain-Inhaber einerseits und den Provider andererseits ohnehin hat.

---

[958] Siehe oben, A.III.4.c(1).

[959] In Anbetracht der selbstregulativen Konzeption der Streitlösung bestehen selbstverständlich auch ihre Auswirkungen jenseits staatlichen Rechts, so dass von „Recht" in diesem Zusammenhang nicht wirklich gesprochen werden kann. Die Bindungswirkung der Selbstregulierung in diesem Sinne hängt - gem. hier vertretenem Standpunkt - nicht von gerichtlicher Durchsetzung, sondern von der Anerkennung durch die Betroffenen ab. Im Konfliktfalle müsste letztendlich ein staatliches Gericht über die Zulässigkeit der De-Konnektierung und damit über die Zulässigkeit der entsprechenden Klausel im Provider-Vertrag entscheiden.

(2) Verhältnis Domain-Inhaber – Dritte

Eine durch die Streitlösung ebenfalls betroffene Drittbeziehung besteht zwischen dem Domain-Inhaber und dem Beschwerdeführer. Durch die konsensuale Bindung des Domain-Inhabers an die alternative Streitlösung erhält ein an der Dreierbeziehung zwischen DENIC, Domain-Inhaber und Provider unbeteiligter Dritter die Möglichkeit, die Entscheidung eines Streitlösungsforums hinsichtlich der Zulässigkeit des Domain-Namens im Verhältnis zu sich herbeizuführen. Im Ergebnis dieser Entscheidung ermöglicht ihm die alternative Streitlösung sogar, die Domain direkt von dem Domain-Inhaber zu übernehmen, wodurch der Beschwerdeführer durch die alternative Streitlösung besser gestellt wird, als bei der Entscheidung eines ordentlichen Gerichts.

Gleichwohl fehlt der alternativen Streitlösung die Verbindlichkeit gegenüber dem Beschwerdeführer, so dass es sich für ihn nur um eine Option handelt. Der Beschwerdeführer ist mangels tatsächlicher Einwirkungsmöglichkeiten gegenüber der DENIC nicht gebunden, so dass die alternative Streitlösung diesem auch nicht aufgezwungen werden kann. Aus diesem Grund ist die alternative Streitlösung für den Beschwerdeführer auch nicht als Alternative zur gerichtlichen Streitlösung anzusehen, sondern als zusätzliches Streitlösungsmittel. Der Weg über die Entscheidung eines ordentlichen Gerichts steht sowohl dem Beschwerdeführer als auch dem Domain-Inhaber stets, vor allem auch nach der Inanspruchnahme der Streitlösung offen.

c. Zulässigkeit der Streitlösungsabrede in Bezug auf den Domain-Inhaber

Die Zulässigkeit der alternativen Streitlösung in Bezug auf den Domain-Inhaber ist nicht in staatlichem Recht zu suchen, da es sich um einen Regelungsbestandteil der Selbstregulierung handelt. Eine Vereinbarkeitsprüfung anhand des AGB-Rechts wäre damit verfehlt.

d. Zulässigkeit der Streitlösungsabrede in Bezug auf den Dritten

In Bezug auf den Dritten offeriert die alternative Streitlösung eine zusätzliche Möglichkeit, die Frage der Zulässigkeit des Domain-Namens im Verhältnis zwischen dem Domain-Inhaber und dem Dritten außergerichtlich zu klären. Im Erfolgsfalle kann die Domain dabei direkt auf den Dritten übertragen werden. Da die Rechte des Dritten nicht beschnitten werden, sondern nur ergänzend zum staatlichen Rechtsschutz ein fakultativer Streitlösungsweg offeriert wird, sind für den Dritten Kollisionen mit staatlichem Recht durch die alternative Streitlösung ausgeschlossen.

3. Die Entscheidung

Das Verfahren der alternativen Streitlösung endet in der Regel mit der Entscheidung des Streitlösers. Die Effektivität des Verfahren wird dabei durch die Beschränkung der Spruchfolge auf zwei Möglichkeiten der Entscheidung unterstützt.

a. Alternativen

Die alternative Streitlösung ist beschränkt auf zwei mögliche Entscheidungen: die Übertragung des Domain-Namens und die Abweisung der Beschwerde.

Die Übertragung der Domain als Spruchfolge kommt nur in Betracht, wenn zum einen der Beschwerdeführer hinreichende Anhaltspunkte für eine in Bezug auf ihn missbräuchliche Registrierung gem. § 5 de-Ordnung vorgebracht hat. Dazukommen muss jedoch zum anderen die fehlende Überzeugungskraft hinsichtlich der Argumente des Domain-Inhabers gegen die Missbräuchlichkeit der Registrierung iSv § 6 de-Ordnung. Erst wenn beide Voraussetzungen erfüllt sind, darf der Experte gem. § 8 de-Regeln zu dem Schluss kommen, dass eine missbräuchliche Registrierung durch den Domain-Inhaber in diesem Falle angenommen werden kann mit der Folge der Entscheidung der Beschwerde zugunsten des Beschwerdeführers und der impliziten Anordnung der Übertragung der Domain auf den Beschwerdeführer. Mangelt es an der kumulativen Erfüllung dieser beiden Voraussetzungen, ist ein Obsiegen ausgeschlossen, so dass die Beschwerde abzuweisen ist.

Die in einigen anderen TLDs vorgesehene Möglichkeit der Aufhebung der Registrierung ist aus mehreren Gründen nicht praktikabel. Zum einen bewirkt die Aufhebung der Registrierung ein Freiwerden des Domain-Namens, das es jedem Dritten gestattet, diesen Domain-Namen (erneut) zu registrieren. Im Ergebnis steht der Beschwerdeführer damit wiederholt vor dem Problem, eine Entscheidung gegen den neuen Domain-Inhaber mittels der Streitlösung oder vor Gericht herbeizuführen. Dieses Prozedere setzt sich im ungünstigsten Falle endlos fort. Aus diesem Grunde liegt es letztlich auch im Interesse des Beschwerdeführers, die betreffende Domain zu übernehmen, schon um weitere Verfahren um den Domain-Namen zu vermeiden. Eine Nutzung der Domain ist damit nicht zwangsläufig verbunden, so dass die ungenutzte Registrierung eine Freihaltung der Domain erzeugt, die die DENIC selbst nicht anbietet. Ohne die Übertragung des Domain-Namens auf den Beschwerdeführer besteht jedoch auch für den ehemaligen Domain-Inhaber die Möglichkeit, eben jene Domain erneut zu registrieren und so den Beschwerdeführer erneut zu einem Streitlösungs- oder Gerichtsverfahren zu zwingen. Diese paradoxe Möglichkeit lässt sich nur durch die Übertragung der Domain auf den Beschwerdeführer tatsächlich vermeiden. Die Fälle dagegen, in denen der Beschwerdeführer die Domain nicht selbst registrieren kann, wie im Fall »dresdnervereinsbank.de«,[960] sind von der Streitlösung nicht zu bewältigen, sondern müssen im Wege der Vorabkontrolle von beantragten Domain-Namen im Rahmen der Negativliste[961] gelöst werden.

b. Durchsetzung

Das Problem der Durchsetzung der Streitlösung wird nur im Falle des Obsiegens des Beschwerdeführers relevant, wenn also eine Übertragung des Domain-Namens auf den Beschwerdeführer ausgesprochen wurde.

In diesem Falle wird die Bindung des Providers des Domain-Inhabers an die alternative Streitlösung aktiviert. Die Entscheidung des Experten wird dem Provider über die DENIC zugeleitet, so dass dieser die entsprechenden Änderungen in der Domain-Datenbank vornehmen kann.

4. Überprüfung und Angreifbarkeit der Streitentscheidung

Eine Überprüfung der Streitentscheidung durch staatliche Gerichte kommt - wie dargelegt[962] - nicht in Betracht. Möglich ist gem. § 14 de-Ordnung nur eine sachentscheidungsunabhängige Befassung staatlicher Gerichte mit dem Domain-Konflikt an sich.

Die Autonomie der Streitlösung verbietet zugleich, die in der alternativen Streitlösung getroffene Entscheidung als Indiz oder Präjudiz in nachfolgenden Prozessen vor einem ordentlichen Gericht zu verwerten. Angesichts des in der Streitlösung nicht zu erlangenden Schadensersatzes könnte ein Beschwerdeführer versucht sein, ausgehend von der Streitentscheidung vor einem ordentlichen Gericht den Schadensersatz quasi „nachzufordern". Jedoch ist auch in einem solchen Falle die Selbständigkeit der Streitlösung zu betonen, so dass der Beschwerdeführer nicht umhinkommt, ohne Präjudiz die Berechtigung seines Anspruchs zu beweisen. Letztlich ist dies das Spiegelbild der fehlenden Auswirkung der Streitentscheidung in einem ordentlichen Gerichtsverfahren um die Domain an sich.

---

[960] Siehe oben, D.I.1.b(1).

[961] Dazu siehe oben, D.I.2.

[962] Siehe oben, C.II.3.

5. Einbindung der Streitlösungsabrede in bestehende Verträge

Eine wesentliche Komponente im Zuge der Anerkennung und Durchsetzung der selbstregulierten Streitlösung ist die Einbindung in die bestehenden Domain-Verträge bei der DENIC.

Die Registrierungsverträge mit der DENIC haben eine Laufzeit von jeweils einem Jahr. Nach Ablauf der Registrierungszeit wird der Vertrag entweder um ein weiteres Jahr verlängert oder der Domain-Name wird gelöscht. An dieser Schnittstelle der Domain-Verträge lässt sich die alternative Streitlösung einbinden. Der Domain-Inhaber hat dann im Zeitpunkt der Verlängerung die Wahl, die neue Klausel zu akzeptieren oder die Domain aufzugeben.

IV. Ergebnis zur Realisierbarkeit einer alternativen Streitlösung für die deutschen Domains

Im Ergebnis lässt sich festhalten, dass für die deutsche TLD eine alternative Streitlösung wünschenswert und realisierbar ist. Die Implementation und Durchführung des Streitlösungsverfahrens obliegt der DENIC. Eine fortwährende Evaluierung der Streitlösung gerade in der Anfangsphase ist in Anbetracht der Neuartigkeit eines solchen Verfahrens, dem historische Vorbilder fehlen, unabdingbar, um die Ausgewogenheit und Akzeptanz der Lösung beurteilen zu können.

Die Einbindungsmöglichkeiten dieser Streitlösung in die bestehenden Domain-Verträge lassen eine allgemeine Geltung des selbstregulierten Streitlösungsverfahrens bei den deutschen Domain-Namen binnen eines Jahres erwarten.

E. Ausblick

Die Selbstregulierung von Domain-Namen offenbart ein erhebliches Potential bei der Bewältigung von Konfliktfällen. Die Besonderheiten der Vergabe von Domain-Namen favorisieren ohnehin eine verstärkte Beteiligung der Vergabestelle bei der Lösung von Streitigkeiten. Die bei ICANNs *Uniform Dispute Resolution Policy* aufgezeigten Vorteile einer alternativen, hoheitlich unabhängigen Streitlösung für Domain-Namen verdeutlichen das Regelungspotential der Vergabestellen und die Chancen, die sich daraus für eine schnelle und effektive Lösung von Domain-Streitigkeiten ergeben.

Diese Vorteile, die sich einige *country code* TLD-Vergabestellen bereits zunutze gemacht haben, lassen sich zumindest teilweise auch auf die deutsche TLD übertragen. In Anbetracht der Domain-Zahlen im deutschen Teil des DNS ist eine praktikable, auf die Gegebenheiten des Internet zugeschnittene Konfliktlösung notwendig, die die Schwächen gerichtlicher Streitentscheidung überwinden kann. Die Einbindung der DENIC in eine solche alternative Streitlösung lässt sich über eine Neubewertung der Haftungsfrage im Zusammenhang mit der Vergabe der Domain-Namen erreichen. Die drohende Inanspruchnahme der DENIC sollte die Bereitschaft wecken, ein System der selbstregulierten Streitentscheidung bei Domain-Konflikten zu implementieren und zu betreuen, um den Betroffenen im Falle von Streitigkeiten um registrierte Domain-Namen eine außergerichtliche Lösung zu bieten. Die Zeit- und Kostenvorteile der hier beschriebenen Lösung, und nicht zuletzt die Spruchfolge der Domain-Übertragung, bieten den Domain-Inhabern und den Verletzten hinreichend Anreize, um der selbstregulierten Streitlösung eine realistische Chance auf Anerkennung und Durchsetzung bei den Betroffenen einräumen zu können und die unbefriedigende Situation bei Domain-Konflikten zu beenden.

Anhang: Vorschlag eines Streitlösungssystems für die deutschen Domain-Namen

TEIL I: Die Streitlösungsordnung

§ 1 – Zweck

Diese *Streitlösungsordnung* regelt das Verhältnis zwischen dem Domain-Inhaber, dem Internet Service Provider des Domain-Inhabers („ISP“) und der DENIC Domain Verwaltungs- und Betriebsgesellschaft eG („DENIC“) im Falle der Anrufung eines von der DENIC akkreditierten Experten zur Klärung von Streitigkeiten um Domain-Namen durch einen Dritten („Beschwerdeführer“) wegen der behaupteten Verletzung von Rechten des Dritten durch den Domain-Namen.

Bestandteil dieser *Streitlösungsordnung* sind auch die *Streitlösungsregeln*.

§ 2 – Pflichten des Domain-Inhabers

Mit der Registrierung eines Domain-Namens unterhalb der deTLD sowie bei jeder Verlängerung der Registrierung eines Domain-Namens versichert der Domain-Inhaber

(a) die Vollständigkeit und Richtigkeit der im Rahmen der Registrierung abgegebenen Erklärungen,

(b) die Zulässigkeit des Domain-Namens nach dem Recht der Bundesrepublik Deutschland zum Zeitpunkt der Registrierung bzw. Verlängerung der Registrierung, sowie

(c) die Vereinbarkeit des Domain-Namens mit Rechten Dritter.

Die Prüfung der Vereinbarkeit des Domain-Namens mit geltendem Recht einschließlich der Rechte Dritter sowie mit den im Registrierungsvertrag mit der DENIC festgelegten Bestimmungen liegt in der ausschließlichen Verantwortung des Domain-Inhabers.

Durch die Anerkennung dieser *Streitlösungsordnung* im Rahmen des Registrierungsvertrages bzw. der Verlängerung der Registrierung verpflichtet sich der Domain-Inhaber, im Falle der Initiierung eines mit dieser *Streitlösungsordnung* konformen Streitlösungsverfahrens durch die DENIC die Entscheidung des berufenen Experten anzuerkennen.

§ 3 – Pflichten der DENIC

Die DENIC verpflichtet sich, den Status der Registrierung eines Domain-Namens nur aufgrund von § 11 (a) dieser *Streitlösungsordnung* zu ändern. Die Aufhebung der Registrierung gem. § 7 Abs. 2 der DENIC-Registrierungsbedingungen bleibt davon unberührt.

§ 4 – Einleitung des Streitlösungsverfahrens

Ein Streitlösungsverfahren nach dieser *Streitlösungsordnung* wird eingeleitet, wenn der Beschwerdeführer gegenüber der DENIC geltend macht, dass

(a) er Rechte an einer Marke hält, die identisch oder ähnlich mit dem streitgegenständlichen Domain-Namen ist, und

(b) die Registrierung oder Nutzung des Domain-Namens durch den Domain-Inhaber missbräuchlich ist.

Der Beschwerdeführer ist verpflichtet, das Vorliegen dieser Umstände in Übereinstimmung mit dieser *Streitlösungsordnung* und den *Streitlösungsregeln* zu substantiieren.

Mehrere Domain-Namen können in einer Beschwerde zusammengefaßt werden, sofern es sich um den selben Inhaber handelt.

Ist der Domain-Name bereits Gegenstand eines laufenden Streitlösungsverfahrens nach dieser *Streitlösungsordnung* und den *Streitlösungsregeln*, wird die Beschwerde zurückgewiesen.

§ 5 – Nachweis einer missbräuchlichen Registrierung

Gründe, die die Mißbräuchlichkeit der Registrierung des Domain-Namens durch den Domain-Inhaber indizieren, sind insbesondere, aber nicht abschließend, Umstände, die darauf hinweisen, dass der Domain-Inhaber den Domain-Namen registriert hat, um

(a) mittels des Verkaufs, der Vermietung oder anderweitigen entgeltlichen Überlassung an den Beschwerdeführer oder einen Konkurrenten des Beschwerdeführers aus der Registrierung dieses Domain-Namens Gewinn zu erzielen,

(b) den Beschwerdeführer bei der Registrierung eines seiner Marke entsprechenden Domain-Namens zu behindern oder die Wertschätzung der Marke zu beeinträchtigen,

(c) durch die Art der Nutzung des Domain-Namens bewusst die Gefahr der Verwechslung mit der Marke des Beschwerdeführers dahingehend zu begründen, dass eine nicht unerhebliche Zahl von Nutzern die unter dem Domain-Namen erreichbare Website oder die darunter angebotenen Dienste oder Produkte mit dem

Beschwerdeführer oder seiner Marke in Verbindung bringen und der Domain-Inhaber dies zu kommerziellen oder nicht-kommerziellen Zwecken ausnutzt.

Die mangelnde Nutzung des Domain-Namens für Internet-Dienste (zB Email, Website, ftp etc.) begründet allein nicht die Mißbräuchlichkeit der Registrierung.

§ 6 – Gegenbeweis

Gründe, die die Mißbräuchlichkeit der Registrierung des Domain-Namens durch den Domain-Inhaber entkräften, sind insbesondere, aber nicht abschließend,

(a) der Nachweis einer für den Domain-Inhaber eingetragenen Marke, die mit dem Domain-Namen identisch ist,

(b) die Nutzung oder ernsthafte Vorbereitung der Nutzung des Domain-Namens in Verbindung mit einem tatsächlichen Angebot von Waren oder Dienstleistungen, die nicht mit denen identisch sind, für die die Marke Schutz genießt, bevor der Domain-Inhaber von der Beschwerde des Beschwerdeführers Kenntnis erlangt,

(c) die nicht-kommerzielle Nutzung des Domain-Namens ohne die Absicht der Irreführung der Nutzer in Bezug auf die Marke des Beschwerdeführers, bevor der Domain-Inhaber von der Beschwerde des Beschwerdeführers Kenntnis erlangt, oder

(d) der beschreibende oder gattungsbegriffliche Charakter des Domain-Namens, sofern das darunter abrufbare Angebot dem Nutzer nicht den Eindruck einer Alleinstellung vermittelt.

§ 7 – Auswahl und Stellung des Experten

(1) Die DENIC wird nach Eingang der Beschwerde und der fristgerechten (§ 10) Entrichtung der Gebühren (§ 8) durch den Beschwerdeführer innerhalb von fünf (5) Werktagen (am Sitz der DENIC) einen Experten aus der bei der DENIC veröffentlichten Liste der akkreditierten Schiedsrichter bestimmen und die Parteien über die Ernennung des Experten informieren.

(2) Der Experte soll unparteiisch und unabhängig den Streit entscheiden. Die Parteien sollen sämtliche Umstände vor und während des Verfahrens der DENIC mitteilen, die berechtigte Zweifel an der Unparteilichkeit oder Unabhängigkeit des Experten aufkommen lassen. Die DENIC behält sich vor, bei Vorliegen entsprechender Umstände den Experten auszuwechseln. Die Fristen des Verfahrens verlängern sich in diesem Falle entsprechend.

(3) Der Experte ist an diese *Streitlösungsordnung* und die *Streitlösungsregeln* gebunden. Er kann, jedoch nur beim Vorliegen außergewöhnlicher Umstände, auf Antrag einer Partei oder aufgrund eigener Entscheidung Verfahrensfristen verlängern.

(4) Die Zulassung und Beurteilung der von den Parteien vorgebrachten Beweise obliegt dem Experten nach eigenem Ermessen. Er kann außer der Beschwerdeschrift und der Beschwerdeerwiderung die Vorlage weiterer Erklärungen oder Dokumente von den Parteien im Zusammenhang mit dem streitgegenständlichen Domain-Namen verlangen.

(5) Die direkte Kommunikation zwischen einer Partei und dem Experten ist nicht zulässig. Sämtliche Kommunikation mit dem Experten im Rahmen der Streitlösung verläuft ausschließlich über die DENIC.

Im Falle der Berufung eines dreiköpfigen Expertenforums gelten die vorstehenden Regelungen entsprechend.

§ 8 – Gebühren

(1) Die Gebühren der Streitentscheidung trägt der Beschwerdeführer, es sei denn, der Domain-Inhaber beantragt gem. § 4 (d) der *Streitlösungsregeln* eine Entscheidung durch ein dreiköpfiges Expertenforum. In diesem Fall trägt jede Partei die Hälfte der Kosten des Verfahrens.

(2) Die Gebühren für eine Streitentscheidung durch einen Experten betragen € *500*, wenn die Beschwerde ein bis fünf Domain-Namen betrifft. Bei sechs und mehr Domain-Namen legt die DENIC die Gebühren in Abstimmung mit dem Beschwerdeführer fest.

(3) Die Gebühren für eine Streitentscheidung durch drei Experten betragen € *1000*, wenn die Beschwerde ein bis fünf Domain-Namen betrifft. Bei sechs und mehr Domain-Namen legt die DENIC die Gebühren in Abstimmung mit dem Beschwerdeführer fest.

§ 9 – Kommunikationsmittel

Zulässige Kommunikationsmittel im Rahmen dieser *Streitlösungsordnung* und der *Streitlösungsregeln* sind Email, Fax und Brief (Einschreiben), soweit nicht etwas anderes bestimmt ist.

Für die Zwecke dieser *Streitlösungsordnung* und der *Streitlösungsregeln* gilt eine Email oder ein Fax als zugegangen am Tag der Sendung, ein

Brief als zugegangen am zweiten Tag nach Sendung, sofern sich nicht aus einzelnen Bestimmungen ein anderes ergibt.

§ 10 – Folgen des Verfahrens - Entscheidungsmöglichkeiten

Im Rahmen der Streitlösung nach dieser *Streitlösungsordnung* und den *Streitlösungsregeln* ist die Entscheidung des Experten beschränkt auf die Abweisung der Beschwerde und die Übertragung des Domain-Namens auf den Beschwerdeführer.

§ 11 – Mitwirkung der DENIC

(1) Die Mitwirkung der DENIC im Rahmen dieses Streitlösungsmechanismus beschränkt sich auf die Durchführung der Kommunikation zwischen den Parteien und dem Experten gem. § 7 (e) dieser *Streitlösungsordnung* sowie auf die Umsetzung der Entscheidung des Experten gem. § 9 der *Streitlösungsregeln.*

(2) Die DENIC wird sich an keinem Domain-Konflikt zwischen einem Domain-Inhaber und Dritten in Bezug auf die Registrierung und Nutzung des Domain-Namens beteiligen. Sollte sie entgegen dieser *Streitlösungsordnung* als Partei benannt oder in sonstiger Weise außerhalb dieser *Streitlösungsordnung* in einen Domain-Konflikt involviert werden, wird die DENIC alle ihr zur Verfügung stehenden Verteidigungsmittel in Anspruch nehmen.

§ 12 – Intermediäre Übertragung eines Domain-Namens

Während eines laufenden Streitlösungsverfahrens nach dieser *Streitlösungsordnung,* sowie 15 Werktage (am Sitz der DENIC) nach Beendigung eines solchen Verfahrens ist eine Übertragung des Domain-Namens durch den Domain-Inhaber auf einen an dem Verfahren nicht Beteiligten Dritten nicht zulässig. Das Gleiche gilt für anhängige Gerichtsverfahren oder laufende andere Streitschlichtungsverfahren, es sei denn, der neue Domain-Inhaber verpflichtet sich schriftlich, an die Entscheidung des Gerichts oder des Streitschlichters gebunden zu sein.

Die DENIC behält sich vor, Übertragungen von Domain-Namen, die diese Bedingungen verletzen, rückgängig zu machen.

§ 13 – Veröffentlichung der Entscheidung

Die im Rahmen der Streitlösung der DENIC ergangenen Entscheidungen werden unmittelbar nach ihrer Umsetzung im Internet auf den Seiten der DENIC veröffentlicht. Abgewiesene Beschwerden werden sofort veröffentlicht.

Mit der Einleitung eines Streitlösungsverfahrens nach dieser *Streitlösungsordnung* und den *Streitlösungsregeln* erklären die Beteiligten ihr Einverständnis mit der Veröffentlichung ihrer Namen.

§ 14 – Verhältnis zur ordentlichen Gerichtsbarkeit

Die alternative Streitlösung, wie sie von dieser *Streitlösungsordnung* und den *Streitlösungsregeln* implementiert wird, hindert zu keiner Zeit, weder den Beschwerdeführer noch den Domain-Inhaber, die Klärung des Streits vor einem zuständigen, ordentlichen Gericht nachzusuchen.

Die Einleitung eines gerichtlichen Verfahrens in Bezug auf den streitgegenständlichen Domain-Namen durch einen der Beteiligten oder einen Dritten suspendiert ein laufendes Verfahren der alternativen Streitlösung, das diesen Domain-Namen zum Gegenstand hat. Nach Beendigung des gerichtlichen Verfahrens entscheidet die DENIC nach eigenem Ermessen, ob und wie das alternative Streitlösungsverfahren fortgesetzt wird.

Die im Rahmen der Streitlösung von dem Experten getroffene Entscheidung hinsichtlich des Domain-Namens präjudiziert nicht ein sich ggf. anschließendes, gerichtliches Verfahren zwischen den Beteiligten hinsichtlich des Domain-Namens.

§ 15 – Änderungen der *Streitlösungsordnung*

Die DENIC behält sich das Recht vor, diese *Streitlösungsordnung* bei einer Veränderung der rechtlichen oder tatsächlichen Rahmenbedingungen zu ändern. Änderungen der *Streitlösungsordnung* werden mindestens 30 Tage vor ihrem Inkrafttreten auf www.denic.de veröffentlicht, es sei denn, die Änderung ist Folge eines Gesetzes oder einer gerichtlichen Entscheidung. Läuft zum Zeitpunkt des Inkrafttretens der Änderung bereits ein Verfahren unter der *Streitlösungsordnung*, so gilt für dieses Verfahren bis zu seiner Beendigung die Fassung der *Streitlösungsordnung* fort, die zum Zeitpunkt der Initiierung des Verfahrens wirksam war. Änderungen der *Streitlösungsordnung* werden mit dem Tag ihres Inkrafttretens für alle Domain-Inhaber verbindlich, unabhängig davon, ob ein Domain-Konflikt vor, zum oder nach dem Zeitpunkt des Inkrafttretens entstand.

Der Domain-Inhaber hat das Recht, die Verbindlichkeit der *Streitlösungsordnung* durch die Kündigung der Registrierung des Domain-Namens für sich aufzuheben.

TEIL II: Die Streitlösungsregeln

Diese *Streitlösungsregeln* bestimmen das Verfahren der alternativen Streitlösung unter der vorstehenden *Streitlösungsordnung*.

§ 1 – Die Initiierung des Streitlösungsverfahrens

Jedermann kann durch die Einreichung einer diesen *Streitlösungsregeln* und der *Streitlösungsordnung* entsprechenden Beschwerdeschrift bei der DENIC ein Streitlösungsverfahren in Bezug auf einen Domain-Namen unterhalb der deTLD initiieren.

§ 2 – Die Beschwerdeschrift

Die Beschwerdeschrift muß postalisch mit sämtlichen die Beschwerde stützenden Anhängen an die *DENIC, Domain-Streitlösung, Frankfurt/M.*, sowie in elektronischer Form, mit Anhängen soweit möglich, an *dispute@denic.de* übersandt werden.

Die Beschwerdeschrift muss mindestens die folgenden Angaben enthalten:

(a) den Antrag, dass die Beschwerdeschrift zur Entscheidung im Wege der alternativen Streitlösung nach der *Streitlösungsordnung* und den *Streitlösungsregeln* angenommen wird, einschließlich einer Begründung, warum der Domain-Name unter die alternative Streitlösung fällt,

(b) die vollständigen Kontaktdaten (postalisch, Email, Telefon und Fax) des Beschwerdeführers sowie sämtlicher Personen, die als Vertreter des Beschwerdeführers in diesem Verfahren tätig sind oder werden,

(c) den bevorzugten Kommunikationsweg (postalisch, Email, Fax) mit dem Beschwerdeführer zu Zwecken des Streitlösungsverfahrens einschließlich der maßgeblichen Kontaktperson mit den entsprechenden Kontaktdaten, und zwar sowohl für die postalische als auch für die elektronische Kommunikation,

(d) ggf. den Antrag auf Entscheidung durch das erweiterte Expertenforum mit drei Experten,

(e) den vollen Namen des Domain-Inhabers und – sofern abweichend von den in der WhoIs-Datenbank angegebenen Daten – dessen Kontaktdaten oder Vertreter, soweit bekannt,

(f) den streitgegenständlichen Domain-Namen,

(g) das geltendgemachte Markenrecht, einschließlich der Warenklassen, für die die Marke geschützt wurde, sowie die Produkte und Dienstleistungen, für die die Marke benutzt wird,

(h) eine Erklärung, warum die Registrierung des Domain-Namens durch den Domain-Inhaber missbräuchlich im Sinne der *Streitlösungsordnung* ist, mit Angaben insbesondere

- zur Ähnlichkeit und Identität des streitgegenständlichen Domain-Namen mit der geltendgemachten Marke,
- zu den Gründen, die die Domain-Registrierung durch den Domain-Inhaber als missbräuchlich erscheinen lassen iSv § 5 der *Streitlösungsordnung*, sowie
- zu den Umständen, die gem. § 6 der *Streitlösungsordnung* gegen die Missbräuchlichkeit der Registrierung sprechen,

(i) eine Erklärung zum Stand der juristischen Auseinandersetzung, die bisher in Bezug auf den Domain-Namen zwischen dem Beschwerdeführer und dem Domain-Inhaber geführt wurde.

Die Beschwerde kann sich gegen mehrere Domain-Namen richten, sofern es sich bei allen um den gleichen Domain-Inhaber handelt.

§ 3 – Die Zustellung der Beschwerdeschrift

Nach dem Eingang der Beschwerde wird die DENIC diese auf ihre Vereinbarkeit mit der *Streitlösungsordnung* und den *Streitlösungsregeln* überprüfen. Im Falle der Vereinbarkeit wird die DENIC die Beschwerde an den Beschwerdegegner innerhalb von drei (3) Werktagen (am Sitz der DENIC) weiterleiten.

Falls die Beschwerdeschrift Mängel in Bezug auf die *Streitlösungsordnung* und die *Streitlösungsregeln* aufweist, wird die DENIC den Beschwerdeführer darauf hinweisen. Der Beschwerdeführer hat in diesem Falle fünf (5) Werktage (am Sitz der DENIC) Zeit, diese Mängel zu beseitigen und seine ergänzte Beschwerdeschrift an die DENIC zu senden. Sollte die berichtigte Beschwerdeschrift nicht spätestens am vierten (4.) Tag nach dem Hinweis bei der DENIC eingegangen sein, gilt die Beschwerde als zurückgezogen. Der Beschwerdeführer kann jedoch erneut eine Beschwerde einreichen.

§ 4 – Die Beschwerdeerwiderung

Innerhalb von fünfzehn (15) Werktagen (am Sitz der DENIC) nach dem Zugang der Beschwerdeschrift bei dem Beschwerdegegner (Domain-Inhaber) gem. § 9 der *Streitlösungsordnung* soll der Beschwerdegegner eine Beschwerdeerwiderung postalisch mit sämtlichen

Anhängen an die *DENIC, Domain-Streitlösung, Frankfurt/M.*, sowie in elektronischer Form, mit Anhängen soweit möglich, an *dispute@denic.de* übermitteln. Die DENIC wird die Beschwerdeerwiderung innerhalb von drei (3) Werktagen (am Sitz der DENIC) an den Beschwerdeführer weiterleiten.

Die Beschwerdeerwiderung soll mindestens die folgenden Angaben enthalten:

(a) eine Stellungsnahme zu den in der Beschwerdeschrift vorgebrachten Angaben und Aussagen des Beschwerdeführers bezüglich der Missbräuchlichkeit der Registrierung des Domain-Namens, sowie eine Erklärung zu sämtlichen Umständen, die die Missbräuchlichkeit der Registrierung widerlegen, einschließlich der in § 6 der *Streitlösungsordnung* aufgeführten Gründe,

(b) die vollständigen Kontaktdaten (postalisch, Email, Telefon und Fax) des Domain-Inhabers sowie sämtlicher Personen, die als Vertreter des Domain-Inhabers in diesem Verfahren tätig sind oder werden,

(c) den bevorzugten Kommunikationsweg (postalisch, Email, Fax) mit dem Domain-Inhaber zu Zwecken des Streitlösungsverfahrens einschließlich der maßgeblichen Kontaktperson mit den entsprechenden Kontaktdaten, und zwar sowohl für die postalische als auch für die elektronische Kommunikation,

(d) soweit nicht schon der Beschwerdeführer die Entscheidung durch das erweiterte Expertenforum mit drei Experten beantragt hat, ggf. den Antrag auf Entscheidung durch das erweiterte Expertenforum mit drei Experten,

(e) eine Erklärung, ob und in welchem Stadium der Domain-Name Gegenstand einer gerichtlichen Auseinandersetzung ist oder war,

Im Falle des Ausbleibens einer Beschwerdeerwiderung wird die DENIC die Parteien darüber informieren, dass sie nach Erhalt der Gebühren gem. § 8 der *Streitlösungsordnung* seitens des Beschwerdeführers den Experten benennen wird.

§ 5 – Die Ernennung des Experten

(1) Nach Eingang der Gebühren gem. § 8 der *Streitlösungsordnung* wird die DENIC innerhalb von drei (3) Werktagen (am Sitz der DENIC) aus der bei ihr öffentlich geführten Liste von Experten gemäß den Anträgen der Parteien einen oder drei Experten im Rotationsverfahren auswählen und den Parteien die Ernennung des Experten und das Datum mitteilen, zu dem – in Abwesenheit

außergewöhnlicher Umstände - der Experte seine Entscheidung der DENIC übermitteln wird.

(2) Unmittelbar nach Ernennung des Experten wird die DENIC diesem sämtliche von den Parteien erhaltenen Dokumente einschließlich der Beschwerde und der Beschwerdeerwiderung übermitteln.

§ 6 – Die Säumnis

Sollte die DENIC oder der Experte zu dem Schluss kommen, dass eine der Parteien hinsichtlich der eingereichten Anträge und Dokumente die Vorgaben der *Streitlösungsordnung* oder der *Streitlösungsregeln* nicht erfüllt hat, so erhält diese Partei diese Dokumente zurück mit der Maßgabe, innerhalb von fünf (5) Werktagen (am Sitz der DENIC) die beanstandeten Mängel zu beseitigen und entsprechende Dokumente erneut an die DENIC zu übermitteln.

Im Falle der Verfristung oder des Ausbleibens der Berichtigung seitens des Beschwerdeführers gilt die Beschwerde als zurückgezogen. Der Beschwerdeführer kann erneut eine Beschwerde einreichen.

Im Falle der Verfristung oder des Ausbleibens der Berichtigung seitens des Domain-Inhabers wird das Verfahren ohne Berücksichtigung des beanstandeten Dokuments fortgesetzt.

§ 7 – Die Beendigung des Verfahrens durch Einigung oder aus sonstigen Gründen

(1) Falls die Parteien sich einigen, bevor ein Experte ernannt wurde oder der Experte eine Entscheidung getroffen hat, wird die DENIC das Verfahren nach dieser Streitlösung beenden.

(2) Sollte ein laufendes Streitlösungsverfahren vor seiner Entscheidung aus anderen Gründen obsolet oder undurchführbar werden, wird die DENIC das Verfahren nach dieser Streitlösung beenden.

§ 8 – Die Entscheidung des Experten

Der Experte soll seine Entscheidung spätestens fünfzehn (15) Werktage (am Sitz der DENIC) nach seiner Ernennung an die DENIC übermitteln. Im Falle der Säumnis, § 6, verlängert sich die Frist entsprechend.

Die Entscheidung soll die Gründe benennen, auf denen sie beruht, sowie das Datum und den Namen des Experten tragen. Falls der Experte zu dem Schluss kommt, dass der Beschwerdeführer die alternative Streitlösung mißbräuchlich in Anspruch nimmt (z.B. *Reverse Domain Name Hijacking*), so soll die Entscheidung eine entsprechende

Aussage enthalten. Wird die Inanspruchnahme der Streitlösung seitens des Beschwerdeführers bei drei (3) Verfahren innerhalb eines Jahres als mißbräuchlich befunden, kann die DENIC den Beschwerdeführer von der Inanspruchnahme der Streitlösung für den Zeitraum eines (1) Jahres ausschließen.

§ 9 – Die Umsetzung der Entscheidung

(1) Innerhalb von drei (3) Tagen nach Erhalt der Entscheidung des Experten wird die DENIC den Parteien die Entscheidung übermitteln zusammen mit dem Datum der Umsetzung entsprechend dieser *Streitlösungsordnung*.

(2) Beinhaltet die Entscheidung die Übertragung des Domain-Namens auf den Beschwerdeführer, so wird die DENIC nach Ablauf von fünfzehn (15) Werktagen (am Sitz der DENIC) die entsprechenden Änderungen an der Domain-Datenbank vornehmen, es sei denn, die DENIC erhält innerhalb dieser Frist den Nachweis der Einreichung einer Klage bei einem deutschen Gericht durch den Domain-Inhaber auf Feststellung der Rechtmäßigkeit des Domain-Namens in der Hand des Inhabers gegenüber dem Beschwerdeführer. In diesem Falle wird die DENIC von Maßnahmen in Bezug auf den Domain-Namen absehen bis sie den Nachweis einer Einigung oder des Scheiterns der Klage erhält.

§ 10 – Änderungen der *Streitlösungsregeln*

Die DENIC behält sich das Recht vor, die *Streitlösungsordnung* und die *Streitlösungsregeln* bei einer Veränderung der rechtlichen oder tatsächlichen Rahmenbedingungen zu ändern. Änderungen werden mindestens 30 Tage vor ihrem Inkrafttreten auf www.denic.de veröffentlicht, es sei denn, die Änderung ist Folge eines Gesetzes oder einer gerichtlichen Entscheidung. Läuft zum Zeitpunkt des Inkrafttretens der Änderung bereits ein Verfahren unter der *Streitlösungsordnung*, so gilt für dieses Verfahren bis zu seiner Beendigung die Fassung fort, die zum Zeitpunkt der Initiierung des Verfahrens wirksam war. Änderungen der *Streitlösungsordnung* und der *Streitlösungsregeln* werden mit dem Tag ihres Inkrafttretens für alle Domain-Inhaber verbindlich, unabhängig davon, ob ein Domain-Konflikt vor, zum oder nach dem Zeitpunkt des Inkrafttretens entstand.

Der Domain-Inhaber hat das Recht, die Verbindlichkeit der *Streitlösungsordnung* durch die Kündigung der Registrierung des Domain-Namens für sich aufzuheben.

Literaturverzeichnis

Abel, Stefan, Anmerkung zu OLG Frankfurt, Urt.v. 14.09.1999 - 11 U Kart 59/98 - »ambiente.de«, in: CR 1999, 788 - 789.

ders., Generische Domains, in: WRP 2001, 1426 - 1431.

Anderl, Axel, Die Domain-Streitschlichtung für .at, in: MMR 2003, 374 - 377.

Bachmann, Birgit, Der Gerichtsstand der unerlaubten Handlung im Internet, in: IPRax 1998, 179 - 187.

Bachmann, Gregor, Verwaltungsvollmacht und „Aktionärsdemokratie“: Selbstregulative Ansätze für die Hauptversammlung, in: AG 2001, 635 - 644.

Bäumer, Ulrich, Domain Namen und Markenrecht - Die Gerichtspraxis in den Vereinigten Staaten, in: CR 1998, 174 - 179.

Bamberger, Heinz Georg / Roth, Herbert, Kommentar zum Bürgerlichen Gesetzbuch, Band 1 und 2, München 2003 (zit.: *Bearbeiter* in: Bamberger/Roth, BGB).

Baumbach, Adolf / Hefermehl, Wolfgang, Wettbewerbsrecht, 22. Auflage, München 2001.

Bechthold, Stefan, Multimedia und Urheberrecht - einige grundsätzliche Anmerkungen, in: GRUR 1998, 18 - 27.

Bettinger, Torsten, Kennzeichenrecht im Cyberspace: Der Kampf um die Domain-Namen, in: GRUR Int. 1997, 402 - 420.

ders., Anmerkung zu OLG Hamm, Urt.v. 13.01.1998 - 4 U 135/97 - »krupp.de«, in: CR 1998, 243 - 244.

ders., Abschlußbericht der WIPO zum Internet Domain Name Process, in: CR 1999, 445 - 448.

ders., ICANN's Uniform Domain Name Dispute Resolution Policy - Neue außergerichtliche Konfliktlösungsverfahren im Kampf gegen missbräuchliche Domainregistrierungen, in: CR 2000, 234 - 239.

ders., Anmerkung zu LG Hamburg, Urt. v. 30.06.2000 - 416 O 91/00 - »lastminute.com«, in: CR 2000, 618 - 620.

ders., Online-Schiedsgerichte für Domainnamensstreitigkeiten - Eine Bestandsaufnahme der ersten 1000 Schiedsentscheidungen seit Inkrafttreten der Uniform Domain Name Dispute Resolution Policy, in: WRP 2000, 1109 - 1116.

Bettinger, Torsten / Freytag, Stefan, Verantwortlichkeit der DENIC e.G. für rechtswidrige Domains?, in: CR 1999, 28 - 38.

Bottenschein, Florian, Namensschutz bei Streitigkeiten um Internet-Domains, in: MMR 2001, 286 - 292.

Bücking, Jens, Namens- und Kennzeichenrecht im Internet (Domainrecht), Stuttgart 1999.

ders., Liberalisierung im Vergabewesen deutsche Domainadressen? - DENIC und die „Essential Facilities"-Doktrin, in: GRUR 2002, 27 - 35.

ders., Die wettbewerbs- und kartellrechtlichen Aspekte der Vergabe von Internetadressen in Deutschland, Tübingen 2002.

Büttler, Marc R., Information Highway - Rundfunk oder Fernmeldedienst?, *in:* Reto M. Hilty (Hrsg.), Information Highway, Beiträge zu rechtlichen und tatsächlichen Fragen, Bern 1996. S. 171 - 198.

Burnstein, Matthew, A Global Network In A Compartmentalised Legal Environment, in: Katharina Boele-Woelki, Catherine Kessedjian (Hrsg.), Internet. Which Court Decides? Which Law Applies?, 1998. S. 23 - 34.

Bydlinski, Franz, Zu den dogmatischen Grundfragen des Kontrahierungszwanges, in: AcP 180 (1980), 1 - 46.

Christiansen, Per, Selbstregulierung, regulatorischer Wettbewerb und staatliche Eingriffe im Internet, in: MMR 2000, 123-129.

Determann, Lothar, Abgrenzung gesetzlicher Medienkategorien im Internet - IuKDG-Bericht der Bundesregierung und Probleme der Praxis, in: RTkom 1999, 11 - 22.

Deutsch, Volker, Anspruchskonkurrenzen im Marken- und Kennzeichenrecht, in: WRP 2000, 854 - 858.

Dilthey, William, Einleitung in die Geisteswissenschaften, Erster Band, 8. Auflage, Stuttgart 1979.

Eckhard, Rolf Andreas, Das Domain-Name-System, Eine kritische Bestandsaufnahme aus kartellrechtlicher Sicht, Frankfurt/M, 2001.

Eckhardt, Jens, Anmerkung zu BGH, Urt.v. 26.06.2003 - I ZR 296/00 - »maxem.de«, in: CR 2003, 846 - 849.

Edelman, Ben, Registrations in Open *cc*TLDs, http://cyber.law.harvard.edu/people/edelman/open-cctlds/

Ekey, Friedrich L. / Kippel, Diethelm, Heidelberger Kommentar zum Markenrecht, Heidelberg 2003. (zit.: Bearbeiter in: Ekey/Kippel, MarkenG)

Engel, Christoph, Inhaltskontrolle im Internet, in: AfP 1996, 220 - 227.

ders., The Internet and the Nation State, in: Christoph Engel, Kenneth H. Keller (Hrsg.), Understanding the Impact of Global Networks on Local Social, Political and Cultural Values, Baden-Baden 2000. S. 201 - 260. (*zit.: Engel* in: Engel/Keller)

Erman, Walter, Bürgerliches Gesetzbuch, Band I, 11. Auflage, Köln 2004.

Ernst, Stefan, Internet und Recht, in: JuS 1997, 776 - 782.

ders., Anmerkung zu OLG München, Urt.v. 25.03.1999 - 6 U 4557/98 - »shell.de«, in: MMR 1999, 487 - 489.

ders., Internetadressen - Der Stand der Rechtsprechung, in: MMR 2001, 368 - 374.

ders., Verträge rum um die Domain, in: MMR 2002, 714 - 721.

Fezer, Karl-Heinz, Markenrecht, 3. Auflage, München 2001. (zit.: *Fezer,* MarkenR³)

Freytag, Stefan, Haftung im Netz, München 1999.

Fromm, Friedrich Karl / Nordemann, Wilhelm, Urheberrecht, 9. Auflage, Stuttgart 1998. (zit.: *Bearbeiter* in Fromm/Nordemann, UrhR⁹)

Gabel, Detlev, Internet: Die Domain-Namen, in: NJW-CoR 1996, 322 - 326.

Gibson, Christopher, Digital Dispute Resolution, Internet Domain Names and WIPO's Role, in: CRi 2001, 33 - 39.

Hackbarth, Ralf, Anmerkung zu OLG Hamburg, Urt.v. 05.11.1998 - 3 U 130/98 - »emergency.de«, in: CR 1999, 186 - 187.

ders., Anmerkung zu OLG München, Urt.v. 25.03.1999 - 6 U 4557/98 - »shell.de«, in: CR 1999, 384 - 385.

Haedicke, Maximilian, Einführung in das internationale Urheberrecht: Die Grundprinzipien und der institutionelle Rahmen nach Abschluß der GATT - Uruguay-Runde, in: Jura 1996, 64 - 74.

Härting, Niko, Die Gewährleistungspflichten von Internet-Dienstleistern, in: CR 2001, 37 - 43.

Hahn, Harald / Wilmer, Thomas, Die Vergabe von Top-Level-Domains und ihre rechtlichen Konsequenzen, in: NJW-CoR 1997, 485 - 489.

Hanloser, Stefan, Die „Domain-Pfändung" in der aktuellen Diskussion, in: CR 2001, 456 - 459.

Heisz, Janina, Rough Justice - Zur Uniform Dispute Resolution Policy der ICANN, in: TMR 2002, 24 - 33.

Hoeren, Thomas, Anmerkung zu LG Mannheim, Urt.v. 08.03.1996 - 7 O 60/96 - »heidelberg.de«, in: CR 1996, 355 - 356.

ders., Kreditinstitute im Internet - eine digitale Odyssee im juristischen Weltraum, in: WM 1996, 2006.

ders., Internet und Recht - Neue Paradigmen des Informationsrechts, in: NJW 1998, 2849 - 2854.

ders., Anmerkung zu OLG Karlsruhe, Urt.v. 09.06.1999 - 6 U 62/99 - »badwildbad.com«, in: EWiR 1999, 983 - 984.

ders., Anmerkung zu BGH, Urt.v. 17.05.2001 - I ZR 216/99 - »mitwohnzentrale.de«, in: MMR 2001, 669 - 671.

Hoffmann, Helmut, Anmerkung zu BGH, Urt.v. 26.06.2003 - I ZR 296/00 - »maxem.de«, in: MMR 2003, 727 - 728.

Holznagel, Bernd, Domainnamen- und IP-Nummern-Vergabe - eine Aufgabe der Regulierungsbehörde?, in: MMR 2003, 219 - 222.

Immenga, Ulrich / Mestmäcker, Ernst-Joachim, GWB - Gesetz gegen Wettbewerbsbeschränkungen, 3. Auflage, München 2001. (zit.: *Bearbeiter* in: Immenga/Mestmäcker, GWB³)

Ingerl, Reinhard / Rohnke, Christian, Markengesetz, 2. Auflage, München 2003.

Jaeger-Lenz, Andrea, Kennzeichenschutz gegen ähnliche Domainbezeichnungen?, in: K&R 1998, 9 - 16.

Johnson, David R., Lawmaking And Law Enforcement in Cyberspace, http://www.cli.org/DRJ/make.html

Johnson, David R. / Post, David G., Law and Borders - The Rise of Law in Cyberspace, in: 48 Stanford Law Review (1996), 1367 - 1402. (verfügbar unter http://www.temple.edu/lawschool/dpost/Borders.html)

Jung, Peter, Die Bedeutung der Selbstregulierung für das Lauterkeitsrecht in internationalen Computernetzen, in: GRUR Int. 1998, 841 - 851.

Karitzki, Olaf, Transparenz als Basis für Effizienz und Legitimität von Nichtregierungs-Organisationen, in: Zöller, Michael (Hrsg.), Vom Betreuungsstaat zur Bürgergesellschaft - Kann die Gesellschaft sich selbst regeln und erneuern?, Köln, 2000. S. 110 - 115.

Kazemi, Robert / Leopold, Anders, Die Internetdomain im Schutzbereich des Art. 14 Abs. 1 GG, in: MMR 2004, 287 - 292.

Kiethe, Kurt / Groeschke, Peer, Die „Classe E"-Entscheidung des BGH als Ausgangspunkt für den Rechtsschutz gegen das Domain-Grabbing, in: WRP 2002, 27 - 36.

Kleinwächter, Wolfgang, ICANN als United Nations der Informationsgesellschaft? Der lange Weg zur Selbstregulierung des Internet, in: MMR 1999, 452 - 459.

Kloepfer, Michael, Informationsrecht, München 2002.

Koch, Frank A., Internationale Gerichtszuständigkeit und Internet, in: CR 1999, 121 - 129.

Köhntopp, Marit / Köhntopp, Kristian, Datenspuren im Internet, in: CR 2000, 248 - 257.

Koenig, Christian / Neumann, Andreas, Internet-Protokoll-Adressen als „Nummern" im Sinne des Telekommunikationsrechts?, in: K&R 1999, 145 - 151.

König, Reimar, Die Rechtsnatur der Patenterteilung und ihre Bedeutung für die Auslegung von Patentansprüchen, in: GRUR 1999, 809 - 817.

Koos, Stefan, Die Domain als Vermögensgegenstand zwischen Sache und Immaterialgut, in: MMR 2004, 359 - 365.

Kort, Michael, Beschränkte Prüfungspflicht der Registrierungsstelle bei der Anmeldung von Domain Namen, in: WRP 2001, 1260 - 1262.

Kuner, Christopher, Internationale Zuständigkeitskonflikte im Internet, in: CR 1996, 453 - 458.

Kur, Annette, Kennzeichenkonflikte im Internet - „Kinderkrankheiten oder ernstzunehmendes Problem?, in: Festgabe von Freunden und Mitarbeitern für Friedrich-Karl Beier zum 70. Geburtstag, München 1996. S. 265 - 277.

dies., Internet Domain names, Brauchen wir strengere Zulassungsvorschriften für die Datenautobahn?, in: CR 1996, 325 - 331.

dies., Namens- und Kennzeichenschutz im Cyberspace, in: CR 1996, 590 - 594.

Ladeur, Karl-Heinz, Die Regulierung von Multi-Media als Herausforderung des Rechts - Zur rechtlichen Ordnung komplexer Märkte -, in: AfP 1997, 598 - 605.

Landmann, Dieter, Die Ausstrahlung jugendgefährdender Fernsehsendungen - strafbar?, in: NJW 1996, 3309 - 3312.

Lange, Knut Werner, Handbuch zum deutschen und europäischen Kartellrecht, Heidelberg 2001. (zit.: *Bearbeiter* in: Lange, Hdb. KartellR)

Leible, Stefan / Sosnitza, Olaf, Anmerkung zu LG Köln, Urt.v. 16.05.2001 - 28 O 144/01 - »guenter-jauch.de«, in: CR 2001, 624 - 625.

Leistner, Matthias, Anmerkung zu WIPO Arbitration and Mediation Center, LIBRO AG v. NA Global Link Limited, Entscheidung vom 14.05.2000 - Case No. D 2000-0186 - »libro.com«, in: CRi 2000, 84 - 85.

Lessig, Lawrence, Code and other Laws of Cyberspace, New York 1999.

Linke, Thomas, Das Recht der Namensgleichen bei Domains, in: CR 2002, 271 - 279.

Lloyd, Dennis, The Idea of Law, London 1964/1991.

Loewenheim, Ulrich / Koch, Frank A., Praxis des Online-Rechts, Weinheim 1998. (zit.: *Bearbeiter* in: Loewenheim/Koch)

Luckey, Jan, Das Schiedsgerichtsverfahren der ICANN - Lösung der Domain Disputes?, in: NJW 2001, 2527 - 2528.

Lwowski, Hans-Jürgen / Dahm, Patrick, Auf dem Weg zur europäischen Informationsgesellschaft - Zur Übertragbarkeit und Pfändbarkeit von de- und eu-Domains -, in: WM 2001, 1135 - 1145.

Magaziner, Ira C., Über die Rolle des Staates in der Internet-Politik, in: Jens Waltermann, Marcel Machill (Hrsg.), Verantwortung im Internet - Selbstregulierung und Jugendschutz, Gütersloh 2000. S. 65 - 82.

Mangoldt, Hermann von / Klein, Friedrich, Grundgesetz, Band 2: Artikel 20 bis 78, 4. Auflage, München 2000. (zit.: *Bearbeiter* in: v.Mangoldt/ Klein, GG4)

Mankowski, Peter, Wider ein transnationales Cyberlaw, in: AfP 1999, 138 - 143.

Maunz, Theodor / Dürig, Günter, Grundgesetz, Band II, Art. 12a - 37, Lieferungen 1 bis 30, München 1993. (zit.: *Bearbeiter* in: Maunz/Dürig, GG)

Mayer, Franz C., Recht und Cyberspace, in: NJW 1996, 1782 - 1791.

Mayer, Patrick, Selbstregulierung im Internet: Institutionen und Verfahren zur Setzung technischer Standards, in: K&R 2000, 13 - 19.

Medicus, Dieter, Schuldrecht I, Allgemeiner Teil, 13. Auflage, München 2002.

Mefford, Aron, Lex Informatica: Foundations of Law on the Internet, Indiana Journal of Global Legal Studies, Volume 5 (1) 1997, p.211ss.

Mill, John Stuart, On Liberty, London 1859/1974.

Moos, Flemming, Entwicklung eines supra- und internationalen Rechtsrahmens für das Internet, in: Detlef Kröger, Marc André Gimmy (Hrsg.), Handbuch zum Internetrecht, 2. Auflage, Berlin 2002. S. 757 - 797.

Mueller, Milton L., Competing DNS Roots: Creative Destruction or Just Plain Destruction? TPRC's 29th Research Conference on Communication, Information, Cabbages, and Kings, October 2001. http://istweb.syr.edu/~mueller/tprc-2001-mueller.pdf

ders., Dancing the Quango: ICANN and the Privatization of International Governance, Conference on New Technologies and International Governance, Paul H. Nitze School of Advanced International Relations, Johns Hopkins University, Feb 11 and 12, 2002. http://istweb.syr.edu/~mueller/quango.pdf

Müller-Graff, Peter-Christian, Unterlassungshaftung bei Fremdkennzeichenbezugnahme in Fernsprechnbüchern - Teil I, in: GRUR 1987, 493 - 500.

Münch, Ingo von / Kunig, Philip, Grundgesetz-Kommentar, Band 1, 5. Auflage, München 2000. (zit.: *Bearbeiter* in: v.Münch/Kunig, GG[5])

Nägele, Thomas, Anmerkung zu OLG Karlsruhe, Urt.v. 24.06.1998 - 6 U 247/97 - »zwilling.de«, in: WRP 1998, 841 - 842.

Neumann, Franz, Die Herrschaft des Gesetzes - Eine Untersuchung zum Verhältnis von politischer Theorie und Rechtssystem in der Konkurrenzgesellschaft, übersetzt von: Alfons Söllner, The Governance of the Rule of Law - An Investigation into the Relationsship between the Political Theories, the Legal System and the Social Background in the Competitive Society, London 1936. Frankfurt/M. 1980.

Nordemann, Axel, Internet-Domains und zeichenrechtliche Kollisionen, in: NJW 1997, 1891 - 1897.

Nordemann, Jan Bernd / Czychowski, Christian / Grüter, Winfried, Das Internet, die NameServer und das Kartellrecht, in: NJW 1997, 1897 - 1902.

Osthaus, Wolf, Die Renaissance des Privatrechts im Cyberspace, in: AfP 2001, 13 - 23.

Palandt, Otto, Bürgerliches Gesetzbuch, 63. Auflage, München 2004.

Perrey, Elke, Das Namensrecht der Gebietskörperschaften im Internet - Umfang und Durchsetzung, in: CR 2002, 349 - 357.

Petri, Axel / Göckel, Andreas, Vertragsstruktur der Internet-Backbone-Betreiber: Backbone-Access, Peering, in: CR 2002, 329 - 337, 418 - 425.

Pichler, Rufus, Internationale Gerichtszuständigkeit im Online-Bereich, in: Martin Immenhäuser, Jürg Wichtermann (Hrsg.), Jahrbuch Junger

Zivilrechtswissenschaftler 1998, Vernetzte Welt - globales Recht, Stuttgart 1999. S. 229 - 253.

Pieroth, Bodo / Schlink, Bernhard, Grundrechte Staatsrecht II, 16. Auflage, Heidelberg 2000.

Piper, Henning, Der Schutz der bekannten Marken, in: GRUR 1996, 429 - 439.

Rebmann, Kurt / Säcker, Franz Jürgen / Rixecker, Roland, Münchener Kommentar zum Bürgerlichen Gesetzbuch, Band 1, Allgemeiner Teil, §§ 1 - 240, 4. Auflage, München 2001. (zit.: MüKo-BGB^4/ *Bearbeiter*)

Rehbinder, Manfred, Soziologisches zum Information Highway, in: Reto M. Hilty (Hrsg.), Information Highway Beiträge zu rechtlichen und tatsächlichen Fragen, Bern 1996. S. 87 - 115.

ders., Urheberrecht, 12. Auflage, München 2002.

Renck, Andreas W., Kennzeichenrechte versus Domain-Names - Eine Analyse der Rechtsprechung, in: NJW 1999, 3587 - 3594.

ders., Scheiden allgemeine Begriffe und Gattungsbezeichnungen als Internet-Domains aus? Anmerkung zu OLG Hamburg, Urt. v. 13.07. 1999 - 3 U 58/98 - »mitwohnzentrale.de«, in: WRP 2000, 264 - 269.

ders., WIPO Arbitration and Mediation Center, Eine Analyse der Spruchpraxis der ersten sechs Monate, in: MMR 2000, 586 - 591.

Römermann, Volker, Neueste Rechtsprechung zum Domain-Recht, in: DB 2001, 2433 - 2434.

Rossen-Stadtfeld, Helge, Die Konzeption Regulierter Selbstregulierung und ihre Ausprägung im Jugendmedienschutz, in: AfP 2004, 1 - 9.

Roßnagel, Alexander, Globale Datennetze: Ohnmacht des Staates - Selbstschutz der Bürger, in: ZRP 1997, 26 - 30.

ders., Weltweites Internet - globale Rechtsordnung?, in: MMR 2002, 67 - 71.

ders., Handbuch Datenschutzrecht, München 2003. (*zit.: Bearbeiter* in: Roßnagel, Hdb. Datenschutzrecht)

Ruff, Andreas, DomainLaw - Der Rechtsschutz von Domain-Namen im Internet, Berlin 2002.

Sassen, Saskia, The Impact of the Internet on Sovereignty: Unfounded and Real Worries, in: Christoph Engel, Kenneth H. Keller (Hrsg), Understanding the Impact of Global Networks on Local Social, Political and Cultural Values, Baden-Baden 2000. S. 187 - 200.

Schack, Haimo, Internationales Zivilverfahrensrecht, 2. Auflage, München 1996.

ders., Urheber- und Urhebervertragsrecht, Tübingen 1997.

ders., Neue Techniken und Geistiges Eigentum, in: JZ 1998, 753 - 763.

ders., Internationale Urheber-, Marken- und Wettbewerbsrechtsverletzungen im Internet, in: MMR 2000, 59 - 65.

Schafft, Thomas, Die systematische Registrierung von Domain-Varianten - Nicht sittenwidrig, sondern sinnvoll, in: CR 2002, 434 - 441.

Scherer, Joachim, „Online" zwischen Telekommunikations- und Medienrecht - Regulierungsprobleme von Online-Systemen im Internet und außerhalb, in: AfP 1996, 213 - 219.

Schieferdecker, Alexander, Die Haftung der Domainvergabestelle, Köln 2003.

Schmidt-Bleibtreu, Bruno / Klein, Franz, Kommentar zum Grundgesetz, 9. Auflage, Neuwied 1999. (*zit.: Bearbeiter* in: Schmidt-Bleibtreu/ Klein, GG[9])

Schmidt-Preuß, Matthias, Die Gewährleistung des Privateigentums durch Art. 14 GG im Lichte aktueller Probleme, in: AG 1996, 1 - 11.

Schneider, Gerhard, Die Wirksamkeit der Sperrung von Internet-Zugriffen, in: MMR 1999, 571 - 577.

Schröder, Matthias, Anmerkung zu OLG Hamm, Urt.v. 02.11.2000 - 4 U 95/00 - »sauna.de«, in: MMR 2001, 238 - 239.

Schütze, Rolf A. / Tscherning, Dieter / Wais, Walter, Handbuch des Schiedsverfahrens, 2. Auflage, Berlin 1990. (zit.: Schütze/Tscherning/Wais, Hdb. d. Schiedsverfahrens[2])

Schultz, Detlef von, Kommentar zum Markenrecht, Heidelberg 2002.

Schuppert, Stefan, Web-Hosting-Verträge, in: CR 2000, 227 - 234.

Seifert, Bernd, Das Recht der Domainnamen, Berlin 2003.

Sick, Ulrich / Richter, Heike, Rechtsschutz im Zusammenhang mit Domain-Grabbing, in: K&R 2000, 339 - 348.

Soergel, Hans Theodor, Bürgerliches Gesetzbuch, Band 1, Allgemeiner Teil 1, §§ 1 - 103, 13. Auflage, Stuttgart 2000. Band 2, Allgemeiner Teil 2, §§ 104 - 240, 13. Auflage, Stuttgart 1999.

Sorkin, David E., Judicial Review of ICANN Domain Name Dispute Decisions, in: 18 Santa Clara Computer & High Tech. L.J. (2001), 35 - 55.

Sosnitza, Olaf, Gattungsbegriffe als Domain Namen im Internet, in: K&R 2000, 209 - 216.

Spindler, Gerald, Deliktsrechtliche Haftung im Internet - nationale und internationale Rechtsprobleme, in: ZUM 1996, 533 - 563.

ders., Internationales Verbraucherschutzrecht im Internet, in: MMR 2000, 18 - 25.

ders., Vertragsrecht der Internet-Provider, Köln 2000. (zit.: *Bearbeiter* in: Spindler, Internet-Provider)

Spindler, Gerald / Wiebe, Andreas, Internet-Auktionen, München 2001. (zit.: *Bearbeiter* in: Spindler/Wiebe, Internet-Auktionen)

Stadler, Thomas, Sperrungsverfügung gegen Access Provider, in: MMR 2002, 343 - 347.

ders., Anmerkung zu VG Düsseldorf, Beschl.v. 19.12.2002 - 15 L 4148/02, in: MMR 2003, 208 - 211.

Stotter, Martin, Streitschlichtung bei UK-Domains, in: MMR 2002, 11 - 14.

Strömer, Tobias H., Das ICANN-Schiedsverfahren - Königsweg bei Domainstreitigkeiten, in: K&R 2000, 587 - 594.

Swire, Peter, Of Elephants, Mice, And Privacy: International Choice of Law and the Internet, in: The International Lawyer 32 (1998), 991 - 1025.

Tilmann, Winfried, Zur Rechtsstellung des Verbrauchers bei Wettbewerbsdelikten, in: ZHR 141 (1977), 32 - 80.

Ubber, Thomas, Rechtsschutz bei Mißbrauch von Internet-Domains, in: WRP 1997, 497 - 513.

Ulmer, Eugen, Die Immaterialgüterrechte im internationalen Privatrecht, Köln 1975.

ders., Urheber- und Verlagsrecht, 3. Auflage, Berlin 1980.

Viefhues, Martin, Domain-Name-Sharing, in: MMR 2000, 334 - 340.

Völker, Stefan / Weidert, Stefan, Domain-Namen im Internet, in: WRP 1997, 652 - 663.

Wagner, Gerhard, Zeichenkollisionen im Internet, in: ZHR 162 (1998), 701 - 721.

Wegner, Ralf, Rechtlicher Schutz von Internetdomains - Kollisionsrecht, in: CR 1998, 676 - 684.

ders., Der rechtliche Schutz von Internetdomains - Kennzeichenrechtliche und deliktische Anspruchsgrundlagen, in: CR 1999, 250 - 258.

Welzel, Stephan, Anmerkung zu OLG Frankfurt/M., Urt.v. 14.09.1999 - 11 U Kart 59/98 - »ambiente.de«, in: MMR 2000, 39 - 40.

ders., Anmerkung zu LG München, Beschl.v. 12.02.2001 - 20 T 19368/00, in: MMR 2001, 321 - 323.

ders., Anmerkung zu OLG Dresden, Urt.v. 28.11.2000 - 14 U 2486/00 - »kurt-biedenkopf.de«, in: MMR 2001, 462 - 465.

ders., Anmerkung zu BGH, Urt.v. 17.05.2001 - I ZR 251/99 - »ambiente.de«, in: MMR 2001, 744 - 747.

ders., Anmerkung zu LG Wiesbaden, Urt.v. 13.06.2001 - 10 O 116/01 - »r-e-y.de«, in: MMR 2001, 770 - 771.

Wiebe, Andreas, Zur Kennzeichnungsfunktion von Domain Names, in: CR 1998, 157 - 165.

Wilmer, Thomas, Offene Fragen der rechtlichen Einordnung von Internetdomains - Domainhandel, Suchmaschinen und neue Top-Level-Domains, in: CR 1997, 562 - 566.

Zittrain, Jonathan / Edelman, Benjamin, Documentation of Internet Filtering in Saudi Arabia, Harvard Law School, http://cyber.law.harvard.edu/filtering/saudiarabia/

Zöller, Richard, Zivilprozessordnung, 23. Auflage, Köln 2002. (zit.: Zöller/Bearbeiter, ZPO[23])

Die zitierten Internet-Links sind aktuell mit dem Stand Dezember 2004.

Schriften zum Wirtschafts- und Medienrecht, Steuerrecht und Zivilprozeßrecht

Herausgegeben von Jürgen Costede und Gerald Spindler

Band 1 Reiner Fu: Die stille Gesellschaft im internationalen Steuerrecht aus deutscher Sicht. 1997.

Band 2 Kirsten Forsblad: Restschuldbefreiung und Verbraucherinsolvenz im künftigen deutschen Insolvenzrecht. 1997.

Band 3 Vassilios Tountopoulos: Die Reichweite der registerrechtlichen Gründungsprüfung einer AG. Eine Untersuchung unter rechtsvergleichendem Aspekt. 1998.

Band 4 Franc Pfahl: Die Maßgeblichkeit der Handelsbilanz, ein dem Steuerbilanzrecht vorgegebenes Grundprinzip? Von der Notwendigkeit einer steuerrechtlichen Begründung der durch § 5 Abs. 1 EStG in das Steuerrecht übernommenen handelsrechtlichen Vorschriften der Gewinnermittlung. 1999.

Band 5 Michael Schröder: Die Wertpapierhandelsaufsicht nach dem Zweiten Finanzmarktförderungsgesetz. 1998.

Band 6 Daniela Hasche: Die Sachgründung der GmbH. 1999.

Band 7 Oliver Wendt: Die rechtliche Problematik von Strahlenschäden. Rechtliche und rechtstatsächliche Aspekte der Haftung für Strahlenschäden unter Einbeziehung der Vorfälle in der strahlentherapeutischen Abteilung des Universitäts-Krankenhauses Eppendorf. 2000.

Band 8 Susanne Matussek: Zum Werbungskostenbegriff im Einkommensteuerrecht. 2000.

Band 9 Klaas Ziervogel: Rufausbeutung im Rahmen vergleichender Werbung. Veränderungen im Zuge der gesetzlichen Regelung vergleichender Werbung. 2002.

Band 10 Sven Wortberg: Lösungsklauseln und Insolvenz. 2003.

Band 11 Eva Ullrich: Die Zurechnung von Buchgutschriften. Zufluß und Leistungsfähigkeit im Einkommensteuerrecht. 2004.

Band 12 Carmen Werner: Einkommensteuerrechtliche Zurechnungen bei mittelbaren Beteiligungen an Personengesellschaften. 2003.

Band 13 Ulf Andreas Nissen: Die Online-Videokonferenz im Zivilprozess. 2004.

Band 14 Oliver Wiegmann: Grund, Grenzen und Wirkungsweise des § 105 InsO. 2004.

Band 15 Holger Seidler: Eigene Aktien. Eine Analyse des Aktien-, Handelsbilanz- und Kapitalmarktrechts zur Ermittlung von Deregulierungspotential und Regulierungsbedarf. 2004.

Band 16 Stefan Eck: Providerhaftung von Konzernunternehmen. Rechtliche Zusammenschau von Konzernunternehmen bei der Verbreitung rechtsverletzender Informationen im Internet. 2004.

Band 17 Frauke Fasold: Die einkommensteuerliche Problematik der Buchwertfortführung. Übertragung stiller Reserven und Gewinnrealisierung im Einkommensteuerrecht. 2005.

Band 18 Thomas Linke: Selbstregulierte Streitlösung für deutsche Domains. 2005.

www.peterlang.de

Peter Lang · Europäischer Verlag der Wissenschaften

Susanne Neumann

Rechtliche Probleme im Streit um Internet-Domain-Names

Frankfurt am Main, Berlin, Bern, Bruxelles, New York, Oxford, Wien, 2003.
XL, 148 S.
Europäische Hochschulschriften: Reihe 2, Rechtswissenschaft. Bd. 3775
ISBN 3-631-51614-2 · br. € 39.–*

In dieser Arbeit werden die mit der Registrierung und Verwendung von Domainnamen verbundenen rechtlichen Fragen und Probleme aufgezeigt, diskutiert und neue Lösungsansätze entwickelt. Im Mittelpunkt stehen die Ansprüche, welche dem Kennzeicheninhaber zur Durchsetzung seiner Kennzeichenrechte gegenüber dem Domainname-Inhaber zustehen. Geklärt wird aber auch die Frage, ob gegen die Registrierung von Gattungsbezeichnungen als Internetdomain vorgegangen werden kann, wenn kein eigenes Kennzeichenrecht an diesem Begriff besteht. Besonderer Wert wird auf die Lösung der Frage gelegt, wie die Ansprüche des Kennzeicheninhabers in ihrer Rechtsfolge ausgestaltet sind. Im Rahmen der Behandlung des Namensrechts wird auch auf die Problematik des Namenschutzes für Gemeinden im Internet und die Rechte von Gleichnamigen eingegangen. Auch der Schutz des Domaininhabers wird behandelt. Erörtert werden zudem Ansprüche gegen die Vergabestelle. Letztlich werden Lösungsmöglichkeiten zur Verringerung von Domainstreitigkeiten aufgezeigt.

Aus dem Inhalt: Ansprüche des Kennzeicheninhabers gegen den Domain-Name-Inhaber · Ansprüche gegen die DENIC eG · Ansprüche gegen den Internet-Service-Provider · Schutz des Domain-Name-Inhabers · Lösungsansätze zur Verringerung von Domainstreitigkeiten

Frankfurt am Main · Berlin · Bern · Bruxelles · New York · Oxford · Wien
Auslieferung: Verlag Peter Lang AG
Moosstr. 1, CH-2542 Pieterlen
Telefax 00 41 (0) 32 / 376 17 27

*inklusive der in Deutschland gültigen Mehrwertsteuer
Preisänderungen vorbehalten

Homepage http://www.peterlang.de

FSC
www.fsc.org
MIX
Papier | Fördert
gute Waldnutzung
FSC® C083411

Kolibri 360 GmbH
Ferdinand-Jühlke-Straße 7
99095 Erfurt, Deutschland
produktsicherheit@kolibri360.de

Druck:
CPI Druckdienstleistungen GmbH
im Auftrag der
Kolibri 360 GmbH
Ferdinand-Jühlke-Str. 7
99095 Erfurt